Walther von der Vogelweide

Walther von der Vogelweide

Walther von der Vogelweide

Leich, Lieder, Sangsprüche

Ins Neuhochdeutsche übersetzt von
Thomas Bein

Auf der Grundlage der mittelhochdeutschen
Textausgabe von Karl Lachmann (1827/1843),
Christoph Cormeau (1996)
und Thomas Bein (16. Auflage 2023)

De Gruyter

ISBN 978-3-11-079880-7
e-ISBN 978-3-11-098064-6

Library of Congress Control Number: 2023935926

Bibliografische Information der Deutschen Nationalbibliothek
Die Deutsche Nationalbibliothek verzeichnet diese Publikation in der Deutschen
Nationalbibliografie; detaillierte bibliografische Daten sind im Internet
über http://dnb.dnb.de abrufbar.

© 2023 Walter de Gruyter GmbH, Berlin/Boston
Einbandabbildung: Stuttgart, Württembergische Landesbibliothek, HB XIII 1, S. 139.
Satz: Meta Systems Publishing & Printservices GmbH, Wustermark
Druck und Bindung: CPI books GmbH, Leck
www.degruyter.com

„Mittelhochdeutsche Gedichte
auch nur erträglich ins Neuhochdeutsche zu übersetzen,
ist ein Ding der Unmöglichkeit [...]“

Franz Pfeiffer, 1864

INHALT

Inhalt

VORWORT

Warum noch eine Walther-Übersetzung?

Eine berechtigte Frage. Auf sie gebe ich weiter unten im Einleitungsteil Antworten. Überhaupt sollte man diesen Teil lesen, bevor man sich auf die Lektüre der Walther-Texte einlässt, denn dort finden sich sowohl historische Abrisse und methodisch-theoretische Reflexionen zum schwierigen Geschäft des Übersetzens aus dem Mittelhochdeutschen als auch praktische Hinweise zum Umgang mit meinen Übertragungen und ihrer Präsentation. Ferner finden sich dort Erklärungen zu der für Außenstehende merkwürdig oder gar chaotisch anmutenden Abfolge bzw. Anordnung der Texte, was wiederum Grund für das sehr ausführliche, registerartige Inhaltsverzeichnis ist (ab S. 1), das – so hoffe ich – ermöglicht, bestimmte Themenfelder rasch zu erkennen, sodass man einigermaßen gezielt Texte aufschlagen und lesen kann.

Dieser einsprachige *Übersetzungs*band bezieht sich auf die 16., verbesserte und aktualisierte Auflage des *Editions*bandes, der im selben Verlagshaus zeitgleich erschienen ist (vgl. S. LVII). Die Idee dazu reifte während meiner Revisionsarbeiten an der 15. Auflage und sie wurde vom Verlag gerne aufgegriffen. Dafür und für eine wie immer gute Betreuung und angenehme Zusammenarbeit danke ich sehr, namentlich Frau Dr. Elisabeth Kempf und Frau Dr. Eva Locher.

Die 16. Auflage der Edition zeigt auf ihrem Umschlag ein stilisiertes Autorporträt aus der Weingartner Liederhandschrift vom Anfang des 14. Jahrhunderts: Hier schaut Walther von links nach rechts. Für den Übersetzungsband haben der Verlag und ich uns für Verfremdungen entschieden, vor allem: Walther schaut von rechts nach links. Es ist eben nicht mehr der mittelalterliche Walther, sondern gleichsam einer, der aus einer jungen Zeit auf eine alte zurückblickt.

Übersetzungen literarischer Werke können ihrerseits literarisch sein, solche aber, die sich auf Texte des Mittelalters beziehen und diese *nicht programmatisch poetisch* verlassen wollen, sind es nicht. Es handelt sich vielmehr um Verständnisbrücken zum Original – und so möchte ich auch die hier vorgelegten Übertragungen primär verstanden wissen. Leserinnen und Leser, die sich in einem weiten Sinn professionell mit alter Textkultur beschäftigen, sollten diese Übersetzung zusammen mit der ihr zugrundeliegenden Edition auf dem Schreibtisch liegen haben (oder synoptisch aufgerufen als e-Texte auf zwei Bildschirmfenstern). Interesse an Walther von der Vogelweide haben aber nicht nur Studierende und Fachleute, sondern auch viele Menschen, die sich jenseits philologischer Wissenschaft für Literatur und Geschichte begeistern. Auch – vielleicht: besonders auch – für sie ist diese Übersetzung gedacht, die grundsätzlich auch ohne den Editionsband gelesen werden kann.

An der Übersetzung habe ich – mit Unterbrechungen – viele Jahre gearbeitet. Es hat verschiedene Arbeitsphasen gegeben bis hin zu finalen sprachlich-stilistischen Feinarbeiten. Eine große Unterstützung waren mir Frau Myriam Houbiers und Frau Yvonne Schneider. Mit ihnen habe ich Entwürfe diskutiert, mich ihren Bedenken und Kritiken gestellt und durfte eine intensive philologische und menschlich sehr angenehme Zusammenarbeit erfahren. Dafür danke ich herzlich!

Tandaradei ![1]   Thomas Bein, Aachen im Januar 2023

---

[1] Schwer zu übersetzendes Lautgebilde, wohl Teilgesang der Nachtigall in Walthers berühmtem Linden-Lied (hier S. 111). Plinius der Ältere, 79 nach Christus gestorben, charakterisierte in seiner *Naturalis Historia* die ‚Sprache' der Nachtigall so (dt. von R. König): „melodisch wird der Klang entwickelt und dann in ununterbrochenem Atem ausgehalten, bald durch Modulieren verändert, bald durch Absetzen gegliedert, durch Triller verbunden, wird er durch Einziehen zurückgenommen und unerwartet gedämpft; zuweilen zwitschert die Nachtigall leise mit sich selbst, dann wieder voll, kräftig, scharf, schnell, gedehnt, je nach Lust schwingend hoch, die Mitte haltend, tief." Schwer nachzuahmen! *Tandaradei* eben! Schwer zu übersetzen.

1. Walther von der Vogelweide – Abrisse zu Leben, Werk, Überlieferung und Edition

Die folgenden Ausführungen sollen die Leserin und den Leser dieses Übersetzungsbandes knapp über wesentliche Grundlagen zu Walther von der Vogelweide, seinem Werk, den heute noch verfügbaren Quellen und ihrer wissenschaftlichen Verarbeitung informieren. Für Details (besonders zur Überlieferung) sei auf den Editionsband (16. Auflage) verwiesen (vgl. S. LVII). Weiterführende Literatur findet sich dort im Literaturverzeichnis; eine Auswahl daraus ist auch hier (S. LVII ff.) zu finden. Die folgenden Abrisse sind den dort genannten Standardwerken verpflichtet.

1.1. Zu Leben und Werk

Leben

So bekannt der Name ‚Walther von der Vogelweide' auch ist (und dies weit über die Universitätsmauern hinaus), über sein Leben wissen wir gesichert so gut wie nichts. Das liegt daran, dass Daten zu Menschen, wie er einer gewesen ist, in den meisten Fällen nicht schriftlich festgehalten worden sind. Es bestand grundsätzlich kein Anlass, Lebensstationen oder zumindest den Tod eines Dichters zu dokumentieren – augenscheinlich gab das der soziale Stand nicht her.

Walther kommt ‚von der Vogelweide', das ist kein Adelsprädikat, sondern vielleicht eine schwammige Heimatbezeichnung. Im Hochmittelalter gab es mehrere sogenannte Vogelweidhöfe in Mitteleuropa; dort wurden Vögel gezüchtet, aufgezogen, gepflegt und zur Jagd abgerichtet. Einige Vogelweidhöfe konkurrieren heute darum, Walther von ihnen aus in die Welt entlassen zu haben. Sicher ist nichts – außer einem wirklich stattlichen lyrischen Werk, das in zahlreichen Handschriften festgehalten und dort meist mit seinem Namen verknüpft ist. Immerhin aber gibt es doch *ein* nicht literarisches Zeugnis, das uns die Existenz eines ‚Sängers' namens Walther von der Vogelweide bestätigt, und glücklicherweise wird ein genaues Datum mitgeliefert: Walther befindet sich demnach am 12. November 1203 im Dorf Zeiselmauer bei Wien im Gefolge des Passauer Bischofs Wolfger von Ellenbrechtskirchen (auch: von Erla, gestorben 1218), eines sehr ordentlichen Menschen, der all seine Reiseausgaben genau dokumentiert. In seinem Notizbuch können wir lesen, dass für den *cantor* (Sänger) Walther von der Vogelweide 5 Schillinge für einen Pelzrock ausgegeben wurden. Man kann annehmen, dass Walther die Reisegesellschaft des Bischofs als (Unterhaltungs-)Künstler begleitete. Wir verfügen nun also wenigstens über *einen* Zeitpunkt und *einen* Ort, mit dem wir Walther verbinden können. Eine andere Quellenqualität liegt mit einer Erwähnung Walthers in einer Sammelhandschrift des Würzburger kaiserlichen Notars Michael de Leone (gestorben 1355) vor. Hier wird von einer Grablegung Walthers im Würzburger Münster gesprochen – die Authentizität der Nachricht (rund 100 (!) Jahre nach Walthers Aufenthalt in Zeiselmauer) ist aber unsicher, wenngleich die Würzburger bis heute natürlich sehr stolz auf ‚ihren‘ Walther sind.

Außer den genannten beiden Dokumenten bleibt uns heute nur das dichterische Werk Walthers, um (auch) etwas über seine Lebenssituation aussagen zu können. Besonders verlockend ist dabei, dass in seinen Texten enorm oft das Pronomen ‚Ich‘ begegnet. Aber: Wann dürfen wir von einer Ich-Aussage in einem literarischen Text gleich auf den Autor, ja mehr noch: auf den Menschen dahinter schließen? Im Laufe der Forschungsgeschichte hat man solche Fragen in unterschiedlicher Weise beantwortet. Konsens ist derzeit: In der Liebeslyrik ist es wohl nur eine vom Dichter konstruierte Rolle, die sich im oder hinter dem sprechenden ‚Ich‘ verbirgt, zum Beispiel die Rolle eines liebenden, klagenden, nachsinnenden oder werbenden Mannes. Etwas anders aber steht es um das ‚Ich‘ in der sogenannten ‚Sangspruchdichtung‘, dort vor allem in Strophen mit deutlichem Realitätsbezug. Hier ist die Topographie in der Regel nicht fiktiv oder unspezifisch (wie im Minnesang), sondern es ist durchaus die Rede von realen Orten wie Köln oder Wien oder von (zum Teil namentlich genannten) realen Vertretern der mittelalterlichen Gesellschaft, also von Kaisern, Königen, Fürsten, Landesherren, geistlichen Würdenträgern bis hin zum Papst. Daraus können wir vorsichtig ein zeitliches und topographisches Netz weben; Walther mag sich einmal hier, einmal dort in diesem Netz bewegt haben. Die Personen, Ereignisse und Örtlichkeiten des 12. und 13. Jahrhunderts, über die Walther in seiner Sangspruchdichtung schreibt, legen nahe, dass er im Großraum Wien aufgewachsen ist und dort eine gewisse Bildung erhalten sowie dichterische und musikalische Fertigkeiten erlernt hat. In Mitteleuropa scheint er weit herumgekommen zu sein – einige geographische Realismen deuten darauf hin. Walther ist einer der ersten Berufsdichter; seine schwierige Existenz (die sicher auch mit einer sozial inferioren Stellung zu tun hat) macht er mehrfach zum Thema von Strophen. Er hat im Auftrag vieler adliger Personen gedichtet, die prominentesten sind Kaiser Otto IV. (um 1176 bis 1218) und Kaiser Friedrich II. (1194 bis 1250). Wahrscheinlich bei Friedrich bedankt sich Walther überschwänglich für ein Lehen (mutmaßlich einen kleinen – heute unbekannten – Wohnsitz). Wenn wir alle Indizien zusammennehmen, so können wir vermuten, dass Walther etwa von 1170 bis 1220/40 gelebt hat. Erste Texte dürften in das letzte Jahrzehnt des 12. Jahrhunderts zurückgehen.

Werk

Walther ist nur als Lyriker bekannt, darf aber zu Recht als einer der produktivsten und vielseitigsten des späten 12. und frühen 13. Jahrhunderts gelten. Sein Werk umfasst rund 570 Strophen und lässt sich in *Liedlyrik* (vor allem Minnesang, Liebes-dichtung), *Sangspruchlyrik* (tagespolitische, moralisch-didaktische und religiöse The-men behandelnd) sowie einen *Leich* (eine poetische Großform, hier mit religiösem und kirchenpolitischem Inhalt) unterteilen, mit dem die Edition und diese Überset-zung beginnen. Liedlyrik und Sangspruchlyrik unterscheiden sich nicht nur thema-tisch, sondern auch strukturell, was ihre strophische Komposition betrifft. Während *Lieder* in der Regel 3–5 Strophen aufweisen (einmal weniger, einmal mehr) und ein bestimmtes Thema umkreisen, besteht die *Sangspruchlyrik* aus z. T. sehr viel mehr Formeinheiten. Hier können zehn, zwanzig und mehr gleichgebaute Strophen ganz unterschiedlichen Themen gewidmet sein. Solche ‚Töne‘, wie man sie nennt, kön-nen über einen längeren Zeitraum entstanden und müssen keineswegs immer so vorgetragen worden sein, wie wir sie heute in Handschriften antreffen.

Diejenigen Lieder, die man weitgehend[2] dem *Minnesang* zuordnen kann (die also etwas mit dem Thema ‚Liebe‘ zu tun haben), lassen sich mangels außerliterarischer Indizien weder chronologisch ordnen noch topographisch festlegen. Man kann sie allenfalls bestimmten Grundtypen zuweisen. So gibt es Lieder, in denen in besonde-rer Weise die Natur, meist die angenehme sommerliche, gepriesen wird, was meist zum Liebesthema überleitet. Andere Lieder setzen frühere Phasen des Minnesangs fort, so solche, in denen eine merkwürdig asymmetrische Mann-Frau-Beziehung vorherrscht: Die *frowe*, also eine sozial hochstehende Frau, wird von einem sich inferior gebenden, leidenden, alles ertragenden Mann umworben, ohne Hoffnung, dass sich seine Wünsche je erfüllen. Walther hat sich mit solchen älteren Liebeskon-zepten mehrfach kritisch auseinandergesetzt: Er plädiert dafür, dass beide Partner aufrichtig aufeinander zugehen müssten: Der Mann gibt sein Bestes, lobt und preist die Frau, verherrlicht ihre Schönheit und ihre Tugenden und muss aber dafür von der Frau auch ehrliche Wertschätzung und klare Antworten erwarten dürfen. End-loses Zaudern der Frau lehnt Walther (in den Rollen seiner fiktiven Minne-Männer) ab. Die von ihm erschaffenen männlichen Figuren lässt er selbstbewusst auftreten; sie nötigen der umworbenen Frau Entscheidungen ab und stoßen zuweilen auch Drohungen aus. So macht Walther in den von ihm entworfenen Rollenreden nicht nur deutlich, dass die Geschlechter sich fair betrachten und angemessen beurteilen müssen, sondern auch, dass Minnesang ein Stück Gesellschaftskunst ist, die ent-lohnt werden will (in der poetisch konstruierten Welt entspricht das der Zuneigung

---

2 So erklärt sich auch, dass ich im Inhaltsverzeichnis einmal ‚(Minne-)Lied‘ mit Klammer und einmal ‚Minnelied‘ ohne Klammer und zuweilen auch nur ‚Lied‘ geschrieben habe. Es gibt nämlich Lieder, die gar nichts mit der Liebe zu tun haben, aber eben doch auch keine Sangspruchdichtung im engeren Sinn genannt werden können. Und dann gibt es Lieder, in denen nur in *einer* von beispiels-weise fünf Strophen von Liebe die Rede ist oder die von Liebe ganz abstrakt reden (ohne um eine Frau zu werben), schließlich aber — und sehr häufig — auch Lieder, in denen es ausschließlich um Frauenpreis, Liebesschmerz, Schönheitsbeschreibungen, Liebesträume, -wünsche, -ideale usw. geht.

der Frau). Bleiben Lohn und Zuwendung aus, dann droht der Mann, sich woanders zu orientieren – was auf der Ebene des Künstlers bedeuten kann: Wird gute Kunst nicht wertgeschätzt, dann bietet er sie – voller Hoffnung – woanders an. Ein großer Teil von Walthers Minnesang ist solcher Thematik gewidmet, und man gewinnt den Eindruck, dass der Autor den Minnesang (auch) als Vehikel verwendet, um die Interdependenzen zwischen Kunst und Gesellschaft herauszustellen. Ferner gibt es Lieder ausgeprägt theoretischer Art, etwa mit Überlegungen darüber, mit welchen Worten man ‚Frau‘ und ‚Liebe‘ am treffendsten bezeichnen mag. Oder aber es wird die ewige Frage gestellt, was denn eigentlich ‚Liebe‘ sei – nebst Antwort unseres Dichters. Daneben finden sich formverspielte, parodistische und scherzhafte Strophen und Lieder – und wieder solche, in denen das Thema ‚Sexualität‘ in leicht decodierbarer Rhetorik deutlich hervortritt.

Walthers *Sangspruchdichtung*: Vor Walther existiert diese zweite bedeutende lyrische Subgattung nur in Ansätzen, vor allem sind solche Strophen, die sich konkret auf Tagespolitik beziehen, allererst bei Walther zu finden. Vom Minnesang unterscheidet sich die Sangspruchdichtung in erster Linie thematisch. Hier begegnen Ausführungen zur Tagespolitik (einschließlich Lob- und Schmähstrophen auf z. T. namentlich genannte Herrscher) oder zum üblen Stand der gegenwärtigen Welt, wir stoßen auf heftige Papst- und Kirchenkritik, Kritik an ungerechten Zuständen in der Gesellschaft, lesen Mahnungen zu guter Lebensführung, erfahren etwas über Walthers Sicht auf Kunst und Kulturbetrieb, hören Klagen über Dekadenzerscheinungen und das üble Los des Künstlers, der sich oft nicht angemessen entlohnt sieht (Walther meint sich hier selbst). Man kann Walther als den ersten deutschsprachigen ‚Politischen Lyriker‘ bezeichnen – wenn man bestimmte Kultur- und Zeitumstände berücksichtigt, die ihn natürlich von Lyrikern wie Heinrich Heine oder Bertolt Brecht unterscheiden. Anders als diese müssen wir uns Walther hauptsächlich als einen im Auftrag arbeitenden Dichter vorstellen. Von daher verwundert es nicht, dass Walther im Laufe seines Lebens für (bzw. gegen) unterschiedliche politische Lager geschrieben und gesungen hat. Er hat zahlreiche prostaufische (Philipp von Schwaben, Friedrich II.) und antiwelfische Strophen (Otto IV.) verfasst – immer im Blick habend, wer dem *rîche* (dem ‚Reich‘) am besten dienlich sein mag. Im berühmten ‚Reichston‘ (Ton 2, hier S. 27 – die Bezeichnung ist *nicht* mittelalterlich!), installiert der Dichter das Rollen-Ich eines Menschen, der sich die Welt ansieht, ihre Defizite beklagt und auf politische Abhilfe drängt.

Unter *religiöser* Sangspruchlyrik sind im engeren Sinn Gedichte und Lieder zu verstehen, denen ein gebethafter, meditativer Ton zugrunde liegt; Walther hat relativ wenige Strophen dieser Art verfasst. Öfter finden sich hingegen Invektiven gegen die (aus Sicht des Sprecher-Ichs) dekadente Amtskirche. Weltliche Politik ist in Walthers Zeit untrennbar mit der Kirchenpolitik des Papstes verknüpft. Da Walther jeweils im Dienst und Auftrag weltlicher Potentaten deren Politik und Interessen zu vertreten hat, muss die Position des Papstes notwendigerweise mit in die Argumentation eingebunden werden. Walthers Stellung zum Papst ist durchweg polemisch-kritisch. – Einen weiteren Themenkomplex stellen Texte dar, in denen Walther sich selbst als Sänger und Dichter zum Thema macht und über seine existentiellen Bedürfnisse spricht. Meist verbindet er allgemeine Didaxe oder Welt-Kritik mit ichbezogener Künstler-Klage. Solche Strophen enthalten wohl Reflexe der Lebensrealität Walthers (was nicht unumstritten ist). Er nutzt die Möglichkeit, auf der Bühne auch seine eigenen Bedürfnisse zu artikulieren, auf adäquate Voraussetzungen für hochstehende Kunst hinzuweisen, sich banausenhafte Konkurrenten vom Leib zu halten und auf Entlohnung zu pochen.

Walthers *Leich*: Der Leich ist der artifiziellste lyrische Text in Walthers Werk. Anders als Minnesang und Sangspruchdichtung ist ein Leich nicht strophisch organisiert, sondern in Form von sogenannten Versikeln. Ein Versikel ist eine Versgruppe, die sich im Laufe des Leichs nicht regelmäßig 1-2-3-4 ... wiederholt wie Strophen bei einem Lied. Walthers Leich weist viele Versikel unterschiedlicher Bauform auf, von denen sich einige denn doch wiederholen oder spiegeln. Der Leich steht zu einem großen Teil in der literarischen Tradition der Mariendichtung des 12. Jahrhunderts. Er beginnt mit einer Anrufung der göttlichen Trinität und der Bitte um Hilfe beim Kampf gegen das Böse. In traditionellen Bildern biblischen Ursprungs wird Maria z. B. als Gerte Aarons, Ezechiels Pforte, als Morgenrot, als brennender Busch usw. verherrlicht. Ein zweiter Teil des Leichs ist vehementer Zeitkritik gewidmet: das Christentum liege am Boden, die rechte Lehre aus Rom fehle, Bestechung und Vetternwirtschaft führten zu Chaos. Am Ende des Leichs wird Maria als Helferin der Menschen und Vermittlerin zwischen Irdischem und Himmlischem angerufen.

1.2. Zur handschriftlichen Überlieferung

Die Texte, die wir zu Walthers Werk zählen, sind seit dem späten 13. bis in das 15. Jahrhundert hinein in unterschiedlicher Intensität in zahlreichen Handschriften überliefert – topographisch breit gestreut vom bairisch-alemannischen (hier deutliche Schwerpunkte) bis in den niederdeutschen Raum.

Anhand der folgenden Grafik seien Grundzüge der Überlieferung vorgestellt (s. Abb. 1).

Autographen, also von Walther eigenhändig beschriebene Pergamente, sind nicht erhalten.[3] Die heute greifbare Überlieferung setzt um 1270 ein, also etwa 30–50 Jahre nach Walthers mutmaßlichem Tod. Lediglich ein paar Einzelstrophen aus seinem Oeuvre haben Eingang in die sonst lateinische ‚Carmina Burana'-Handschrift M (ca. 1225/30) gefunden, die wohl noch zu Walthers Lebenszeit entstand, mit der er selbst aber nichts zu tun hatte. Die gestrichelt markierte Zeitspanne

---

[3] Besser ist es (hier und anderswo) zu formulieren: ‚... sind bislang nicht gefunden worden'.

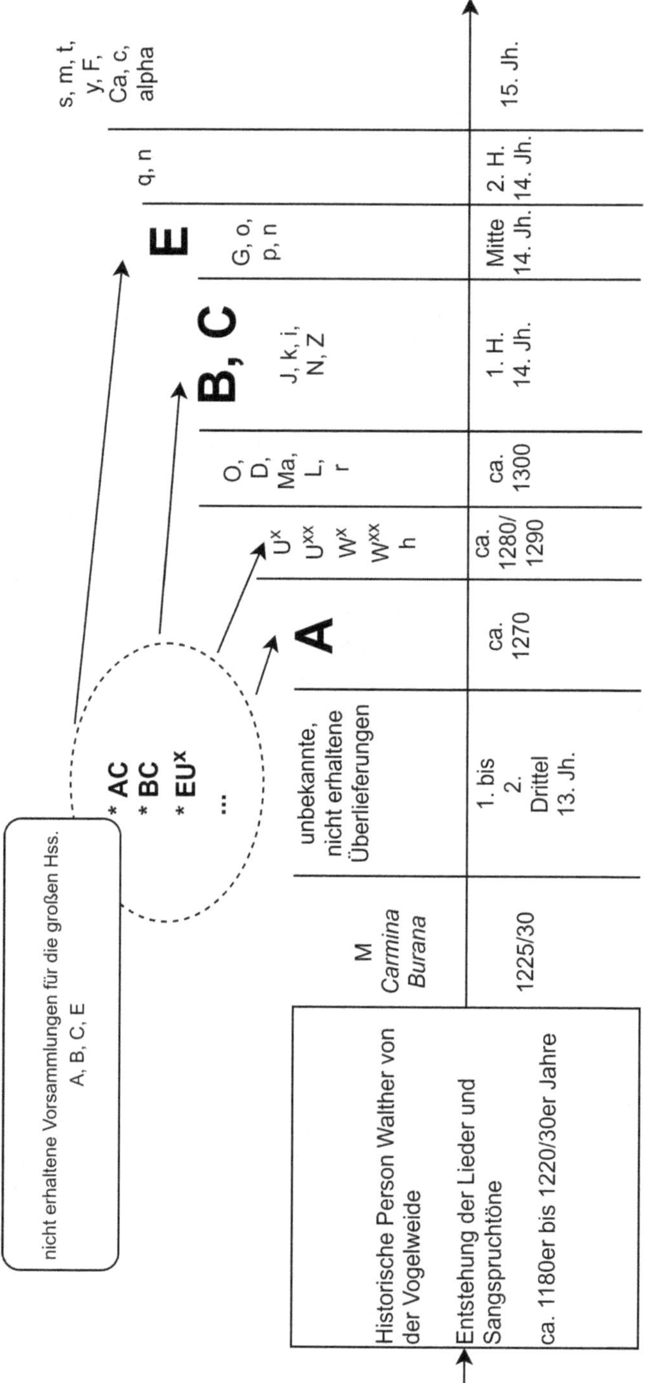

Abb. 1: Übersicht: Die handschriftliche Überlieferung von Texten, die man Walther von der Vogelweide zuweist.

von ca. 60–70 Jahren (bis zum großen A) ist für uns heute noch immer *terra incognita*: Wie und wo Walthers Texte in dieser Zeit existiert haben, wissen wir nicht. Wir gehen aber davon aus, dass die Texte nicht bloß im Gedächtnis des Dichters und anderer Personen gespeichert waren, sondern dass es schriftliche Aufzeichnungen unterschiedlicher Art gegeben hat. Solche nicht erhaltenen Aufzeichnungen sind in der Grafik oben mit *AC usw. indiziert. Damit ist gemeint, dass es Textsammlungen gegeben haben muss, aus denen heraus später einige Haupthandschriften, die wir heute noch besitzen, entstanden sind, beginnend mit Handschrift A. Die in der Grafik groß herausgestellten Buchstaben A, B, C und E stehen für bedeutende Sammelhandschriften, die zusammengenommen mehr als 95 % aller Texte überliefern. Die übrigen Buchstaben bezeichnen kleinere Fragmente oder sogenannte Streuüberlieferung (sporadische Notizen einzelner Texte). Dabei gilt: Großbuchstaben markieren Pergamenthandschriften, Kleinbuchstaben Papierhandschriften.

Im Walther-Editionsband sind *alle* Handschriften ausführlich beschrieben. Hier beschränke ich mich auf wichtige Details zu den Haupthandschriften A, B, C und E. Es handelt sich um Sammelhandschriften, die neben Walther-Texten auch noch solche vieler anderer Dichter enthalten. Sie liegen alle als digitale Faksimiles zum open access-Zugriff im Internet bereit. Entsprechende Links finden sich im ‚Handschriftencensus‘.[4]

A: Heidelberg, Universitätsbibliothek Cod. Pal. Germ. 357 (Kleine Heidelberger Liederhandschrift), Pergament, Format ca. 18,5 × 13,5 cm. Umfang: 45 Blätter. Um 1270 im Elsass entstanden. 151 Walther-Strophen.

B: Stuttgart, Württembergische Landesbibliothek HB XIII 1 (Weingartner Liederhandschrift), Pergament, mit 15 × 11,5 cm sehr kleinformatig. Umfang: 158 Blätter. Im 1. Viertel des 14. Jahrhunderts im Bodenseeraum, wahrscheinlich Konstanz, entstanden. 112 Walther-Strophen. (Die spiegelverkehrt wiedergegebene Walther-Abbildung auf dem Cover dieses Übersetzungsbandes stammt aus dieser Handschrift.)

C: Heidelberg, Universitätsbibliothek Cod. Pal. Germ. 848 (Große Heidelberger oder Manessische Liederhandschrift; früher Pariser Liederhandschrift), Pergament, Format ca. 35,5 × 25 cm. Umfang: 426 Blätter. Ab etwa 1300 bis um 1330/40 in Zürich entstanden. Mit 447 Walther-Strophen (7 davon doppelt) und seinem Leich die größte Walther-Sammlung.

---

[4] Der ‚Handschriftencensus‘ ist eine „Bestandsaufnahme der handschriftlichen Überlieferung deutschsprachiger Texte des Mittelalters". Es handelt sich um eine vorzügliche, mit vielen Informationen ausgestattete Datenbank im Internet, die die Handschriften zu fast allen deutschsprachigen Texten des Mittelalters verzeichnet. Über Links wird man zu den Bibliotheken geführt, die die Handschriften verwahren, und eben auch in sehr vielen Fällen zu Digitalisaten, die man meist als PDF kostenlos downloaden kann. https://www.handschriftencensus.de/ [25. 01. 2023].

E: München, Universitätsbibliothek 2° Cod. ms. 731 (Hausbuch des Michael de Leone oder Würzburger Liederhandschrift), Pergament, Format: 34,5 × 26,5 cm. Umfang: 285 Blätter. Um 1345–1354 in Würzburg entstanden. 212 Walther-Strophen (genaue Anzahl aufgrund von Autorzuordnungsproblemen unsicher).

1.3. Zur Editorik

Um Texte des Mittelalters studieren, erforschen und auch übersetzen zu können, bedarf es wissenschaftlich fundierter Editionen. Eine Editorin oder ein Editor (Herausgeber/in) ist eine Person, die über Kompetenzen verfügt, mittelalterliche Handschriften zu lesen, die deren Eigenarten kennt, Abkürzungszeichen auflösen kann, die Textfassungen vergleicht und daraus Schlüsse auf die Genese von Handschriften zu ziehen versucht und die all dies in eine Textedition überführt. Der folgende kurze Abriss fasst zusammen, was im Editionsband ausführlicher dargelegt ist.

Erste kleine Versuche, Walther-Texte zu edieren, gehen bereits in das frühe 17. Jahrhundert zurück (Melchior Goldast, 1611), im 18. Jahrhundert finden sich Pioniertaten von Johann Jacob Bodmer und Johann Jacob Breitinger (1758/59). Den eigentlichen Startschuss für die Walther-Editionsgeschichte gibt 1827 Karl Lachmann ab.[5] Mit den Brüdern Jacob und Wilhelm Grimm legt er die Fundamente für eine Literatur-Wissenschaft und für das sich allmählich etablierende Universitätsfach ‚Germanistik‘, das in seinen Anfängen von mediävistischen Gegenständen dominiert wird. Lachmanns Ausgabe hat auch nach fast zwei Jahrhunderten noch Bedeutung, denn die von mir verantwortete 15. (2013) und 16. Auflage (2023) gehen ja im Kern immer noch auf Lachmann zurück, der 1843 selbst noch eine zweite Ausgabe herausgebracht hatte. Von der 2. bis zur 15. Auflage wird durch zahlreiche Fachgelehrte immer wieder neu an der Textgestalt gearbeitet, es wird gestrichen, hinzugefügt, verbessert und verschlimmbessert. Zu nennen sind Moriz Haupt (1853 und 1864), Karl Müllenhoff (1875 und 1891), Carl von Kraus (1907, 1923, 1930, 1936, 1950 und 1959), Hugo Kuhn (1965) und schließlich Christoph Cormeau (1996). Die größten Veränderungen gegenüber Lachmann hat Carl von Kraus mit seiner 10. Ausgabe von 1936 zu verantworten – an vielen Stellen entfernt er sich nicht nur von Lachmann, sondern auch von den Handschriften und bietet einen an manchen Stellen höchst spekulativen Text. Der im Laufe der Walther-Editionsgeschichte (aber nicht nur dort) zu beobachtende wechselhafte Umgang mit den mittelalterlichen Handschriften und dem durch sie überlieferten Text zeigt, wie komplex das Geschäft der Textedition ist und wie stark fachgeschichtliche Positionswechsel es verändern. Insbesondere mit den Positionen von

---

[5] Vgl. Thomas Bein: Karl Lachmann als Grundleger textkritischer Verfahren. Zu Lachmanns Walther-Ausgabe(n). In: Geschichte der altgermanistischen Edition. Hg. von Judith Lange und Martin Schubert. Berlin, Boston 2023, S. 17–35.

v. Kraus setzt sich Christoph Cormeau in der 14. Auflage auseinander; zahlreiche Konjekturen (,Verbesserungen') und unbeweisbare Athetesen (Unechterklärungen von Strophen oder Liedern) macht er rückgängig und bietet einen wieder mehr an der Überlieferungswirklichkeit orientierten Text. Ich selbst schließlich (15. Auflage 2013 und 16. Auflage 2023) erweitere die Ausgabe um zahlreiche Fassungseditionen und einen ausführlichen Textkritischen Kommentar. Auf der 16. Auflage beruht die hier vorliegende Übersetzung.

Allein die Betrachtung der Editionstradition von Lachmann über von Kraus bis Bein zeigt ein fast 200-jähriges Ringen um den ,rechten Text'. Aber diese ist nicht die einzige Tradition. Kein anderer Lyriker hat ein derart intensives und disparates Editionsleben erfahren. Neben Lachmann und seinen wissenschaftlichen Nachkommen hat es noch viele andere Textausgaben gegeben. Gesamtausgaben liegen vor von Friedrich Heinrich von der Hagen (1838), Franz Pfeiffer (1864), Hermann Paul (1882; fortgeführt von Albert Leitzmann 1945; mit anderem Zugriff erneut fortgeführt von Silvia Ranawake 1997), Friedrich Maurer (1955/56), Günther Schweikle (1994/98, fortgeführt von Ricarda Bauschke 2009). Eine Ausgabe mit Kommentar stammt von Wilhelm Wilmanns (1869; fortgeführt von Victor Michels 1924). Teil- und Auswahlausgaben bieten u. a. Ingrid Kasten (1995) und Horst Brunner (2012). Eine genuin digitale Walther-Edition ist im Entstehen begriffen: Seit 2012 ist das ambitionierte Projekt ,Lyrik des deutschen Mittelalters' online.[6] Gegenstand ist die deutschsprachige Lyrik vor allem des 12. und 13. Jahrhunderts, darunter natürlich auch diejenige Walthers. Benutzerinnen und Benutzer haben Zugriff auf Digitalisate der Handschriften, diplomatische Transkriptionen, normalisierte Lesefassungen sowie verschiedene Apparate und literaturwissenschaftliche Kommentare (mit Hinweisen auf die Forschungslage und -literatur).

Keinem anderen Lieder- und Sangspruchdichter des Mittelalters ist eine derart intensive editorische Arbeit gewidmet worden. Die vielen unterschiedlichen Editionen spiegeln in ihrer Geschichtlichkeit den Wandel der Textkritik und Editionswissenschaft von den Anfängen der Germanistik bis in unsere heutige Zeit. Keine der derzeit auf dem Buchmarkt befindlichen Editionen (hier meine ich Schweikle/ Bauschke, Lachmann/ Cormeau/ Bein, Paul/ Ranawake, Brunner) kann als ,die beste' oder ,die richtigste' bezeichnet werden. Die zugrunde liegenden Prämissen und ,Ideologien' sind zu verschieden. Auch einige der älteren Ausgaben sind nicht grundsätzlich ,überholt' und unbrauchbar.

---

[6] Vgl. https://www.ldm-digital.de/ [25. 01. 2023].

2. Walther von der Vogelweide übersetzen

> Mittelhochdeutsche Gedichte auch nur erträglich ins Neuhochdeutsche zu übersetzen, ist ein Ding der Unmöglichkeit: es kann nicht geschehen, ohne daß der schönste Hauch und Duft mit unbarmherziger Hand davon abgestreift wird, und was dann übrig bleibt, ist höchstens ein mattes Abbild des ursprünglichen Werkes.[7]

Der umtriebige Philologe Franz Pfeiffer schrieb dies 1864 im Vorwort zu seiner Walther-Edition – und er hat zweifellos Recht. Das hat indes nicht verhindert, dass schon vor ihm und auch nach ihm immer und immer wieder dieses ‚Ding der Unmöglichkeit‘ in Angriff genommen wurde.

Und nun: Warum noch eine Walther-Übersetzung?

Die Frage ist berechtigt, wenn man sich vergegenwärtigt, wie viele Übersetzungen es seit Jahrzehnten, ja Jahrhunderten, bereits gibt. Die auf Papier gedruckten sind schon kaum zu zählen bzw. ausfindig zu machen[8], uferlos wird es, wenn man sich ins Internet begibt und nach übersetzten Walther-Texten googelt.

Walther ist eben ein ‚Klassiker‘[9], der „größte Poet des deutschen Mittelalters"[10]! Kein Geringerer als Marcel Reich-Ranicki adelt ihn im Feuilleton und spricht zweifellos aus, was seit dem 19. Jahrhundert *communis opinio* ist: „Erst in einer viel späteren Epoche hatte Deutschland wieder einen Dichter, der Verse von vergleich-

---

7   Walther von der Vogelweide. Hg. von Franz Pfeiffer. Sechste Auflage, hg. von Karl Bartsch. Leipzig 1880 (das Zitat aus dem Vorwort Pfeiffers zur 1. Auflage 1864, S. VII f.).

8   Vgl. Scholz, Manfred Günter: Bibliographie zu Walther von der Vogelweide. Berlin 1969. Ders.: Walther-Bibliographie. 1968–2004. Frankfurt a. M. [u. a.] 2005. Ders.: Walther-Bibliographie 2005–2009. In: Walther von der Vogelweide – Überlieferung, Deutung, Forschungsgeschichte. Mit einer Ergänzungsbibliographie 2005–2009 von Manfred G. Scholz. Hg. von Thomas Bein. Frankfurt a. M. [u. a.] 2010, S. 329–354. – Beachtlich ist, dass bereits 1922 eine Dissertation erschienen ist, die sich mit der Problematik des Übersetzens aus dem Mittelhochdeutschen befasst hat: Agnes Vogel: Die Gedichte Walthers von der Vogelweide in neuhochdeutscher Form. Ein Beitrag zur Geschichte und Technik der deutschen Übersetzungskunst. Giessen 1922 (ND Amsterdam 1968). Hier finden sich Abrisse zur Geschichte der Walther-Übersetzungen im 19. Jahrhundert.

9   Vgl. zur Genese Walthers zum ‚Klassiker‘ Dorothea Klein: Walther von der Vogelweide. In: Klassiker des Mittelalters. Hg. von Regina Toepfer. Hildesheim 2019, S. 233–267. – Vgl. grundsätzlich auch: Kanonbildung und Editionspraxis. Hg. von Jörn Bohr, Gerald Hartung und Rüdiger Nutt-Kofoth. Berlin 2021.

10   Konrad Burdach: ‚Walther von der Vogelweide‘. In: Allgemeine Deutsche Biographie 41, 1896, S. 35–92, online: https://www.deutsche-biographie.de/pnd118628976.html#adbcontent [25. 01. 2023].

barer Schönheit geschrieben hat: Goethe."[11] ‚Mythos Walther' – mag man sagen, aber während manche Mythen künstlich gemachte *ex post* sind, gründet der ‚Mythos Walther' doch auf etwas (literar-)historisch Fassbarem: auf in Handschriften vor allem des 13. und 14. Jahrhunderts festgehaltenen lyrischen Texten hoher Qualität, die mit seinem Namen in Verbindung stehen und die bereits von seinen Zeitgenossen und unmittelbaren Nachfolgern gerühmt werden. Es verwundert insofern überhaupt nicht, dass sich Wissenschaft, Populärwissenschaft, Pseudo-Wissenschaft, Bildungsbürgertum, Feuilleton und leider auch eine Nazi-Germanistik[12] dieses Dichters immer wieder angenommen haben.

2.1. Walther übersetzen: Die Anfänge

Die älteste[13] (einigermaßen umfangreiche) Auswahl*übersetzung* hat 1779 Johann Wilhelm Ludwig Gleim – 48 Jahre vor der ersten wissenschaftlichen und letztlich langlebigsten Text*edition* von Karl Lachmann (1827) – herausgebracht, teils eigenwillig (aber zeittypisch und anakreontisch) am mittelalterlichen Text weiterdichtend.[14] Gleim ist es, so klingt seine Einleitung, ein großes Bedürfnis, die mittelalterliche Poesie wiederzubeleben. Er schaut mit größter Hochachtung auf den Schweizer Philologen Johann Jakob Bodmer (1698–1783), den (nicht nur) er als ‚Vater' bezeichnet[15], und ist höchst erschüttert darüber, dass man in Deutschland nicht

---

[11] Marcel Reich-Ranicki: Walther von der Vogelweide: Under der linden (Frankfurter Anthologie). In: Frankfurter Allgemeine Zeitung, 10. 1. 2014, online: https://www.faz.net/aktuell/feuilleton/bue cher/frankfurter-anthologie/marcel-reich-ranicki-in-der-frankfurter-anthologie-walther-von-der-vog elweide-under-der-linden-12746329.html [25. 01. 2023].

[12] Vgl. Thomas Bein: Walther von der Vogelweide: ein „unheimlich naher Zeitgenosse". Werkprofil und nationalsozialistische Mißdeutung. In: leuvense bijdragen 82, 1993, S. 363–381. Vgl. auch Roland Richter: Wie Walther von der Vogelweide ein ‚Sänger des Reiches' wurde. Eine sozial- und wissenschaftsgeschichtliche Untersuchung zur Rezeption seiner ‚Reichsidee' im 19. und 20. Jahrhundert. Göppingen 1988.

[13] Rund 100 Jahre älter ist eine vereinzelte Übersetzung *einer* Strophe durch Hoffmann von Hoffmannswaldau (1689). Vgl. Ulrich Müller: Übersetzen im Mittelalter, Übersetzen aus dem Mittelhochdeutschen. In: editio 14, 2000, S. 11–26, hier S. 15. – Zwei Einzelstrophen übersetzt Johann Jakob Bodmer in einem Brief vom 2. April 1767 an Johann Wilhelm Ludwig Gleim (vgl. Briefe der Schweizer Bodmer, Sulzer, Geßner. Aus Gleims litterarischem Nachlasse. Hg. von Wilhelm Körte. Zürich 1804, S. 364 ff.).

[14] [Johann Wilhelm Ludwig Gleim]: Gedichte nach Walter von der Vogelweide. o. O [Halberstadt] 1779 (Das Büchlein weist nicht den Namen Gleims als Autor auf). Vgl. dazu Volker Mertens: zum Besten zweyer armen Mägdchen. Johann Wilhelm Ludwig Gleims Gedichte nach den Minnesängern und Walther von der Vogelweide. In: Walther von der Vogelweide. Beiträge zu Produktion, Edition und Rezeption. Hg. von Thomas Bein. Frankfurt a. M. [u. a.] 2002, S. 225–248.

[15] „Dem Vater Bodmer gewidmet." [Gleim, wie Anmerkung 14], S. 1. – Vgl. auch den Abriss ‚Zur Geschichte des Übersetzens älterer deutscher Texte' in: Bernhard Sowinski: Probleme des Übersetzens aus älteren deutschen Texten. Bern [u. a.] 1992, S. 95–101.

diesen schweizerischen Entdeckergeist vorfinde. Ähnlich sieht es der Romantiker Ludwig Tieck.[16] Er, großer Bewunderer mittelalterlicher Dichtkunst, gibt 1803 ein Büchlein mit Übersetzungen verschiedener ‚Minnesinger‘ heraus, darunter finden sich auch einige Lieder Walthers.[17] Tieck beklagt, dass der Geist mittelalterlicher Poesie bislang nur unvollkommen den Menschen seiner Zeit nahegebracht worden sei. Bisher handle es sich um eine reine Gelehrtensache.[18] Dem will er mit seiner Ausgabe begegnen:

> Es gelingt vielleicht durch diesen Versuch etwas mehr Theilnahme für diese Gedichte zu erregen, als sich bisher beim deutschen Publikum gezeigt hat. Die bisherigen Proben, die man mittheilte, waren meist zu sehr modernisirt und verändert, auch waren es vielleicht zu wenige, um Aufmerksamkeit zu erregen.[19]

Tieck präsentiert eine eigentümliche Mischung aus mittelhochdeutschem Original und sprachlicher (meist nur lautlicher) Aktualisierung: „Einige dunkle Stellen habe ich willkührlich genommen und andre vorsätzlich verändert, doch sind einige Gedichte dunkel geblieben"[20]. Grundsätzlich will Tieck den mittelalterlichen Sprachgeist und die Form bewahren, was ihm nur dann möglich scheint, wenn er partiell den mittelhochdeutschen Text in seine ‚Erneuerung‘ unverändert übernimmt:

> Das Wichtigste schien mir, nichts an dem eigentlichen Character der Gedichte und ihrer Sprache zu verändern, daher durfte keine Form des Verses verletzt werden; dies war aber zu vermeiden nicht möglich, wenn man nicht manche der alten Worte so ließ, wie sie ursprünglich gebraucht waren. In der neuern Sprache verliehren alle diese Gedichte zu viel, daher ist es keine unbillige Forderung, wenn der Herausgeber verlangt, daß ihm die Leser auf halbem Wege entgegen kommen sollen, so wie er ihnen halb entgegen geht.[21]

Karl Simrock stimmt 1833 Gleim und Tieck zu, was ihre Bemühung angeht, die mittelalterliche Dichtung wieder bekannt zu machen. Allerdings hält er nicht viel von ihren Herangehensweisen. Er stellt heraus, dass für eine Renaissance der mit-

---

[16] Vgl. Ludwig Tieck: Leben – Werk – Wirkung. Hg. von Claudia Stockinger und Stefan Scherer. Berlin 2016. – Simone Loleit: Edieren mit Blick auf die Beteiligung des Publikums. Ludwig Tiecks Minnelieder aus dem Schwäbischen Zeitalter (1803). In: Geschichte der altgermanistischen Edition. Hg. von Judith Lange und Martin Schubert. Berlin, Boston 2023, S. 349–374. – Speziell zur romantischen Rezeption mittelalterlicher Lyrik: Mittelalterrezeption. Texte zur Aufnahme altdeutscher Literatur in der Romantik. Hg., eingeleitet und mit einer weiterführenden Bibliographie versehen von Gerard Kozielek. Tübingen 1977. – Ruth Istock: Die Wiedergewinnung mittelhochdeutscher Lyrik in den Übersetzungen deutscher Romantik. Ein Beitrag zur romantischen Poetik. (Diss.) Mainz 1961.

[17] Vgl. Minnelieder aus dem Schwäbischen Zeitalter neu bearbeitet und herausgegeben von Ludewig Tieck. Berlin 1803, S. 191–205.

[18] Vgl. Tieck [ebd.], ‚Vorrede‘, S. I–XXX.

[19] Ebd., S. XXV.

[20] Ebd., S. XXVI.

[21] Ebd., S. XXVI f.

telalterlichen deutschen Poesie allererst die strengen philologischen Grundlagenarbeiten der Brüder Grimm und Karl Lachmanns notwendig gewesen seien.[22] Erst jetzt sei es möglich, diesen „berühmteste[n], vielseitigste[n] und gewiß auch geistreichste[n] unter den Liederdichtern"[23] dem deutschen Volk nahezubringen. Seine Übersetzung, so wünscht Simrock, möge „das deutsche Gehör" für die alten Lieder „wieder empfänglich" machen.[24] Dies versucht er zu tun, indem er den mittelhochdeutschen Text grundsätzlich vollständig ins Neuhochdeutsche (des 19. Jahrhunderts) überträgt. Wie seine Vorgänger metrisiert Simrock seine Übersetzung, versieht die Verse mit Reimen und orientiert sich an der Strophenstruktur des Originals.

Gleim, Tieck, Simrock und Pfeiffer – sie können für grundsätzliche Positionen zur Vermittlung mittelalterlicher Dichtkunst im 19. Jahrhundert stehen: Das Panorama umfasst freie Aneignung und aktualisierende, poetische Umarbeitung (Gleim), leichte lautliche Angleichungen neben (oft auch aus Reimgründen) häufig unveränderter Übernahme der mittelhochdeutschen Lexik und Syntax (Tieck), Übertragung der alten Texte unter Berücksichtigung der anzunehmenden sprachlichen Voraussetzungen des anvisierten Publikums (Simrock) und eben auch die Ablehnung all solcher Anstrengungen mit Verweis darauf, dass sie grundsätzlich zum Scheitern verurteilt seien (Pfeiffer). Pfeiffer steht dabei auf der Seite der seit Beginn des 19. Jahrhunderts sich etablierenden Universitätsgermanistik mit ihrer dominanten Grimmschen und Lachmannschen Ethik.[25]

Sie hat freilich nicht verhindert, dass weiterhin Walther-Übertragungen angegangen wurden, so zunächst durch Friedrich Koch 1848[26] und Gotthold Alexander

---

[22] Gedichte Walthers von der Vogelweide, übersetzt von Karl Simrock und erläutert von Karl Simrock und Wilh. Wackernagel. Erster Theil. Berlin 1833, S.VI.

[23] Ebd., S. VIII.

[24] Ebd., S. V. Immer wieder stößt man in den Publikationen des 19. Jahrhunderts auf zunächst irritierende nationalistische Töne und Aussagen. Sie muss man indes vor dem Hintergrund der gesamtpolitischen Situation Mitteleuropas im 19. Jahrhundert sehen (Nationalstaatenbildung) und zu verstehen suchen. Vgl. etwa: Zur Geschichte und Problematik der Nationalphilologien in Europa. 150 Jahre Erste Germanistenversammlung in Frankfurt am Main (1846–1996). Hg. von Frank Fürbeth, Pierre Krügel, Ernst E. Metzner, Olaf Müller. Tübingen 1999. – Editing the Nation's Memory: Textual Scholarship and Nation-Building in Nineteenth-Century Europe. Edited by Dirk van Hulle and Joep Leersen. Amsterdam, New York 2008.

[25] Vgl. u. a. Eine Wissenschaft etabliert sich. 1810–1870. Mit einer Einführung hg. von Johannes Janota. Tübingen 1980. – Wissenschaftsgeschichte der Germanistik in Porträts. Hg. von Christoph König, Hans-Harald Müller und Werner Röcke. Berlin 2000. – Thomas Bein: Karl Lachmann – Ethos und Ideologie der frühen Editionswissenschaft. In: Neugermanistische Editoren im Wissenschaftskontext. Biografische, institutionelle, intellektuelle Rahmen in der Geschichte wissenschaftlicher Ausgaben neuerer deutschsprachiger Autoren. Hg. von Roland S. Kamzelak, Rüdiger Nutt-Kofoth und Bodo Plachta. Berlin 2011, S. 1–15. – Zur Frühphase der Walther-Forschung vgl. Manfred Gradinger: Die Minnesang- und Waltherforschung von Bodmer bis Uhland. (Diss.) München 1970.

[26] Friedrich Koch: Die Gedichte Walthers von der Vogelweide. In vier Büchern nach der Lachmann'schen Ausgabe des Urtextes vollständig übersetzt und erläutert. Halle 1848.

Weiske 1852[27] (jeweils auf Lachmanns Ausgabe fußend). Es folgen Übertragungen (z. T. als Auswahl) von Karl Pannier (1876), Adalbert Schroeter (1881), Edward Samhaber (1882), Bruno Obermann (1886), Bodo Wenzel (1889), Karl Kinzel (1890), Gustav Bornhak (1891), Eduard Kleber (1894), Gustav Legerlotz (1897), Wolrad Eigenbrodt (1898), Johannes Nickol (1903), Richard Zoozmann (1907), Constanze Heisterbergk (1910), Walter Bulst (1926), Hermann Stodte (1937) und Richard Schaeffer (1955).[28] Grundsätzlich fällt auf, dass es sich bei diesen Übersetzern und der einen Übersetzerin nicht um Universitätsgermanisten handelt, sondern zumeist um kulturbeflissene Lehrer und (durchaus akademisch gebildete) Liebhaber mittelalterlicher deutscher Sprachkunst.[29]

2.2. Walther übersetzen: Neue Wege

Übersetzungsstrategien, -typen und -konzepte ändern sich (allmählich) in der zweiten Hälfte des 20. Jahrhunderts und das hat wohl auch mit der Neuaufstellung der Germanistik in den Nach-1968er-Jahren zu tun, sicher aber damit, dass die Germanistik sich zu einem Massenfach mit sehr vielen Studierenden entwickelt, denen man insbesondere die Ältere Germanistik allererst schmackhaft machen muss. Vor diesem Hintergrund entstehen nach dem Zweiten Weltkrieg eine Reihe von zweisprachigen Walther-Ausgaben, die dadurch, dass sie auch den mittelhochdeutschen Text enthalten, für den akademischen Unterricht geeignet sind und aber auch Laien ansprechen, die sich über die Hilfestellung einer Übersetzung mit dem mittelalterlichen Text beschäftigen möchten. 1944 erscheint Hans Böhms ‚Urtext mit Prosaübersetzung‘, gewidmet den altgermanistischen Schwergewichten Carl von Kraus sowie Wilhelm Wilmanns und Gustav Roethe.[30] Kurz vor Ende des Zweiten Weltkriegs schreibt der studierte Germanist Böhm, selbst auch dichterisch tätig, im Nachwort: „Hiermit wird dieser Dichter zum ersten Male auch dem ‚tum-

---

[27] Gotthold Alexander Weiske: Gedichte Walthers von der Vogelweide nach Lachmanns Ausgabe übersetzt. Halle 1852.

[28] Nach Manfred Günter Scholz [wie Anmerkung 8, 1969], S. 30 ff. Hier auch die vollständigen bibliographischen Angaben. – Noch weitere (Teil-)Übersetzungen sind nachgewiesen in: Siegfried Grosse, Ursula Rautenberg: Die Rezeption mittelalterlicher deutscher Dichtung. Eine Bibliographie ihrer Übersetzungen und Bearbeitungen seit der Mitte des 18. Jahrhunderts. Tübingen 1989, S. 279 ff.

[29] Karl Pannier ist Jurist und Mitarbeiter im Reclam-Verlag; Adalbert Schroeter Bibliothekar; Edward Samhaber Schriftsteller und Pädagoge; Bruno Obermann Gymnasiallehrer; Bodo Wenzel Arzt; Gustav Bornhak Gymnasiallehrer; Gustav Legerlotz Pädagoge und Schulleiter; Wolrad Eigenbrodt Schriftsteller, Literaturkritiker und Philosoph; Richard Zoozmann Redakteur, Constanze Heisterbergk Schriftstellerin und Lehrerin; Hermann Stodte Lehrer und Schulleiter; allein Walter Bulst ist Universitätsprofessor für Lateinische Philologie. – Für biographische Recherchen danke ich Frau Yvonne Schneider.

[30] Vgl. Die Gedichte Walthers von der Vogelweide. Urtext mit Prosaübersetzung von Hans Böhm. Berlin 1944.

ben leien' zugänglich, und das zu einer Zeit, die mehr als je eine sich gedrungen fühlt, auf allen Gebieten frühere Werte in Leben und Tat zu verwandeln."[31] Die mit Karl Pannier 1876 beginnende Walther-Tradition im populären und kostengünstigen Reclam-Verlag wird nach überarbeiteten Folgeauflagen 1955 von Richard Schaeffer fortgesetzt; bis in die aktuelle Zeit hinein hat Reclam zweisprachige Walther-(Auswahl-)Ausgaben im Programm (Günther Schweikle, 1998; Horst Brunner, 2013, dazu mehr unten). Vergleichbare Werke geben in anderen Verlagen auch Paul Stapf (1955), Max Wehrli (1955), Eugen Thurnher (1959), Wilhelm Bondzio (1962), Peter Wapnewski (1962), Friedrich Maurer (1972), Jörg Schaefer (1972), Werner Höver und Eva Kiepe (1978), Hubert Witt (1979), Rüdiger Krüger (1983), Ingrid Kasten und Margherita Kuhn (1995) sowie Franz Viktor Spechtler (2003) heraus.[32] Die meisten der hier genannten Personen sind Hochschulgermanistinnen und -germanisten, die als Editoren, Literaturhistoriker, -theoretiker und -wissenschaftler[33] arbeiten. In dieser Zeit finden sich kaum noch Übertragungen, die keinen Anspruch auf philologische Genauigkeit legen, sondern eher poetische Nachdichtungen sein möchten. Zu diesem Typ dürften aber doch Helmut Schwanigs ‚Reimübersetzung' von 1983[34] und das ‚Liebsgetön' von Karl Bernhard 1991 zählen[35].

In einer eigenen Liga spielt Peter Rühmkorf mit seinem 1975 erschienenen Buch ‚Walther von der Vogelweide, Klopstock und ich'.[36] Rühmkorf (1929–2008), bedeutender Lyriker und scharfzüngiger Essayist, hat sich intensiv mit Walther von der Vogelweide befasst und einige Strophen und Lieder übertragen. Ein inzwischen veröffentlichter Briefwechsel[37] mit dem Germanisten Peter Wapnewski (seinerseits

---

[31] Ebd., S. 283. Das Zitat mag auch eine gewisse (nachvollziehbare) Hilflosigkeit eines Literaturwissenschaftlers zum Ausdruck bringen, sich angesichts des Kriegsdesasters mit Walther von der Vogelweide befasst zu haben. Böhm gehört aber mit seinem Lehrer Carl von Kraus (er bringt 1935 seine ‚Untersuchungen', einen großen Walther-Kommentar, und 1936 seine 10. Auflage der Lachmannschen Walther-Ausgabe heraus) zu einer Reihe von Hochschulgermanisten, die sich nicht von der Nazi-Ideologie vereinnahmen ließen. Vgl. Thomas Bein: Walther von der Vogelweide: ein „unheimlich naher Zeitgenosse" [wie Anmerkung 12].

[32] Von Stapf bis Kasten nach Manfred Günter Scholz [wie Anmerkung 8, 2005], S. 26 ff. und Grosse/Rautenberg [wie Anmerkung 28].

[33] Hier sind die weiblichen Formen bitte mitzudenken.

[34] Vgl. Walther von der Vogelweide. Gesamtwerk in gleichartiger Reimübersetzung von Helmut Schwanig. Bad Mergentheim 1983.

[35] Vgl. Walther von der Vogelweide: Liebsgetön. Minnelieder. Frei übertragen von Karl Bernhard. Mit einem Nachwort von Walter Muschg. Zürich 1991.

[36] Vgl. Peter Rühmkorf: Walther von der Vogelweide, Klopstock und ich. Reinbek bei Hamburg 1975.

[37] Peter Rühmkorf: Des Reiches genialste Schandschnauze. Texte und Briefe zu Walther von der Vogelweide. Hg. von Stephan Opitz unter Mitarbeit von Christoph Hilse. Eine Edition der Arno Schmidt Stiftung in Verbindung mit dem Deutschen Literaturarchiv Marbach. Göttingen 2017. In dieser Publikation finden sich auch alle von Rühmkorf übersetzten Walther-Texte.

bekannter Walther-Forscher und -Übersetzer[38]) zeugt von einer frisch-frechen Lust am mittelalterlichen Dichter. Ein Beispiel (Rühmkorf an Wapnewski am 9. 6. 1974):

> Lieber Herr Wapnewski, [...] Ich habe in der Zwischenzeit auch die hiesige Liegestatt Ihrer Diss. entdeckt, im Lesesaal, wohin ich mich ungern begebe, aber macht nichts, da komm ich notfalls wenigstens ran. Ich hab mir inzwischen auch ein Paar fleißige und lustige Tage gemacht und einige Texte übersetzt, die meisten gleich dreifach-vierfach, wovon das Vorliegende dann jeweils ein Kompilat darstellt. Werfen Sie doch mal ein aufgeschlossenes Auge drauf. Am Dialog mit der Wissenschaft liegt mir immer noch mächtig, die Lust hat selbst der Psychopath Pyritz[39] mir nicht austreiben können.[40]

Die Übertragungen von Rühmkorf sind bemerkenswert, sie sind sprachlich elegant, sie treffen den Ton – und sind rhythmisiert und gereimt, ohne kitschig-kindisch zu klingen. Er entfernt sich zuweilen weit vom mittelhochdeutschen Text, doch – so durchweg mein Eindruck – bringt er messerscharf das Gemeinte zum Ausdruck (freilich: soweit wir denn richtig liegen mit *unserer* Meinung, was *Walther* ‚meinte‘). Eine bis heute rätselhafte Strophe hat Rühmkorf wie folgt übertragen:

> *Der König hat mir dreißig Silberlinge zugemessen:*
> *die kann ich nicht verfrachten, noch verfressen,*
> *ich soll sie mir als Zins aus Felsen pressen.*
> *Groß ist die Ehre, doch der Wert nicht ganz geheuer.*
> 5   *Es ist nicht sichtbar, hörbar, nicht zu fassen:*
> *Freunde, soll ich es nehmen oder fahren lassen?*
> *Schon droht man mir mit Zoll und Kirchensteuer.*
> *Der Pfaffen Fahnden stört mich nicht so sehr:*
> *Die Kasse wird dadurch nicht minder leer.*
> 10   *Prüft hin, prüft her – es wird nicht mehr.*[41]

Der mittelhochdeutsche Text[42] dazu lautet wie folgt (in der Version, die Rühmkorf benutzt hat):

> *Der künec mîn hêrre lêch mir gelt ze drîzec marken:*
> *des enkan ich niht gesliezen in der arken,*
> *noch geschiffen ûf daz mer in kielen noch in barken.*
> *der nam ist grôz, der nuz ist aber in solher mâze,*
> 5   *daz ich in niht begrîfen mac, gehœren noch gesehen:*

---

[38] Walther von der Vogelweide: Gedichte. Mittelhochdeutscher Text und Übertragung. Ausgewählt und übersetzt von Peter Wapnewski. Frankfurt a. M. 1962. Diese Auswahl-Übersetzung hat viele (noch erweiterte) Folgeauflagen erlebt und ist bis heute auf dem Buchmarkt erhältlich.

[39] Gemeint ist Hans Werner Pyritz (1905–1958), wegen seiner nationalsozialistischen Vergangenheit umstrittener Germanistikprofessor (zuletzt in Hamburg), bei dem Rühmkorf studiert hatte.

[40] Peter Rühmkorf: Des Reiches genialste Schandschnauze [wie Anmerkung 37], S. 166.

[41] Peter Rühmkorf: Des Reiches genialste Schandschnauze [wie Anmerkung 37], S. 83.

[42] Es handelt sich um die Strophe L. 27,7, in der Edition Lachmann/Cormeau/Bein Ton 11, III (C) bzw. VIII (Z). Meine Übersetzung in diesem Band auf S. 79 ff.

> *wes sol ich danne in arken oder in barken jehen?*
> *nû râte ein ieglich friunt, ob ichz behalte oder ob ichz lâze.*
> *der pfaffen disputieren ist mir gar ein wiht:*
> *si prüevent in der arken niht, da ensî ouch iht:*
> 10 *nû prüeven hin, nû prüeven her, son habe ich drinne niht.*[43]

In dem Text geht es um ein Geschenk, das für den Sprecher der Strophe (er mag wohl der biographische Walther sein) zwar nett daherkommt, aber irgendwie nutzlos ist. Die Fachwelt rätselt bis heute. Rühmkorfs Übersetzung von V. 3 hat mit dem Walther-Text nichts mehr gemein – trifft aber vielleicht genau ins Schwarze. Die Verse 7–9 sind umgebaut und von ,Zoll‘ und ,Kirchensteuer‘ ist bei Walther nicht die Rede – vielleicht hat er aber genau das gemeint. Vielleicht.

Ein bislang letzter, groß angelegter Versuch, mittelalterliche deutsche Lyrik zu adaptieren, zu aktualisieren, neu zu poetisieren, liegt mit dem Sammelband ,Unmögliche Liebe‘ aus dem Jahr 2017 vor.[44] Hier machen sich zeitgenössische Lyrikerinnen und Lyriker daran, mittelalterliche Texte so zu übertragen, wie sie sie ihrem künstlerischen Empfinden nach verstehen. Übersetzungen kann man das nicht mehr nennen, eher: Nachdichtungen, moderne Adaptationen, Umdichtungen. Das Feuilleton hat das Buch überaus gelobt: „Die Poesie des Mittelalters und die Lyrik der Gegenwart geraten hier in ein außerordentlich lebhaftes Gespräch, in dem sämtliche Möglichkeiten dichterischen Sprechens durchbuchstabiert werden." (DIE ZEIT[45]). „Diese einzigartige Anthologie lässt nicht nur erkennen wie bemerkenswert aktuell das dichterische Motiv der Vergeblichkeit der Liebe doch ist, sondern lädt dazu ein, alle großen Poeten des Hochmittelalters kennenzulernen." (Die Stadtredaktion Heidelberg[46]). „Ewig junge Minne-Lyrik. Von genialen Schandschnauzen, Bürschleins und der unerhörten Liebe [...] ein ergötzlich Buch, ein funkelnd Schatz!" (Bayrischer Rundfunk[47]). Und auch aus der Fachwissenschaft kam Lob: „Ich halte die Anthologie in ihrer Zusammenstellung, in ihrer philologischen Fundierung, ihrem formalen Reiz und ihrem hermeneutischen Potential für durchaus gelungen. Sie rührt immer wieder an die Problemkerne des Minnesangs, um die sich auch die Wissenschaft bemüht, und vermittelt so auch in fachlicher Perspektive einen frischen Blick auf die Gattung."[48]

---

[43] Peter Rühmkorf: Des Reiches genialste Schandschnauze [wie Anmerkung 37], S. 82.

[44] Vgl. Unmögliche Liebe. Die Kunst des Minnesangs in neuen Übertragungen. Hg. von Tristan Marquardt und Jan Wagner. München 2017.

[45] https://www.zeit.de/kultur/literatur/2017-09/unmoegliche-liebe-tristan-marquardt-jan-wagner/kom plettansicht [25. 01. 2023].

[46] https://www.die-stadtredaktion.de/2017/12/rubriken/kultur-ressorts/unmoegliche-liebe/ [25. 01. 2023].

[47] https://www.br.de/radio/bayern2/sendungen/radiotexte/jan-wagner-tristan-marquardt-minnelyrik-100.html [25. 01. 2023].

[48] Christoph Huber, Rezension in: ZfdA 150, 2021, S. 278–281, hier: S. 281.

2.3. Walther übersetzen: Metadiskurse

Neben konkreten Übersetzungen gibt es freilich auch ganz grundsätzliche, theoretische Translationsstudien, die sich allmählich zu einem neuen Forschungsparadigma formieren.[49] Wobei: ‚Neu' ist auch das nicht, wie letzten Endes fast gar nichts im unendlichen Raum der Kultur. Schon in Antike[50] und Mittelalter[51] hat man nicht nur Sprachtransfers vorgenommen, sondern diese auch reflektiert. Entsprechendes ist in den folgenden Jahrhunderten[52] immer wieder anzutreffen.

Zu Beginn der europäischen philologischen Tradition ragt zweifellos die Abhandlung Friedrich Schleiermachers ‚Über die verschiedenen Methoden des Übersetzens' von 1813 heraus.[53] Rund 100 Jahre später macht der Essay ‚Die Aufgabe des Übersetzers' von Walter Benjamin Furore[54]. Mit dem Essay leitet Benjamin seine Übertragungen von Charles Baudelaires ‚Tableaux Parisiens' ein, seine Ausführungen fußen also auf eigener konkreter Übersetzungsarbeit und sind eine einmal mehr, einmal weniger abstrakte Reflexion darüber, was literarische, insbesondere lyrische Übersetzungen leisten können, sollen, müssen.

Seit den 1960er Jahren entstehen vermehrt hochschulwissenschaftliche Studien zum Übersetzen. Der Sammelband ‚Das Problem des Übersetzens' erscheint 1963 und hat weite und lange Verbreitung im akademischen Raum.[55] In der Folgezeit konstituiert sich auch eine Übersetzungswissenschaft mit Studiengängen an einzelnen Universitäten. Diese Verankerung in einem akademischen Lehrbetrieb macht entsprechende propädeutische und einführende Publikationen nötig. Hierzu zählen u. a. der von Marie Snell-Hornby 1986 herausgegebene Sammelband ‚Übersetzungs-

---

[49] Vgl. einführend den aktuellen Handbuch-Artikel von Dieter Teichert: ‚Übersetzung'. Wörterbücher zur Sprach- und Kommunikationswissenschaft (WSK) Online, edited by Stefan J. Schierholz. Berlin, Boston 2020. https://www.degruyter.com/database/WSK/entry/wsk_id_wsk_artikel_artikel_294 06/html [25. 01. 2023].

[50] Vgl. Sandra Hinckers: Lateinische Übersetzungsreflexion in der Römischen Antike. Von Terenz bis zur ‚Historia Augusta'. Berlin 2020.

[51] Vgl. Übersetzen im Mittelalter. Cambridger Kolloquium 1994. Hg. von Joachim Heinzle. Berlin 1996.

[52] Vgl. Übersetzen in der Frühen Neuzeit – Konzepte und Methoden / Concepts and Practices of Translation in the Early Modern Period. Hg. von Regina Toepfer, Peter Burschel, Jörg Wesche. Unter Mitarbeit von Annkathrin Koppers. Berlin o.J. [2021, open access e-book].

[53] Vgl. Friedrich Schleiermacher's philosophische vermischte Schriften. Zweiter Band. Berlin 1838, S. 207–245. Neuedition: Friedrich Schleiermacher: Über die verschiedenen Methoden des Übersetzens. Hg. und mit einem Essay von Elisabeth Edl und Wolfgang Matz. Berlin 2022.

[54] Vgl. Walter Benjamin: Die Aufgabe des Übersetzers. In: Ders.: Gesammelte Schriften Bd. IV/1. Frankfurt a. M. 1972, S. 9–21. Auch in: Charles Baudelaire: Tableaux Parisiens. Übersetzt aus dem Französischen und mit einem Vorwort versehen von Walter Benjamin. Frankfurt a. M. 2016.

[55] Vgl. Das Problem des Übersetzens. Hg. von Hans Joachim Störig. Darmstadt 1963 (2., durchgesehenen und veränderte Auflage 1969, Nachdruck 1973).

wissenschaft – eine Neuorientierung'[56] ebenso wie 1984 die ‚Grundlegung einer allgemeinen Translationstheorie' (Reiß/Vermeer)[57], 1992 Werner Kollers ‚Einführung in die Übersetzungswissenschaft'[58], Radegundis Stolzes ‚Übersetzungstheorien' von 1994[59], das ‚Handbuch Translation' (1998)[60] und Erich Prunčs ‚Einführung in die Translationswissenschaft' (2002)[61]. Besonders der literarischen Übersetzung gewidmet ist der Sammelband ‚Gutes Übersetzen' von 2005.[62]

Vorgenannte Arbeiten sind grundsätzlich (kommunikations-)theoretischer Art und haben vor allem nicht das Übersetzen aus dem Alt- und Mittelhochdeutschen im Blick. Aber solche Studien gibt es andernorts: Parallel zu den mehr und mehr von Hochschulgermanistinnen und -germanisten verantworteten (Walther-)Übertragungen erscheinen nämlich Beiträge, die sich abstrakter mit dem Problem des Übersetzens aus dem Alt- und Mittelhochdeutschen befassen. Diese haben natürlich nicht nur Walther von der Vogelweide im Blick. Die älteste monographische Behandlung des Themas stammt von Franz Saran (1930).[63] Sein Vorstoß hat ein langes Nachleben gehabt. Nach dem Zweiten Weltkrieg wird sein Büchlein von Bert Nagel überarbeitet und erlebt noch fünf Folgeauflagen bis 1975.[64] Es ist untergliedert in einen sprachhistorisch ausgelegten Teil, der sich insbesondere mit dem Bedeutungswandel von Wörtern und den Eigenheiten der mittelhochdeutschen Grammatik befasst, und in einen (größeren) Teil mit zahlreichen Übersetzungsbeispielen, darunter auch zu Walther von der Vogelweide. Die Beispiele werden kommentiert, um auf die Besonderheiten aufmerksam zu machen, die es beim Übersetzen zu beachten gilt. Hier spielt neben der historischen Semantik auch die metrisch-

---

[56] Vgl. Übersetzungswissenschaft – eine Neuorientierung. Zur Integrierung von Theorie und Praxis. Hg. von Marie Snell-Hornby. Tübingen 1986.

[57] Vgl. Katharina Reiß, Hans J. Vermeer: Grundlegung einer allgemeinen Translationstheorie. Tübingen 1984 (2. Auflage 1991).

[58] Vgl. Werner Koller: Einführung in die Übersetzungswissenschaft. 4. völlig neu bearb. Aufl. Heidelberg, Wiesbaden 1992.

[59] Vgl. Radegundis Stolze: Übersetzungstheorien: eine Einführung. Tübingen 1994. – Vgl. auch Radegundis Stolze: Kulturwissenschaftliche Orientierung in der Übersetzungswissenschaft. In: Sprache – Kultur – Kommunikation. Language – Culture – Communication. Ein internationales Handbuch zu Linguistik als Kulturwissenschaft. An International Handbook of Linguistics as a Cultural Discipline. Hg. von / Edited by Ludwig Jäger, Werner Holly, Peter Krapp, Samuel Weber, Simone Heekeren. Berlin, Boston 2016, S. 783–790.

[60] Vgl. Handbuch Translation. Hg. von Mary Snell-Hornby, Hans G. Hönig, Paul Kußmaul und Peter A. Schmitt. Tübingen 1998.

[61] Vgl. Erich Prunč: Einführung in die Translationswissenschaft. Band 1. Orientierungsrahmen. Institut für Translationswissenschaft Graz. 2., erweiterte und verbesserte Auflage. Graz 2002.

[62] Buschmann, Albrecht (Hg.): Gutes Übersetzen. Neue Perspektiven für Theorie und Praxis des Literaturübersetzens. Berlin, Boston 2015.

[63] Vgl. Franz Saran: Das Übersetzen aus dem Mittelhochdeutschen. Eine Anleitung für Studierende, Lehrer und zum Selbstunterricht. Halle 1930.

[64] Vgl. Franz Saran: Das Übersetzen aus dem Mittelhochdeutschen. Neubearbeitet von Bert Nagel. 6., ergänzte Auflage. Tübingen 1975.

musikalische Form eine bedeutende Rolle. Schon vor und unabhängig von Paul Zumthor[65] heißt es völlig zurecht:

> An diesem Liede Walthers [das ‚Palästinalied'] läßt sich zeigen, welche Bedeutung der Melodie in der alten Lyrik zukommt. Denn obwohl es schon als reines Gedicht sehr eindrucksvoll ist, gewinnt es noch ein Vielfaches an Aussagekraft, wenn es als Lied erklingt. Erst im gesungenen Lied entfaltet sich der sakrale Impuls dieses Textes in seiner vollen Stärke. Überhaupt müßte mittelalterliche Lyrik stets nur als Gehörerlebnis aufgenommen werden. War doch ein solches Lied wirkliches Lied, d. h. nicht nur ein Gebilde, sondern vor allem auch ein Vorgang.[66]

Die Dissertation von Peter Wapnewski (1949)[67] ist leider nicht gedruckt worden und hat von daher keine breite Wirkung im Fach erzielt. Zweifellos aber hat sich Wapnewski mit dieser frühen rezeptionswissenschaftlichen Studie selbst viele Grundlagen erarbeitet, auf denen er sein späteres reiches wissenschaftliches Wirken, darunter Übersetzungen, aufbauen konnte.

Das Standardwerk von Saran/Nagel (s. o.) wird 1992 von Bernhard Sowinski gleichsam fortgesetzt.[68] Einen größeren Raum nehmen bei ihm Abrisse zur alt- und mittelhochdeutschen Grammatik ein – die Basis für jeden Akt der Übersetzung. Propädeutischen Charakter haben die Vorstellungen von Hilfsmitteln und regelrechte ‚Schritt-für-Schritt-Anleitungen' für Übersetzungen. Etwa die Hälfte des Buches ist Beispielübersetzungen gewidmet, darunter findet sich natürlich auch Walther von der Vogelweide mit gleich mehreren ausgewählten Texten. Sowinski kommentiert die verschiedenen Übersetzungen und zeigt ihre Stärken und Schwächen auf.

Neben den genannten Monographien erscheinen seit den 1970er Jahren immer wieder auch kürzere Aufsatzbeiträge zum Thema. So widmet sich 1969 Siegfried

---

[65] Der französische Romanist Zumthor hat in mehreren Publikationen eindringlich darauf hingewiesen, dass wir heute nurmehr die Hälfte des mittelalterlichen Textkunstwerks (‚oeuvre') besitzen, weil wir die performativen Begleitumstände nicht mehr kennen. Vgl. Paul Zumthor: Die orale Dichtung: Raum, Zeit, Periodisierungsproblem. In: Epochenschwellen und Epochenstrukturen im Diskurs der Literatur- und Sprachhistorie. Hrsg. von Hans Ulrich Gumbrecht und Ursula Link-Heer. Unter Mitarbeit von Friederike Hassauer, Armin Biermann, Ulrike Müller-Charles, Barbara Ullrich. Frankfurt a. M. 1985, S. 359–375; Ders.: Einführung in die mündliche Dichtung. Berlin 1990; Ders.: Die performance. Mündlichkeit und Schrift. In: Ders.: Die Stimme und die Poesie in der mittelalterlichen Gesellschaft. Aus dem Französischen von Klaus Thieme. München 1994, S. 35–58 (frz. Original: La poésie et la voix dans la civilisation médiévale. Paris 1984).

[66] Saran/Nagel [wie Anmerkung 64], S. 107. – Vgl. grundsätzlich zum Problem des Performanzverlusts mit Blick auf Edition und ‚Verstehen': Thomas Bein: Leerstellen edieren? Überlegungen zur Einbindung von Performanz in Editionen mittelalterlicher Literatur. In: editio 32, 2018, S. 82–92.

[67] Vgl. Hans Peter Wapnewski: Die Übersetzungen Mittelhochdeutscher Lyrik im 19. und 20. Jahrhundert. Ein Beitrag zur Geschichte der Minnesang-Auffassung und -Forschung und zum Problem des Übersetzens aus dem Mittelhochdeutschen. Diss. masch. Hamburg 1949.

[68] Vgl. Bernhard Sowinski [wie Anmerkung 15].

Grosse dem Sprachwandelproblem[69], das in der Tat ein ganz zentrales für das Geschäft des sprachlichen Transfers von einer älteren Sprachperiode in eine jüngere ist. Dass Übersetzungen ihrem Ausgangstext niemals völlig entsprechen können und dass man über ‚richtig‘ und ‚falsch‘ trefflich streiten kann, liegt auf der Hand. Der Linguist Manfred Kaempfert versucht sich 1971 an einer Objektivierung von Übersetzungsleistungen.[70] Um ‚richtig‘ und ‚falsch‘ geht es 1972 auch Ulrich Pretzel[71] – allerdings sind solche Kategorien, sieht man einmal von objektivierbaren grammatikalischen oder lexikalisch-semantischen Fehlern im engen Sinne ab, kaum zielführend. 1993 macht Michael S. Batts auf ein ganz eigenes Problem aufmerksam, das – wenngleich fast evident – bislang noch nicht fokussiert worden war: Eine jede ‚moderne‘ Übersetzung mittelalterlicher Sprache veraltet selbstredend ihrerseits und dies kann zu einer Potenzierung von Verständnisproblemen führen.[72] Diese Erkenntnis ist sicherlich eine der besten Rechtfertigungen für immer wieder ‚neue‘ Übersetzungen alter Dichtungen. Die 8. Plenartagung der Arbeitsgemeinschaft für germanistische Edition schließlich[73] ist 2000 dem Thema ‚Edition und Übersetzung. Zur wissenschaftlichen Dokumentation des interkulturellen Texttransfers‘ gewidmet. Ulrich Müller[74] und Thomas Bein[75] referieren zum Thema ‚Übersetzen aus dem Mittelhochdeutschen‘, fassen Fachgeschichtliches zusammen und zeigen Perspektiven für die Zukunft auf.

2.4. Walther übersetzen: Übersetzungsproben im Vergleich

Schaut man sich Übersetzungen aus verschiedenen Zeiten mit je anderem kulturellem Anspruch vergleichend an, wird schnell deutlich, welch vielgestaltiges Bild das

---

[69] Vgl. Siegfried Grosse: Sprachwandel als Übersetzungsproblem (Mittelhochdeutsch und Neuhochdeutsch). In: Wirkendes Wort 20, 1970, S. 242–258.

[70] Vgl. Manfred Kaempfert: Quantifizierende Verfahren zur Beurteilung neuhochdeutscher Übersetzungen aus dem Mittelhochdeutschen. In: ZfdPh 90, 1971, S. 481–499.

[71] Vgl. Ulrich Pretzel: Einige Anfänge mittelhochdeutscher Dichtungen. Bemerkungen zur richtigen Übersetzung altdeutscher Dichtung. In: Zeiten und Formen in Sprache und Dichtung. Festschrift für Fritz Tschirch zum 70. Geburtstag. Hg. von Karl-Heinz Schirmer und Bernhard Sowinski. Köln, Wien 1972, S. 1–16.

[72] Vgl. Michael Stanley Batts: Doppelte Fremdheit? Moderne Übersetzungen eines mittelhochdeutschen Textes. In: Übersetzen, verstehen, Brücken bauen. Geisteswissenschaftliches und literarisches Übersetzen im internationalen Kulturaustausch. Hg. von Armin Paul Frank. Berlin 1993, S. 647–654.

[73] Ich belasse es hier bei den genannten Beispielen; Vollständigkeit ist nicht intendiert, wesentliche Beiträge dürften indes genannt sein.

[74] Vgl. Ulrich Müller: Übersetzen im Mittelalter, Übersetzen aus dem Mittelhochdeutschen. In: editio 14, 2000, S. 11–28.

[75] Vgl. Thomas Bein: Bemerkungen zur Erschließung alt- und mittelhochdeutscher Texte durch neuhochdeutsche Übertragungen. In: editio 14, 2000, S. 29–40.

Geschäft des Übersetzens hervorbringen kann – und hier steht freilich im Vordergrund: das Übertragen von (sprach-)historisch weit entfernten poetischen, ästhetisierten und metrisierten Texten.

Anhand einer Strophe aus einem berühmten Walther-Lied (Ton 51) lässt sich dies wie folgt veranschaulichen.[76] Die Strophe IV b ist in zwei Handschriften überliefert und bei Lachmann/Cormeau/Bein folgendermaßen ediert (links der Editionstext, rechts daneben eine sehr enge, wörtliche Übersetzung von mir, die zum Vergleich mit den dann folgenden Übersetzungen aus der Geschichte der Walther-Übertragungen dienlich sein soll):

Mich dûhte, daz mir nie	*Mir schien, dass es mir niemals*
lieber wurde, danne mir ze muote was.	*angenehmer werden würde, als mir zumute war.*
die bluomen vieln ie	*Die Blüten fielen stetig*
von dem boume bî uns nider an daz gras.	*vom Baum zu uns herunter auf das Gras.*
5 Seht, dô muoste ich von vröiden lachen,	*Seht, da musste ich vor Freuden lachen,*
dô ich sô wunneklîche	*als ich in so herrlicher Weise*
was in troume rîche –	*im Traum reich bedacht war –*
dô taget ez und muoz ich wachen.	*da bricht der Tag an und ich muss aufwachen.*

1779 wird die Strophe von Johann Wilhelm Ludwig Gleim übersetzt:

Ich saß, in einem süssen Traume,
Bey meiner Sunnemann, und las!
Von einem schönem grossem Baume
Fiel Blüt' auf uns, und dann ins Gras;
5 Für grossen Freuden mußt' ich lachen;
Wir lobten unsern schönen Baum,
Und lasen fort – ich mußt' erwachen,
O weh! o weh! Der süsse Traum![77]

Sogleich wird deutlich, dass Gleim das mittelalterliche Original weitreichend umgedichtet hat.[78] Insbesondere kommt ein Eigenname einer Frau oder eines Mädchens neu in den Text: Sunnemann (V. 3).[79] Auch Metrik und Reimschema wurden verändert. Der mittelalterliche Text ist, so könnte man fast sagen, nurmehr ein Stichwort-

---

[76] Andere, ebenfalls sehr aussagekräftige und kommentierte Beispielübersetzungen in: Bernhard Sowinski [wie Anmerkung 15].

[77] [Johann Wilhelm Ludwig Gleim] [wie Anmerkung 14], S. 46.

[78] Vgl. auch Robert Weinmann: Johann Wilhelm Gleim als Erneuerer des altdeutschen Minnesangs. Eine germanistische Studie. Ansbach 1920.

[79] In der Sammlung [Johann Wilhelm Ludwig Gleim]: Gedichte nach den Minnesingern. Dem Kaiser Heinrich, dem König Wenzel von Beheim [...] und andern. Berlin 1773, S. 100 ff. findet sich ein längeres Lied (nach Hadloub), das den Titel ‚An das Fräulein Sunnemann' trägt. Dieses Fräulein Sunnemann durchzieht ferner ein weiteres Lied Gleims, ‚Ein Minnegesang' überschrieben: „Ich weiß der schönen Fräulein keine,/ Die so gefällt/ Der ganzen Welt,/ Als Fräulein Sunnemann die

geber (Traum – Freude – Liebesglück). Wie auch fast[80] alle anderen Übersetzer später deutet Gleim das Tempus des letzten Verses als Präteritum. Bei der Form *taget* kann man in der Tat neben dem Präsens auch eine apokopierte Präteritalform annehmen: *taget(e)*, insbesondere auch wegen des Hiats durch das folgende Pronomen *eʒ*. Bei der Verbform *muoʒ* (Hs. A schreibt *mv́ʒe*, Hs. C *mv́ʒ*) ist die Lage komplizierter. Folgt man A und deutet das Graphem <z> als Variante zu <s> (*muose*), würde eine Präteritalform vorliegen, bei Hs. C allerdings spricht alles für eine Präsensform. Ich selbst gehe von Präsens aus und sehe im letzten Vers einen Zeitwechsel des Ich-Erzählers. Man sieht: Übersetzungen hängen zuweilen auch von kleinsten philologischen Details ab, deren Deutung sprachhistorische Kompetenz verlangt.

Etwa ein Vierteljahrhundert später überträgt Ludwig Tieck 1803 die Strophe so:

Mir däuchte daß mir nie
Lieber wurde denne mir zu Muthe was,
Die Blumen fielen hie
Von dem Baume bei uns nieder auf das Gras;
5 *Seht, da muste ich von Freuden lachen,*
Da ich so wunnigleich
War im Traume reich,
Da tagte es und muste ich wachen. – [81]

Seine Übersetzung ist deutlich näher am mittelhochdeutschen Text, auch sind Metrik und Reimstruktur übernommen. Um den Reim allerdings zu gewährleisten, lässt Tieck die mittelhochdeutsche Form *was* (statt nhd. *war*) stehen und konstruiert einen Reim *wunnigleich: reich*.[82]

Auch Karl Simrock ist 1833 bemüht, Metrik und Reim zu übernehmen:

Ich glaubte niemals mehr
Freude zu gewinnen, als ich da besaß:
Die Blüthen fielen schwer
Von den Bäumen bei uns nieder in das Gras.
5 *Ich war so fröhlich, daß ich lachte.*
Als mich der Traum umsponnen
Hielt mit solchen Wonnen,
Da ward es Tag und ich erwachte.[83]

Kleine [...]" (in: Die deutsche komische und humoristische Dichtung seit Beginn des XVI. Jahrhunderts bis auf unsere Zeit. Auswahl aus den Quellen. In fünf Büchern. Mit biographisch-litterarischen Notizen, Worterklärungen und einer geschichtlichen Einleitung von Ignaz Hub. Zweiter Band. Nürnberg 1855, S. 81 f.).

[80] Siehe aber unten die Übersetzungen von Weiske und Schweikle.

[81] Minnelieder aus dem Schwäbischen Zeitalter [wie Anmerkung 17].

[82] Das mhd. Suffix *-lîch(e)* wird weitgehend nicht diphthongiert (nachweisbar wohl nur für das Mittelbairische des 14. und 15. Jahrhunderts).

[83] Gedichte Walthers von der Vogelweide, übersetzt von Karl Simrock [wie Anmerkung 22], S. 8.

Aus meiner Sicht (aber das ist nun ein Geschmacksurteil) trifft Simrock den ‚Geist‘ der Walther-Strophe besser als Tieck, obwohl oder vielmehr weil Simrock sich vom Mittelhochdeutschen ein Stück weiter entfernt[84] und eben im Neuhochdeutschen seiner Zeit formuliert.

Die Übertragung von Friedrich Koch folgt 1848 explizit der Lachmannschen Ausgabe. Er formuliert:

> *Ich glaubte, nimmer wieder*
> *die Freude zu gewinnen, die ich da besaß.*
> *Die Blüthen fielen nieder*
> *vom Baum zu unserem Lager in das weiche Gras.*
> 5 *Vor Lust wie jauchzte ich und lachte!*
> *Die Wonnen, die ich sah,*
> *im Schlaf und Traume da!*
> *Da tagte es und ich erwachte.*[85]

Auch hier finden wir Versmaß und Reim. Die Verse 5–8 entfernen sich, vor allem was die Syntax angeht, recht weit vom Original.

Wenige Jahre später macht sich Gotthold Alexander Weiske an eine weitere Übersetzung, ebenfalls explizit Lachmanns Ausgabe folgend:

> *Mich däuchte, daß nie mir*
> *Wohler wurde, als mirs da zu Muthe war,*
> *Die Blüthen fielen schier*
> *Von dem Baum ins Gras zu uns dem Liebespaar.*
> 5 *Seht, da mußt ich vor Freuden lachen.*
> *Da ich so voller Wonnen*
> *Lag in Traumessonnen:*
> *Da tagt es und nun muß ich wachen.*[86]

Weiske konkretisiert das Pronomen *uns* durch Zufügung des Nomens ‚Liebespaar‘ und verdeutlicht dem Leser dadurch den größeren Liedkontext. Die ‚Traumessonnen‘ stellen einen gesucht poetischen Neologismus dar, womöglich auch durch Reimzwang zu erklären. Im letzten Vers verwendet er präsentisches Tempus (siehe dazu oben zu Gleim) und weicht damit von Lachmanns Editionstext ab. Denn Lachmann stellt den Vers 1827 und 1843 so her: *dô taget ez und(e) muos ich wachen.* Die Schreibweise *muos* weist darauf hin, dass Lachmann den Vers präterital verstanden hat. Möglicherweise hat dies Weiske nicht erkannt oder nicht bemerkt.

---

[84] Der Plural ‚Bäume‘ hat nur damit zu tun, dass Simrock den Wortlaut einer anderen Handschrift bevorzugt (Hs. A hat den Plural, Handschrift C den Singular).

[85] Koch: Die Gedichte Walthers von der Vogelweide [wie Anmerkung 26], S. 157.

[86] Weiske: Gedichte Walthers von der Vogelweide [wie Anmerkung 27], S. 120.

Machen wir nun einen Sprung in das 20. Jahrhundert. 1955 und 1956 erscheint eine neue Walther-Ausgabe in zwei Bänden von Friedrich Maurer.[87] Sie prägt fortan zahlreiche Generationen von Germanistinnen und Germanisten (heute aber sieht man die Edition kritisch und sie wird so gut wie nicht mehr zitiert). Die Ausgabe erscheint frischer und moderner als diejenige von Lachmann und ihre 10. Auflage durch Carl von Kraus (1936). Maurer hat thematisch sortiert, einen Band den Liebesliedern gewidmet, einen anderen der politischen und religiösen Dichtung. Viele Texte hat er als ‚unecht‘ aussortiert, ebenso viele erheblich nach Gutdünken ‚verbessert‘. Und er hat sich bemüht, die Texte zeitlich zu ordnen (was näherungsweise allerdings nur bei politischen Strophen mit genügend Realismen möglich ist). 1972 gibt Maurer dann eine zweisprachige Ausgabe heraus, die viele weitere Auflagen bis in die 1990er Jahre erlebt. Hier lesen wir unsere Beispielstrophe so:

Mir schien, daß ich nie
froher wurde, als ich da war.
Die Blüten fielen ständig
von dem Baum zu uns herunter in das Gras.
5 *Seht, da mußt ich vor Freude lachen.*
Da ich so voll Wonne
im Traume glücklich war,
da wurde es Tag und ich mußte erwachen.[88]

Sofort springt ins Auge, dass Maurer auf eine Metrisierung des Textes verzichtet, auch auf Reimbindungen. Es handelt sich um eine Prosaübersetzung – und dies wird fortan den Markt der Walther-Übertragungen prägen. Die meisten Übersetzer geben es auf, dem mittelhochdeutschen Text formästhetisch nachzueifern. Natürlich ist das einerseits ein Verlust, andererseits aber machen solche Prosaübertragungen deutlich, dass der historische Text grundsätzlich nicht als Gesamtkunstwerk in eine moderne Zeit versetzt werden kann. Übertragungen können nur Brücken zum Original sein.

Maurers Übersetzung der Strophe orientiert sich eng am mittelhochdeutschen Wortlaut, ist aber ausschließlich Gegenwartsdeutsch ohne Übernahme mittelhochdeutscher Wörter. Die Prosaform führt nicht zu holpriger oder unüblicher Syntax, wie man es zuweilen bei älteren Übersetzungen beobachten kann.

1993 erscheint eine zweibändige und zweisprachige Neuausgabe von Günther Schweikle, die bis heute – aktualisiert von Ricarda Bauschke – lieferbar ist. Schwei-

---

[87] Friedrich Maurer (Hg.): Die Lieder Walthers von der Vogelweide. Unter Beifügung erhaltener und erschlossener Melodien neu herausgegeben. Erstes Bändchen: Die religiösen und politischen Lieder. Tübingen 1955. Zweites Bändchen: Die Liebeslieder. Tübingen 1956.

[88] Walther von der Vogelweide. Sämtliche Lieder. Mittelhochdeutsch und in neuhochdeutscher Prosa. Mit einer Einführung in die Liedkunst Walthers, hg. und übertragen von Friedrich Maurer. 5., unveränderte Auflage. München 1993, S. 117.

kle setzt sich explizit von den bis dahin etablierten wissenschaftlichen Editionen ab und ist einer der ersten Vertreter des sogenannten Leithandschriftenprinzips. Er verzichtet (weitestgehend) auf Textrekonstruktionen und -verbesserungen und stützt sich stattdessen auf aus seiner Sicht verlässliche Handschriften, im Falle Walthers ist das insbesondere die Große Heidelberger Liederhandschrift C. Schweikle ordnet synoptisch eine neuhochdeutsche Übersetzung dem mittelhochdeutschen Text zu. Ein Text- und Sachkommentar macht die Ausgabe besonders für Studierende attraktiv. Schweikle überträgt die Beispielstrophe wie folgt:

> *Mich dünkte, daß ich noch nie*
> *in meinem Herzen glücklicher war als damals.*
> *Die Blüten fielen immerzu*
> *von dem Baume zu uns nieder ins Gras.*
> 5 *Seht, da mußte ich vor Freude lachen,*
> *als ich, so beglückt,*
> *im Traume reich war.*
> *Da tagt es – und ich muß erwachen!*[89]

Wie es inzwischen Usus ist, verwendet auch er für seine Übersetzung Prosa. Die Sprache entspricht einem Standarddeutsch gegen Ende des 20. Jahrhunderts, vielleicht mit Ausnahme des Verbs ‚dünken‘, das etwas antiquiert wirkt.

Darauf verzichtet Horst Brunner 2013 in seiner zweisprachigen Auswahlausgabe:

> *Mir schien, dass ich nie*
> *glücklicher wurde als damals.*
> *Die Blüten fielen ununterbrochen*
> *neben uns von den Bäumen auf das Gras.*
> 5 *Seht, da musste ich vor Freude lachen!*
> *Als ich so glücklich,*
> *so reich im Traum war,*
> *da brach der Tag an und ich musste aufwachen.*[90]

Die Übersetzung unterscheidet sich von derjenigen Schweikles nur in kleinen stilistischen Bereichen (Lexik, Syntax) – und dadurch, dass Brunner beim Plural ‚Bäume‘ und beim Tempus im letzten Vers einem anderen mittelhochdeutschen Text folgt.

Dass es aber auch noch ganz aktuell Übertragungen gibt, die in gewisser Weise an diejenige von Johann Wilhelm Ludwig Gleim von vor rund 250 Jahren anknüpfen, zeigt der oben bereits genannte bemerkenswerte, geradezu experimentelle Band ‚Unmögliche Liebe. Die Kunst des Minnesangs in neuen Übertragungen‘ aus dem Jahr 2017. Tom Schulz hat unsere Strophe so bearbeitet:

---

[89] Walther von der Vogelweide. Werke. Gesamtausgabe. Band 2: Liedlyrik. Mittelhochdeutsch/Neuhochdeutsch. Hg., übersetzt und kommentiert von Günther Schweikle. Stuttgart 1998, S. 283.
[90] Walther von der Vogelweide. Gedichte. Auswahl. Mittelhochdeutsch/Neuhochdeutsch, hg. und übersetzt und kommentiert von Horst Brunner. Stuttgart 2013, S. 199.

War ich jemals glücklicher?
So schien es mir jetzt.
Die Blüten mit Honig fielen
von den Ästen zu uns ins Gras.
5 *In der Nacht hatte ich einen Freudenschrei*
auf den Lippen, ich lachte vor Glück
als der Tag anbrach, erwachte ich
jäh, der Traum war vorbei.[91]

Freie Rhythmen, ein Reim (*Freudenschrei: vorbei*), Enjambements. Der Walther-Text ist noch erkennbar, allerdings um den ‚Honig' erweitert und den ‚Freudenschrei' pointiert. Eine kleine Feinheit, über die man leicht hinweglesen mag, verbirgt sich in den Versen 6 und 7: Obwohl sonst interpungiert wird, fehlt nach V. 6 ein Komma. Das dürfte kalkuliert fehlen und Schulz hat in seine Version eine sog. *constructio apo koinu* einfließen lassen (wie sie auch im mittelhochdeutschen Text begegnet).[92] Das zeugt von beachtlicher Kenntnis mittelhochdeutscher Syntaxspezialitäten.

2.5. Walther übersetzen: Warum noch eine Übersetzung?

Die Ausführungen in den vorangegangenen Abschnitten haben gezeigt:

– Das Geschäft des Übertragens von Dichtung aus einer alten Ausgangs- in eine junge Zielsprache (*innerhalb* einer Volkssprache[93]) hat eine lange Tradition von fast drei Jahrhunderten.
– Obwohl immer wieder kritisch und teilweise radikal in Frage gestellt, verschwindet das Übersetzen alt- und mittelhochdeutscher Texte aus dem Kulturbetrieb nie und nimmt seit den 1950er Jahren einen festen Platz auch in der Literaturwissenschaft ein, nicht zuletzt befördert durch veränderte Studienbedingungen (die sprachhistorischen Kompetenzen der Studierenden werden geringer).

Walther von der Vogelweide dürfte der am häufigsten übersetzte mittelalterliche Lyriker sein. Warum nun, im Jahr 2023, noch eine Übersetzung? Ich möchte das wie folgt begründen:

---

[91] Unmögliche Liebe. Die Kunst des Minnesangs in neuen Übertragungen [wie Anmerkung 44]. S. 89.

[92] „Bei der Konstruktion Apokoinu ist ein Satzglied zwei benachbarten, fast immer koordinierten Sätzen gemeinsam. Das gemeinsame Satzglied steht an der Berührungsstelle der beiden Sätze und ist grammatisch-syntaktisch auf beide Sätze zu beziehen." (Hermann Paul: Mittelhochdeutsche Grammatik. 25. Auflage, neu bearbeitet von Thomas Klein, Hans-Joachim Solms und Klaus-Peter Wegera. Mit einer Syntax von Ingeborg Schöbler [sic!], neubearbeitet und erweitert von Heinz-Peter Prell. Tübingen 2007, § S 233.)

[93] Es handelt sich also um einen *intra*lingualen (altes Deutsch > neues Deutsch) und nicht um einen *inter*lingualen Sprachtransfer (z. B. Französisch > Deutsch).

Meine Übersetzung bezieht sich in allen Details auf die folgende Edition:

Walther von der Vogelweide: Leich, Lieder, Sangsprüche. 16. verbesserte und aktualisierte Auflage. Basierend auf der von Christoph Cormeau besorgten 14. Ausgabe Karl Lachmanns und der von Thomas Bein um Fassungseditionen, Erschließungshilfen und textkritische Kommentare erweiterten 15. Auflage. Hg. von Thomas Bein. Edition der Melodien von Horst Brunner. Berlin, Boston 2023.

Diese Ausgabe darf als die umfangreichste und vollständigste Walther-Textausgabe gelten. Sie enthält auch alle von früheren Herausgebern für ‚unecht‘, ‚zweifelhaft‘, ‚nicht der Rede wert‘ erachteten Texte (in einem Anhang). Die meisten dieser Texte sind bislang noch nie übersetzt worden und auch Kommentare und Analysen dazu fehlen weitgehend. Hier werden sie alle übertragen und insofern bietet meine Übersetzung zum Teil also auch ‚Neues‘ im engeren Sinn. Im Hauptteil der Edition habe ich erstmals in der Walther-Editionsgeschichte rund ein Viertel der Töne in handschriftlichen Mehrfachfassungen wiedergegeben. Und entsprechend zum ersten Mal werden auch all diese Fassungen hier ins Neuhochdeutsche transferiert, wobei vor allem die lexikalischen Varianten des Mittelhochdeutschen durch ebenfalls variierende Formulierungen im Neuhochdeutschen aufgegriffen werden. Insofern mag nun auch die Übersetzung eine (freilich schmale) Brücke zur gezielten Befassung mit den mittelhochdeutschen Varianten und Varianzen sein.

Schließlich – das wurde weiter oben schon erwähnt – haben Übersetzungen eine recht überschaubare (Über-)Lebensdauer. Die Walther-Übertragungen aus dem 18. und 19. Jahrhundert können heutigen Leserinnen und Lesern einen Zugang zum ‚Original‘ kaum noch bieten – nicht, weil sie ‚schlecht‘ sind, sondern weil die neuhochdeutsche Sprache sich in den letzten zwei Jahrhunderten vor allem im Bereich des Lexikons und der Semantik verändert hat. Worte wie etwa ‚hold‘, ‚hehr‘ ‚Fräulein‘, ‚geneigt‘, ‚dünken‘, ‚schier‘, ‚Huld‘ u. v. m. sind zwar noch verständlich, gehören aber bedeutungsgeschichtlich anderen Zeiten mit anderen Konnotaten an. Insofern wird es grundsätzlich immer nötig sein, Übersetzungen von Texten aus alter Zeit dem Sprachusus der jeweiligen Zeit der Übersetzung anzupassen.

Diese genannten Gründe haben mich bewogen, der wissenschaftlichen Walther-Edition einen zweiten Band mit einer auf der Edition (16. Aufl.) beruhenden neuhochdeutschen Übertragung an die Seite zu stellen.

3. Übersetzungsprobleme und -strategien

Dass das Übersetzen aus dem Mittelhochdeutschen ein schwieriges Geschäft ist, sollte deutlich geworden sein. Wenn man nicht vor diesem „Ding der Unmöglichkeit" kapitulieren möchte, muss man mit Kompromissen und mutigen Entscheidungen leben und sich damit abfinden, sich einer Schar von Kritikerinnen und Kritikern mehr oder weniger schutzlos auszuliefern. Übersetzungen sind trefflich auseinanderzunehmen.

Ich möchte im Folgenden dem verehrten Lesepublikum anhand von konkreten Beispielen ein wenig erläutern, wo es so manche, oft wiederkehrende Probleme gegeben hat und wie ich damit umgegangen bin.

Zum Einstieg mag Lied 77 dienen, das fast alle ‚Problemzonen' enthält, die weiter unten näher erläutert werden:

I	
Ganzer **fröiden** *wart mir nie sô wol ʒe* **muote,**	‚Freude'? Was steckt in *fröide*? ‚Mut'? Was bedeutet *muot*?
mirst geboten, daʒ ich singen muoʒ.	
sælic *sî, diu mir daʒ wol verstê ʒe guote!*	‚selig'? ‚glücklich'?
mich mant singen ir vil **werder gruoʒ.**	‚wertvoller Gruß'? Was ist das?
Diu mîn iemer hât **gewalt,**	‚Gewalt' in welcher Hinsicht?
diu mac mir wol **trûren** *wenden*	‚Trauern'? ‚Traurigsein'?
unde senden	
fröide *manicvalt.*	Und immer wieder: ‚Freude'
II	
Gût daʒ got, daʒ mir noch wol an ir gelinget	
— seht, sô wære ich iemer mêre **frô** *—,*	‚froh'? ‚fröhlich'? ‚erfreut'?
diu mir beide herze und **lîp** *ʒe* **fröiden** *twinget.*	‚Leib'? ‚Körper'? ‚Herz und Körper'?
mich betwanc nie mê kein **wîp** *alsô.*	‚Weib'? ‚Frau'? … ein gewaltiges Wortfeld
Eʒ was mir gar unbekant,	
daʒ diu **Minne** *twingen solde*	‚Liebe'? ‚Frau Liebe'? ‚Frau Minne'? … ein gewaltiges Wortfeld
swie si wolde,	
unʒ ichʒ an ir bevant.	
III	
Süeʒe *Minne, sît nâch dîner* **süeʒen** *lêre*	‚Süße Liebe'? ‚Süße Lehre'? Was steckt in *süeʒ*?
mich ein wîp alsô betwungen hat,	
bit si, daʒ si ir **wîplich güete** *gegen mir kêre,*	‚weibliche Güte'? ‚frauliches Gutsein'?
sô mac mîner sorgen werden rât.	
Dur ir liehten ougen schîn	
wart ich alsô wol enpfangen,	
gar ʒergangen	
was daʒ trûren mîn.	

IV	
*Mich fröit iemer, daz ich alsô **guotem wîbe***	‚gute Frau'? ‚vorbildliche Frau'?
*dienen sol ûf **minneklîchen** danc.*	‚liebevoll'?, ‚lieblich'? ‚der Liebe gehörend'?
mit dem trôste ich dicke trûren mir vertrîbe,	
*unde wirt mîn **ungemüete kranc**.*	‚Unmut'? ‚krank'? ‚schwach'?
Endet sich mîn ungemach,	
sô weiz ich von wârheit danne,	
daz nie manne	
*an **liebe** baz beschach.*	‚Liebe'? ‚Freude'? = *minne?*
V	
***Minne**, wunder kan dîn **güete liebe** machen*	*Minne* = ‚Liebe'? ‚Güte'?, ‚Gutheit'? ‚Liebe'?,
*und dîn twingen swenden **fröiden** vil.*	‚Freude'? Immer wieder *fröide*
*dû lêrest **liebe** ûz spilnden ougen lachen,*	Und immer wieder *liebe.*
*swâ dû mêren wilt dîn **wunderspil**.*	*swâ* = ‚wo'?; ‚Wunderspiel'? (das Wort ist über-
*Dû kanst **fröiderîchen muot***	haupt nur zweimal belegt*)
sô verworrenlîche verkêren,	Und immer wieder *fröide* und *muot.*
*daz dîn **sêren***	‚verletzen'? ‚Schmerz bereiten'?
***sanfte unsanfte** tuot.*	‚sanft unsanft'? ‚lieblich unlieblich'?
	* Die Wörterbücher (s. u. Fußnote 94) belegen das Wort *wunderspil* nur einmal für diese Stelle bei Walther; die ‚Mittelhochdeutsche Begriffsdatenbank' kennt einen weiteren Beleg.

Problem: Qualitätsattribute und Nominalabstrakta

Besonders im Minnesang begegnen immer wieder Attribute wie *rein, guot, süez, minneklîch, wunneclîch, saelic, hêr* usw. Übersetzt man sie mit ‚rein', ‚gut', ‚süß', ‚lieblich', ‚glücklich', ‚erhaben', macht man nichts falsch und folgt Einträgen in den historischen Wörterbüchern[94], doch stilistisch ist das meist nicht gut, und es kann je nach Kontext auch unfreiwillig komisch klingen (was mag man sich unter einer ‚reinen

---

[94] Zur Einfindung in die Problematik nach wie vor lesenswert: Gerd Fritz: Einführung in die historische Semantik. Tübingen 2005. – Unentbehrlich sind immer noch die in das 19. Jahrhundert zurückgehenden mittelhochdeutschen Wörterbücher der Philologen Georg Friedrich Benecke, Wilhelm Müller und Friedrich Zarncke sowie das darauf aufbauende lexikographische Werk von Matthias Lexer. Diese Wörterbücher sind hervorragend retrodigitalisiert (https://www.woerterbuchnetz.de/ BMZ bzw. https://www.woerterbuchnetz.de/Lexer) und im Verbund mit vielen anderen historischen Wörterbüchern, darunter ebenfalls sehr wertvoll die ‚Mittelhochdeutsche Begriffsdatenbank', bequem online zu nutzen. Start über: https://woerterbuchnetz.de/#0 [25. 01. 2023]. In Arbeit befindet sich ein neues mittelhochdeutsches Wörterbuch, das ebenfalls im ‚Wörterbuchnetz' zu finden ist, aber erst bis zum Buchstaben ‚i' reicht [Stand Dezember 2022]. – Eine große Hilfe ist auch ein neues Walther-Wörterbuch: Dörte Meeßen: Walther von der Vogelweide Wörterbuch. Wörterbuch und Reimverzeichnis zur 16. Aufl. „Leich, Lieder, Sangsprüche" Walthers von der Vogelweide. Berlin, Boston 2023.

Frau' vorstellen?[95]). In solchen Fällen weiche ich durchaus von Vorschlägen der Wörterbücher ab und versuche, eine auf den Kontext passende und stilistisch angemessenere Übersetzung zu finden. *süeze kiusche* (,süße/milde/angenehme Keuschheit'; Ton 12a II, V. 8) habe ich als ,wahrhaft vollkommene Keuschheit' wiedergegeben. Das Adjektiv *süez* ist durchweg positiv besetzt und es schwingt natürlich immer auch eine sinnliche Bedeutung mit (,angenehm in Geschmack und Geruch'). Wir werden aber nicht mehr erfahren können, was ein Mensch um 1200 mit *süezer kiusche* assoziierte. Ich nehme daher in Kauf, mit meiner Übersetzung nicht alle Nuancen des Originals treffen zu können. Des Öfteren habe ich ein mittelhochdeutsches Attribut durch zwei neuhochdeutsche wiedergegeben, um dem Gemeinten stilistisch besser beizukommen: Das Adjektiv *saelic* kann ,glücklich' und ,glückspendend' bedeuten. Im vorliegenden Kontext von Ton 28 VI, V. 4 dürfte das eine wie das andere gemeint sein. Ich habe übersetzt: ,Seid glücklich und gebt vom Glück zurück!'

Noch komplexer als solche Attribute sind nominale Abstrakta wie z. B.: *zuht, tugent, milte, (un-)genâde, êre, (un-)staete, hulde, (un-)triuwe, (un-)mâze, huote, wirde, (un-)wirdekeit, minne, (un-)saelde, (un-)saelekeit, (un-)gelücke, vröide, wunne, schame, frumen, frumecheit, triuwe, huote, geist, sêle, muot* ... In kaum einem Fall kann man einfach das neuhochdeutsche lautliche Äquivalent einsetzen, am ehesten geht das noch bei *tugent*: ,Tugend' (siehe aber weiter unten) oder *sêle*: ,Seele'.

In dem in der Literatur des Mittelalters sehr häufig vorkommenden Wort/Begriff *vröide* steckt aber oft mehr, als das neuhochdeutsche Lautäquivalent zu bieten hat. Daher habe ich hin und wieder mit Doppelformen operiert: ,Freude und Glück' (Ton 65 I, V. 7).

Sehr oft begegnet das Wort *tugent*. Aus der Grundbedeutung ,das Tauglichsein' entwickeln sich viele andere: ,Brauchbarkeit', ,Tüchtigkeit', ,Kraft', ,Macht', ,Wohlerzogenheit', ,Vorzüglichkeit', ,höfischer Anstand' u. a. Hier habe ich je nach Kontext variiert. Beispiel: *schoene tugent verliesen*: ,feine Sittsamkeit verlieren' (Ton 90 (C) III, V. 1 ff.).

Ähnlich komplex ist das Wort *saelde* (,Glück', ,Glückseligkeit'). Auch hier war es mitunter angebracht, mit Hilfe von zwei neuhochdeutschen Wörtern das anzunehmende Gemeinte wiederzugeben. Beispiel: *Het er saeld, ich taet im guot*: ,Könnte er Glück und Seligkeit sein nennen, dann täte auch ich ihm Gutes' (Ton 45 III, V. 5).

---

[95] Ich erlaube mir hier, eine Anekdote zu referieren: Vor vielen, sehr vielen Jahren nahm ich als junger Promovend einmal an einer Tagung im ehrwürdigen Oxford teil. Im Auditorium saß ein hochgelehrter und in der Fachwelt überaus geschätzter, in Oxford lehrender germanistischer Mediävist. Es wurden Referate über den Minnesang gehalten. Irgendwann meldete sich der Kollege und fragte: ,Hat das mit diesen *reinen frowen* eigentlich etwas mit Seife zu tun?' Dieser launisch-listig-schelmische, aber auch provozierende Einwurf klingelte mir in den Ohren, als ich mich Jahrzehnte später an meine Übersetzungsarbeit machte.

Schwierig ist auch die Übertragung von *werdekeit* (‚Würde‘, ‚Werthaftigkeit‘ u. ä.). Stilistisch am besten schienen mir Paraphrasen wie etwa: *die* [eine Frau] *brâht ich in ir werdekeit*: ‚ich aber sorgte dafür, dass sie [die Frau] von der Gesellschaft verehrt und geachtet wurde‘ (Ton 49, II, V. 4).

Eine besondere Herausforderung stellt das Nomen *muot* dar, das sehr häufig Verwendung findet, oft kombiniert mit dem Attribut *hôh*. Neuhochdeutsch ‚Mut‘ (im Sinne von ‚Unerschrockenheit‘, ‚Tapferkeit‘) ist nicht gemeint, viel eher das, was im englischen Wort *mood* steckt: ‚Stimmung‘, ‚Laune‘. *muot* bezeichnet die innere Haltung eines Menschen, seine Verfassung, seine Gefühlslage. Kommt das Attribut *hôh* hinzu, handelt es sich um eine durch und durch positive Stimmung und Haltung, oft mit höfischen Konnotaten. Je nach Kontext habe ich in der Übersetzung auch hier mit teils kurzen Umschreibungen oder Komposita gearbeitet. Beispiel: *wilt dû lân loufen dînen muot* ...: ‚Wenn du deinem Wesen freien Lauf lässt, dann ...‘ (Ton 12b, V. 2). Den *hôhen muot* habe ich meist mit ‚höfisch-erhabene Haltung und Stimmung‘ umschrieben. Es gibt aber auch Kontexte, in denen anders zu verfahren war, so in Ton 61 I, V. 1: *wis hôhes muotes*: ‚jubiliere – und ergötze dich‘. Oder Ton 69 I, V. 6: ‚wohlige Laune‘.

Im Minnesang häufig anzutreffen ist der Begriff *huote*. Darunter versteht man die ‚Ob-Hut‘, eine gesellschaftlich installierte ‚Aufsicht‘ über die Frau, auf dass diese ihre (sexual-)moralische Integrität nicht verliere. Als Nomen ist *huote* schwer zu übertragen. In Ton 63 III, V. 1 habe ich aus der *huote* ‚die Tugendwächter‘ gemacht, wiewohl es neben dem Abstraktum *huote* auch noch die *merkaere* (‚Aufpasser‘) gibt, Personen eben, die die *huote* ausüben oder installieren.

Immer wieder begegnen unscheinbare Worte, deren Bedeutung sich aber stark verändert hat. Dazu zählen etwa *arbeit* und auch *angest*. *arbeit* ist eher negativ konnotiert und bedeutet meist ‚Qual‘ und ‚Sorge‘. Die *angest* kann mehr als nhd. ‚Angst‘ bedeuten, so z. B. auch ‚Bedrängnis‘ (z. B. Ton 66 I, V. 1).

Ein besonderes Problem stellen mittelhochdeutsche Formulierungen dar, die die Göttliche Trinität bezeichnen. Beispiel: *mit driunge/ diu drîe ist ein einunge* (wörtlich: ‚mit Dreiung ist die Drei eine Einung‘). Hier habe ich über normabweichende Schreibung auf die besondere Semantik hingewiesen: ‚in der Drei-Heit ist die Drei eine Ein-Heit‘ (Leich, Versikel I).

Weitere Fälle:
fuoge: Hier bot sich oft eine Doppelübersetzung an: ‚Anstand und Haltung‘ (Ton 60 III, V. 6). So auch bei der Negation des Nomens: *unfuoge*: ‚üble Anmache‘ (Ton 60 III, V. 8).
geist: Auch hier erschien mir eine Doppelformel geeignet: ‚Geist und Seele‘ (Ton 53, III, V. 8).
hulde: ‚Huld‘ ist aus unserem Lexikon fast verschwunden; man muss moderne Äquivalente finden; ich habe es u. a. mit ‚(Zu-)Geneigtheit‘, ‚Wohlwollen‘ versucht.
mâze: ‚Maßhalten‘ passt nur bedingt. Hinter dem Wort steht ein geradezu philosophischer Bedeutungskomplex, der mit nur einem Wort im Neuhochdeutschen nicht

erfasst werden kann; hier habe ich zuweilen mit Ergänzungen gearbeitet („Gleichmaß'; ‚Ideal des rechten Maßes').

schame: ‚Scham' ist lediglich eine Nuance dieses Wortes; hinzu kommen ‚Schande', ‚Ehrlosigkeit', ‚Verdorbenheit'; auch hier blieb oft nur der Weg der Paraphrase. In einigen Fällen habe ich über eine Anmerkung auf die Komplexität hingewiesen.

triuwe: Die Grundbedeutung ‚Treue' passt durchaus in den meisten Kontexten, doch zuweilen habe ich Doppelbegriffe als neuhochdeutsche Äquivalente gewählt, z. B. ‚Treue und Aufrichtigkeit' (Ton 60 I, V. 6).

zuht: ‚Zucht' hat heute andere Konnotate, man muss ausweichen auf ‚Wohlerzogenheit', ‚Anständigkeit' u. ä. Oft bieten sich Doppelbegriffe an: ‚Anstand und Würde' (Ton 60 IV, V. 3).

Problem: Wortfeld *vrowe – wîp*

Im Minnesang spielt das Wortfeld ‚Frau' eine gewaltige Rolle. Zu diesem Feld gehören vor allem die Wörter *vrowe, wîp, maget, juncfrowe, frowelîn*. *wîp* und *maget* bereiten die geringsten Schwierigkeiten. *wîp* kann ganz neutral als ‚Frau' wiedergegeben werden, die *maget* ist eine ‚Jungfrau', ein ‚Mädchen'. Deutlich schwieriger ist es, *vrowe* – insbesondere stilistisch – adäquat zu übersetzen. Wort- und bedeutungsgeschichtlich liegt ‚Herr' zugrunde: der *vrô*. Die Silbe *-we* ist ein Femininsuffix: Aus dem ‚Herrn' wird also die ‚Herr-in'. Das Wort ‚Herrin' für *vrowe* findet sich in sehr vielen, ja den allermeisten Übersetzungen mittelhochdeutscher Texte und auch ich habe es öfters verwendet. Stilistisch ist es indes oft nicht schön, zumal es zum gegenwartssprachlichen Wort ‚Herrin' Konnotate gibt, die für das Mittelalter nicht zutreffend wären (‚Domina' in einem sexuellen Sinn etwa). Als Variante hat das Wort ‚Dame' für *vrowe* vor allem in jüngeren Übersetzungswerken an Bedeutung gewonnen. Dabei handelt es sich um einen Import aus der französischen Sprache, wobei *la dame* dort sich wiederum von der lateinischen *domina* ableitet. Und so befinden wir uns wieder bei der ‚Herrin', der ‚Hausherrin', zumindest wenn wir zur Bedeutung des lateinischen Wortes zurückgehen. Aber unter einer ‚Dame' versteht man heute eher etwas anderes: eine vornehme, begüterte Frau, eine Frau aus den oberen Gesellschaftsschichten, eine Frau, die ‚etwas Besseres' ist – und über letztere Nuance kann ‚Dame' auch ins Pejorative abgleiten (ironisch: ‚eine feine Dame'). Im 12. und 13. Jahrhundert bezeichnet das Wort *vrowe* im Minnesang[96] eine Frau, die eine – wie auch immer begründete – dominante Position innehat. Ihr werden Macht, Gewalt und Einfluss zugeschrieben; ihr Pendant, der Mann, ist meist schwach, devot, abwartend, leidend. Dieses Geschlechterverhältnis ist über das Eti-

---

[96] In der Epik kommen noch andere Bedeutungen hinzu, so auch die der ‚Ehefrau'. Im späteren Mittelalter (ab dem frühen 14. Jahrhundert) verschlechtert sich die Bedeutung von *vrowe*; jetzt können auch Prostituierte mit diesem Wort bezeichnet werden.

kett ‚Hohe Minne' bekannt. Was assoziiert ein fiktiver Minnesang-Mann, wenn er von seiner *vrowe* spricht? Es wird wahrscheinlich ein ganzes Bündel von Assoziationen und Denotaten sein, von (Text-)Situation zu (Text-)Situation immer ein wenig anders. Es ist unmöglich, dies mit *einem* neuhochdeutschen Äquivalent einzufangen. Als Besonderheit kommt noch hinzu, dass Walther von der Vogelweide ein sehr sprachbewusster Dichter ist. In mehreren Texten reflektiert er über ‚rechte Worte': Ist *wîp* gegenüber *vrowe* die bessere Bezeichnung für eine Frau? Wenn die Leserin und der Leser dieser Walther-Übersetzung also auf die Wörter ‚Herrin' oder ‚Dame' oder variierende Formulierungen wie ‚edle Dame', ‚vornehme Dame' oder ‚vornehme Herrin', ‚hochverehrte Gebieterin', ‚meine liebe Dame', ‚Verehrteste', ‚meine liebe, verehrte Frau', ‚holde, hehre Dame' (mit ironischer Note) oder aber auch (in einem Fall: Ton 32 (C) II, V. 1) ‚vornehme deutsche Frauen' stoßen, so mögen sie sich dieser kurzen Ausführungen hier erinnern.

Im Falle der Allegorie *liebe mîn frô Staete* (Ton 66 I, V. 7) schließlich habe ich mich entschlossen, ‚meine liebe, herrische Frau Beständigkeit' zu übersetzen. ‚Frau' passt hier besser als ‚Herrin', der Aspekt der ‚Beherrschung' soll über das Attribut ‚herrisch' erhalten bleiben.

Häufig werden die Wörter *vrowe* und *wîp* von Attributen begleitet – wie z. B. *saelic*. Mit der Formulierung *saelic wîp* kann sehr viel ausgedrückt werden. Oft umschreibe ich hier, wie z. B. in Ton 66 III, V. 10: ‚selige, glückliche und glückspendende Frau'.

Problem: Wortfeld minne und liebe

Vergleichbar komplex wie das Wortfeld ‚Frau' ist das Wortfeld ‚Liebe'. Vor allem zwei Worte stehen einander gegenüber: *minne* und *liebe*. Bis Walther, kann man sagen, wird für das Denotat ‚Liebe' im Mittelhochdeutschen gewöhnlich das Wort *minne* verwendet. Im Kern bedeutet es so viel wie ‚inniges Denken an jemanden'. Alt ist auch das Wort *liebe*, doch bezeichnet es zunächst lediglich einen freudigen Zustand unspezifischer Art, kann also meist mit ‚Freude' wiedergegeben werden.[97] Im Laufe der Jahrhunderte (bis zum späteren 14. Jahrhundert) verschieben sich die Grundbedeutungen: für das Denotat ‚Liebe' wird mehr und mehr das Wort *liebe* verwendet, während das Wort *minne* allmählich an Frequenz verliert und zudem eine Bedeutungsverschlechterung erfährt (hin zu: körperliche Liebe, Sexualität, Prostitution u. ä.). Wie schon beim Abschnitt ‚Wortfeld *vrowe* – *wîp*' erwähnt, ist Walther sehr sprachbewusst und sprachkritisch und er setzt sich auch mit der Sprache der Liebe diskursiv auseinander. Natürlich verwendet er oft das Wort

---

[97] Zu Wort- und Bedeutungsgeschichte dieses und vieler anderer zentraler Wörter der (mittelhoch-)deutschen Sprache vgl. Kluge. Etymologisches Wörterbuch der deutschen Sprache. Bearbeitet von Elmar Seebold. 25., durchgesehene und erweiterte Auflage. Berlin, Boston 2011.

minne, reflektiert aber über dessen Denotate und Konnotate, fragt, was das eigentlich sei: *minne* (siehe hier Ton 44). Er setzt sich in vielen Texten mit älteren Minne-Konzepten auseinander, lehnt einseitige Minne ab, Minne, die schmerzt und verletzt, und plädiert für eine Liebe auf Augenhöhe, eine Liebe, die ethisch fundiert ist, aber auch sinnlich ausgelebt werden darf und soll. Für dieses ‚neue‘ Konzept setzt er immer öfter das Wort *liebe* ein, zuweilen spricht er auch von *herzeliebe*, wobei eben die ältere Bedeutung von *liebe* ganz bewusst mitschwingt: die Freude nämlich, die die Liebe zu bieten hat. Je nach Kontext habe ich also *minne* mit ‚Liebe‘ übersetzt, *liebe* mit ‚Freude‘ oder aber auch mit ‚Liebe‘. Manchmal boten sich auch Doppelformen (oder gar Dreifachformen) an: *liebe*: ‚Freude, Liebe und liebenswerte Art‘ (Ton 62 II, V. 1); wenig später in dieser Strophe: ‚Liebe und erfreuendes Wesen‘. – Handelt es sich aber um eine allegorische Verwendung von *minne*, habe ich das Wort ohne Übersetzung übernommen: *Vrowe Minne*: ‚(Mächtige) Frau Minne‘. – Das Wort *minne* begegnet auch in religiösen Kontexten. Hier habe ich solche Kontexte durch Zusätze in der Übersetzung verdeutlicht. *Vil süeze wœre minne,/ berihte kranke sinne.* (‚Du erhabene, wahrhaftige, göttliche Liebe,/ führe schwachen und sündigen Geist auf den rechten Weg‘; Ton 53, I, V. 1 f.).

Das Wort *minnensanc* habe ich als ‚Minnesang‘ wiedergegeben, da hier (fast) ein Gattungsterminus[98] begegnet (vgl. Ton 43 I, V. 11).

Problem: *lîp*

Das mittelhochdeutsche Nomen *lîp* bedeutet im Kern ‚Leib‘, ‚Körper‘, ‚Leben‘. Aber: Im Verbund mit Possessivpronomina und in Genitivkonstruktionen kann *lîp* einfach ‚Person‘ meinen. *Mîn lîp* = ‚ich‘ (und nicht: ‚mein Körper‘); *ir lîp* = ‚sie‘ (und nicht: ‚ihr Körper‘) usw. In manchen Kontexten, besonders im Minnesang und wenn es um eine Frau geht, ist aber nicht so ohne weiteres zu entscheiden, ob nicht die Körperlichkeit doch auch mitgemeint ist, denn Schönheit und Ausstrahlung sind ja wichtige Attribute in der Liebesdichtung. In solchen Fällen habe

---

[98] Ein komplexes Problem, vgl. dazu den ersten umfassenderen Versuch einer theoretischen Konturierung von Hugo Kuhn: Gattungsprobleme der mittelhochdeutschen Literatur. In: Ders.: Dichtung und Welt im Mittelalter. Stuttgart 1959, S. 41–61. – Vgl. ferner Hildegard Janssen: Das sogenannte ‚genre objectif‘. Zum Problem mittelalterlicher literarischer Gattungen, dargestellt an den Sommerliedern Neidharts. Göppingen 1980. – Udo Kindermann: Gattungensysteme im Mittelalter. In: Kontinuität und Transformation der Antike im Mittelalter. Hg. von Willi Erzgräber. Sigmaringen 1989, S. 303–313. – Karin Brem: Gattungsinterferenzen im Bereich von Minnesang und Sangspruchdichtung des 12. und beginnenden 13. Jahrhunderts. Berlin 2003. – Margreth Egidi: Minnelied und Sangspruch im Kontext der Überlieferung: Zum dynamischen Charakter der Gattungsgrenze. In: Wolfram-Studien 19, 2006, S. 253–267. – Gattungskonstitution und Gattungsinterferenzen im europäischen Kontext. Internationales Symposium Würzburg, 15.–18. Februar 2006. Hg. von Dorothea Klein, zusammen mit Trude Ehlert und Elisabeth Schmid. Tübingen 2007.

ich durch kurze paraphrasierende Formulierungen versucht, beide Dimensionen von *lîp* im Neuhochdeutschen wiederzugeben.

Beispiele: *Daz mich, frowe, an fröiden irret,/ daz ist iuwer lîp.* (‚Was mir, meine Dame, Freuden raubt,/ das seid Ihr und Eure Erscheinung‘; Ton 28 V, V. 2). – *genâde suoch ich an ir lîp* (‚Ich erhoffe mir bei ihr und von ihr beglückende Gunst‘; Ton 48 III, V. 4) – *lîp*: ‚Wert und Ausstrahlung‘; Ton 62 (Fassung i2) IV, V. 4). – *war zuo sol ir junger lîp*: (‚Wozu dann ihr junges Leben? Wozu ihr frischer Körper?‘; Ton 67 I, V. 7).

Problem: Ironie

Ein heikles Thema ist die Ironie. Lange Zeit wurde geradezu geleugnet, dass es so etwas wie Ironie in der Literatur des Mittelalters gebe.[99] Das sieht man inzwischen anders. Es gibt vertextete Ironie durch recht eindeutige sprachliche Signale, die das Verständnis steuern (Übertreibungen, Verniedlichungen u. v. m.) – solche Ironie kann man gut entsprechend übertragen. Ironie kann aber auch bloß außertextlich deutlich gemacht werden: durch besondere Betonung von Wörtern und Silben oder durch Körpersprache, Gestik, Gesichtsausdruck, Augenbewegungen oder gar durch musikalische Querakzente.[100] Das alles aber haben wir nicht mehr, wir haben nur noch den Text. Neben anderen Leerstellen gesellt sich also eine weitere hinzu – vor allem für uns, die wir uns zeitlich weit entfernt von der historisch-performativen Situation befinden. Wohl ein jeder, der sich lange mit Walther und seiner Lyrik befasst hat, weiß, dass Walther ein kritischer Sprachgeist ist, der gerne auch einmal um die Ecke denkt, eine „geniale Schandschnauze", wie Peter Rühmkorf sagte[101], der bissig formuliert und Hintersinniges gerne zwischen den Zeilen durchschimmern lässt. Selbstredend: Hier spielen teils sehr subjektive Deutungen eine große Rolle. Fast jeder Text lässt sich durch performative Akte in eine bestimmte – und

---

[99] Vgl. die Studie von Gerd Althoff und Christel Meier: Ironie im Mittelalter. Hermeneutik – Dichtung – Politik. Darmstadt 2011. – Speziell zu Walther vgl. Susanne Köbele: Ironie und Fiktion in Walthers Minnelyrik. In: Ursula Peters, Rainer Warning (Hgg.): Fiktion und Fiktionalität in den Literaturen des Mittelalters. Jan-Dirk Müller zum 65. Geburtstag. München 2009, S. 289–317. – Einschlägig auch der Sammelband Ironie, Polemik und Provokation. Hg. von Cora Dietl, Christoph Schanze und Friedrich Wolfzettel. Berlin, Boston 2014. Die Beiträge widmen sich dem Ironiephänomen in deutschsprachiger Artusliteratur. Hier findet man auch kleine Abrisse zur Forschungsgeschichte. – Eine gute Einführung bietet Friedrich Markewitz: ‚Ironie‘. In: Wörterbücher zur Sprach- und Kommunikationswissenschaft (WSK) Online, edited by Stefan J. Schierholz. Berlin, Boston 2020. https://www.degruyter.com/database/WSK/entry/wsk_idcfbf9fa4-19c9-41f8-8fe5-7eb5007f31e8/html [25. 01. 2023].

[100] Mittelalterliche Dichtung ist bis in das späte 14. Jahrhundert primär Vortragskunst: Der Autor selbst und später vielleicht andere Künstler tragen die Texte mündlich vor, singen sie und begleiten sie und sich musikalisch. Dabei können eben viele außertextliche Signale gesendet werden.

[101] Rühmkorf [wie Anmerkung 37], S. 52.

eben auch ironische – Richtung manövrieren. Man erreicht rasch den gefährlichen Bereich des *anything goes*. Ich habe mich bemüht, diesen Bereich in der Übersetzung tunlichst zu vermeiden. Aber ich habe mir erlaubt, dort, wo mir Ironie trotz fehlender Vertextung anzunehmen sinnvoll ist, in der Übersetzung entsprechende sprachliche Signale einzufügen. (Zuweilen dachte ich auch: Schade, dass es der *Point d'Ironie* nicht in das Zeichensetzungsinventar geschafft hat.[102])

Beispiel: Ton 40 (C) II, V. 3 f.: Der Sänger sagt, dass er immer für die Frau einen *niuwen lop* (wörtlich: ‚ein neues Lob') finden werde. Mir scheint, dass der Strophenkontext nicht ganz ernst gemeint ist, sondern ironische Nebentöne enthält (s. u. vor allem den letzten Vers). Daher habe ich *lop* mit ‚Lobeshymnen' wiedergegeben, ein Wort, das im Gegenwartsdeutschen (gemäß Duden[103]) oft ironisch verwendet wird:

Ich will und werde die Gute nicht vergessen,/ die mir so viele Gedanken raubt./ Solange ich singen werde, finde ich stets/ aufs Neue Lobeshymnen, die ihr gerecht werden./ Das möge sie für gut erachten: Dann werde ich fortfahren zu loben./ Es erfreut die Augen, wenn man sie sieht,/ und dass man ihr viele Tugenden zuspricht,/ das ist angenehm für die Ohren.

Schön für sie und schmerzhaft für mich!

Beispiel: Ton 64 (C) IV, V. 4 f.: Das Text-Ich hat einen schönen Traum, der vom Gekrächze einer Krähe beendet wird. Das Ich verflucht die Krähe: *daz alle krâ gedîjen,/ als ich in des gunne.* Übertragung, die die Ironie des Verbs *gunnen* (‚(ver)gönnen') verdeutlichen soll: ‚Möge es allen Krähen so ergehen, wie ich es ihnen allerherzlichst wünsche!'

Beispiel: Ton 74: Das Ende der Strophe muss man sich sehr ironisch-sarkastisch vorgetragen denken. Ich habe diese Nebentöne so vertextet: ‚Nein, nein – ich tadle ihn natürlich ü-ber-haupt nicht (*Ich schilte sîn niht*), allein: Gott gnade uns beiden./ Nur Handwaschwasser stand bereit/ und pitsche-patsche-nass (*alsô nazzer*)/ musste ich vom Tisch des Mönches wieder kehrtmachen.'

Problem: Interjektionen und Modalpartikeln

In Walthers Lyrik trifft man immer wieder auf Interjektionen, meist solche des Schmerzes, Bedauerns oder der Abscheu, allen voran die Wörtchen *wê, owê*. In Kontexten, die eher Erstaunen oder Begeisterung ausdrücken, begegnen *hei* oder *ahî*. Bekräftigung einer Aussage steckt in *jâ*. Tiefes Bedauern kann mit *jâ leider*

---

[102] Vgl. Alcanter de Brahm [eigtl. Marcel Bernhardt]: L'Ostensoir des Ironies. Précédé de ‚Le Point Sur L'Ironie' par Pierre Schoentjes. La Rochelle 1996. – Alcanter de Brahm hatte 1899 vorgeschlagen, ironisch gemeinte schriftsprachliche Aussagen mit einem speziellen Zeichen (vergleichbar dem Frage- und Ausrufezeichen) zu versehen. Auch in späterer Zeit hat es Vorschläge ähnlicher Art gegeben, so 1966 von Hervé Bazin: Plumons l'oiseau. Paris 1966.

[103] Vgl. https://www.duden.de/rechtschreibung/Lobeshymne [25. 01. 2023].

eingeleitet werden. Nicht selten begegnet auch bloß ein einfaches, aber oft auch vielsagendes *nû*. Bleibt man bei einer Übertragung ins Neuhochdeutsche zu eng bei diesen Interjektionen (‚oh weh‘, ‚hei‘ etc.), kann das den sie umgebenden oder von ihnen eingeleiteten Kontext banalisieren oder unfreiwillig komisch wirken lassen.

Ich habe an vielen Stellen je nach Kontext variiert, z. B. mit: ‚Ach ja?‘, ‚Ach Gott‘, ‚Es ist ein Jammer‘, ‚Auf, auf‘, ‚Aha!‘, ‚Oh lala‘, ‚Also los‘, ‚Mensch!‘, ‚Da schau an!‘, ‚Eijeijei‘, ‚Uiuiui‘, ‚Haha!‘, ‚Hurra!‘, ‚Meine Güte!‘, ‚Na ja!‘, ‚Oje!‘, ‚Oh!‘, ‚Pah!‘, ‚Sieh an!‘, ‚Tja!‘, ‚Verdammt!‘, ‚Verflucht!, ‚Eine Schande‘, ‚Es schmerzt‘, ‚Na denn‘.[104]

Beispiele: *Iâ hêrre*: ‚Wahrlich, wahrlich, oh Herrgott‘ (Ton 49 III, V. 1); *Sô helfe got*: ‚Na denn‘ (Ton 49 V, V. 5); *owê*: ‚Uiuiui‘ (Ton 51 IVa, V. 8); *jâ saehe ich gerner*: ‚Gott, wie viel lieber sähe ich ...‘ (Ton 52 V, V. 4); *sô wê dir, guot*: ‚Verflucht noch mal, mein lieber Besitz‘ (Ton 12 I, V. 9); *owê*: ‚Verflucht und verdammt‘ (Ton 71 III, V. 12).

Eine Besonderheit stellt die Interjektion *wâfen* dar: Wörtlich bedeutet der Ausruf ‚Zu den Waffen!‘, was wiederum dem französischen *à l'arme* (wörtlich: ‚zu der Waffe‘) entspricht und sich auch in der deutschen Sprache als ‚Alarm!‘ verfestigt hat (vgl. Ton 108 II, V. 4).

Ähnlich steht es um Modalpartikeln, also um unflektierte Wörter, die Stimmungen oder Haltungen eines Sprechers zum Ausdruck bringen. Da diese sich insbesondere in mündlicher Kommunikation finden, ist ihre Erforschung für Sprachstufen, deren mündlicher Realität man sich nur über Schriftdiskurse nähern kann, schwierig. Immerhin aber findet sich öfters eine fingierte Mündlichkeit – in Form von direkten Reden epischer Figuren etwa oder rhetorisch motivierten Ansprachen eines Rollensprechers an ein (imaginäres) Publikum usw.[105] Mittelhochdeutsche Wörter wie *eht, oc, halt, lîhte, vil lîhte, nû, wol, dann, eben, ouch* u. a. können als Modalpartikeln Verwendung finden. Zuweilen lassen sie sich unverändert in eine Übersetzung übernehmen, öfter aber muss variiert werden: ‚aber‘, ‚auch‘, ‚denn‘, ‚halt‘, ‚wohl‘ usw.[106]

Onomatopoetische Wörter (Wörter, die Laute nachzuahmen versuchen, z. B. ‚tirili‘) habe ich unübersetzt gelassen: Ton 16: *Tandaradei*, wahrscheinlich (Teil-)Gesang einer Nachtigall (siehe auch oben mein Vorwort).

---

[104] Vgl. auch Konrad Ehlich: Interjektionen. Tübingen 1986.

[105] Insofern würde ich nicht ganz unterschreiben, was im Artikel ‚Modalpartikel‘ im WSK online referiert wird: „So formuliert H.-P. Prell für das Mhd. dezidiert: ‚Modalpartikeln, welche für gewisse modale Ausdrucksweisen obligatorisch wären, gibt es im Mhd. nicht‘ (Prell in Paul 2007: 296)." (Claudia Wich-Reif: ‚Modalpartikel‘. Wörterbücher zur Sprach- und Kommunikationswissenschaft (WSK) Online, edited by Stefan J. Schierholz. Berlin, Boston 2017. https://www.degruyter.com/database/WSK/entry/wsk_id_wsk_artikel_artikel_15274/html. [25. 01. 2023].

[106] Vgl. Lena Brünjes: Das Paradigma deutscher Modalpartikeln. Dialoggrammatische Funktion und paradigmeninterne Oppositionen. Berlin, München, Boston 2014.

Problem: Satzbau; Interpunktion

Grundsätzlich habe ich mich bemüht, den Satzbau des Originals in der Übersetzung weitgehend beizubehalten. Hin und wieder aber finden sich recht lange Satzkonstruktionen, die auch aufgrund des Strophenbaus (Reim- und Verszwänge) zerrissen sind. Hier habe ich der besseren Lesbarkeit wegen umgebaut.

Beispiele: *nû hellent hin gelîche,/ daz wir daz himelrîche/ erwerben sicherlîche/ bî duldeklîcher zer.* („Nun eilt alle gemeinsam dorthin,/ auf dass wir in willig ertragener Aufopferung/ gewisslich in das Himmelreich/ gelangen‘; Ton 53 III, V. 13–16). – *Ir vil minneklîchen ougenblicke/ rüerent mich alhie, swanne ich si sihe,/ in mîn herze. owê, sold ich si dicke* („Immer wenn ich sie sehe,/ rühren mich ihre liebreizenden Blicke/ hier drin – in meinem Herzen. Ach, könnte ich sie doch/...‘; Ton 39 (2) I, V. 1–3).

Die mittelalterlichen Handschriften kennen noch keine Interpunktion im modernen Sinne. Der Editionstext ist aber interpungiert – und das heißt, er ist vom Editor durch diese Operation auch schon ein Stück weit gedeutet.[107] Zumeist orientiert sich die Interpunktion an den jeweils geltenden offiziellen Regeln, ganz umsetzen lässt sich dies aber nicht, weil die Syntax der mittelhochdeutschen Sprache Besonderheiten aufweist, die es heute nicht mehr gibt, und insofern muss zuweilen sehr behutsam mit Kommas und Punkten umgegangen werden. Die neuhochdeutsche Übersetzung ist selbstverständlich auch interpungiert, zuweilen aber weicht die Zeichensetzung – aus eben genanntem Grund – vom Ausgangstext ab.

Beispiel: *Daz er bî mir laege,/ wessez ieman,/ nun welle got, sô schamt ich mich.* („Dass er mit mir geschlafen hat,/ wenn das jemand wüsste – / Gott behüte! – zutiefst würde es mich beschämen‘; Ton 16 IV, V. 1–3).

Problem: Wortwiederholungen

Immer wieder kommt es vor, dass sich im Ausgangstext auch in kurzen Abständen Wortwiederholungen finden. In den meisten Fällen kann man diese als poetisch und rhetorisch kalkuliert einstufen. In der Übersetzung aber, ohne Reim und Rhythmus und mit oft ja anderer Lexik, können solche Wiederholungen unschön wirken. Hier habe ich von Fall zu Fall anders entschieden. Wo eine Wortwiederholung auch im Neuhochdeutschen stilistisch ‚passt‘, habe ich sie durchgeführt, in

---

[107] Vgl. dazu Kurt Gärtner: Zur Interpunktion in den Ausgaben mittelhochdeutscher Texte. In: editio 2, 1988, S. 86–89. Peter Kern: Das Problem der Satzgrenze in mittelhochdeutschen Texten. In: Deutsche Handschriften 1100–1400. Oxforder Kolloquium. Hg. von Volker Honemann und Nigel F. Palmer. Tübingen 1988, S. 342–351. Martin Schubert: Interpunktion mittelalterlicher deutscher Texte durch die Herausgeber. In: editio 27, 2013, S. 38–55.

anderen Fällen habe ich lexikalisch variiert unter Wahrung der Grundbedeutung. Natürlich: Hier wird es enorm subjektiv.

Beispiele: ‚Nun merkt auf, wie der Linde/ der Gesang der Vögel ansteht,/ dazu noch Blumen und Klee,/ noch besser steht den Damen ein schöner Gruß an‘ (Ton 20 III, V. 5–8). Im Original wird zweimal das Verb *stên* verwendet. – ‚Das Maßhalten wurde den Menschen deshalb auferlegt,/ damit man es sorgfältig auslote <..>, wurde mir gesagt./ Nun sei dem gedankt, der es tatsächlich sorgfältig auslotet und sorgfältig in sich bewahrt‘ (Ton 11 (B) V, V. 8 ff.). Im Original steht: ... *daz man si ebene mezze <..>, ist mir geseit./ nû hab er dank, der si ebene mezze und der si ebene treit.* – ‚Mein Lehrmeister von der Vogelweide jammert so sehr,/ ihn bedränge dies, ihn bedränge das, was mich alles noch nie bedrängt hat‘ (Ton 11 (B) IV, V. 4 f.). Im Original ist formuliert: ... *in twinge diz, in twinge daz, daz mich noch nie getwanc.* – ‚Wer sah je ein besseres Jahr,/ wer sah je eine schönere Frau?‘ (Ton 90 (C) I, V. 1 f.). Original: *Wer gesach ie bezzer jâr,/ wer gesach ie schoener wîp?*

Gegenbeispiel: ‚Es erfreut die Augen, wenn man sie sieht,/ und dass man ihr viele Tugenden zuspricht,/ das ist angenehm für die Ohren./ Schön für sie und schmerzhaft für mich! (Ton 40 (C) II, V. 6 und 8). Original: *ez tuot in den ougen wol* [...] *daz tuot wol in den ôren.*

Problem: Stil-Lagen

Zuweilen habe ich mir erlaubt, etwas frech-modern zu formulieren, wenn es mir vom anzunehmenden ‚Ton‘ einer Textstelle passend schien.

Beispiel: In der Strophe III, von Ton 40 (C) geht es in V. 3 darum, dass der Sänger sich darüber beklagt, dass andere Leute ihn wieder und wieder danach fragen, wer eigentlich die Frau sei, die er besinge. Darauf sagt er: *daz müet mich sô* ... Meine Übertragung: ‚Sie fragen wahrlich zu oft/ nach meiner Dame, wer sie denn sei./ Das nervt mich dermaßen, dass ich es ihnen allen jetzt sagen werde,/ dann werden sie mich wohl in Ruhe lassen.‘ (Ähnlich in Ton 67 IV, V. 4: *sô des betrâget mich*: ‚Wenn mir das zu sehr auf die Nerven geht‘.) – Der Sprecher von Strophe V, V. 1 (Ton 64 [C]) hatte einen schönen Traum und will sich diesen deuten lassen, was aber in einer Farce endet. Das Ich wendet sich mit der Bitte um Deutung an ein *wunderaltez wîp* (‚uralte Frau‘). Meine Übertragung: ‚Ein uraltes Mütterchen/ tröstete mich‘.

Schließlich Ton 73 II, V. 16: *hie get diu rede enzwei*: ‚Ich höre jetzt lieber auf!‘

Problem: Kaum oder sehr schwer verständlicher mittelhochdeutscher Text

Es gibt immer wieder Textstellen oder ganze Strophen, die bis heute rätselhaft sind, sei es aufgrund von Neologismen und/oder *Hapax legomena*[108], sei es aufgrund schwer durchschaubarer Syntax oder eines irritierenden Inhalts. In solchen Fällen habe ich mich entschlossen, enger am Ausgangstext zu bleiben, auch auf Kosten stilistischer Eleganz. Fußnoten weisen auf solche Sonderfälle hin.

Beispiel: Ton 13, V. 11 f.: Am Ende der Strophe ist von einem *blâsgesellen* die Rede. Wer oder was das ist, ist unklar. Ich übersetze so: ‚Deine Asche fliegt mir in die Augen,/ ich will nicht mehr dein Blasgehilfe sein‘ und weise über eine Anmerkung auf die Unsicherheiten hin.

Verschiedenes

Futur

Im Mittelhochdeutschen kann das Futur auf verschiedene Weise ausgedrückt werden: a) wie im Neuhochdeutschen durch das Präsens (‚Ich komme morgen‘) oder durch die Umschreibung mit *werden* (‚Ich werde morgen kommen‘). b) Auch die Modalverben *wellen, müezen, suln* können zur Umschreibung des Futurs verwendet werden. Hier ist abzuwägen, was primär gemeint ist. Oft ist es nicht zu entscheiden; in solchen Fällen habe ich hybrid übersetzt:

Beispiel: *wan daz ichs durch si êren muoz*: ... ‚verehren muss und werde‘ (Ton 48 I, V. 9).

Verallgemeinernde relative Pronomina

Im Mittelhochdeutschen finden sich sehr häufig sogenannte verallgemeinernde relative Pronomina, die mit einem anlautenden s- beginnen: *wer* und *s-wer, waz* und *s-waz, wie* und *s-wie* usw. Meist werden in Übersetzungen diese s-Varianten wiedergegeben mit: ‚wer auch immer‘, ‚was auch immer‘, ‚wie auch immer‘. Das habe ich auch getan, wenn es mir semantisch für den entsprechenden Kontext sinnvoll erschien. Oft aber klingt dieses ‚... auch immer‘ sperrig, und wo es semantisch im neuhochdeutschen Gefüge nicht nötig ist, habe ich es weggelassen.

---

[108] Unter einem *Hapax legomenon* versteht man ein Wort, das man bislang nur einmal gefunden hat, für das es also auch nur einen einzigen Kontext gibt. Die semantische Bestimmung ist daher oft schwer.

man

man kann ‚Mann' oder ‚Mensch' bedeuten. Wenn der Kontext nicht deutlich geschlechtsspezifisch ist, habe ich meist mit ‚Mensch' übersetzt. (z. B. Ton 72 III, V. 2).

gerne

Sehr oft kommt das Adverb *gerne* vor. Man kann es mit nhd. ‚gerne' übersetzen, was aber im Vergleich zum Mittelhochdeutschen etwas verblasst ist. Daher habe ich öfters andere Wörter verwendet wie z. B. ‚willig' (Ton 67 V, V. 10), ‚mit Freude' (Ton 9 (C) I, V. 9) oder ‚aufrichtig' (Ton 12a I, V. 7).

4. Hinweise zur Benutzung der Übersetzung

Ziele, Wünsche, Grenzen

Wer sich einen Eindruck vom lyrischen Werk Walthers von der Vogelweide verschaffen möchte, kann diesen Übersetzungsband auch ohne den zugrundeliegenden
Editionsband lesen und hoffentlich genießen. Natürlich wird es im Detail immer
wieder strittige Stellen geben, aber grundsätzlich bin ich zuversichtlich, Walthers
Liebeslyrik, seine Sangspruchdichtung und seine religiösen Texte so übertragen zu
haben, dass alles Wesentliche seines Werkes erfahrbar wird. Ein Ziel war dabei
auch, die Texte in eine moderne, heute gut verständliche Sprache zu transferieren
und durch Beiwörter, Modalpartikeln, Interjektionen unterschiedlicher Art sowie
durch Syntaxvariationen bestimmte Stillagen (Ironie, Sarkasmus etc.) des Ausgangstextes gegenwartssprachlich aufzufangen und den Texten – hier und da zumindest –
einen gewissen ‚Pfiff‘ mitzugeben (Beispiele wurden weiter oben genannt). Die hier
vorgelegte Übersetzung unterscheidet sich insofern von anderen mehr oder weniger
aktuellen Übertragungen, die von einem strengen philologischen Duktus bestimmt
sind.

   Eine Übersetzung kann nur die Oberfläche eines Ausgangstextes erschließen,
das trifft insbesondere auf poetische Texte zu. Wer tiefer in die Strophen, Lieder
und Töne vordringen möchte, muss sich freilich nicht nur mit der mittelhochdeutschen Textgestalt, sondern auch Schritt für Schritt mit der entsprechenden Forschung befassen. Das kann dieser Übersetzungsband nicht leisten. Einige Handbü-
cher und Einführungen zum Einstieg sind in der Bibliographie weiter unten genannt. Um die Leserinnen und Leser aber nicht ganz allein bei ihrer Lektüre zu
lassen, habe ich immer wieder in Form von Fußnoten kurze Hinweise unterschiedlicher Art gegeben. Dazu mehr weiter unten.

Anordnung der Texte – das lange Inhaltsverzeichnis

In zahlreichen anderen Übersetzungen schlägt man das Inhaltsverzeichnis auf und
kann dann etwa lesen: 1. Minnesang, 2. Sangspruchdichtung, 3. Marienlyrik usw.
Viele Übersetzungen sind thematisch, z. T. gar zeitlich geordnet. Das ist hier nicht
der Fall und dürfte zunächst für Unverständnis und Verwirrung sorgen. Der Grund
für die scheinbar chaotische Textabfolge in diesem Band liegt in der Tradition der
Text*edition* begründet. 1827 hatte Karl Lachmann seine Walther-Ausgabe in vier
Bücher (= Großkapitel) aufgeteilt. Ohne Rücksicht auf Subgattungen und Themen
zu nehmen, orientierte er sich an der Dichte der Überlieferung einzelner Lieder

und Töne. Das heißt: Texte, die in sehr vielen Handschriften überliefert sind, fanden Eingang in Buch I. Mit abnehmender Überlieferungshäufigkeit wurden dann andere Texte in die Bücher II–IV sortiert (nähere Informationen dazu im Editionsband). Die Lachmannsche Einteilung hat Bestand bis heute und da diese Übersetzung sich genau auf die 16. Auflage der Edition bezieht, folgt auch sie der Lachmannschen Textanordnung. Damit die Leserinnen und Leser dieses Übersetzungsbandes Gattungssubtypen und Themen schnell erkennen können, habe ich ein sehr ausführliches Text-Inhaltsverzeichnis erstellt. Fettgedruckt findet man Hinweise zum lyrischen Subtyp: Sangspruchdichtung, Minnelied, Leich. Bei den Liedern habe ich differenziert: Handeln alle Strophen weitgehend von der Liebe, habe ich ‚Minnelied' notiert; nicht selten aber gibt es Lieder, die nur zum Teil von der Liebe sprechen, sie habe ich markiert mit ‚(Minne-)Lied', je nach Inhalt auch mit ‚Lied mit Sangspruchcharakter'. Lieder, die gar keinen Bezug zum Minnethema haben, nenne ich nur ‚Lied'. Mit Schlagworten sind dann Themenschwerpunkte des entsprechenden Textes und Strophenverbandes angedeutet.[109] In Klammern hinter der Ton-Nummer befindet sich eine weitere Nummer, die in der Walther-Forschung lange eingeführt ist: Es handelt sich um die sogenannte ‚Lachmann (L.)-Zählung' (z. B. L. 3,1 ff.). Die Ziffern vor dem Komma verweisen ziemlich simpel auf die Seite in Lachmanns Ausgabe(n) von 1827/1843, die Ziffern nach dem Komma auf die Zeile der entsprechenden Seite: An genau dieser Stelle begann der entsprechende edierte Text. Diese Lachmann-Zählung hat sich bis heute als Referenz durchgesetzt, um über all die unterschiedlichen späteren Editionen und anderen Ordnungen und Durchnummerierungen hinweg stets schnell angeben zu können, auf welchen Text man sich bezieht. Ich hielt es für sinnvoll, diese Zählung zumindest im Text-Inhaltsverzeichnis mitzugeben. Besonders im Anhang erscheinen noch andere Siglen: MF = Minnesangs Frühling; KLD = Kraus Deutsche Liederdichter; SM = Schweizer Minnesänger; HMS = von der Hagen Minnesinger – sie verweisen auf andere Referenzeditionen.

Besonderheit: Übersetzung von Textfassungen

Noch etwas anderes ist ungewöhnlich bei diesem Übersetzungsprojekt: Eine ganze Reihe von Liedern und Sangspruchtönen sind in unterschiedlichen Fassungen ins Neuhochdeutsche übertragen. Auch das geht zurück auf die Edition. In der 15. Auflage hatte ich erstmals eine Reihe von mehrfach überlieferten Texten in ihren handschriftlichen Fassungen ediert. Viele Lieder und Töne sind ja in mehreren Handschriften überliefert und dann fast immer in unterschiedlicher Weise: Die Menge der Strophen und ihre Reihenfolge können ebenso variieren wie der Wortlaut der Texte. Solche Textfassungen sind nun alle ins Neuhochdeutsche übertragen

---

[109] All diese Informationen finden sich wiederholt auch vor den jeweiligen Text-Übersetzungen.

worden, sodass man sich auch über die Übersetzung einen (zumindest ersten und kleinen) Eindruck von der Varianz mittelalterlicher Textkultur verschaffen kann, denn ich habe mich bemüht, *variierendem mittelhochdeutschen Text* mit entsprechenden *neuhochdeutschen Sprachvarianten* zu begegnen.[110]

Die Anmerkungen im Übersetzungsteil

In Form von Fußnoten gibt es im Übersetzungsteil kurze Hinweise verschiedener Art. Besonders bei der politischen Sangspruchdichtung sollen Notizen zu Herrschern, Ereignissen usw. den Leserinnen und Lesern erste historische Orientierungen bieten. Andere Hinweise beziehen sich auf Bibelstellen, hin und wieder auf inter- und intratextuelle Beziehungen. Auch bei manchen Liebesliedern fand ich es angebracht, kurze Verständnishilfen zu bieten. Ein gutes Beispiel ist Ton 67, der viele, immer wiederkehrende Zentralbegriffe des Minnesangs enthält, die semantisch breit aufgestellt sind und die zu übertragen immer wieder eine Herausforderung ist.

Häufiger finden sich in den Fußnoten Formulierungen wie „Im Original steht: …". Hier erschien es mir angebracht, den mittelhochdeutschen Wortlaut anzugeben, weil die Übersetzung unsicher oder weil der mittelhochdeutsche Text mehrdeutig und/oder in der Forschung strittig ist. Mit meiner Formulierung *im Original* meine ich hier freilich lediglich den *mittelalterlichen Text in Abgrenzung zur neuhochdeutschen Übersetzung*, nicht aber ‚Original' im Sinne eines Autor-Urtextes (den es im Falle Walthers ja auch gar nicht gibt).

Terminologisches

Töne

Lyrische Strophenkomplexe werden als ‚Töne' bezeichnet, ein für Fachfremde eher merkwürdiger Begriff. Er ist bereits im Mittelhochdeutschen vorhanden (*dôn*) und Dichter bezeichnen damit, so formuliert es das Mittelhochdeutsche Wörterbuch von Matthias Lexer[111], die „gesangsweise, melodie, lied; auf einem instrumente gespielte weise". In der Philologie wird unter ‚Ton' ein metrisch-musikalisches Grundgerüst verstanden, das mit unterschiedlichem Text gefüllt werden kann. ‚Ton' ist insofern einerseits identisch mit ‚(Minne-)Lied', andererseits bezeichnet

---

110 Aber natürlich: Historisch angelegte Varianzstudien kann man ausschließlich an den *mittelhochdeutschen* Texten durchführen.

111 Mittelhochdeutsches Handwörterbuch von Matthias Lexer, digitalisierte Fassung im Wörterbuchnetz des Trier Center for Digital Humanities, Version 01/21, https://www.woerterbuchnetz.de/Lexer [25. 01. 2023].

‚Ton' auch eine gewisse Menge von Sangspruchstrophen, die – im Gegensatz zu einem Lied – nicht unbedingt *einem* Thema verpflichtet sein müssen (eingängige Beispiele sind die strophenreichen Töne 10, 11 und 12 in diesem Band).

Manche (Sangspruch-)Töne tragen Namen wie z. B. ‚Reichston' oder ‚Ottenton'. In den Handschriften gibt es diese Tonnamen nicht.[112] In die Walther-Philologie eingeführt wurden sie 1870 durch Karl Simrock.[113] In der Folge haben die meisten Editoren (und Übersetzer) diese Bezeichnungen der Sangspruchtöne (z. T. leicht variiert) übernommen.

---

[112] Der spezielle Fall von Tonnamen in späten Meistersingerhandschriften ist davon zu unterscheiden; das spielt hier aber keine Rolle. Zu ersten Orientierung vgl. Horst Brunner: [Artikel] ‚Ton'. In: Reallexikon der deutschen Literaturwissenschaft. [...] gemeinsam mit Georg Braungart, Harald Fricke, Klaus Grubmüller, Friedrich Vollhardt und Klaus Weimar hg. von Jan-Dirk Müller. Band III. Berlin, New York 2007, S. 645–646.

[113] Vgl. Walther von der Vogelweide. Hg., geordnet und erläutert von Karl Simrock. Bonn 1870.

5. Literaturhinweise

Hier verzeichnet sind nur wenige Standardwerke zu einzelnen Themenblöcken. Umfangreicher ist die Bibliographie in der Textedition (16. Auflage 2023).

5.1. Textausgabe

Walther von der Vogelweide: Leich, Lieder, Sangsprüche. 16. verbesserte und aktualisierte Auflage. Basierend auf der von Christoph Cormeau besorgten 14. Ausgabe Karl Lachmanns und der von Thomas Bein um Fassungseditionen, Erschließungshilfen und textkritische Kommentare erweiterten 15. Auflage. Hg. von Thomas Bein. Edition der Melodien von Horst Brunner. Berlin, Boston 2023

5.2. Einführungen in die mittelalterliche deutschsprachige Lyrik

Bein, Thomas: Deutschsprachige Lyrik des Mittelalters. Von den Anfängen bis zum 14. Jahrhundert. Eine Einführung. Berlin 2017

Handbuch Minnesang. Hg. von Beate Kellner, Susanne Reichlin und Alexander Rudolph. Berlin, Boston 2021

Holznagel, Franz-Josef: Geschichte der deutschen Lyrik. Band 1: Mittelalter. Stuttgart 2004 (^{2}2013)

Sangspruch/ Spruchsang. Ein Handbuch. Hg. von Dorothea Klein, Jens Haustein und Horst Brunner. In Verbindung mit Holger Runow. Berlin, Boston 2019

Lyrische Texte, Handschriften, Transkriptionen, Editionen und Kommentare bietet das sukzessiv wachsende Projekt: Lyrik des deutschen Mittelalters, online hg. von Manuel Braun, Sonja Glauch und Florian Kragl. URL: http://www.ldm-digital.de [25. 01. 2023]

5.3. Walther-Bibliographien

Scholz, Manfred Günter: Bibliographie zu Walther von der Vogelweide. Berlin 1969

Scholz, Manfred Günter: Walther-Bibliographie. 1968–2004. Frankfurt a. M. [u. a.] 2005

Scholz, Manfred Günter: Walther-Bibliographie 2005–2009. In: Walther von der Vogelweide – Überlieferung, Deutung, Forschungsgeschichte. Mit einer Ergänzungsbibliographie 2005–2009 von Manfred G. Scholz. Hg. von Thomas Bein. Frankfurt a. M. [u. a.] 2010, S. 329–354

5.4. Einführungen in Leben und Werk

Bein, Thomas: Walther von der Vogelweide. Stuttgart 1997

Brunner, Horst / Hahn, Gerhard / Müller, Ulrich / Spechtler, Franz Viktor: Walther von der Vogelweide. Epoche – Werk – Wirkung. Unter Mitarbeit von Sigrid Neureiter-Lackner. 2. Überarbeitete und ergänzte Auflage. München 2009

Ehrismann, Otfrid: Einführung in das Werk Walthers von der Vogelweide. Darmstadt 2008

Hahn, Gerhard: Walther von der Vogelweide. Eine Einführung. München, Zürich ²1989

Scholz, Manfred Günter: Walther von der Vogelweide. 2., korrigierte und bibliographisch ergänzte Auflage. Stuttgart, Weimar 2005

Walther von der Vogelweide. Beiträge zu Leben und Werk. Hg. von Hans-Dieter Mück. Stuttgart 1989

5.5. Kommentierungen von einzelnen Textstellen

Ein aktueller, umfassender Sprach- und Sachkommentar zu Walther fehlt. Die folgenden älteren Titel bieten indes viel Material:

Walther von der Vogelweide. Hg. und erklärt von W[ilhelm] Wilmanns. Vierte, vollständig umgearbeitete Auflage besorgt von Victor Michels. Zweiter Band: Lieder und Sprüche Walthers von der Vogelweide mit erklärenden Anmerkungen. Halle 1924

Walther von der Vogelweide. Untersuchungen von Carl von Kraus. Zweite, unveränderte Auflage. Berlin 1966

Walther von der Vogelweide. Werke. Gesamtausgabe. Bd. 1: Spruchlyrik. Mittelhochdeutsch / Neuhochdeutsch. Hg., übersetzt und kommentiert von Günther Schweikle. 3., verbesserte und erweiterte Auflage. Hg. von Ricarda Bauschke-Hartung, Stuttgart 2009

Walther von der Vogelweide. Werke. Gesamtausgabe. Bd. 2: Liedlyrik. Mittelhochdeutsch / Neuhochdeutsch. Hg., übersetzt und kommentiert von Günther Schweikle. 2., verbesserte und erweiterte Auflage. Hg. von Ricarda Bauschke-Hartung. Stuttgart 2011

Walther von der Vogelweide. Auswahl. Mittelhochdeutsch / Neuhochdeutsch. Hg., übersetzt und kommentiert von Horst Brunner. Stuttgart 2013

5.6. Autorcorpus-Wörterbuch

Dörte Meeßen: Walther von der Vogelweide Wörterbuch. Wörterbuch und Reimverzeichnis zur 16. Aufl. „Leich, Lieder, Sangsprüche" Walthers von der Vogelweide. Berlin, Boston 2023

5.7. Zur Überlieferung

Online: Handschriftencensus: https://handschriftencensus.de/werke/414 [25. 01. 2023]

Deutsche Handschriften 1100–1400. Oxforder Kolloquium 1985. Hg. von Volker Honemann, Nigel F. Palmer. Tübingen 1988

Holznagel, Franz-Josef: Wege in die Schriftlichkeit. Untersuchungen und Materialien zur Überlieferung der mittelhochdeutschen Lyrik. Tübingen, Basel 1995

Kornrumpf, Gisela: Walther von der Vogelweide. Die Überlieferung der *AC-Tradition in der Großen und der Kleinen Heidelberger Liederhandschrift. In: Walther von der Vogelweide. Textkritik und Edition. Hg. von Thomas Bein, Berlin 1999, S. 153–175

Kornrumpf, Gisela: Vom Codex Manesse zur Kolmarer Liederhandschrift: Aspekte der Überlieferung, Formtraditionen, Text. 1: Untersuchungen. Tübingen 2008

Schuchert, Carolin: Walther in A. Studien zum Corpusprofil und zum Autorbild Walthers von der Vogelweide in der Kleinen Heidelberger Liederhandschrift. Frankfurt a. M. [u. a.] 2010

5.8. Zur Editionsgeschichte

Bein, Thomas (Hg.): Walther von der Vogelweide. Textkritik und Edition. Berlin, New York 1999

Bein, Thomas: Walther edieren – zwischen Handschriftennähe und Rekonstruktion. In: Deutsche Texte des Mittelalters zwischen Handschriftennähe und Rekonstruktion. Berliner Fachtagung 1.–3. April 2004. Hg. von Martin J. Schubert. Tübingen 2005, S. 133–142

Geschichte der altgermanistischen Edition. Hg. von Judith Lange und Martin Schubert. Berlin, Boston 2023

5.9. Walther übersetzen

Zahlreiche Quellen- und Forschungstitel sind oben im Abschnitt 2 in den Fußnoten vollständig verzeichnet. Dort sind sie im Zusammenhang mit meinen Ausführungen sinnvoller untergebracht, als sie es alphabetisiert an dieser Stelle wären.
　Hier nur die folgenden fünf Titel ‚zum Start‘:

Gutes Übersetzen. Neue Perspektiven für Theorie und Praxis des Literaturübersetzens. Hg. von Albrecht Buschmann. Berlin, Boston 2015

Handbuch Translation. Hg. von Mary Snell-Hornby, Hans G. Hönig, Paul Kußmaul und Peter A. Schmitt. Tübingen 1998

Saran, Franz: Das Übersetzen aus dem Mittelhochdeutschen. Neubearbeitet von Bert Nagel. 6., ergänzte Auflage. Tübingen 1975

Sowinski, Bernhard: Probleme des Übersetzens aus älteren deutschen Texten. Bern [u. a.] 1992

Vogel, Agnes: Die Gedichte Walthers von der Vogelweide in neuhochdeutscher Form. Ein Beitrag zur Geschichte und Technik der deutschen Übersetzungskunst. Giessen 1922 (ND Amsterdam 1968)

6. Übertragungen der Walther-Texte ins Neuhochdeutsche

Übersicht: Töne, Lieder, Strophen und ihre Themen

Buch I

---

[114] Die Ziffern in Klammern stellen in der Forschung etablierte Referenzzählungen dar, die auf andere
Editionen zurückgehen (besonders auf die erste Waltherausgabe von Karl Lachmann [= L.]). Siehe
auch oben die Ausführungen im Abschnitt ‚Anordnung der Texte – das lange Inhaltsverzeichnis‘,
S. LIII. Für Leserinnen und Leser, die sich nur für die Übersetzungen interessieren, sind diese
Angaben irrelevant.

Buch III

Ton 1
Der Leich[1]

Buch I

Preis der Trinität – Marienverehrung – Kirchenkritik – Kreuzzug

I   Gott, Deiner Trinität,
die umschlossen hatte
Geist, vorausschauenden Plan und Ratschluss,
sprechen wir zu: in der Drei-Heit
5 ist die Drei eine Ein-Heit.
Ein Gott, der Hohe Erhabene
– Sein immer schon in sich selbst seiendes Ansehen
wird nie ein Ende nehmen –,
möge uns Seine Lehre zukommen lassen.
10 Der Fürst aus den Abgründen der Hölle hat
unser Trachten übel fehlgeleitet –
hin zu vielerlei Sünden.

IIa1   Dessen Verführung und die Begierde des schwachen Fleisches,
die haben uns, Herr, von Dir weggeführt.
Da diese beiden Dir gegenüber mutig und angriffslustig auftreten
und Du aber doch über beide Gewalt hast,
5 handle Deinem Namen zum Lobe
und hilf uns, dass wir mit Dir zusammen
obsiegen und dass Deine Kraft uns
starken und beständigen Widerstand ermögliche.

IIa2   Dadurch wird Dein Name geehrt
und Deine Lobpreisung wird kein Ende finden.
Und genau dadurch wird der geschmäht,
der uns die Sünde predigt

IIa3

---

1 Mit dem Terminus ‚Leich' wird eine lyrische Großform bezeichnet, die nicht aus gleichgebauten Strophen, sondern aus sog. Versikeln mit unterschiedlicher Bauform komponiert ist. Siehe auch oben die Ausführungen zum Leich, S. XV. Walthers Leich weist zahlreiche religiöse (u. a. mariologische) Bezüge mit vielen biblischen Bildern auf. Er ist mithin der am schwierigsten zu übersetzende Text.

IIa3   und der uns zu unreiner Begierde antreibt.
            Seine Kraft wird vor Deiner Kraft erlahmen.
            Deshalb sei Dir auf immer Lob gesagt
            und auch der vollkommenen, gütigen Jungfrau,
        5   die uns den Sohn geboren hat,
            den sie als ihr Kind mit Liebe annahm.

IIb1   Jungfrau und Mutter, betrachtet die Notlage der Christenheit,
            Du blühende Gerte Aarons[2], aufgehendes Morgenrot,
            Ezechiels Pforte, die niemals aufgeschlossen wurde,
            durch die der König in herrschaftlicher Weise hinaus- und hereinge-
                lassen wurde,
        5   so, wie die Sonne durch vollkommen gefestigtes Glas scheint,
            so gebar die Reine, die Jungfrau und Mutter war, Christus.

IIb2   Ein Busch, der brannte,
            und doch wurde nichts
            an ihm angesengt oder verbrannt:
            Völlig unversehrt
        5   blieb sein schönes Erscheinen,
            unberührt von der Flamme des Feuers.
            Das steht für die reine
            Jungfrau,
            die alleine – als Jungfrau –

IIb3   Mutter eines Kindes
            geworden ist, ohne mit einem Mann zusammen zu sein,
            anders als es Menschen tun,
            und die den wahren Christus
        5   geboren hat, der uns umsorgte.
            Gepriesen sei sie, dass sie den in sich getragen hat,
            der unseren Tod tötete!
            Mit Seinem Blut wusch Er
            die Sünde von uns ab,
        10 die uns durch Evas Schuld aufgeladen war.

                                                IIb4

---

2 Es folgen eine Reihe von Metaphern und Symbolen aus dem Alten Testament der Bibel: Numeri
(Das vierte Buch Mose) 17,23, Ezechiel (Der Prophet Hesekiel) 44,1 ff., Exodus (Das zweite Buch
Mose) 3,14 u. a.

IIb4   Für den erhabenen Thron Salomons[3]
         bist Du, Herrin, eine edle Herberge und auch eine Gebieterin.
         Balsam, Perle,
         vor allen Jungfrauen bist Du, Jungfrau, eine Jungfrau, eine Königin.
      5 Dem Lamm Gottes gehörte dein Mutterleib,
         ein reiner, makelloser Palast, in dem er eingeschlossen lag.

IIb5   Das Lamm ist Christus,
         der der wahre Gott ist.
         Deshalb bist Du
         erhaben und wirst verehrt.
      5 Dem Lamm
         gleicht in der Farbe
         die gewaltige Schar der Jungfrauen.[4]
         Nun erkennt es
         und wendet euch dorthin, wohin es sich bewegt.
     10 Darum bist Du, Herrin, gepriesen.
         Nun bitte Ihn, dass Er uns
         Deinetwegen gebe, wonach wir Armen sehnlichst verlangen.
         Sende uns vom Himmel herab Trost,
         dafür wirst Du umso mehr verehrt werden.

III1   Du makellose Jungfrau,
         dem Wollvlies Gideons[5]
         gleichst Du vollkommen,
         das Gott selbst mit seinem Tau benetzte.
      5 Ein Wort der Worte
         verschloss[6] den Eingang zu deinen Ohren,
         die höchste Süße
         hat Dich gesüßt, süße Herrin des Himmels.

                                                       III2

---

3 Salomon galt als Präfiguration Christi. Im Original (wie auch hier in der Übersetzung) gehen zwei Bildbereiche ineinander über: der Thron (= Aufenthaltsort Salomons) und Maria (als Mutter Jesu); am Ende ist die Bildlichkeit etwas gestört.

4 Es wird Bezug auf die Offenbarung des Johannes (Apokalypse) 14,1–5 genommen: „Und ich schaute, und siehe, das Lamm stand auf dem Berg Zion, und mit ihm 144.000, die seinen Namen und den Namen seines Vaters auf ihren Stirnen geschrieben trugen."

5 Das Buch der Richter 6, 36 ff.

6 In der Überlieferung des Originals findet sich auch die Variante ‚aufschließen' statt ‚verschließen'.

III2 Das, was aus dem Wort entstanden ist,
hat nichts vom Kindsein an sich,
es wuchs zum Wort heran und wurde ein Mensch.
Daran könnt ihr alle ein Wunder erkennen:
5 Ein Gott, der immer schon existierte, wurde
ein Mensch nach Art der Menschen.
Was auch immer Er bereits an Wundern begangen hatte,
das hat Er nun noch übertroffen.
Das traute Heim für den, der diese Wunder vollbrachte,
10 war die Klause einer reinen Jungfrau
für gut vierzig Wochen und nicht länger
ohne jede Sünde und ohne Schmerz.

III3 Nun bitten wir die Mutter
und auch das Kind der Mutter,
Sie, die Reine, und Ihn, den Guten,
dass sie uns beschützen mögen:
5 Denn ohne sie kann niemand,
weder hier noch dort, gerettet werden.
Widerspricht dem jemand,
so kann das nur ein Irrer sein.

II* a1 Was soll aus dem werden,
dem seine Verfehlungen
nicht aus tiefem Herzen leidtun,
wo Gott doch keine Sünde erlässt,
5 die nicht rechtzeitig
bis in die Tiefe des Herzens hinab bereut wird?
Dem Weisen ist das bekannt,
dass keine Seele je gerettet wird,
die mit dem Schwert der Sünde verwundet ist,
10 wenn diese nicht im tiefsten Grund Heil findet.

II*a2 Wir haben Reue dringend nötig!
Gott sende sie uns zur Hilfe
im Feuer seiner Liebe.
Sein liebevoller Geist

II*a3

II*a3   kann versteinerte Herzen
zu aufrichtiger Reue und gutem Leben leiten.
Wenn Er sieht, dass der Mensch sich nach Reue sehnt,
dann macht Er für ihn die Reue begehrenswert.
5 Auf diese Weise zähmt Er ein wildes Herz,
sodass es sich für alle Sünden schämt.

II*b1   Nun schicke uns, Vater und Sohn, den rechten Geist herab,
damit wir mit Deiner süßen Feuchte ein trockenes Herz erlaben.
Die ganze Christenheit ist voll von unchristlichen Dingen.
Wo auch immer das Christentum krank daniederliegt, dort wird es
nicht richtig umsorgt.

II*b2   Es dürstet sehr
nach der Lehre,
wie es sie aus Rom gewohnt war.
Würde ihm jemand einschenken
5 und zu trinken geben
wie früher, so würde es wieder auf die Beine kommen.

II*b3   Alles, was ihm an Leidvollem zustieß,
das rührte von der Simonie[7] her,
und es steht nun ohne Freunde da,
sodass es nicht wagt,
5 seinen Schaden anzuklagen.
Christentum und Christenheit[8],
der, der diese beiden zusammengefügt hat,
gleich lang, gleich breit,
in Freude und Leid,
10 der wollte auch, dass wir

II*b4   im Sinne Christi ein christliches Leben führen.
Da Er uns geeint hat, dürfen wir uns nicht trennen.
Ein Christ, der sich zum Christentum bekennt
mit Worten, aber nicht mit Taten, der ist gut und gerne ein halber
Heide.
5 Das ist unsere größte Sorge:
Das eine ist ohne das andere tot. Nun gewähre uns Gott für beides
Hilfe
																												II*b5

---

7 Ämterkauf; unredliches Erwerben von Macht.
8 Gemeint sind wohl einerseits die Amtskirche, andererseits die christlichen Gläubigen.

II*b5   und Rat,
           wo Er uns doch
           Sein Geschöpf
           offenbart hat.
   5   Nun besänftige für uns, Herrin, Seinen Zorn,
           barmherzige, auserkorene Mutter,
           Du Rose, frei und ohne Dorn,
           Du sonnenglänzende Klare.

IV   Dich lobt die Schar der hohen Engel,
           dennoch vermochten sie nie, Dich so zu loben,
           dass Dein Lobpreis je zu einem Ende kam.
           Würde er doch gesungen
   5   in Stimmen oder in Sprachen
           aus allen Ordnungen
           im Himmel und auf der Erde!
           Ich bitte und erinnere Dich, die Du Gottes würdig bist:
           Auf unsere Schuld schauend bitten wir Dich,
  10   dass Du uns Gnade erweisen mögest,
           sodass Dein Gebet wohlklinge
           vor der Quelle des Erbarmens.
           Dann haben wir die Hoffnung,
           dass die Schuld gering werde,
  15   mit der wir schwer beladen sind.
           Hilf uns, dass wir sie
           mit tiefer und beständiger Reue über unsere Missetat abwaschen,
           was[9] niemand außer Gott und außer Dir zu gewähren imstande ist.

---

9 Im Original steht statt ‚was' das Relativpronomen ‚die', das sich grammatisch betrachtet eher auf ‚Reue' als auf ‚Missetat' bezieht; beides aber ergibt wenig Sinn. Gemeint dürfte sein, dass nur Gott und Maria in der Lage sind, Sünden zu vergeben.

Ton 2
Sangspruchdichtung (Reichston)

Kritische Weltbetrachtung – Kirchen- und Papstkritik – prostaufische Agitation

(Die Strophen bilden nicht notwendigerweise eine Vortragseinheit.)

I Ich[1] saß auf einem Stein,
  wo ich ein Bein über das andere schlug.
  Darauf stützte ich meinen Ellenbogen,
  ich hatte in meine Hand
5 das Kinn und eine meiner Wangen geschmiegt.[2]
  Da dachte ich sorgenvoll darüber nach,
  wie man in der Welt leben sollte.
  Ich wusste keinen Rat,
  wie man sich drei Dinge aneignen könnte,
10 sodass keines von ihnen zugrunde ginge.
  Zwei davon sind Ansehen und materieller Besitz,
  die sich gegenseitig Schaden zufügen.
  Das Dritte ist Gottes Wohlwollen,
  vor den beiden anderen das Höchste.
15 Diese hätte ich gerne alle in einer Schatulle,
  aber, leider, leider, das soll nicht sein,
  dass Besitz und weltliches Ansehen
  und noch dazu das Wohlwollen Gottes
  in einem Kästchen zusammenkommen.
20 Pfade und Wege sind ihnen versperrt:
  Treulosigkeit lauert im Hinterhalt,
  auf der Straße herrscht Gewalt,
  der Frieden und das Recht sind angeschlagen.
  Die Drei haben keine Sicherheit, bevor diese Zwei nicht wieder zu
    Kräften gekommen sind.

       II

---

1 Hier und an anderen Stellen, an denen das Pronomen ‚ich' begegnet: Ob es sich um ein biographisches Ich handelt, kann immer nur vorsichtig von Fall zu Fall ausgelotet werden. Während im Minnesang wohl durchweg ein fiktives Rollen-Ich spricht, ist dies in der Sangspruchdichtung nicht immer eindeutig zu sagen, besonders wenn auf eigene Lebensbefindlichkeiten verwiesen wird.

2 Auf diese 5 Verse gehen die beiden bekannten (stilisierten) Abbildungen von Walther von der Vogelweide zurück. Diejenige aus der Weingartner Liederhandschrift ziert – spiegelverkehrt – den Umschlag dieses Buches.

II   Ich beobachtete mit meinen Augen
        heimlich alle Menschen, Männer und Frauen,
        da hörte und sah ich
        alles, was getan und gesagt wurde.
   5   Ich hörte, wie man in Rom log
        und zwei Könige betrog.[3]
        Daraus entstand der größte Krieg,
        den es jemals gab und den es jemals geben wird,
        als sich nämlich
   10   Geistliche und Laien zu entzweien begannen.
        Die allergrößte Not erwuchs daraus,
        Leib und Seele gingen daran zugrunde.
        Die Geistlichen kämpften heftig,
        doch gab es mehr und mehr Laien.[4]
   15   Die Schwerter legten sie nieder
        und ergriffen wieder das geistliche Gewand.
        Sie bannten, wen sie bannen wollten,
        und nicht denjenigen, den sie bannen sollten.
        Auf diese Weise versetzte man die Gotteshäuser in Unruhe.
   20   Da hörte ich weit entfernt in einer Klause
        großes Wehgeschrei.
        Dort weinte ein Klausner,[5]
        er klagte Gott seine Nöte:
        „Oh weh, der Papst ist zu jung, hilf, Herr, Deiner Christenge-
           meinde!"

                                                         III

---

3 Rom: Papst Innozenz III. (Amtszeit 1198–1216) machte sowohl den Staufern Philipp von Schwaben (1177–1208) als auch Friedrich II. (1194–1250) die Thronanwartschaft streitig und protegierte den
Welfen Otto IV. (1175/76–1218).

4 Möglicherweise beziehen sich die Geistlichen auf Anhänger des Papstes, der den Welfen Otto IV.
unterstützte, und die Laien auf Anhänger der staufischen Partei (Philipp von Schwaben und Friedrich II.).

5 Eine fiktive Figur, die noch einmal in Ton 3, Str. V und Ton 12, Str. XIII in Erscheinung tritt.

III   Ich hörte, wie die Gewässer rauschten,
und sah die Fische schwimmen,
ich sah alles, was sich in der Welt befand,
Wald, Feld, Laub, Schilf und Gras.
5 Alles, was schwimmt oder fliegt
oder sich mit den Beinen auf der Erde bewegt,
sah ich und ich sage euch Folgendes:
Keines von denen lebt ohne Streit.
Das Wild und die Kriechtiere,
10 die trugen heftige Gefechte aus,
genauso geschieht es bei den Vögeln,
allerdings bedenken sie Eines
– sonst würden sie auch zugrunde gehen:
Sie sorgen für ein verlässliches Herrschaftsrecht.
15 Sie inthronisieren Könige und verabschieden Gesetze
und bestimmen die Stände von Herrn und Knecht.
Schande über dich, Deutsches Volk,
wie sieht denn Deine innere Ordnung aus,
wo jetzt die Mücke ihren König hat
20 und wo Dein Ansehen so zugrunde geht!
Kehr um, kehr um,
allzu hochmütig sind die, die nur Kronreifen tragen,
die schwachen, abhängigen Könige[6] bedrängen dich,
Philipp, setz die Krone mit dem Waisen[7] auf und befiehl ihnen, sich
zurückzuziehen.
25 [*oder*:[8] Setze Philipp die Krone mit dem Waisen auf und befiehl ihnen, sich zurückzuziehen.]

---

6 Mit den ‚Kronreifen‘ und den ‚abhängigen Königen‘ wird auf weitere Thronprätendenten angespielt, gegen die sich Philipp durchsetzen soll.

7 ‚Waise‘ bezeichnet hier einen singulären Edelstein in der deutschen Kaiserkrone.

8 Im Original steht *Philippe*, was Dativ oder Vokativ sein kann; daher kann der Vers in zwei Richtungen verstanden werden.

Ton 3
Sangspruchdichtung (Kaiser Friedrichs- und Engelbrechtston [Teil 1[1]])

Gottespreis – Kreuzzugsagitation – Kirchen- und Papstkritik

(Nicht alle Strophen haben thematische Verbindungen und bilden insgesamt auch keine Vortragseinheit.)

I   Mächtiger Gott, Du bist so unermesslich,
dass alle Mühe, darüber nachzusinnen,
vergebens wäre, Du besitzt ohne Ende Macht und Ewigkeit.
Ich weiß genau, dass auch ein anderer darüber nachdenkt,
5 dennoch ist es unserer Erkenntnis unzugänglich – und das war
    immer schon so.
Du bist zu groß, Du bist zu klein: Es ist unermesslich.
Dummer Narr, wer sich damit Tag und Nacht beschäftigt!
Will er wissen, worüber nie gepredigt und was auch nie ergründet
    wurde?

II   Räche, Herr, Kind der Jungfrau, Dich und Deine Mutter,
an denen, die Feinde von eurem Erbland sind.
Lass die Christen[2] und Heiden ziehen wie den Wind,
denn sie sind beide nicht mit aufrichtiger Treue bei Dir.
5 Herr und Vater, höre mit Deiner Rache an ihnen nicht auf!
Du weißt sehr gut, dass nicht nur die Heiden Dich bedrängen:
Die sündigen gegen Dich ganz unverhohlen,
jene aber sind noch verdorbener, die es mit sich[3] im Geheimen
    ausmachen.

III

---

1 Dieser Ton ist in der Edition auf zwei Bücher aufgeteilt; Fortsetzung nach Ton 55.
2 Gemeint sind hier Christen, die eigentlich ihre Religion verraten haben.
3 Möglich auch: ‚… die es mit ihnen …'

III   Bote, teile dem Kaiser[4] den Rat seines bescheidenen Untergebenen
            mit,
        dass ich keinen besseren kenne, so wie es jetzt aussieht.
        Wenn ihn niemand auf Gut und Leute warten lässt,
        dann möge er schnell losziehen[5] und rasch zu uns zurückkommen, er
            lasse sich nicht für dumm verkaufen;
   5   er soll auch so manchen angehen, der Gott und ihn bedrängt hat.
        Er soll die aufrichtigen Geistlichen warnen, dass sie nicht auf
        die Abtrünnigen hören, die das Reich glauben erschüttern zu können.
        Er trenne die Einen von den Anderen oder schließe sie alle vom
            Allerheiligsten[6] der Kirchen aus.

IV   Wenn ich den Geistlichen aufrichtig einen Rat erteilen sollte,
        dann würde ihre Hand den Armen zeigen: „Schau, das gehört dir".
        Gesang wäre ihre Sache und ließe vielen Menschen, was ihnen
            gehört;
        sie würden erkennen, dass auch sie durch Gott Almosen erhalten
            hatten.
   5   Damals hatte Ihnen König Konstantin Besitz und Macht verliehen.[7]
        Hätte er gewusst, dass daraus in der Zukunft Unheil erwachsen
            würde,
        hätte er das Reich vor diesem üblen Schicksal bewahrt;
        allerdings waren sie damals noch bescheiden und frei von Hochmut.

                                            V

---

4 Wahrscheinlich: Friedrich II. (1194–1250).

5 Zu denken ist an einen Kreuzzug.

6 Im Original steht *koere*, Sg. *kôr*, hier als ‚Altarraum' verstanden.

7 Anspielung auf die sog. ‚Konstantinische Schenkung', eine in der Frühen Neuzeit als Fälschung entlarvte Urkunde, der gemäß Kaiser Konstantin I. (ca. 280–337) der christlichen Kirche enorme Machtfülle übertragen haben soll.

V   Mein alter Klausner[8], von dem ich, wie bekannt ist, schon einmal
       gesungen habe,
     als uns der frühere Papst[9] so sehr in Bedrängnis gebracht hatte,
     der sorgt sich abermals um die Gotteshäuser, dass ihre Vorsteher
       schwach werden.
     Er sagt, wenn sie die Guten bannen[10] und den Bösen zusingen,
   5 dann möge man ihnen mit heftigen Gegenhieben begegnen.
     Sie sollen kein Glück mit Pfründen und Kirchen haben:
     Von denen gebe es viele, die darauf gerade jetzt Hoffnung haben,
     dass sie den Lohn für ihren Dienst am Reich in glitzernden
       Kettenhemden[11] bekommen.

---

8 Eine fiktive Figur, die schon in Ton 2, Str. II in Erscheinung trat und noch einmal in Ton 12,
Str. XIII bemüht wird.

9 Wohl Papst Innozenz III. (1198–1216).

10 Gemeint ist der Einsatz des kirchlichen Bannes (Exkommunikation, Ausschluss aus der christlichen Gemeinschaft).

11 Gemeint wohl: als Kämpfer mit ritterlicher (Aus-)Rüstung.

Ton 4
Sangspruchdichtung (Ottenton)

Pro-welfische Agitation – Kreuzzug – Kirchenkritik

(Nicht alle Strophen haben thematische Verbindungen und bilden insgesamt auch
keine Vortragseinheit.)

I Herr Papst[1], Rettung ist für mich in Sicht,
denn ich werde Euch Gehorsam erweisen.
Wir haben Euch gehört, als Ihr der Christenheit auftrugt,
wie wir den Kaiser[2] behandeln sollten,
5 als Ihr ihm den Segen Gottes gespendet habt,
dass wir ihn nämlich „Herr" nennen und vor ihm knien sollen.
Ebenfalls sollt Ihr nicht vergessen,
dass Ihr gesagt habt: „Wer immer Dich segnen mag, der sei
gesegnet, wer immer Dich verfluchen mag, der sei
10 durch und durch verflucht."
Denkt Gottes wegen darüber nach,
ob Euch das Ansehen der Geistlichen am Herzen liegt.

II Als Gottes Sohn hier auf der Erde lebte,
stellten ihn die Juden immer wieder auf die Probe,
so wie sie es eines Tages mit dieser Frage taten:[3]
Sie fragten ihn, ob sie angesichts ihres Lebens als Freie
5 dem Reich Zinsen schuldig seien.
Er erkannte schnell ihre üble Hinterhältigkeit,
er verlangte nach einem Münzeisen,
er sagte: „Wessen Bild ist hier eingraviert?"
„Das des Kaisers", sagten da die Verschlagenen.
10 Daraufhin riet er den Dummköpfen,
dass sie dem Kaiser das zukommen ließen,
was dem Kaiser zu Recht zustehe, und Gott das, was Gott gehöre.

III

---

1 Wohl Papst Innozenz III. (1198–1216).
2 Wohl Anspielung auf die Kaiserkrönung Ottos IV. 1209.
3 Siehe die Evangelien nach Matthäus 22,15–21, Markus 12,13–17, Lukas 20,20–26.

III   Herr Kaiser[4], Ihr seid willkommen!
        Den Titel ‚König‘ führt Ihr nicht mehr,
        deshalb überstrahlt Eure Krone alle anderen.
        Eure Hand ist stark, voller Schätze,
     5 Ihr könnt hart sein und auch wohlwollend,
        sodass Ihr zu vergelten und auch zu belohnen wisst.
        Darüber hinaus teile ich Euch noch Folgendes mit:
        Die Fürsten sind Euch ergeben
        und haben mit Anstand Eure Ankunft erwartet.
    10 Und ganz besonders der Meißner,[5]
        der ist stets ohne Wankelmut der Eure,
        eher würde ein Engel verleitet, von Gott abzulassen.

IV   Herr Kaiser, ich bin ein Gottesbote
        und bringe Euch von Gott eine Nachricht:
        Ihr besitzt die Erde, Ihr besitzt das Himmelreich.[6]
        Er befahl Euch, Klage zu erheben, Ihr seid sein Verteidiger,
     5 im Land seines Sohnes erheben sich
        die Heiden gegen Euch beide in schmählicher Weise.
        Ihr seid in der Lage, für ihn mit Freude Gericht zu halten:
        Sein Sohn, der wird Christus genannt,
        Er ließ Euch mitteilen, wie Er es vergelten will.
    10 Nun lasst ihn sich mit Euch verbünden.
        Er spricht über Euch dort Recht, wo Er der Gebieter ist,
        sogar dann, wenn Ihr über den Teufel aus der Hölle klagt.

                                                V

---

4 Wohl Otto IV. (1175/76–1218). So wohl auch in den Strophen IV und V.

5 Markgraf Dietrich von Meißen (gest. 1221).

6 Diese Übersetzung greift auf den handschriftlichen Text zurück, den viele Herausgeber in der Vergangenheit konjiziert (verbessert) hatten, dahingehend, dass der Kaiser die Erde, Gott aber das Himmelreich besitzt. Peter Kern hat vorgeschlagen, die handschriftliche Version so zu verstehen: Der Kaiser habe durch die Krönung neben der weltlichen Herrschaft auch eine „ewige Mitherrschaft mit Christus" erlangt; siehe den Editionsband.

V Herr Kaiser, wenn Ihr den Frieden der Deutschen
   unter Androhung der Todesstrafe gefestigt habt,
   werden Euch die Nachbarländer Ehre erweisen.
   Die sollt Ihr ohne Mühe annehmen
 5 und die ganze Christenheit versöhnen:
   Das ehrt Euch und quält die Heiden sehr.
   Ihr tragt zwei mannhafte Eigenschaften eines Kaisers in Euch:
   Die Tugend des Adlers, die Kraft des Löwen,
   die bilden das Wappen auf dem Schild.
 10 Diese zwei Kriegsgefährten,
   warum sollten sie nicht gegen die Heidenschaft kämpfen wollen,
   was könnte ihrer Tapferkeit und ihrer Güte widerstehen?

VI Gott macht zum König, wen immer er will,
   das verwundert mich gar nicht,
   uns Laien verwundert allerdings die Lehre der Geistlichen.
   Vor kurzem lehrten sie uns etwas,
 5 das wollen sie jetzt wieder zurücknehmen.
   Nun sollen sie es Gottes und ihrer eigenen Ehre wegen tun
   und sie mögen uns ehrlich sagen,
   welche ihrer Reden uns täuscht.
   Sie sollen uns die eine Rede ausgiebig erläutern,
 10 die ältere eher als die neuere,[7]
   uns scheint, dass eine Rede eine Lüge ist,
   in einem Mund kommen zwei Zungen schlecht zusammen.

---

[7] Im Original eine schwer verständliche Passage; denkbar ist auch, dass es sich um ältere und jüngere
Geistliche handelt.

Ton 5
Sangspruchdichtung

Kreuzzugspropaganda

I   Da schau her, wie viel Ehrenvolles sich aus deutschen Ländern in die
Fremde begibt![1]
Verstand und Mannhaftigkeit, dazu noch Silber und Gold –
wer über all das verfügt und nicht in die Fremde geht, der bleibt mit
und in Schande zurück!
Wie so jemand den Lohn des Himmlischen Kaisers verlieren wird!
5 Dem sind weder die Engel noch die Damen zugeneigt.
Der ist ein armseliger Mann in der Welt und Gott gegenüber,
wie der den Spott beider fürchten muss!

II   Es wird ein Sturm kommen, das wisst ihr genau,
von dem uns gesungen und berichtet wird,
der wird mit Gewalt durch alle Königreiche wirbeln.
Wallfahrer und Pilger wehklagen darüber, so höre ich.
5 Bäume, Türme liegen, von ihm zerfetzt, danieder,
selbst kräftigen Menschen fegt er die Köpfe weg.
Jetzt sollten wir hin zu Gottes Grab fliehen.

III   Pah! Wir faulen Leute, wie bequem haben wir
es uns, eine Freude links, eine Freude rechts, in einem Jammertal eingerichtet!
Wir hatten alle ernsten Aufgaben und Mühen vergessen,
als uns der kurze Sommer bat, sein Freund zu sein.
5 Der brachte uns Blumen und Blätter, die dahinwelken,
der kurze Vogelgesang betrog uns.
Gepriesen sei, wer stets nach unvergänglichen Freuden strebte!

IV

---

1 Wahrscheinlich ist auf Kreuzzugsgeschehnisse angespielt (denkbar: 4. Kreuzzug: 1198/1202/03–
04 oder 5. Kreuzzug: 1213–1234/39).

IV   Verflucht sei das Lied, das wir mit den Grillen[2] gesungen haben,
als wir uns auf die Zeit des kalten Winters vorbereiten sollten,
geklagt sei, dass wir, die grenzenlos Dummen, uns nicht mit der
    Ameise zusammen angestrengt haben,
die jetzt ganz ehrenvoll auf ihre Arbeiten schauen und ruhen kann.
5   Das war schon immer ein Zwiespalt für die Welt.
Die Dummköpfe haben immer auf den Rat der Weisen gepfiffen,
man wird dort[3] klar erkennen, wer hier gelogen hat.

---

2 Anspielung auf die Äsopische Fabel von Grille und Ameise: Während die Grille sich im Sommer vergnügt und Lieder singt und nicht für den harten Winter vorsorgt, tut genau dies die Ameise und ist in der Not gut ausgestattet.

3 ‚Dort': im Jenseits, beim Jüngsten Gericht u. ä.

Ton 6
Sangspruchdichtung mit Minnethematik

Minnelehre, -didaxe, -reflexion

I   Manch einer fragt, was ich klage,
und behauptet vor allem, dass es nicht von Herzen komme und nicht
      echt sei.
Der vergeudet seine Zeit,
denn noch nie hat so einem wahre Liebesfreude[1] gutgetan oder auch
      Schmerz bereitet.
5 Deshalb ist dessen Glück nichtig.
Gäbe es aber jemanden, der erfassen kann,
was die Liebe[2] zu bieten hat,
der würde sich meinen Sang wohl bis zum Ende anhören.

II   ‚Minne‘ ist ein weit bekanntes Wort
und doch sind die Taten dahinter wenig vertraut, das ist so.
Minne ist ein Schatz aller Tugenden,
ohne Minne wird kein Herz jemals so recht froh.
5 Da ich diese Überzeugung habe,
verehrte, mächtige Frau Minne,
sollt Ihr auch mich und meine Sinne erfreuen.
Es wird mir Qualen bereiten, sollte meine Hoffnung umsonst sein.

III   Ich setze darauf, dass die, der ich
mit tiefer Aufrichtigkeit zugetan bin, solche Gefühle auch mir
      gegenüber hat.
Trügt mich da meine Wahrnehmung,
dann ist das leere, freudlose Hoffnung.
5 Nein, nein, Herr! Sie ist so gut, dass sie mir,
immer wenn sie in ihrer Güte meine Absicht erkennt,
das Beste widerfahren lässt.

                                      IV

---

1 An dieser Stelle steht im Original das Wort *liebe*. Siehe dazu oben die Bemerkungen zu den Übersetzungsproblemen, S. XLIV f.

2 An dieser Stelle steht im Original das Wort *minne*. Siehe dazu oben die Bemerkungen zu den Übersetzungsproblemen, S. XLIV f.

IV   Wüsste sie, was ich will,
so würde sie mir Liebes und Gutes gewähren.
Wie könnte das aber jetzt geschehen,
wo man mit so süßen Worten falsche Liebe begehrt?
5 Dass eine Frau nicht wissen kann,
wer sie liebt,
dieser bedauernswerte Umstand allein
beschert mir manchen üblen Tag.

V   Der, der die Frauen zum allerersten Mal betrogen hat,
der hat sich sowohl an Männern als auch an Frauen vergangen.
Ich weiß nicht, wozu die Liebe gut sein soll,
wo nun die Geliebte dem Geliebten gegenüber nicht vor Falschheit
    sicher sein kann.
5 Verehrte Dame, Ihr sollt glückselig sein!
Lasst es durch Euer Wohlwollen zu,
dass ich den Gruß[3] verdiene,
den ein Freund und Geliebter sich von Herzen wünscht.

---

3 Der um eine Frau werbende Mann erhofft sich als Zeichen des Wohlwollens oft den *gruoz* der Dame. Damit ist anderes gemeint, als ‚Guten Tag!‘ zu sagen. Vielmehr ist der *gruoz* Zeichen von Anerkennung, Wertschätzung und vorsichtiger Zuneigung. Das *grüezen* ist ein bedeutender sozialer Akt, für den es Regeln gibt, die zuweilen auch zu Problemen für Mann und Frau führen können.

Ton 7
Sangspruchartiges Lied (Das Palästinalied) in 5 Fassungen

Preis des Heiligen Landes – Anspruch der Christen auf das Heilige Land – Kreuzzug –
Jesu Taufe, seine Leiden und Auferstehung – Jüngstes Gericht

*Strophen dieses Tones liegen in 5 Fassungen vor. (Fassungen können sich grundsätzlich in Anzahl,
Bestand und Reihenfolge der Strophen sowie in variierenden Formulierungen des Textes unterscheiden.
Letzteres betrifft: Wortschatz, Plus-/Minus-Text, Satzbau, hin und wieder Versreihenfolgen.) Die
Übersetzung ist bemüht, diese Textvariationen im Mittelhochdeutschen durch entsprechend variierende
Formulierungen auch im Neuhochdeutschen zu erfassen. Eine philologische Varianzanalyse lässt sich
freilich nur an den mittelhochdeutschen Texten durchführen.*

Fassung nach Handschrift A

I   Erst jetzt lebe ich in Würde,
    nun, wo mein sündiges Auge
    das erhabene und stolze Land und auch die Erde sieht,
    denen man viel Ehre zuspricht.[1]
5   Mir ist widerfahren, worum ich schon immer gebeten hatte,
    ich bin an die Stätte gekommen,
    wo Gott als Mensch erschienen war.

II Schöne, reiche und vornehme Länder,
    wie viele ich auch gesehen habe,
    so übertriffst du sie alle an Ansehen,
    was ist hier an Wunderbarem geschehen,
5   dass nämlich eine Jungfrau ein Kind geboren hat,
    erhaben über die Schar aller Engel,
    war das nicht wahrhaftig ein Wunder?

III Hier ließ er sich taufen – ohne Sünde,
    auf dass der Mensch von Sünde erlöst werde.
    Späterhin ließ er sich hier verkaufen,
    damit allein wir befreit würden.
5   Ansonsten wären wir verloren gewesen.
    Gepriesen seist du, Speer, Kreuz und Dornenkrone!
    Verfluchter Heide, das treibt dich in Zorn.

IV

---

1 Gemeint ist Palästina.

IV   Der Sohn fuhr hinab in die Hölle[2],
        aus dem Grab, in dem er lag.
        Dabei war stets der Vater ein Gefährte
        und der Geist, den niemand
   5 zu trennen vermag, alles ist Eins,
        glatt und ebenmäßiger als ein Pfeilschaft,
        so wie er Abraham[3] erschienen war.

V   Als er den Teufel dort zu Fall gebracht hatte,
        in einer Weise, dass kein Kaiser jemals besser gekämpft hätte,
        kehrte er wieder zur Erde zurück.
        Daraufhin setzte die Leidenszeit der Juden ein,
   5 als er, der Herr, die Bewachung des Grabes[4] überwand
        und man ihn danach wieder lebendig sah,
        ihn, den ihre Hand geschlagen und gestochen hatte.

VI   In diesem Land hat er
        einen schrecklichen Gerichtstag angesetzt,
        an dem die Witwe gerächt wird
        und der Arme und die Waise
   5 die Gewalt anklagen können,
        die an ihnen verübt wird:
        Glücklich ist dort, wer hier bezahlt hat.

VII   Juden, Christen und Heiden
        behaupten, dass dies ihr Erbe sei.
        Gott soll uns
        in seiner Dreieinigkeit die Wahrheit dartun.
   5 Die ganze Welt liegt darum im Streit.
        Unser Verlangen ist das richtige,
        es ist nur rechtens, dass er es uns zuspricht.

---

2 Angespielt wird hier auf die sogenannte ‚Höllenfahrt Christi' zwischen Auferstehung und Himmelfahrt, eine im Mittelalter auch bildkünstlerisch immer wieder aufgegriffene Szene, die eine Fundierung im apokryphen Nikodemusevangelium hat, in einem religiösen Text, der nicht in den Kanon der biblischen Schriften aufgenommen wurde.

3 Der biblische Bezug ist in der Forschung umstritten (Das erste Buch Mose (Genesis) 18?).

4 Siehe das Evangelium nach Matthäus 27, 28.

Fassung nach Handschrift B

I Zum ersten Mal lebe ich in rechter Würde,
nun, wo mein sündiges Auge
das reine Land und auch die Erde sieht,
denen man so viel Ehre zuspricht.
5 Es hat sich erfüllt, worum ich schon immer gebeten hatte,
ich bin an die Stätte gekommen,
wo Gott als Mensch erschienen war.

II Christen, Juden und die Heiden
behaupten, dass dies ihr Erbe sei.
Gott möge es
in seiner Dreieinigkeit entscheiden.
5 Die ganze Welt liegt darum im Streit.
Unser Verlangen ist das richtige,
es ist nur rechtens, dass er es uns zuspricht.

III Als er, der Allmächtige, sich unserer,
der so Schwachen, erbarmen wollte,
erlitt er hier den fürchterlichen Tod,
auf dass wir aus dieser Not herauskämen.
5 Dass ihn zu jener Zeit nichts davon abgehalten hat,
das ist ein unfassbares Wunder,
ein Wunder aller Wunder.

IV Der Sohn fuhr hinab in die Hölle[5],
aus dem Grab, in dem er lag.
Stets war dabei der Vater ein Gefährte
und der Geist, den niemand
5 zu trennen vermag, es ist Eins,
glatt und ebenmäßiger als ein Pfeilschaft,
so wie er Abraham[6] erschienen war.

V

---

5 Angespielt wird hier auf die sogenannte ‚Höllenfahrt Christi' (siehe die Anmerkung zu Fassung nach A).

6 Der biblische Bezug ist in der Forschung umstritten (Das erste Buch Mose [Genesis]?).

V   In diesem Land hat er
      einen schrecklichen Gerichtstag angesetzt,
      an dem die Waise gerächt wird
      und die Witwe und der Arme
     5 die Gewalt anklagen können,
      die man ihnen angetan hat:
      Glücklich ist dort, wer hier bezahlt hat.

VI   Das Fabulieren unserer Landrichter
      schiebt dort niemandes Anklage auf,
      denn er wird dort sofort Recht sprechen:
      So wird es am Jüngsten Tag geschehen.
     5 Und wer welche Schuld auch immer hier
      nicht in Ordnung gebracht hat, wie wird der dort
      dastehen, wo er weder Pfand noch Bürgen hat?

Fassung nach Handschrift C

I   Zum ersten Mal lebe ich in Würde,
      nun, wo mein sündiges Auge
      das reine Land und auch die Erde sieht,
      denen man so viel Ehre zuspricht.
     5 Es hat sich erfüllt, worum ich schon immer gebeten hatte,
      ich bin an die Stätte gekommen,
      wo Gott als Mensch erschienen war.

II   Schöne, reiche und vornehme Länder,
      wie viele ich auch gesehen habe,
      so übertriffst du sie alle an Ansehen,
      was ist hier an Wunderbarem geschehen,
     5 dass nämlich eine Jungfrau ein Kind geboren hat,
      erhaben über die Schar aller Engel,
      war das nicht wahrhaftig ein Wunder?

III   Hier ließ er sich ohne Sünde taufen,
      damit der Mensch von Sünde erlöst werde.
      Späterhin ließ er sich hier verkaufen,
      damit wir, die Unfreien, befreit würden.
     5 Ansonsten wären wir verloren gewesen.
      Gepriesen seist du, Speer, Kreuz und Dornenkrone!
      Wie sehr sich dein Zorn auf sie richtet!

IV

IV   Als er, der Allmächtige, sich unserer,
der so Schwachen, erbarmen wollte,
erlitt er den fürchterlichen Tod,
auf dass wir aus dieser Not herauskämen.
5 Dass ihn zu jener Zeit nichts davon abgehalten hat,
das ist ein unfassbares Wunder,
ein Wunder aller Wunder.

V   Der Sohn fuhr hinab in die Hölle[7],
aus dem Grab, in dem er lag.
Dabei ist stets der Vater ein Gefährte
und der Geist, den niemand
5 zu trennen vermag, alles sei Eins,
glatt und ebenmäßiger als ein Pfeilschaft,
so wie er Abraham[8] erschienen war.

VI   Als er den Teufel in einer Weise zu Fall gebracht hatte,
dass kein Kaiser jemals besser gekämpft hätte,
kehrte er wieder zur Erde zurück.
Daraufhin setzte dort die Leidenszeit der Juden ein,
5 als er, der Herr, ihre Bewachung des Grabes[9] überwand
und man ihn danach wieder lebendig sah,
ihn, den ihre Hand geschlagen und gestochen hatte.

VII   In diesem Land hat er
einen schrecklichen Gerichtstag angesetzt,
an dem die Waise gerächt wird
und die Witwe und der Arme
5 die Gewalt anklagen können,
die man ihnen angetan hat:
Glücklich ist dort, wer hier bezahlt hat.

VIII

---

7 Angespielt wird hier auf die sogenannte ‚Höllenfahrt Christi' (siehe Anmerkung zu Fassung nach A).

8 Der biblische Bezug ist in der Forschung umstritten (Das erste Buch Mose [Genesis]?).

9 Siehe das Evangelium nach Matthäus 27, 28.

VIII Das Fabulieren unserer Landrichter
schiebt dort Niemandes Anklage auf,
denn er wird dort sofort Recht sprechen:
So wird es am Jüngsten Tag geschehen.
5 Und wer welche Schuld auch immer hier
ungetilgt zurücklässt, wie wird der dort
dastehen, wo er weder Pfand noch Bürgen hat?

IX Christen, Juden und die Heiden
behaupten, dass dies ihr Erbe sei.
Gott möge es
in seiner Dreieinigkeit entscheiden.
5 Die ganze Welt liegt darum im Streit.
Unser Verlangen ist das richtige,
es ist nur rechtens, dass er es uns zuspricht.

X[10] Ihr lasst es euch nicht lästig sein,
was ich bislang gesprochen habe.
Ich will das Gesagte
alsbald erklären und auch verkünden,
5 was Gott alles an Wunderbarem hier zurückgelassen hat,
was Gott mit der Welt ins Werk setzte,
das fing dort an und endet hier.

XI Danach lebte er in dem Land
vierzig Tage, worauf er sich dorthin begab,
von wo aus ihn sein Vater hergeschickt hatte.
Er möge für uns seinen Geist bewahren,
5 den sandte er sofort zurück.
Heilig ist genau dieses Land,
sein Name ist bekannt im Angesicht Gottes.

---

10 Die Strophen X und XI folgen in der Handschrift nicht unmittelbar auf IX, sondern sind Nach-
träge.

Fassung nach Handschrift E

I   Zum ersten Mal schaue ich mit Würde,
nun, wo mein sündiges Auge
das Heilige Land und auch die Erde sieht,
denen man so viele Tugenden zuspricht.
5 Mir ist widerfahren, worum ich schon immer gebeten hatte,
ich bin an die Stätte gekommen,
wo Gott als Mensch steht.[11]

II   Mehr als tausendhundert Wunder,
die aus diesem Land kommen,
die kann ich nicht eingehender
besprechen als ein kleines Kind,
5 abgesehen von einem Teil unseres Gesetzes,[12]
wem dies nicht ausreicht, der möge
zu den Juden gehen, die erzählen ihm mehr.

III   Schöne, reiche und vornehme Länder,
wie viele ich auch gesehen habe,
so ehrt dieses eine alle anderen,
was ist hier an Wunderbarem geschehen,
5 dass nämlich eine Jungfrau ein Kind geboren hat,
erhabener als die Schar der Engel,
war das nicht wahrhaftig ein Wunder?

IV   Später ließ er sich taufen,
damit auch der Mensch von Sünden befreit werde.
Danach ließ er sich verkaufen,
damit wir, die Unfreien, befreit werden.
5 Wir wären verloren gewesen
ohne seinen Speer, das Kreuz und die Dornen.
Verehrter Heide, das treibt dich in Zorn.

V

---

11 Nur in dieser Handschrift E steht das Verb im Präsens (sehr wahrscheinlich ein Schreiberfehler).

12 Eine schwer verständliche Stelle, die in der Forschung kontrovers diskutiert wird (siehe die im Literaturverzeichnis hier unter 5.5 aufgeführten Stellenkommentare). Mit ‚Gesetz' (im Original steht *ê*) könnte auch die Bibel gemeint sein, ‚ein Teil' könnte sich auf das Alte bzw. Neue Testament beziehen.

V   Danach fuhr er hinab in die Hölle[13],
      aus dem Grab, in dem er lag.
      Dabei war stets der Vater ein Gefährte
      und der Geist, den niemand
  5   zu trennen vermag, es ist <.>,
      glatter als ein Pfeilschaft,
      so wie er Abraham[14] erschienen war.

VI   Als er den Teufel dort zu Fall gebracht hatte,
      in einer Weise, dass kein Ritter jemals besser gekämpft hätte,
      kehrte er wieder in seine Heimat auf die Erde zurück.
      Daraufhin setzte die Leidenszeit der Juden ein,
  5   als er ihre Bewachung durchbrach[15]
      und man ihn danach wieder lebendig sah,
      ihn, den ihre Hand geschlagen und gestochen hatte.

VII   Christen, Juden und Heiden
      behaupten, dass dies ihr Erbe sei.
      Gott soll in rechter Weise
      in seiner Dreieinigkeit den Streit schlichten.
  5   Die ganze Welt liegt darum im Streit.
      Unser Verlangen ist das richtige,
      es ist nur rechtens, dass er es uns zuspricht.

VIII In diesem Land hat er
      den überaus schrecklichen Gerichtstag angesetzt,
      an dem die Witwe gerächt wird
      und die Waise und der Arme
  5   die Gewalt anklagen können,
      die an ihnen verübt wird:
      Glücklich ist dort, wer hier bezahlt hat.

IX

---

13 Angespielt wird hier auf die sogenannte ‚Höllenfahrt Christi' (siehe Anmerkung zu Fassung nach A).

14 Der biblische Bezug ist in der Forschung umstritten (Das erste Buch Mose [Genesis]?).

15 Siehe das Evangelium nach Matthäus 27, 28.

IX Das Rechtsprechen unserer Landrichter
schiebt dort Niemandes Anklage auf,
er wird dort sofort Recht sprechen:
Genau so wird es am Jüngsten Tag geschehen.
5 Wer welche Schuld auch immer hier
nicht in Ordnung gebracht hat, wie der dort
dastehen wird, wo er weder Pfand noch Bürgen hat!

X Ihr lasst es euch nicht lästig sein,
dass ich erneut gesprochen habe.
Daher werde ich das Gesagte
kurz und bündig erklären und euch verkünden,
5 was Gott an Wunderbarem hier zurückgelassen hat,
was er mit der Welt ins Werk setzte,
das hatte dort einen Anfang und endet hier.

XI Danach lebte er in dem Land
vierzig Tage, darauf begab er sich dorthin,
von wo aus ihn sein Vater hergeschickt hatte.
Seinen Geist, der uns beschützen möge,
5 den sandte er sofort zurück.
Heilig ist genau dieses Land,
sein Name ist bekannt im Angesicht Gottes.

Fassung nach Handschrift Z

I Erst jetzt lebe ich in Würde,
nun, wo mein sündiges Auge
das geliebte Land und auch die Erde erblickt,
denen man viel Ehre zuspricht.
5 Mir ist widerfahren, wie ich es schon immer erbeten hatte,
ich bin an die Stätte gekommen,
wo Gott als Mensch erschienen war.

II

II   Schöne, reiche und vornehme Länder,
wie viele ich auch gesehen habe,
so bist du eine Ehre für alle anderen,
was ist hier an Wunderbarem geschehen,
5 dass nämlich eine Jungfrau ein Kind geboren hat,
Gebieter[16] über die Schar aller Engel,
ist das nicht wahrhaftig ein Wunder?

III   Christen, Juden und Heiden
behaupten, dass dies ihr Erbe sei.
Gott und die Heilige Dreifaltigkeit
müssen uns die Wahrheit sagen.
5 Die ganze Welt liegt darum im Streit.
Unser Verlangen ist das richtige,
es ist nur rechtens, dass er es uns zuspricht.

IV   Mehr als hunderttausend Wunder
gibt es hier in diesem Land,
darüber kann ich nicht mehr und anderes
sagen als ein Kind,
5 abgesehen von einem Teil unseres Gesetzes,[17]
wem immer dies nicht ausreicht, der möge
zu den Juden gehen, die berichten noch mehr darüber.

V   Zunächst ließ er sich taufen,
damit der Mensch von Sünde erlöst werde.
Danach ließ er sich verkaufen,
damit wir, die Unfreien, befreit würden.
5 Ohne Speer, Kreuz und Dornenkrone
wären wir verloren gewesen!
Verfluchter Heide, das treibt dich in Zorn.

VI

---

16 Im Original steht *herre*. Damit kann das Nomen ‚Herr‘, ‚Gebieter‘ gemeint sein. Hinter dem Wort könnte sich aber auch das Adjektiv *hêr(e)* (Komparativ *hêrer*) verbergen, wie es die anderen Fassungen überliefern (allerdings hat nur Fassung Z die Präposition ‚über‘).

17 Eine schwer verständliche Stelle (siehe die Anmerkung zur Fassung nach Handschrift E).

VI   Als er, der Allmächtige, sich
erbarmen wollte,
erlitt er wegen uns Armen den fürchterlichen Tod,
auf dass wir aus dieser Not herauskämen.
5 Dass ihn zu jener Zeit nichts davon abgehalten hat,
ist das nicht ein unfassbares Wunder,
ein Wunder aller Wunder?

VII   Später fuhr der Sohn hinab in die Hölle[18],
aus dem Grab, in dem er lag.
Dabei war schon immer der Vater ein Gefährte
und der Geist, die niemand
5 voneinander trennen kann, denn sie sind beide Eins,
glatt und ebenmäßiger als ein Pfeilschaft,
so wie er Abraham[19] erschienen war.

VIII   Als er den Teufel dort zu Fall gebracht hatte,
in einer Weise, dass kein Kaiser jemals besser gekämpft hätte,
kehrte er von dort wieder zur Erde zurück.
Daraufhin setzte die Leidenszeit der Juden ein,
5 als der Herr ihre Bewachung des Grabes[20] überwand
und er mit seinen Augen sah,
den seine Hand geschlagen und gestochen hatte.[21]

IX   Danach lebte er in diesem Land
vierzig Tage, worauf er sich dorthin begab,
von wo aus uns sein Vater
seinen Geist schickte, damit er uns beschütze.
5 Von dort kehrte er schnell zurück.
Heilig ist genau dieses Land,
sein Name ist bekannt im Angesicht Gottes.

X

---

18 Angespielt wird hier auf die sogenannte ‚Höllenfahrt Christi' (siehe Anmerkung zu Fassung nach A).

19 Der biblische Bezug ist in der Forschung umstritten (Das erste Buch Mose [Genesis]?).

20 Siehe das Evangelium nach Matthäus 27, 28.

21 Die Übersetzung folgt der Z-Fassung; ein Verständnis der beiden letzten Verse ist allerdings schwer zu gewinnen: Gott Vater hat seinen Sohn geschlagen…?

X Das Rechtsprechen unserer Landrichter
schiebt dort Niemandes Anklage auf,
er wird dort sofort Recht sprechen:
So wird es am Jüngsten Tag geschehen.
5 Wer welche Schuld auch immer hier
nicht in Ordnung gebracht hat, wie der dastehen wird,
wo er weder Pfand noch Bürgen hat!

XI In diesem Land hat er
seinen schrecklichen Gerichtstag angesetzt,
an dem die Witwe gerächt wird
und die Waise und der Arme
5 die Gewalt anklagen können,
die an ihnen hier verübt wird:
Glücklich ist also dort, wer hier bezahlt hat.

XII Jetzt lasst es euch nicht lästig sein,
worüber ich erneut gesprochen habe.
Ich werde euch das Gesagte erklären
und euch zu verstehen geben,
5 was Gott an Wunderbarem hier zurückgelassen hat,
was er mit dem Menschen ins Werk setzte,
das hatte einen Anfang und kommt hier ans Ziel.

Einzelstrophe in Handschrift F[22]

XIII Meine verehrte Dame, Eurer Güte wegen
hört jetzt meine Klage,
in einer Weise, dass Ihr in Eurem Stolz
nicht in Zorn geratet über das, was ich sage.
5 Es geschieht schnell, dass ein dummer Mann
übles Zeug redet, so gut er kann.[23]
Darauf sollt Ihr nicht Acht geben.

---

22 Diese Strophe hat mit dem ‚Palästinalied‘ nur die metrische Bauform gemein.
23 Bedeutung unklar. Die Handschrift F überliefert häufig verderbten Text.

Einzelstrophe in M

Jetzt erst lebe ich in Würde,
nun, wo mein sündiges Auge
das schöne Land und auch die Erde sieht,
der man viel Ehre zuspricht.
5 Jetzt ist geschehen, worum ich gebeten hatte,
ich bin an die Stätte gekommen,
wo Gott als Mensch erschienen war.

Ton 8
Sangspruchdichtung (Zweiter Philippston)

Herrschertugend – Ermahnung an König Philipp von Schwaben – metaphorisch gestaltete Politikdidaxe – Rätselstrophe

(Die Strophen bilden insgesamt keine Vortragseinheit.)

I   Philipp[1], erhabener König,
alle huldigen dir
und würden Freude nach Zeiten des Leides begrüßen.
Jetzt verfügst du über Besitz und Ansehen.
5 Das ist der Schatz zweier Könige,
halte sie bereit, um davon auszuteilen.
Die Freigebigkeit belohnt wie die Saat,
die wunderschön dort aufgeht,
wo man sie ausgesät hat.
10 Gib reichlich!
Einem König, der mit Freigebigkeit um sich wirft,
schenkt diese, was er noch nie besessen hat.
Wie verständig Alexander[2] war!
Der gab und gab – und sie gab ihm alle Reiche.

II

1 Philipp von Schwaben (1177–1208), Herzog von Schwaben und römisch-deutscher König.
2 Alexander der Große (356–323 v. Chr.).

II   Wir wollen den Köchen raten,
        weil für sie viel auf dem Spiel steht,
        dass sie nicht zögern,
        den Braten der Fürsten
5   dicker zu schneiden als früher,
        auf jeden Fall dicker als einen Daumen.
        Bei den Griechen[3] wurde ein Spieß schlecht aufgeschnitten,
        das tat eine Hand in geiziger Gewohnheit,
        sie konnte es nicht sein lassen:
10   Dieser Braten war zu dünn.
        Deshalb musste der Herr vor die Tür,
        die Fürsten setzten sich zur Wahl zusammen.
        Wer jetzt das Reich in einer solchen Weise verlieren würde,
        dem stünde es besser an, dass er niemals einen Spieß bekommen
            hätte.

III[4] Welches Ansehen genießt Frau Bohne,
        sodass man von ihr singen soll,
        von ihr – durch und durch eine Fastenspeise!
        Sie ist am Vormittag und Nachmittag
5   faul und voller Mistkäfer,
        außer wenn sie noch ganz frisch ist.
        Ein Halm ist kraftvoll und gut,
        welche Freude verleiht er uns allen!
        Er erfreut vielen das Gemüt.
10   Wie steht es um seinen Samen?
        Vom Gras entwickelt sich der Halm zu Stroh,
        er erfreut viele Herzen,
        er ist sowohl unten als auch oben gut.
        Frau Bohne, *set liberâ nos â mâlô, âmen.*[5]

---

3 Wohl Anspielung auf den Byzantinischen Kaiser Alexios IV. (1183–1204), der mit mittelbarer Hilfe seines Schwagers Philipp von Schwaben an die Macht gelangte, Gegenleistungen aber schuldig blieb.

4 Diese Strophe hat Rätselcharakter und konnte bislang nicht befriedigend gedeutet werden (siehe die im Literaturverzeichnis hier unter 5.5 aufgeführten Stellenkommentare).

5 Der lateinische Text übersetzt: ‚… sondern erlöse uns vom Bösen, so sei es'.

Ton 8a
Sangspruchstrophe in 2 Fassungen

Kunst – Sängerkonkurrenz – Lobpreis Walthers

Fassung nach Handschrift C

Herr Volcnant[1], schöpft Ihr daraus Ehre,
dass Ihr auf den meisterhaften Sprüchen
der Meister herumtrampelt?
Lasst ab davon,
5 denn man hält Euch dieses Verhalten als dummdreist vor.
Selbst wenn Herr Walther kriechen würde,
man schätzte ihn doch mehr als Euch,
er ist das Korn, Ihr seid die Spreu.
Singt Ihr ein Lied, so singt er drei,
10 Ihr steht da wie der Arsch zum Mond.
Herr Walther singt, was er will,
mal was Kürzeres, mal was Längeres,
auf diese Weise bringt er der Welt Freude.
Ihr aber jagt wie ein falscher, wilder Hund ziellos umher.

---

1 Unbekannte Person, vielleicht eine fingierte Künstlergestalt.

Fassung nach Handschrift A

Herr Wicmann[2], bedeutet das Ehre,
dass man die gelehrten Meister
davon abhält, weise zu reden?
Lasst ab davon,
5 das rate ich Euch wahrhaftig.
Wie würde das ausgehen, wenn Herr Walther Rache übte?
Er wird immer besser sein als Ihr,
so wie der Weizen die Spreu übertrifft.
Singt Ihr ein Lied, so singt er drei,
10 das passt zusammen wie Arsch und Mond.
Herr Walther singt, was er will,
mal was Kürzeres, mal was Längeres,
auf diese Weise bringt er der Welt Freude.
Ihr aber hetzt wie ein Jagdhund ziellos umher.

---

2 Unbekannte Person, vielleicht eine fingierte Künstlergestalt.

Ton 8b[1]
Sangspruchstrophe

Rätselhafte Lobpreisung auf Dietrich von Meißen und/oder Ludwig I. von Bayern, vielleicht rein ironisch

Aus Franken hat mir
der stolze Meißner[2] eine Strophe[3] geschickt,
die kommt von Ludwig.[4]
Ich kann ihm gar nicht genug danken,
5 so, wie er an mich gedacht hat,
allein – ich verneige mich vor ihm tief.
Wäre ich zu etwas Gutem imstande,
ich teilte es mit dem erhabenen Mann,
der mir so großes Ansehen eingebracht hat,
10 Gott sorge dafür, dass auch das sich stets vergrößere.
Ihm möge der Fluss aller Glückseligkeit zufließen,
sein Schuss möge kein Wild verfehlen,
der Lauf seines Hundes, der Schall seines Hornes
erklinge und ertöne ihm zu Ehren.

---

1 Die Strophe ist schwer verständlich, wohl auch deshalb, weil uns heute der performative Kontext fehlt (Aufführungssituation, -anlass, Publikum etc.). Eine Portion Ironie dürfte enthalten sein.

2 Dietrich, Markgraf von Meißen (gest. 1221).

3 Dass ein Markgraf im Auftrag eines Herzogs eine Lyrik-Strophe versendet, klingt merkwürdig. Weitere Problematik: Drei von vier handschriftlichen Lesarten lauten *liet* = ‚Strophe‘, Hs. A aber schreibt *lieht* = ‚Licht‘.

4 Herzog Ludwig I. von Bayern, 1174–1231.

Ton 9
Sangspruchdichtung (Erster Philippston) in 2 Fassungen

Prostaufische Propaganda (Philipp von Schwaben) – Ermahnung an Philipp – Totenklage auf Herzog Friedrich I. – kritische Worte über Hermann von Thüringen

(Nicht alle Strophen haben thematische Verbindungen und bilden insgesamt auch
keine Vortragseinheit.)

*Strophen dieses Tones liegen in 2 Fassungen vor. (Fassungen können sich grundsätzlich in Anzahl,
Bestand und Reihenfolge der Strophen sowie in variierenden Formulierungen des Textes unterscheiden.
Letzteres betrifft: Wortschatz, Plus-/Minus-Text, Satzbau, hin und wieder Versreihenfolgen.) Die
Übersetzung ist bemüht, diese Textvariationen im Mittelhochdeutschen durch entsprechend variierende
Formulierungen auch im Neuhochdeutschen zu erfassen. Eine philologische Varianzanalyse lässt sich
freilich nur an den mittelhochdeutschen Texten durchführen.*

Fassung nach Handschrift B

I   Eines Tages, als unser Herr
von einer Jungfrau geboren worden war, die er sich zur Mutter
    erwählt hatte,
schritt König Philipp[1] voller Würde in Magdeburg[2] einher.
Er ist sowohl der Bruder eines Kaisers als auch das Kind eines
    Kaisers
5 in einem Gewand, obwohl es sich doch um zwei Namen handelt,[3]
er trug das Zepter und die Krone des Reiches.
Er ging mit Bedacht, es war ihm nicht eilig,
ihm folgte ruhigen Schrittes eine hochwohlgeborene Königin,
eine Rose ohne Dorn, eine Taube ohne Galle.
10 Nirgendwo anders gab es solche Freude,
die Thüringer und die Sachsen dienten dort auf eine Art,
dass es den Weisen gut gefallen musste.

II

---

1 Philipp von Schwaben (1177–1208 [ermordet]), 1198 bis 1208 römisch-deutscher König.
2 Anspielung auf die Magdeburger Weihnacht am 25. 12. 1199 (öffentliche Macht- und Herrschafts-
demonstration Philipps).
3 Kaisers Bruder: Heinrich VI. (1165–1197), ab 1169 römisch-deutscher König, ab 1191 Kaiser.
Kaisers Kind: Friedrich I. Barbarossa (nach 1122–1190), 1152–1190 römisch-deutscher König, ab 1155
Kaiser.

II   Die Krone ist älter als König Philipp.
        Daran könnt ihr Wunderbares erkennen,
        wie sie nämlich der Kunstschmied so passend hergerichtet hat.
        Sein kaiserliches Haupt steht der Krone gut an,
    5   mit Recht soll sie niemand voneinander trennen.
        Kein Vorzug des einen schwächt den des anderen.
        Sie strahlen beide einander an,
        das edle Gestein und der tugendhafte Mann.
        Die Fürsten betrachten mit Freude dieses herrliche Bild.
    10 Wer sich vom Reich abwendet,
        der möge schauen, wer den Waisen[4] an seinem Nacken trägt:
        Dieser Stein ist der Leitstern aller Fürsten.

III   König Philipp, die, die dich betrachten, werfen dir vor,
        dass du nicht wirklich aus dem Herzen heraus freigebig seist. Das
            scheint mir
        unüberlegt zu sein, du kennst dich nicht aus mit dem, was man Ehre
            nennt.
        Du solltest aus freien Stücken lieber tausend Pfund geben
    5   als dreißigtausend nur mit Widerwillen. Du weißt wohl nicht,
        wie eine freigebige Hand Lobpreis und Ansehen erwirbt.
        Dazu sagte der weise Saladin:[5]
        Die Hände eines Königs sollten voller Löcher sein,
        dadurch würden sie – hochgelobt – geliebt werden.
    10 Nehmt Euch ein Beispiel an dem von England,[6]
        für welch hohe Summe der seiner gebenden Hand wegen ausgelöst
            wurde.
        Ein Schaden ist gut, der zwei Nutzen mit sich bringt.

                                                                       IV

---

4 ‚Waise‘ bezeichnet hier einen singulären Edelstein in der deutschen Kaiserkrone.
5 Sultan Saladin (1138–1193).
6 Gemeint ist Richard Löwenherz (1157–1199), von Herzog Leopold V. in Haft genommen und erst
gegen Zahlung eines Lösegeldes freigelassen.

IV   Als es mit Friedrich von Österreich[7] so gekommen war,
dass seine Seele gerettet wurde und sein Körper verstarb,
da zwang er meinen stolzen Kranichgang zur Erde hinunter.
Wo immer ich mich bewegte – ich lief träge schleichend wie ein Pfau
    herum,
5 das Haupt ließ ich bis auf meine Knie herabhängen.
Jetzt aber richte ich es voller Stolz auf.
Ich habe nun ein Auskommen gefunden,
mich haben Reich und Krone aufgenommen.
Es springe auf, wer nach der Geige tanzen mag!
10 Meinen Kummer bin ich los,
nun werde ich zum ersten Mal überhaupt meinen Fuß so aufsetzen,
    wie es sich ziemt,
und erneut zu froher Stimmung finden.

V   Wer es schlimm an den Ohren hat,
der mache – mein dringender Rat! – um den Hof in Thüringen einen
    Bogen,
denn kommt er dorthin, er wird taub und irrsinnig, da gibt's kein
    Vertun.
Ich habe mich in die Menschenmengen hineingezwängt, bis ich nicht
    mehr konnte.
5 Eine Gruppe geht raus, die andere kommt rein, Nacht und Tag und
    Tag und Nacht.
Kaum zu glauben, dass dort überhaupt noch jemand hören kann.
Der Landgraf[8] hält es so,
dass er mit wackeren Kerlen
– ein jeder von ihnen ein Streiter, wie er sein soll – seinen Besitz
    durchbringt.
10 Seine verschwenderische Lebensweise ist mir wohlbekannt:
Selbst wenn eine Wagenladung guten Weines tausend Pfund kostete,
kein Becher eines Ritters bliebe jemals leer.

---

7 Friedrich I. (um 1175–1198), Herzog von Österreich, Sohn Leopolds V.
8 Gemeint ist Hermann von Thüringen (um 1155–1217).

Fassung nach Handschrift C

I   Die Krone ist älter als König Philipp.
        Daran könnt ihr alle ein Wunder sehen,
        wie sie ihm der Schmied so passend hergerichtet hat.
        Sein kaiserliches Haupt steht ihr gut an,
    5   sodass sie mit Recht niemand, der gute Absichten verfolgt,
            voneinander trennen soll.
        Nichts von dem Einen schwächt das Andere.
        Sie lachen beide einander an,
        das edle Gestein den jungen strahlenden Mann.
        Diese Augenweide betrachten die Fürsten mit Freude.
    10 Wer sich jetzt vom Reich abwendet,
        der möge schauen, wer den Waisen[9] am Nacken trägt:
        Dieser Stein ist der Leitstern aller Fürsten.

II   Eines Tages, als unser Herr
        von einer Jungfrau geboren worden war, die er sich zur Mutter
            erwählt hatte,
        schritt König Philipp[10] voller Würde in Magdeburg[11] einher.
        Dort gingen der Bruder eines Kaisers und das Kind eines Kaisers
    5   in einem Gewand, obwohl es sich doch um drei Personen handelt.[12]
        Er trug das Zepter des Reiches und die Krone.
        Er schritt langsam einher, es war ihm nicht eilig,
        ihm folgte ruhigen Schrittes eine hochwohlgeborene Königin,
        eine Rose ohne Dorn, eine Taube ohne Galle.
    10 Nirgendwo anders gab es solche Wohlerzogenheit,
        die Thüringer und die Sachsen dienten dort auf eine Art,
        dass es den Weisen gut gefallen müsste.

                                                                III

---

9 ‚Waise' bezeichnet hier einen singulären Edelstein in der deutschen Kaiserkrone.

10 Philipp von Schwaben (1177–1208 [ermordet]), 1198 bis 1208 römisch-deutscher König.

11 Anspielung auf die Magdeburger Weihnacht am 25. 12. 1199 (öffentliche Macht- und Herrschafts-
demonstration Philipps).

12 Anders als in Handschrift B (s. oben) ist hier von drei Namen (Personen) die Rede. Gemeint sind
Philipp selbst, sein Vater Friedrich I. Barbarossa (nach 1122–1190) und sein Bruder Heinrich VI. (1165–
1197).

III   König Philipp, die, die dich aus der Nähe betrachten, werfen dir vor,
dass du nicht wirklich aus dem Herzen heraus freigebig seist. Mir
   scheint,
dass du dadurch viel verlieren wirst.
Du solltest aus freien Stücken lieber tausend Pfund geben
5 als dreißigtausend nur mit Widerwillen. Du weißt nicht,
wie man mit einer Gabe Lobpreis und Ansehen erwirbt.
Denk an den freigebigen Saladin.[13]
Der sagte, dass die Hände eines Königs löchrig sein sollten,
dann würden sie gefürchtet und auch geliebt.
10 Denk an den König von England,[14]
für welch hohe Summe man den seiner freigebigen Hand wegen
   ausgelöst hatte.
Ein Schaden ist gut, der zwei Nutzen stiftet.

---

13 Sultan Saladin (1138–1193).

14 Gemeint ist Richard Löwenherz (1157–1199), von Herzog Leopold V. in Haft genommen und
erst gegen Zahlung eines Lösegeldes freigelassen.

Ton 10
Sangspruchdichtung (Wiener Hofton)

Soziales Leben und soziale Gerechtigkeit – Wiener Hofkultur – Künstlerproblematik –
Weltklagen – fehlendes gottgefälliges Leben – Lebensdidaxe – Besitzstreben –
Erziehung – Respekt vor dem Alter – Kulturverfall – Gebethaftes – Kirchenkritik –
Mariologisches

(Nicht alle Strophen haben thematische Verbindungen und bilden insgesamt auch
keine Vortragseinheit.)

I   Was gibt es in der Welt nicht alles an Wunderbarem!
Wie viele Gaben sind uns
von dem zuteilgeworden, der uns aus dem Nichts erschaffen hat!
Dem Einen verleiht er scharfen Verstand,
5 dem Anderen Besitz und Gewinn,
auf dass der sich durch seinen eigenen Besitz Schaden zufügt.
Einen armen Mann mit gutem Verstand
soll man eher lieben als den Reichen,
wenn dieser sich nicht um Ansehen bemüht.
10 Wirklich: Es gibt nichts anderes als das Wohlwollen Gottes und das
      Ansehen unter den Menschen,
wonach die Welt so sehr kämpft.
Wer sich dem Besitz in einer Weise verschreibt,
dass ihm beides genommen wird,
der soll weder hier noch dort etwas gewinnen,
15 außer dass ihm eben hier Besitz zuteilwird.[1]

II

---

1 Die letzten beiden Verse sind etwas unklar. Gemeint ist wohl: Wer aufgrund von Besitzstreben
weltliches Ansehen und göttliche Huld verspielt hat, dem möge nichts mehr zufallen, außer weiterer
Besitz auf der Welt, was aber dem Seelenheil abträglich ist.

II   Mir ist das Tor zur Glückseligkeit versperrt,
     wie ein Waisenkind stehe ich davor.
     Wie sehr ich auch anklopfe, es hilft mir nicht.
     Wie könnte ein Wunder größer sein,
5   es regnet links und rechts von mir
     auf eine Weise, dass mich kein einziger Tropfen trifft!
     Die Freigebigkeit des Fürsten aus Österreich[2]
     erfreut – dem süßen Regen ähnlich –
     Leute und Land.
10 Er ist eine schöne, herrliche, prächtige Heide,
     auf der man Unmengen von Blumen pflückt.
     Wenn mir
     seine überaus freigebige und mächtige Hand ein Blatt davon abreißen
        würde,
     lobte ich diese süße Augenweide.
15 Damit sei er an mich erinnert.

III   Verdammt und verflucht, Welt, wie übel stehst du da!
     Immer noch tust du Dinge,
     die von dir zu erleiden widerwärtig sind!
     Du bist völlig ohne Anstand.
5   Gott weiß es gut, ich bin dir gegenüber voller Zorn,
     dein Gebaren ist ganz und gar widerlich geworden.
     Was an Anstand hast du uns noch bewahrt?
     Niemand sieht, dass du dich um Freude kümmerst,
     so wie man es doch früher getan hat.
10 Verdammt, weshalb mussten die gütigen und freigebigen Herzen
        büßen?
     An ihrer Stelle lobt man die geizigen Reichen.
     Welt, du stehst so voller Schande da,
     dass mir die Worte fehlen.
     Aufrichtigkeit und Wahrheit – das ist alles nichts mehr wert.
15 Anstand und Würde werden weggefegt.

                               IV

---

2 Gemeint wohl Herzog Leopold VI. (1177–1230) von Österreich und sein Wiener Hof.

IV   Nun wacht auf! Auf uns kommt der Tag zu,
vor dem
jeder Christ, Jude und Heide Angst haben muss.
Wir haben viele der Zeichen gesehen,
5 an denen wir seine Ankunft erkennen können,
wie es uns die Heilige Schrift prophezeit hat.
Die Sonne hat ihren Schein verdunkelt,[3]
die Untreue hat ihren Samen
überall auf die Wege ausgeschüttet.
10 Der Vater findet beim Kind Treulosigkeit vor,
der Bruder belügt seinen Bruder,
der geistliche Stand in Kutten ist betrügerisch,
der uns eigentlich den Weg zum Himmel ebnen sollte.
Die Gewalt erhebt sich, das Recht geht vor Gericht zugrunde.
15 Auf, auf! Man ist zu lange tatenlos geblieben!

V   Wer ohne Furcht, Herr Gott,
Deine Zehn Gebote aufzählt
und die dann bricht, na, das ist keine gottgefällige Liebestat.
Dich nennt ja so mancher Vater,
5 wer mich dann aber nicht als Bruder anerkennt,
der spricht diese ernsten Worte, ohne recht darüber nachgedacht zu
haben.
Wir erwachsen aus dem gleichen Stoff.
Speise nützt uns, die wird weniger,
wenn sie durch den Mund hindurchgeht.
10 Wer kann, selbst wenn er sie zu ihren Lebzeiten gekannt hätte,
den Herrn vom Knecht unterscheiden,
wenn er nur noch ihre Knochen findet
und die Würmer das Fleisch verzehrt haben?
Ihm dienen Christen, Juden und Heiden,
15 Ihm, der alles lebendig Wunderbare schützt.

VI

---

3 Sonnenfinsternis als Zeichen für das Nahen des Jüngsten Gerichts.

VI   Wer mit voller Absicht eine Kapitalsünde begeht und Schändliches
       tut,
       um Besitz zu erlangen,
       soll man den etwa einen klugen, weisen Menschen nennen?
       Wer auf diese Weise zu Besitz kommt
5   und wer das von einem weiß und sich dessen bewusst ist,
       der soll in dem eher einen Wahnsinnigen sehen.
       Die Weisen lieben nichts so sehr
       wie das Wohlwollen Gottes und gesellschaftliches Ansehen.
       Sein eigenes Leben, seine Frau und sein Kind
10   verlässt so jemand eher, als dass er diese zwei Werte aufgeben würde.
       Jener Irre – mir scheint er nicht weise zu sein
       und auch der nicht, der dessen Ehre anpreist;
       ich glaube, sie sind beide von Sinnen.
       Ein Schwachkopf, der diese beiden anders beurteilen würde,
15   zu wahrer Erkenntnis ist der nicht fähig.

VII   Junger Mann, welchem Stand du auch angehören magst,
       ich möchte dich ein kluges Verhalten lehren:
       Jammere nicht zu sehr nach Besitz.
       Lass ihn dir aber auch nicht völlig gleichgültig sein.
5   Und wenn du meine Lehre beherzigst,
       dann sei gewiss, es wird deinem Wesen förderlich sein.
       Diese Worte will ich dir näher erläutern:
       Wenn du es zulässt, dass dir der Besitz verhasst wird,
       so schwindet er dahin und dann ist es mit deinen Freuden vorbei.
10   Willst du aber den Besitz zu sehr lieben,
       dann wird es dazu kommen, dass du Seele und Ansehen verlierst.
       Deshalb folge meiner Lehre.
       Lege auf die Waage ein angemessenes Gewicht
       und wiege auch mit deinem ganzen Verstand ab,
15   wie es uns das Ideal des Maßhaltens[4] schon immer aufgegeben hat.

                                          VIII

---

4 Im Original ist von der *mâze* die Rede, wie noch in vielen anderen Sangspruchstrophen und auch
Liebesliedern. In dem Wort verbirgt sich ein geradezu philosophischer Bedeutungskomplex. Es geht
um das Ideal des ‚mittleren Weges‘, des ausgewogenen Lebens, um das Vermeiden von Extremen. Siehe
auch die Bemerkungen zu Übersetzungsproblemen, S. XLII f.

VIII   Vor vielen Jahren
         träumte in Babylon, das ist wahr,
         der König[5], dass es in den Reichen immer übler zugehen werde.
         Wenn die, die jetzt schon abgrundtief verkommen sind,
   5   noch üblere Kinder bekommen,
         ja, Herr Gott, mit wem soll ich die noch vergleichen?
         Selbst der Teufel käme mir nicht so verachtenswert vor,
         wenn er dorthin käme, wo ich ihn sehen könnte,
         wie das noch bösere Kind des Bösen.
   10   Ein solches Geschöpf bringt uns weder Nutzen noch Ehre.
         Diejenigen, die sich selbst so verderben
         und ihre Bosheit noch böser werden lassen,
         die sollen ohne Erben zugrunde gehen,
         damit es nicht noch mehr tugendlose Herren gibt,
   15   das musst Du, Herr Gott, verhindern.

IX   Die Väter haben ihre Kinder in einer Weise erzogen,
         dass es beiden schadet,
         sie verwerfen oftmals Salomons[6] Lehre.
         Der sagt, wer die Zuchtrute nicht benutze,
   5   der vernachlässige den Sohn geradezu.
         Deshalb sind die Kinder unfertig und ehrlos.
         Früher war die Welt so wunderschön,
         ganz anders jetzt: erbärmlich steht sie da.
         Das war früher nicht so:
   10   Die Jungen haben die Alten in eine Ecke gedrängt,
         sie verspotten die Alten.
         Das wird auf euch auch noch zukommen,
         wartet, bis eure Jugend verflossen ist:
         Was immer ihr jetzt tut, eure Kinder werden sich dafür rächen.
   15   Das weiß ich gut und ich weiß noch mehr.

                                  X

---

5 Gemeint ist der babylonische König Nebukadnezar II. (604–562 v. Chr.). Vgl. auch Das Buch
Daniel 2, 1–49 mit Bericht über den Traum des Nebukadnezar.

6 Salomo, König von Juda und Israel, gest. ca. 925 v. Chr. Siehe die Sprüche Salomos (Sprichwörter)
13, 24.

X   Wer schmückt nun den Saal der Ehre?
       Die jungen Ritter kennen keine Erziehung,
       die Kerle treiben unhöfische Dinge
       nicht nur mit Worten, auch mit Taten.
   5   Wer an Anstand und Würde festhät, der ist für sie ein Blödmann.
       Schaut hin, wie sehr sich der Frevel breitmacht.
       Früher schlug man die Jungen,
       die ein böses Mundwerk hatten.
       Jetzt aber halten sie das für ehrenhaft.
   10 Sie schmähen und beschimpfen wohlanständige Damen.[7]
       Weh ihren Häuten und Haaren,
       die keine andere Freude haben
       als das Herzeleid der Frauen!
       Dort kann man die Sünde neben der Schande studieren,
   15 die so mancher auf sich lädt.

XI   Voller Glückseligkeit möge ich heute aufstehen,
       Herr Gott, in Deinem Schutz gehen
       und reiten, wo immer ich mich in diesem Land hinbewege.
       Herr Christus, erzeige an mir
   5   die große Kraft Deiner Güte
       und achte auf mich der Ehre Deiner Mutter zuliebe,
       so, wie der Heilige Engel sie und Dich in seiner Acht hatte,
       als Du in der Krippe lagst,
       Du junger Mensch und alter Gott,
   10 in Demut vor dem Esel und vor dem Rind,
       und dennoch hatte Gabriel, der Gute,
       Dich in seinem segensreichen Schutz
       mit Treue und tiefem Ernst,
       in dieser Weise kümmere Dich auch um mich, damit
   15 deine göttliche Herrschaft nicht von mir ablässt.

                                        XII

---

7 Im Original ist von *reinen vrowen* die Rede; siehe dazu die Ausführungen oben, S. XL f. und XLIII f.

XII Der Wiener Hof sprach zu mir:
,Walther, ich müsste dir Freude bereiten,
nun aber füge ich dir Leid zu, das möge Gott erbarmen.
Mein guter Ruf war früher weit bekannt,
5 da gab es nichts, was mir gleichgekommen wäre
außer dem Hof von König Artus, ach Gott, ich Armer!
Wo sind jetzt die Ritter und Damen,
die man bei mir sehen sollte?
Schaut, wie voller Jammer ich dastehe!
10 Mein Dach ist brüchig, meine Wände stürzen ein.
Niemand liebt mich mehr.
Gold, Silber, Pferde und dazu noch Kleider,
die verteilte ich und hatte immer noch mehr davon.
Jetzt habe ich weder Kränze noch Tücher
15 noch Damen für einen Tanz, es ist ein Jammer!'

XIII König Konstantin[8], der schenkte,
wie ich euch erklären möchte,
dem Stuhl in Rom sehr viel: Speer, Kreuz und Krone.
Sogleich schrie der Engel laut auf:
5 „Oh weh, oh weh, und nochmal oh weh!
Bislang stand die Christenheit in aller Sittsamkeit prächtig da,
die ist nun vergiftet,
ihr Honig ist zu Galle geworden.
Das wird für die Welt ganz übel enden."
10 Alle Fürsten leben jetzt in Ehren,
nur der höchste[9] ist geschwächt,
das hat die Wahl der Geistlichen bewirkt.
Das sei Dir, lieber Gott, geklagt.
Die Geistlichen wollen das Recht der Laien auf den Kopf stellen.
15 Der Engel hat uns die Wahrheit gesagt.

XIV

---

8 Konstantin I. (ca. 280–337), römischer Kaiser; Anspielung auf die ,Konstantinische Schenkung',
siehe die Anmerkung zu Ton 3, Str. IV, S. 31.
9 Gemeint wohl Philipp von Schwaben (1177–1208).

XIV Ob es jemanden gibt, der sagen kann,
dass er jemals eine größere Wohltat gesehen hat,
als die, die wir in Wien ehrenhalber empfangen durften?
Man sah den jungen Fürsten[10] verteilen,
5 als ob er nicht länger leben wollte.
Da wurde mit Geschenken um sich geworfen.
Man gab dort nicht bloß dreißig Pfund,
sondern verteilte Silber, als ob man es auf der Straße gefunden hätte,
und kostbare Kleidung.
10 Auch ließ der Fürst, weil er den Bittenden zugeneigt war,
die Taschen aus den Ställen ausleeren,
Rösser, als ob es Lämmer wären,
führten viele von dannen.
Niemand musste dort für seine alte Schuld bezahlen:
15 Da hatte sich jemand etwas Wunderschönes ausgedacht.

XV Ich höre, dass die Weisen sagen,
dass ein so unerbittliches Gericht gehalten werde,
wie man es noch nie gesehen habe.
Der Richter wird sofort sagen:
5 „Begleiche deine Schuld ohne Geborgtes oder Verpfändetes."
Da wird für den Menschen guter Rat teuer.
Himmlische Herrin, hilf mir, dass ich hier Sorge trage,
weil dort niemand für jemanden bürgen wird,
im Angesicht Deiner höchsten Freude,
10 die Dir der Heilige Engel zu hören gab,
als er Dir die Schwangerschaft verkündete,
wodurch sich Deine Freude entzündete
und unser ewiges Heil kommen wird.
Der, der Dir die Freude vom Anbeginn an zugedacht hatte,
15 dessen Trost möge mein Ende begleiten.

---

10 Vielleicht ist Leopold VI. (1166/76–1230) gemeint.

Ton 11
Sangspruchdichtung (König Friedrichston) in 4 Fassungen

Kritik an christlichen/theologischen Positionen – Kritik an Otto IV. – Lob und Ermahnung an Friedrich II. und Herzog Leopold VI. – Kritik an und Warnung vor üblen,
falschen Gestalten in der Politik, vor Gefahren in der Welt – Parodistisches – Klage
über Trunksucht/Unmäßigkeit – Klage über nutzloses Geschenk – Freude über Lehen – Frauenpreis – Kreuzzug – Freundschaft – verkehrte Welt – Tugend

(Nicht alle Strophen haben thematische Verbindungen und sie bilden insgesamt auch
keine Vortragseinheit.)

*Strophen dieses Tones liegen in 4 Fassungen vor. (Fassungen können sich grundsätzlich in Anzahl,
Bestand und Reihenfolge der Strophen sowie in variierenden Formulierungen des Textes unterscheiden.
Letzteres betrifft: Wortschatz, Plus-/Minus-Text, Satzbau, hin und wieder Versreihenfolgen.) Die
Übersetzung ist bemüht, diese Textvariationen im Mittelhochdeutschen durch entsprechend variierende
Formulierungen auch im Neuhochdeutschen zu erfassen. Eine philologische Varianzanalyse lässt sich
freilich nur an den mittelhochdeutschen Texten durchführen.*

Fassung nach Handschrift A

I   Über alles verehrter Gott, wie selten preise ich Dich dafür,
dass ich von Dir Wortkunst und Musiktalent verliehen bekommen
    habe.
Wie kann ich es wagen, so sehr unter Deiner Herrschaft Frevel zu
    begehen?
Ich handle nicht in rechter Weise und weder habe ich die aufrichtige
    Liebe
5 zu meinem Mitchristen, noch, Herr Vater, zu Dir.
Niemandem war ich so zugetan.[1]
Herr Christus, Vater und Sohn, Dein Geist möge mich auf den
    rechten Weg führen.
Wie sollte ich den lieben, der mir Böses tut?
Mir wird stets derjenige lieber sein, der mir gegenüber gut ist.
10 Vergib mir meine sonstige Schuld, daran aber werde ich festhalten.

II

---

1 Im Original fehlt in dieser Handschrift A ein Stück Text. Mit Blick auf die anderen Fassungen ist
gemeint: ‚Niemandem war ich so zugetan wie mir selbst.‘.

II   Ich habe die feste Zusage von Herrn Otto[2], mich noch reich zu
            machen.
        Dass er meinen Dienst so still und heimlich angenommen hat!
        König Friedrich[3] – welchen Anlass hätte er, mich zu entlohnen?
        Meine Forderung an ihn ist geringer als eine Bohne,
    5   es könnte aber sein, dass er sich noch über die alten Sprüche freut.
        Ein Vater erteilte seinem lieben Sohn folgende Lehre:
        „Sohn, diene dem schlechtesten Mann, damit dich der beste Mann
            entlohne."
        Herr Otto, ich bin dieser Sohn, Ihr seid der übelste Mann,
        denn einen so abgrundtief verdorbenen Herrn habe ich noch nie
            gehabt.
    10 Herr König, Ihr mögt der beste sein, da Euch Gott vergönnt hat zu
            entlohnen.

III   Schirmherr von Rom, König von Apulien[4], habt doch etwas Mitleid:
        man lässt mich trotz hervorragender Kunst so verarmen.
        Gerne würde ich, wenn es denn sein könnte, mich an einem eigenen
            Feuer wärmen.
        Oha, wie ich dann von den Vöglein singen würde,
    5   von der Heide und von den Blumen, wie ich früher gesungen habe!
        Welche schöne Frau auch immer mir dann danken würde,
        bei der sorgte ich dafür, dass Lilien und Rosen auf ihren Wangen
            strahlten.
        Komme ich spät nach Haus und reite früh fort, fremder Gast, weh
            dir, weh!
        Da kann der Hausherr indes schön vom grünen Klee singen.
    10 Bedenke diese Notlage, freigebiger König, auf dass auch Eure
            Notlage ein Ende finde!
        ——————————[5]

                                    IV

---

2 Otto IV. (1175/76–1218), deutscher König und Kaiser.

3 Friedrich II. (1194–1250), deutscher König und Kaiser.

4 Gemeint ist Friedrich II. (1194–1250), deutscher König und Kaiser.

5 Zur Bedeutung dieser Linien siehe den Editionsband; sie kennzeichnen Überlieferungsbesonderheiten wie die, dass Strophen eines Tones in einer Handschrift nicht alle aufeinander folgen müssen,
sondern dass eine Ton-Reihe auch durch tonfremde Strophen unterbrochen sein kann; betrifft auch die
anderen Linien weiter unten.

IV Herzog aus Österreich[6], es ist Euch gut
und so prächtig ergangen, dass es uns nach Euch verlangt.
Seid gewiss, wann auch immer Ihr zu uns kommt, Ihr werdet trotz
 allem[7] willkommen geheißen.
Ihr seid es mehr als wert, dass wir für Euch die Glocken läuten,
5 uns versammeln und staunen, als ob ein Wunder geschehen sei.
Ihr kommt zu uns ohne Sünden und Schändlichkeiten,
deshalb werden wir Männer Euch loben und die Damen werden
 Euch liebhaben.
Zeigt zu Hause, dass Ihr dieses strahlende Lob verdient;
seid hier bei uns ein aufrechter Mann, der sich der ungehörigen Rede
 entgegenstellt,
10 nämlich: dass Ihr mit Ehren besser dort geblieben wäret.

V Der ist ein böser Mensch, welchen Standes auch immer, der mit
 Absicht
seinen Herrn betrügt und ihm rät zu lügen!
Sein Bein möge ihm erlahmen, wenn er es bei der Ratsversammlung
 krümmt!
Ist er aber so hochgestellt, dass er in der Ratsversammlung sitzt,
5 dann wünsche ich ihm, dass ihm seine treulose Zunge erlahme.
Diese Leute verführen und entehren auch die Aufrichtigen.
Wenn Herumlügen Klugheit sein soll, dann hängen sie einer
 verachtenswerten Klugheit an.
Wem können sie einen Rat geben? Sie sollen
ein so falsches Versprechen in ihrem Hals stecken lassen – und nach
 dem Versprechen dieses nicht brechen –
10 und sie sollten geben, bevor der Kalk vom Lob abgeschlagen wird.

---

6 Wohl gemeint ist Herzog Leopold VI. von Österreich (1176/77–1230).

7 Im Original steht *doch*, was hier mit ‚trotz allem' wiedergegeben wird. Diese Deutung impliziert, dass es zuvor zu Problemen rund um den Herzog gekommen sein muss (von denen wir indes nichts wissen).

Fassung nach Handschrift B

I Über alles hochverehrter Gott, wie selten preise ich Dich,
obwohl ich doch von Dir Wortkunst und Musiktalent verliehen
bekommen habe.
Wie kann ich es überhaupt wagen, unter Deiner Herrschaft Frevel zu
begehen?
Ich handle nicht in rechter Weise und weder habe ich die aufrichtige
Liebe
5 meinem Mitchristen gegenüber, noch, Herr Vater, Dir gegenüber.
Niemandem war ich so zugetan, wie ich es mir selbst bin.
Gott Vater und Dein Sohn, Dein Geist möge meine Gedanken in
Ordnung bringen.
Wie sollte ich den lieben, der mir Böses tut?
Ich werde stets dem zugeneigter sein, der gut zu mir ist.
10 Vergebt mir meine sonstige Schuld, daran aber werde ich festhalten.

II Die Weisen geben den Rat, dass der, der in den Himmel kommen
möchte,
den Weg gut im Auge behalte und absichere,
sodass diesen niemand betrete, der ihn zu Fall bringen könnte.
Ein Feind wird ‚Mord‘ genannt, der fügt der Straße großen Schaden
zu;
5 daneben bewegt sich einer – strafbewehrt –, der heißt ‚Brandstifter‘;
einen anderen nennen sie ‚Wucher‘, der hat
ebendiese Straße geschändet. Und es gibt noch mehr Wegelagerer:
Neid und Hass, die haben sich auf den Weg gelegt,
sowie die scham- und maßlose Gier.
10 Und da laufen noch andere herum, die ich nicht genannt habe.

—————————

III

III Ein Schirmherr von Rom, ein König von Apulien[8], lasst es Euch erbarmen, dass man zusieht, wie ich trotz hervorragender Kunst so sehr verarme. Ich würde, wenn es denn sein könnte, mich gerne an einem eigenen Feuer wärmen. Oho, wie ich dann von den Vöglein singen würde,

5 von der Heide, wie ich früher gesungen habe! Welche schöne Dame auch immer mir dann danken würde, bei der sorgte ich dafür, dass Lilien und Rosen auf ihren Wangen strahlten. So reite ich früh fort und komme nicht nach Hause, fremder Gast, weh dir, weh! Da kann der Hausherr besser vom grünen Klee singen.

10 Diese Notlage möget Ihr, freigebiger König, bedenken, auf dass auch Eure Notlage ein Ende finde!

(Parodie auf Str. III; in C unter dem Namen Truchsess von St. Gallen)

IV Schirmherr der Welt, König des Himmels, ich lobe Euch gerne dafür, dass Ihr es mir erlassen habt zu erfahren, wie dieser und jener an fremdem Ort mit seinem Gesang scherzt und spottet. Mein Lehrmeister Von der Vogelweide jammert so sehr,

5 ihn bedränge dies, ihn bedränge das, was mich alles noch nie bedrängt hat. Das führt dazu, dass ich von meinem Gesang nicht lasse, es sei denn, hohe Herren und eine schöne Frau statten mir dafür Dank ab. So reite ich spät los und komme dennoch nach Hause; ich leide nicht zu sehr und singe auch von der Heide und von dem grünen Klee.

10 Macht mir das beständig, gütiger Gott, damit es mir nicht verlorengehe.

V

8 Gemeint ist Friedrich II. (1194–1250), deutscher König und Kaiser.

V   Ich würde gerne dort trinken, wo man maßvoll[9] ausschenkt
         und sich nicht der Maßlosigkeit hingibt,
         da sie den Menschen an Leib, Gut und Ehre schwächt.
         Sie schadet auch der Seele, höre ich die Gelehrten sagen.
    5   Darauf sollte ein jeder Mensch bei seinem Gastgeber gern verzichten.
         Wenn er sich durch und durch vom Maßhalten schützen ließe,
         dann würden ihm Glück, Heil und Glückseligkeit sowie Ehre
             zufliegen.
         Das Maßhalten wurde den Menschen deshalb auferlegt,
         damit man es sorgfältig auslote, wurde mir gesagt.
    10   Nun sei dem gedankt, der es tatsächlich sorgfältig auslotet und
             sorgfältig in sich bewahrt.

VI   Der hat nicht maßvoll getrunken, der sich volllaufen lässt.
         Wie steht es einem anständigen Menschen an, dass die Zunge
         durch den Wein erlahmt? Ich glaube, er zieht schlimmste Sünde und
             Schande auf sich.
         Es stünde ihm besser an, wenn er seine Füße noch gebrauchen
             könnte,
    5   sodass es ihm möglich wäre, ohne Hilfe bei den Leuten zu stehen.
         Wie bequem es auch ist, sich tragen zu lassen, er sollte doch lieber
             selbst laufen.
         Also: Jeder Mensch soll so trinken, dass er den Durst löscht;
         das bewahrt ihn vor schwerer Sünde und Spott.
         Wenn ein Mensch sich so betrinkt, dass er weder weiß, wer er selbst
    10   noch wer Gott ist, dann hat er dessen strenges Gebot missachtet.

                                                                    VII

---

9 Im Original ist hier und auch in der Folgestrophe von der *mâze* die Rede; siehe dazu die Anmerkung
zu Ton 10, Str. VII, V. 15, S. 66.

VII   Gott weiß gut, dass mein Lobpreis immer verlässlich war,
dort, wo man sich früher
höfisch verhalten hat – mit Worten oder Taten oder
vertrauenswürdigen Ratschlägen.
Mir graust es, wenn mich die Lächler anlachen,
5 von deren Zunge Honig tropft, während das Herz voller Galle ist.
Das Lachen des Freundes soll ohne Arg sein,
hell und klar wie das Abendrot, das gute Kunde bringt.
Nun möge man mich freundlich anlachen oder aber es erneut
woanders tun.
Wessen Mund mich betrügen will, der möge sein Lachen dort
behalten,
10 von dem wäre mir ein wahres ‚Nein‘ lieber als zwei gelogene ‚Ja‘.

VIII   Da Gott in der Bibel ein gerechter Richter genannt wird,
sollte er sich in seiner Gnade darum kümmern,
die wirklich Aufrichtigen aus den Falschen heraussuchen zu lassen.
Und ich meine: Hier und jetzt – dort werden sie sowieso streng
getrennt werden;
5 ich würde sehr gerne an ihnen allen ein Schandmal sehen.
Der sich dem Menschen wie ein Aal aus der Hand windet,
verdammt, dass Gott nicht voller Zorn Wunder an dem begeht!
Wer mit mir von zu Hause wegzieht, der möge auch mit mir
heimkehren.
Der Charakter eines Menschen soll stark sein, fest wie ein Stein,
10 was Treue angeht glatt und gerade wie ein perfekt gemachter
Pfeilschaft.

Fassung nach Handschrift C

I   Ich habe die feste Zusage von Herrn Otto[10], mich noch reich zu machen.

Aber in welch betrügerischer Absicht hat er meinen Dienst angenommen?

König Friedrich – welchen Anlass hätte er denn, mich zu entlohnen?

Meine Forderung an ihn ist geringer als eine Bohne,

5 es könnte aber sein, dass er sich noch über die alten Sprüche freut.

Ein Vater erteilte seinem lieben Sohn einstmals folgende Lehre:

„Sohn, diene dem schlechtesten Mann, damit dich der beste Mann entlohne."

Herr Otto, ich bin dieser Sohn, Ihr seid der übelste Mann,

denn einen so elendig verdorbenen Herrn habe ich noch nie gehabt.

10 Herr König, Ihr seid der beste, da Euch Gott vergönnt hat zu entlohnen.

II   Ich wollte die Freigebigkeit von Herrn Otto der Länge nach ausmessen,

doch dieser Maßstab war der falsche;

wäre er so freigebig, wie er groß ist, dann hätte er viele Tugenden besessen.

Schnell aber maß ich den Körper mit Blick auf seine Ehre ab

5 und da wurde er allzu klein wie ein verschnittener Stoff,

noch kleiner als ein Zwerg, was freigebige Gesinnung angeht,

dabei ist er doch schon so alt, dass er nicht mehr wächst.

Als ich den Maßstab an den König[11] anlegte, wie der in die Höhe schoss!

Sein noch junger Körper wurde stattlich und groß.

10 Nun schaut, wie er noch wächst: Im Vergleich zu ihm[12] zählt er jetzt schon zu den Riesen.

III

---

10 Otto IV. (1175/76–1218), deutscher König und Kaiser.

11 Gemeint wohl Friedrich II. (1194–1250), deutscher König und Kaiser.

12 Rückbezug auf Otto aus V. 1.

III[12] Der König[14], mein Herr, verlieh mir etwas im Wert von dreißig
        Mark,
        das kann ich weder in einer Geldkiste einschließen
        noch in größeren oder kleineren Schiffen auf dem Meer ·
        transportieren.
        Die Bezeichnung klingt großartig, mit dem Nutzen aber steht es so,
     5 dass ich ihn nicht habe: ich kann es weder anfassen noch hören oder
        sehen.
        Weshalb sollte ich also überhaupt von Geldkisten oder kleinen
        Schiffen reden?
        Nun möge mir ein jeder Freund einen Rat geben, ob ich es behalte
        oder ob ich es sausen lasse.
        Die Debatten der Geistlichen sind mir völlig egal;
        sie nehmen in den Kisten nichts wahr und da ist ja auch nichts.
    10 Sie können so oft nachschauen, wie sie wollen, es bleibt dabei: Ich
        habe nichts drin.

IV[14]   Ganz und gar voller Süße und Blüten sind die makellosen
        Damen,[16]
        es hat nie etwas so Wunderschönes zu betrachten gegeben,
        weder in der Luft, noch auf der Erde, noch auf all den grünen
        Wiesen.
        Lilien, Rosen, Blüten, wo immer die
     5 im Tau des Mais durch das Gras leuchten, und der Gesang kleiner
        Vöglein,
        das alles ist gegenüber einer solchen wonnespendenden Freude ein
        Nichts,
        wo man nämlich eine schöne Dame sieht; das kann eine traurige
        Stimmung erquicken
        und löscht jegliche Trübsal sofort aus,
        wenn in Freude ihr süßer roter Mund liebevoll lacht
    10 und Pfeile aus glänzenden Augen tief in das Herz eines Mannes
        hineingeschossen werden.

                                    V

---

13 Diese Strophe ist bis heute rätselhaft. Um was für ein Geschenk es sich hier handeln könnte, ist bislang nicht geklärt. Siehe die Kommentare in der unter 5.5 genannten Literatur.

14 Wahrscheinlich Otto IV. (1175/76–1218), deutscher König und Kaiser, sicher ist das aber nicht.

15 Die Strophen IV und V dieser Fassung nach C sind Minnesang-Einzelstrophen und haben mit keinem der sonst im Ton 11 begegnenden Themen etwas zu tun.

16 Im Original ist hier und in den folgenden Versen sowie auch in der folgenden Strophe von *reinen vrowen, reiner güete* die Rede; siehe dazu die Ausführungen oben, S. XL f. und XLIII f.

V   Du liebreizende Dame, hoch gepriesen voller makelloser Güte,
      dein keuscher Leib bringt höchste Freude hervor,
      dein Mund ist röter als eine strahlende Rose im Blütentau.
      Gott hat makellose, edle Frauen erhöht und ihnen Schönheit
          verliehen,
 5   auf dass man immer gut über sie spreche und ihnen diene.
      Der Schatz der Welt voll wonnereicher Freude liegt
      bei ihnen, ihr Ruhm strahlt ohne jeden Makel, man muss sie einfach
          anschauen.
      Gegen Traurigkeit und üble Stimmung gibt es nichts Besseres,
      als eine schöne und erhaben gestimmte Dame anzusehen,
 10   wenn sie aus tiefstem Herzensgrund ihrem Geliebten ein liebevolles
          Lachen schenkt.

VI   Der ist ein böser Mensch, welchen Standes er auch sei, der mit
          Absicht betrügt
      und seinen Herrn lehrt, dass er lügen soll!
      Die Beine mögen ihm erlahmen, wenn er sich bei der
          Ratsversammlung verneigt!
      Ist er aber so hochgestellt, dass er dort in der Ratsversammlung sitzt,
 5   dann wünsche ich, dass seine treulose Zunge erlahmen möge.
      Diese Leute verführen und entehren auch die Aufrichtigen.
      Wenn Lügerei Klugheit sein soll, dann hängen sie einer
          verkommenen Klugheit an.
      Könnten sie ihnen doch raten, dass sie
      ihre falschen Versprechen in ihrem Hals stecken ließen oder nach
          falschen Versprechen diese wieder zurücknehmen!
 10   Und sie sollten geben, bevor der Kalk vom Lob abgeschlagen wird.

                                                        VII

VII Ich habe mein Lehen, ich schreie es heraus, ich habe mein Lehen!
Jetzt fürchte ich nicht mehr den Februarfrost an den Zehen
und werde all die üblen und geizigen Herren umso weniger anbetteln.
Der edle König[17], der freigebige König hat mich versorgt,
5 sodass ich im Sommer frische Luft und im Winter Wärme genießen
kann.
Meinen Nachbarn erscheine ich nun viel besser gestellt;
sie schauen mich nicht mehr an, als sei ich ein Gespenst, wie sie es
früher taten.
Ich bin allzu lange arm gewesen ohne meine Schuld,
ich hatte so viele Wut- und Zornesausbrüche, dass mein Atem stank,
10 das alles hat der König gerichtet und auch meine Sangeskunst wieder
ins Lot gebracht.

VIII Ihr Fürsten, die den König[18] gerne los wären,
die mögen meinem Rat folgen; ich rate ihnen nicht aufs Geratewohl.
Wenn ihr wollt, dann schicke ich ihn tausend Meilen weit weg und
sogar noch weiter als nach Trani.[19]
Der Held will einen Kreuzzug unternehmen; wer ihn daran hindert,
5 der hat gegen Gott und die ganze Christenheit gehandelt.
Ihr feindseligen Leute, ihr sollt ihn seine Reise antreten lassen.
Wie wäre es, wenn er euch hier zu Hause nicht mehr stört?
Bliebe er dort – Gott behüte! – dann würdet ihr euch freuen;
wenn er aber zu uns Freunden wieder zurückkommt, dann freuen
wir uns.
10 Auf diese Nachricht warte man auf beiden Seiten, und haltet euch an
diesen meinen Rat.

IX

---

17 Gemeint wohl Friedrich II. (1194–1250), deutscher König und Kaiser.

18 Die genannten Persönlichkeiten sind nicht zu identifizieren. Möglicherweise ist mit dem König Friedrich II. (1194–1250) gemeint.

19 Trani: Süditalienische Hafenstadt, die für die Kreuzzüge eine wichtige Rolle spielte.

IX Gott weiß gut, dass mein Lobpreis immer verlässlich war,
dort, wo man sich früher
lobenswert verhalten hat – mit gutem Benehmen, verlässlichen
 Worten, Ratschlägen.
Mir graut, wenn mich die Lächler anlachen,
5 von deren Zunge Honig tropft, während das Herz voller Galle ist.
Das Lachen des Freundes soll ohne Arg sein,
süß wie das Abendrot, das eine unverfälschte Kunde bringt.
Nun möge man mich freundlich anlachen oder aber es woanders tun.
Wessen Mund mich betrügen will, der möge sein Lachen dort
 behalten,
10 von dem wäre mir ein wahres ‚Nein‘ lieber als zwei gelogene ‚Ja‘.

X Über alles verehrter Gott, wie selten preise ich Dich,
obwohl ich doch von Dir Wortkunst und Musiktalent verliehen
 bekommen habe.
Wie kann ich es wagen, so sehr unter Deiner Herrschaft Frevel zu
 begehen?
Ich handle nicht in rechter Weise und weder habe ich die aufrichtige
 Liebe
5 zu meinem Mitchristen, noch, Herr Vater, zu Dir.
Niemandem war ich so zugetan wie mir selbst.
Herr Christus, Vater und Sohn, dein Geist möge mich auf den
 rechten Weg führen.
Wie sollte ich den lieben, der viel Böses tut?
Mir wird stets derjenige lieber sein, der mir gegenüber gut ist.
10 Vergib mir meine sonstige Schuld, daran aber werde ich festhalten.

XI

XI Schirmherr von Rom, König von Apulien[20], habt doch etwas Mitleid:
man lässt mich trotz hervorragender Kunst so verarmen.
Gerne würde ich, wenn es denn sein könnte, mich an einem eigenen
Feuer wärmen.
Haha, wie ich dann von den Vöglein singen würde,
5 von der Heide und von den Blumen, wie ich früher gesungen habe!
Welche schöne Frau auch immer mir dann dankte,
bei der sorgte ich dafür, dass Lilien und Rosen auf ihren Wangen
erstrahlten.
Komme ich spät nach Haus und reite früh fort, fremder Gast, weh
dir, weh!
Da kann der Hausherr indes schön vom grünen Klee singen.
10 Diese Notlage möget Ihr, freigebiger König, bedenken, auf dass auch
Eure Notlage ein Ende finde!

XII Wer sich, von Hochmut getrieben, über einen verlässlichen Freund
erhebt
und diesen seinen Freund wegen der Ehre eines Fremden entehrt,
der könnte erleben, dass auch er selbst von einem, der über ihm
steht, verletzt wird
und dass die aufdringlich-blinde Freundschaft sich sehr schnell
auflöst,
5 dann, wenn Leben und Hab und Gut für den anderen zu opfern
wären.
Wir haben erfahren, dass diejenigen, die auf Abwege gerieten,
Kummer und Not wieder zu den echten Freunden zurückgeführt
haben.
Das wird Gottes Lehnsordnung entsprechend noch oft geschehen.
Auch hörte ich die Leute übereinstimmend sagen,
10 dass man vor allem in der Not einen verlässlichen Freund und ein
erprobtes Schwert erkennen könne.

XIII

---

20 Gemeint ist Friedrich II. (1194–1250), deutscher König und Kaiser.

XIII   Herzog aus Österreich[21], es ist Euch gut
           und so prächtig ergangen, dass es uns nach Euch verlangt.
           Seid gewiss, wann immer Ihr zu uns kommt, Ihr werdet trotz allem[22]
               willkommen geheißen.
           Ihr seid es mehr als wert, dass wir für Euch die Glocken läuten,
     5   uns versammeln und staunen, als ob ein Wunder geschehen sei.
           Ihr kommt zu uns ohne Sünden und Schändlichkeiten,
           deshalb werden wir Männer Euch loben und die Damen werden
               Euch liebhaben.
           Zeigt zu Hause voll und ganz, dass Ihr dieses strahlende Lob
               verdient;
           seid hier bei uns ein aufrechter Mann, der sich der unziemenden
               Rede entgegenstellt,
    10   nämlich: dass Ihr mit Ehren besser dort geblieben wäret.

           Fassung nach Handschrift Z

  I   *[Verse 1–7 fehlen]*
           Wie soll ich den lieben, der mir Böses tut?
           Ich werde eher jenen viel lieber haben, der mir Gutes tut.
           Vergib mir meine sonstige Schuld, daran aber werde ich lieber
               festhalten.

  II   Der hat nicht maßvoll getrunken, der sich volllaufen lässt.
           Wie steht es einem anständigen Menschen an, dass die Zunge
           durch den Wein erlahmt? Ich glaube, er zieht Sünde und schlimmste
               Schande auf sich.
           Es stünde ihm besser an, wenn er noch seine Füße gebrauchen
               könnte,
     5   sodass es ihm möglich wäre, ohne Hilfe bei den Leuten zu stehen.
           Wie bequem es auch ist, sich tragen zu lassen, er sollte lieber selbst
               laufen.
           Deshalb trinke ein jeder Mensch nur, um den Durst zu löschen;
           das bewahrt ihn vor schwerer Sünde und Spott.
           Wenn er sich so betrinkt, dass er weder weiß, wer er selbst
    10   noch wer Gott ist, dann hat er dessen Gebot missachtet.

                                                                    III

---

21 Wohl gemeint ist Herzog Leopold VI. von Österreich (1176/77–1230).

22 Im Original steht *doch*, was hier mit ‚trotz allem' wiedergegeben wird. Diese Deutung impliziert, dass es zuvor zu Problemen rund um den Herzog gekommen sein muss (von denen wir indes nichts wissen).

III   Ich würde gerne dort trinken, wo man maßvoll ausschenkt
       und sich nicht der Maßlosigkeit hingibt,
       da es den Menschen an Freude, Gut und Ehre schwächt.
       Es schadet auch der Seele, höre ich die Gelehrten sagen.
   5   Darauf sollte ein kluger Mensch bei seinem Freund gern verzichten.
       Wenn er sich durch und durch vom Maßhalten schützen lässt,
       dann werden ihm Glück, Heil und alle Glückseligkeit zufliegen.
       Das Maßhalten wurde den Menschen deshalb auferlegt,
       damit man es sorgfältig in sich trage, wurde mir gesagt.
   10 Nun sei dem gedankt, der es sorgfältig auslotet und sorgfältig in sich
           bewahrt.

IV   Der ist ein böser Mensch, aus welchem Geschlecht er auch stammen
           mag, der mit Absicht betrügt
       und seinen Herrn lehrt, dass er lügen soll!
       Die Beine mögen ihm völlig erlahmen, wenn er sich bei der
           Ratsversammlung verneigt!
       Ist er aber so hochgestellt, dass er bei der Ratsversammlung sitzt,
   5   dann wünsche ich, dass seine treulose Zunge erlahmen möge.
       Diese Leute verführen und entehren auch die wirklich
           Ausgezeichneten.
       Wenn Betrügerei Klugheit sein soll, dann hängen sie einer
           verkommenen Klugheit an.
       Warum können sie ihnen nicht raten, dass sie
       ihre falschen Versprechen in ihrem Hals stecken lassen oder nach
           ernst gemeinten Versprechen diese nicht brechen sollen!
   10 Und sie sollten geben, bevor der Kalk vom Lob abgeschlagen wird.

V   Wo immer nun am Hof der Herr seinem Knecht dient
       und wo der Falke vor dem Raben zu Gericht steht,
       dort spürt man ganz offen falsches Verhalten, unedles Wesen und
           Bösartigkeit.
       Du vornehme Ritterschaft, um Deine Sache steht es übel,
   5   wenn sich ein bäuerischer Scheffel vor dem ritterlichen Schild zum
           Hof begibt.
       Frau Ehre, dort werden Eure schnellen Sprünge verhindert.
       Auf, auf mit mir, lasst uns heim nach Österreich ziehen!
       Dort finden wir den vornehmen Fürsten[23], der ist Euch zugetan,
       wenn Ihr mich dort an den Hof führen wollt, wie Ihr solltet,
   10 dann wird Dein Name von mir, vornehmer Leopold, hoch verehrt
           werden.

                                                          VI

---

23 Leopold VI. von Österreich (1176/77–1230).

VI Nun weiß Gott gut, dass mein Lobpreis immer verlässlich war,
dort, wo man sich früher
lobenswert verhalten hat – mit gutem Benehmen und verlässlichen
Worten und Ratschlägen.
Mir graust, wenn mich die Lächler anlachen,
5 von deren Zunge Honig tropft, während das Herz voller Galle ist.
Das Lachen des Freundes soll ohne Arg sein,
süß wie ein Abendrot, das stets eine unverfälschte Kunde bringt.
Man möge mich freundlich anlachen oder aber es woanders tun.
Wessen Mund mich betrügen will, der möge sein Lachen dort
behalten,
10 von dem wäre mir ein wahres ‚Nein‘ lieber als sieben gelogene ‚Ja‘.

VII Schirmherr in Rom, König in Apulien[24], hab Erbarmen!
Soll ich trotz all der hervorragenden Kunst dermaßen verarmen?
Gerne würde ich, wenn es denn sein könnte, mich an einem eigenen
Feuer wärmen.
Oha, wie ich dann von den Vöglein singen würde,
5 und von der Heide und von den Blumen, wie ich früher gesungen
habe!
Welche schöne Frau auch immer mir dann danken würde,
bei der sorgte ich dafür, dass Lilien und Rosen auf ihren Wangen
erstrahlten.
Ein Gast kommt spät und reitet früh fort, fremder Gast, weh dir,
weh!
Da kann der Hausherr indes besser vom grünen Klee singen.
10 Diese Notlage möget Ihr, freigebiger König, bedenken, auf dass auch
all Eure Not ein Ende finde!

VIII

---

24 Gemeint ist Friedrich II. (1194–1250), deutscher König und Kaiser.

VIII[24] Der König[26], mein Herr, verlieh mir etwas – gut und gern im Wert
        von dreißig Mark,
das kann ich hier weder in einer Geldkiste einschließen
noch in größeren oder kleineren Schiffen über das Meer
        transportieren.
Die Bezeichnung gehört mir[27], mit der Nützlichkeit sieht es so aus,
5 dass ich nichts anfassen, nichts hören, nichts sehen kann.
Weshalb sollte ich also von Geldkisten oder Booten reden?
Nun mögen mir meine Freunde einen Rat geben, wie ich es behalte
        oder wie ich es sausen lasse.
Die Debatten der Geistlichen, die sind mir völlig egal;
sie nehmen in den Kisten nichts wahr, da ist auch nichts.
10 Sie mögen so oft nachschauen, wie sie wollen: Ich habe nichts drin.

IX Einem Menschen, der sich gerne von einer üblen Sache befreien
        möchte,
dem rate ich, dass er seine Tugendhaftigkeit gut schützt
und dass er sich auch von denen fernhält, die sich unter dem Dach
        der Schande eingefunden haben.
Weiß Gott, wenn er das nicht tut, dann kann es ihm
5 an Ehre und Würde übel ergehen. Ein Mensch, der sich um Ehre
        bemüht,
der soll sich von jeder Missetat freimachen.
<. . . . .>
Ein glückseliger Mensch in der Welt ist einer, den seine Gesinnung
so einzigartig gemacht hat, dass er das Beste gerne tut
10 und sich von Schändlichem ferngehalten hat: Den kann man zurecht
        ‚gut‘ nennen.

---

25 Diese Strophe ist bis heute rätselhaft. Um was für ein Geschenk es sich hier handeln könnte, ist
bislang nicht geklärt. Siehe die Kommentare in der unter 5.5 genannten Literatur.

26 Wahrscheinlich Otto IV. (1175/76–1218), deutscher König und Kaiser, sicher ist das aber nicht.

27 Vielleicht gemeint: ‚Ich weiß, wie man das Geschenk nennt‘.

1 t (= A I / B I / C X / Z I)

Über alles verehrter Gott sehr selten preise ich dich
und habe doch von Dir Wortkunst Werk Verstand und Musiktalent
    verliehen bekommen
wie wage ich dann unter Deiner Herrschaft so frevelhaft gehandelt
    zu haben
ich beachte Herr nicht dein(e) Gebot(e) noch deine aufrichtige Liebe
    [*oder*: gemäß Deiner aufrichtigen Liebe]
5 gegenüber meinem Mitchristen noch Herr Gott gegenüber dir
von denen wurde mir niemand so lieb wie ich mir selbst das
    bekümmert mich
wie könnte ich den lieben der mir Leid zufügt
ich werde doch dem zugeneigter sein der mir Gutes tut
verzeih mir Herr Gott diese meine Sünde denn ich komme kaum zu
    einer Einsicht

4 w^{xx} (= A I / B I / C X / Z I)

Über alles verehrter Gott wie selten preise ich dich
wo ich doch von Dir habe *[Abbruch der Überlieferung]*

2 w^{xx} (= A III / B III / C XI / Z VII)

In Rom Schirmherr von Apulien König lass dich erbarmen
soll ich trotz all der hervorragenden Kunst so verarmen
gerne würde ich wenn es sein könnte mich an einem eigenen Feuer
    wärmen
oh ha wie ich dann von den Vöglein singen würde
5 von der Heide und von den Blumen wie ich früher gesungen habe
welche schöne Frau auch immer mir dann danken würde
der würde ich Lilien und Rosen aus ihren Wangen strahlen lassen
Fremder kommt spät und reitet früh fort fremder Gast weh dir weh
so kann der Hausherr besser singen von dem *[?]* grünen Klee
10 diese Notlage möget Ihr freigebiger König bedenken damit Eure
    Notlage ein Ende finde

3 w^{xx}

3 w^{xx} (= A II / C I)

Ich habe die Versicherung von Herrn Otto er werde mich noch reich
    machen
allerdings *[?]* hat er meinen Dienst in so betrügerischer Absicht
    angenommen
welchen Anlass hat König Friedrich zu entlohnen
meine Forderung an ihn ist noch geringer als eine Bohne
5 es könnte aber sein dass er sich über den alten Spruch freut
ein weiser Mann gab seinem lieben Sohn folgenden Rat
Sohn diene dem schlechtesten Mann damit dich der beste Mann
    entlohnt
ich bin dieser Sohn Herr Otto ist der schlechteste Mann
denn einen so schlechten Herrn habe ich noch nie gehabt
10 Herr König nun sollt Ihr der beste sein weil Euch Gott vergönnt hat
    zu entlohnen

4 o (= B VII / C IX / Z VI)

Mich graust es wenn mich die Lächler anlachen
von deren Zunge Honig tropft und *[?]* das Herz Galle hat
und machen mir mit Lachen eine seltsame Geschichte
das Lachen meines Freundes soll ohne Arg sein
5 schön wie ein klares Abendrot
das verkündet Freunden eine gute Nachricht
bist du ein Freund dann lache mir zu
oder lache fern von mir woanders
welcher Mund mich auf betrügerische Weise anlacht
10 der möge sein Lachen bei sich behalten
von dem nähme ich ein wahres Nein
lieber als sieben gelogene Ja

5 t

5 t (= B VII / C IX / Z VI)

Gott weiß gut dass ich gerne höfischen Werten entsprechen würde
der mich zuweilen in höfischer Weise gebeten hat
mit Worten und mit Taten und mit Ratschlägen
mich graust es wenn mich die Lächler anlachen
5	von deren Zunge Honig tropft und das Herz Galle enthält
der Gruß eines Freundes sollte ohne Arg sein
genauso wie ein helles Abendrot das verkündet eine schöne
	Nachricht
jetzt lacht mich jemand lächelnd an oder er lacht woanders
wessen Mund mich betrügen will der möge sein Lachen dort lassen
10	von ihm nähme ich ein wahres Nein anstelle von drei gelogenen Ja

6 t (= B VIII)

Mit [*richtig wohl* Da] Gott ein gerechter Richter in der Bibel genannt
	wird
wegen seiner Gnade sollte er sich darum kümmern
dass man die Bösen aus den Aufrechten heraussuchen ließe
ich glaube dass von denen manch einer getrennt werden sollte
5	ich wollte dass man an ihm ein Schandmal sehen sollte
der sich dem Menschen in der Hand wie ein Aal windet
dass Gott an dem unfassbare Wunder bewirke
wenn jemand mit mir auszieht der möge auch mit mir wieder
	heimkehren
der Gruß meines Freundes sollte beständiger sein als irgendein Stein
10	was vollständige Treue angeht glatter als ein neuer gut gemachter
	Pfeilschaft

Ton 11a[1]
Sangspruchstrophe

Das Böse in der Welt (Rätselcharakter)

Ich habe in der Welt ein gewaltiges Wunder gesehen,
befände es sich auf dem Meer, könnte man es für ein merkwürdiges
    Tier halten;
meine Freude ist dem Schrecken gewichen, meine Traurigkeit wieder
    erwacht.
Das gleicht einem bösen Menschen. Wer jetzt dessen Lachen
am Stein der Treue prüft, der wird Falschheit finden.
Es beißt, ohne dass sein Knurren es ankündigt.
Seine Falschheit verursacht so Manchem Leid.
Zwei Zungen, die kalt und warm sind, liegen in seinem Rachen.
In seinem süßen Honig befindet sich ein giftiger Nagel.
Sein wolkenloses Lachen bringt heftigen Hagelschlag.
Ganz gleich, wo man es antrifft, es dreht seine Hand herum und
    wird ein Schwalbenschwanz.

---

1 Eine rätselhafte Strophe. Erkennbar wird, dass es um Falschheit, Lug und Trug und Unberechen-
barkeit geht.

Ton 12
Sangspruchdichtung (Unmutston, Zweiter Ottenton)

Kritische Betrachtung des materiellen Besitzes – Hausherr und Gast – Kunstkritik –
Sittenverfall am Hof und in der Welt – Herrscher als Mäzen – Künstlerlohn – heftige
Papst- und Amtskirchen-Kritik und -Schmähung – Kreuzzug – Lobpreis auf Leopold
von Österreich und Herrmann von Thüringen – Prinzipien der Menschenkenntnis

(Nicht alle Strophen haben thematische Verbindungen und sie bilden insgesamt auch
keine Vortragseinheit.)

I   Ich habe von der Seine bis an die Mur genau beobachtet,
vom Po bis zur Trave[1] ist mir ihr aller Wesen bekannt.
Den Allermeisten ist es einerlei, wie sie weltliches Gut erwerben.
Wenn ich das wie jene gewinnen soll, dann leg dich schlafen, edler
     Geist.
5   Etwas zu besitzen, war stets durchaus in Ordnung, allerdings war
     Ehre
wichtiger als Besitz. Jetzt aber steht Besitzstreben so im
     Vordergrund,
dass es sich mit Gewalt neben dem König
zusammen mit den Fürsten in der Ratsversammlung des Königs
     niederlässt.
Verflucht noch mal, mein lieber Besitz, wie steht das Römische Reich
     da!
10   Du bist nicht gut, Du gesellst dich ein Stück zu sehr der Schande zu.

                                      II

---

1 Vier Flüsse: die Seine (Frankreich), die Mur (Österreich, Steiermark), der Po (Italien) und die Trave
(Deutschland).

II   ,Seid willkommen, hoher Hausherr', auf diesen Gruß hin werde ich
              schweigen,
          ,Seid willkommen, hoher Gast', darauf muss ich erwidern oder mich
              verneigen.
          ,Hausherr' und ,Heim' sind zwei untadelige Worte,
          für ,Gast' und ,Herberge' hingegen muss man sich oft schämen.
     5   Könnte ich doch noch erleben, dass auch ich den Gast grüßte,
          sodass er mir, dem Hausherrn, danken müsste!
          ,Heute hierhin, morgen dorthin', was ist das für ein rastloses
              Vagabundendasein!
          ,Ich bin zu Hause' oder ,Ich will nach Hause', das gibt mehr
              Zuversicht.
          ,Gast-Sein' und ,Schach' – beides ist schrecklich.
     10   Herr[2], befreit mich vom Gast-Sein, damit Euch Gott aus dem
              Schach herausführt.

III   In nomine domini[3], jetzt lege ich los, sagt ,Amen',
          das ist gegen Unglück und den Samen des Teufels ein gutes Mittel.
          Dass ich auf diese Weise darüber singen muss,
          verflucht soll sein, wer höfischen Gesang und Freude stört!
     5   Bis jetzt habe ich angemessen und der höfischen Etikette gemäß
              gesungen,
          jetzt aber werde ich samt höfischem Lebensstil vertrieben,
          und die, die vom Hof nichts verstehen, werden dort nun lieber
              gesehen als ich.
          Was mich ehren sollte, das verschmäht mich.
          Herzog von Österreich[4], Fürst, sprich endlich ein Machtwort!
     10   Wenn du allein es nicht verhinderst, werde ich meine Kunst
              verändern – und zwar nicht zum Guten.

                                                      IV

---

2 Es ist unbekannt, auf welche konkrete Person sich die Anrede bezieht.

3 Deutsch: ,Im Namen des Herrn'. – ,Amen': hebräisch-griechisch-lateinische Bekräftigungsformel:
,so sei es'.

4 Gemeint ist wohl Herzog Leopold VI. von Österreich (1176/77–1230).

IV   Nun will auch ich mich schonungsloser Worte bedienen,
dort, wo ich sonst mit Ehrfurcht ein Bittsteller war, will ich jetzt den
    Ton angeben.
Ich sehe ganz genau, dass man den Besitz eines Herrn und den Gruß
    einer Frau
mit Gewalt und ohne Anstand erwerben soll.
5 Wenn ich meinen höfischen Sang zum Besten gebe, dann klagen sie
    dies Stolle.[5]
Fürwahr bekomme ich vor Wut einen dicken Hals,
na, da sie nichts Gutes wollen, prügle ich sie mal kräftig durch.
In Österreich lernte ich[6] zu singen und zu dichten,
dort will ich mich zuallererst beklagen.
10 Spendet mir Leopold[7] höfischen Trost, gut — dann beruhige ich mich
    wieder.

V   Oftmals habe ich die Gabe des Kärntners[8] erhalten.
Will er mich jetzt etwa sehnsüchtig zappeln lassen?[9]
Er glaubt vielleicht, dass ich zornig bin: Oh nein, ich doch nicht!
Ihm ist widerfahren, was noch so manchem spendablen Menschen
    geschieht.
5 Freilich: Es tat mir schon ein wenig Leid, für ihn aber war es noch
    viel schmerzhafter,
dass, nachdem er für mich Kleider hatte anfertigen lassen,
man mir diese nicht aushändigte, seinen Zorn möge er an
    entsprechender Stelle entladen.
Ich weiß sehr gut, wer immer bereitwillig ‚ja' sagt,
dass der auch aus tiefstem Herzen geben würde, wenn denn etwas zu
    geben da wäre.
10 Weiß Gott, weder er noch ich haben Schuld an dieser üblen Misere.

VI

---

5 Stolle: Wohl ein Personenname (ein konkurrierender Künstler?); bekannt ist darüber nichts.

6 Diese Stelle wird häufig als ‚Beleg' dafür angeführt, dass Walther in Österreich geboren wurde und dort seine Jugend und erste künstlerische Lebensphase verbrachte. Wie stets beim Pronomen ‚Ich', muss man auch hier mit einer allzu raschen biographischen Festlegung zurückhaltend sein.

7 Herzog Leopold VI. von Österreich (1176/77–1230).

8 Herzog Bernhard von Kärnten (1176/1181–1256).

9 Der Originaltext ist sehr schwer verständlich; die Übersetzung hier nur ein Vorschlag.

VI   Ich weiß nicht, mit wem ich die Kläffer am Hof vergleichen soll,
       außer mit den Mäusen, die sich selbst zu erkennen geben, wenn sie
           eine Schelle tragen,
       das ‚Oh, lieber Herr' des Speichelleckers, das ist das Mäuse-Klingeln!
           Wenn sie aus ihrem Loch herauskommt,
       dann schreien wir sofort: ‚Ein Unhold! Ein Unhold! Eine Maus! Eine
           Maus!'
5   Verehrter Kärntner[10], ich muss dir von Herzen klagen,
       freigebiger Fürst, Märtyrer für die Ehre,
       ich weiß nicht, wer mir an deinem Hof meine Lieder verunstaltet.
       Wenn ich es nicht bloß deinetwegen unterlasse und er nicht zu
           niveaulos für mich ist,
       dann werde ich dem mit einem geeigneten Gegenschlag antworten.
10   Frage nach, was ich gesungen habe, und finde für uns heraus, wer
           meine Kunst verschandelt.

VII   Der Papstthron in Rom ist jetzt wirklich mit dem Richtigen[11] besetzt,
       wie zuvor mit einem Zauberer namens Gerbrecht.[12]
       Dieser hatte nur sein eigenes Leben zugrunde gerichtet.
       Jener aber hat sich zum Ziel gesetzt, die ganze Christenheit zu
           vernichten.
5   Alle Münder sollen zu Gott ‚Auf, zu den Waffen!' schreien
       und Ihn lauthals fragen, wie lange Er wohl noch zu schlafen
           gedenke.
       Sie handeln Seinen Werken zuwider und fälschen Seine Worte.
       Sein Kämmerer stiehlt Ihm Seinen himmlischen Schatz,
       Sein Stellvertreter mordet hier und raubt dort.
10   Sein Hirte ist ein Wolf geworden unter Seinen Schafen.

                                            VIII

---

10 Herzog Bernhard von Kärnten (1176/1181–1256).

11 Gemeint wohl Papst Innozenz III. (1160/61–1216).

12 Gerbrecht von Aurillac (um 950–1003), seit 999 Papst Silvester II.; ihm wurden Verbindungen
mit dem Teufel nachgesagt.

(nach Handschrift C)

VIII   Oha, wie fein christlich jetzt der Papst[13] lacht,
         wenn er seinen Leuten in Rom sagt: ‚Das habe ich prima
             hinbekommen!'
         Worüber er da spricht, daran hätte er besser nie auch nur denken
             sollen.
         Er sagt: ‚Ich habe zwei Deutsche[14] unter eine Krone gebracht,
    5   damit sie das Reich erschüttern und verwüsten.
         Derweil fülle ich die Geldkisten.
         Ich habe sie an meinen Opferstock getrieben, ihr Hab und Gut
             gehört mir.
         Ihr deutsches Silber wandert in meinen römischen Schrein.
         Liebe geistliche Brüder, esst Hühner und trinkt Wein
    10   und lasst die Deutschen fasten.'

                                                         VIII

---

13 Gemeint wohl Papst Innozenz III. (1160/61–1216).
14 Gemeint sein können Philipp von Schwaben (1177–1208) und Otto IV. (1175/76–1218) bzw.
Friedrich II. (1194–1250) und Otto IV.

(nach Handschrift A)

VIII   Wie christlich doch der Papst über uns lacht,
        wann immer er seinen Leuten in Rom erzählt, was er wie hier
            getrieben hat.
        Was er da sagte, nie hätte er daran auch nur denken sollen.
        Er spricht: ‚Ich habe zwei Deutsche unter eine Krone gebracht,
5   damit sie das Reich erschüttern und niederbrennen und verwüsten,
        währenddessen fülle ich die Geldkisten.
        Dort habe ich es in den Opferstock gelegt, ihr Schatz wird ganz der
            meine.
        Deutsches Silber wandert in meine Wechselkasse.
        Auf diese Weise werden sie mager, wir aber werden fett wie die
            Schweine.
10   Meine geistlichen Brüder sollen sich mit dem Besitz der dummen
            Laien vollstopfen.
        Meine geistlichen Brüder, die sollen fressen, den kraftlosen Laien
            aber zu fasten befehlen.
        Meine geistlichen Brüder, die sollen Brötchen essen und sich zur
            Schlachtzeit mästen.[15]
        Meine geistlichen Brüder, die sollen oben predigen und unter
            herumfummeln.‘

                                                        IX

---

[15] Im Original eine schwer verständliche Stelle (siehe die im Literaturverzeichnis hier unter 5.5
aufgeführten Stellenkommentare).

IX   Sagt es frei heraus, Herr Opferstock, hat Euch der Papst[16]
            hierhergeschickt,
        damit Ihr ihn reich macht und uns Deutsche in Armut stürzt und
            vernichtet?
        Immer, wenn ihn der ganze Haufen Geld im Lateran erreicht,
        bedient er sich eines bösen Tricks, wie er es schon zuvor getan hat.
     5 Er erzählt uns dann, in welch einem Chaos sich das Reich doch
            befinde,
        und dies solange, bis alle Pfarreien ihn aufs Neue mit Geld
            zugeschüttet haben.
        Ich glaube, von dem Silber gelangt nur wenig in Gottes Land, um
            dort zu helfen,
        einen großen Schatz hat die Hand eines Geistlichen noch nie geteilt.
        Herr Opferstock, Ihr seid auf eine böse Mission hierhergeschickt
            worden,
    10 aus der Schar der Deutschen sollt Ihr dumme Frauen und Männer
            herauspicken.

X   Herzog aus Österreich[17], lass mich unter den Menschen bleiben,
        wünsch mich auf das Feld, nicht in den Wald, ich kann dort nicht
            roden.
        Sie sehen mich gerne bei sich und ich sehe sie genauso gerne bei mir.
        Du wünschst immer wieder etwas für einen ehrenvollen Mann, du
            weißt aber nicht, wie der Wunsch aussehen soll.
     5 Wenn du mich von ihnen wegwünschst, dann fügst du mir Leid zu.
        Gelobt sei der Wald und auch die Heide!
        Die möge dir gut anstehen! Wie hast du aber jetzt gehandelt,
        wo ich dir doch Wohlbehagen gewünscht habe,
        du mir aber Unglück? Höre auf damit!
    10 Lass du von ihnen ab, mich sollst du aber bei ihnen lassen, auf diese
            Weise werden wir beide gut leben können.

                                                          XI

---

16 Gemeint wohl Papst Innozenz III. (1160/61–1216).
17 Herzog Leopold VI. von Österreich (1176/77–1230).

XI   Als Leopold[18] für Kreuzzug und künftigen Ruhm zu sparen begann,
     hielten sich alle mit Ausgaben zurück, sie folgten seinem Vorbild;
     sie schreckten zurück, so als ob sie nicht wagten zu geben.
     Das war genau richtig, denn man soll sich stets nach dem Hof
          richten.
   5 Dass sie nicht spendabler als er sein wollten –
     prima so! Sie handelten, wie sie sollten.
     Die Helden aus Österreich hatten schon immer einen höfischen Sinn.
     Sie geizten seiner Ehre wegen, gut war das.
     Nun mögen sie seiner Ehre wegen eine gebende Hand haben, wie er
          es vormacht,
  10 und sie sollen sich jetzt am Hof orientieren, jenes Verhalten von
          früher aber – damals richtig – stößt jetzt auf heftigen Tadel.

XII Ihr Bischöfe und ihr vornehmen Geistlichen, ihr werdet in die Irre
          geführt.
     Schaut genau hin, wie euch der Papst[19] mit den Stricken des Teufels
          umschlingt.
     Wenn ihr uns sagt, dass er den Schlüssel des Heiligen Petrus habe,
     dann sagt uns auch, warum er dessen Lehre aus den Büchern
          wegkratzt.
   5 Gottes Gabe zu kaufen oder zu verkaufen,
     wurde uns bei der Taufe verboten.
     Jetzt lehrt genau dies ihn sein Schwarzes Buch, das ihm der Teufel
     gegeben hat, und aus ihm sammelt ihr des Teufels Schilfrohre,
     ihr Kardinäle, und deckt damit euren Chor.
  10 Unser alter Herr, der steht unter einer bösen Dachkante.[20]

                                                        XIII

---

18 Herzog Leopold VI. von Österreich (1176/77–1230).

19 Gemeint wohl Papst Innozenz III. (1160/61–1216).

20 Die letzten vier Verse sind schwer zu verstehen und haben in der Forschung unterschiedliche, allesamt nicht wirklich befriedigende Deutungen erfahren. Im Wort *rôr* (,Rohr', ,Röhricht', ,Pfeife', ,Schilfrohr' ...) im 8. Vers dürfte ein Schlüssel für das rechte Verständnis verborgen liegen (siehe die im Literaturverzeichnis hier unter 5.5 aufgeführten Stellenkommentare).

XIII Wessen Herz sich in diesen Zeiten nicht abwendet,
seit der Papst[21] selbst dort[22] den Unglauben vermehrt,
bei dem findet sich glückseliger Geist und Gottes Liebe.
Jetzt seht ihr, was Werk und Lehre der Geistlichen ist.
5 Einstmals stand ihre Lehre mit den Taten im Einklang und war
makellos,
jetzt haben sie sich alle zusammen anders aufgestellt,
wir sehen sie falsch handeln, hören sie Falsches sagen,
sie, die uns ein Vorbild für gute Lehre sein sollten.
Daran können wir einfachen Laien verzweifeln.
10 Ich glaube, dass mein guter Klausner[23] erneut klagt und bitterlich
weint.

XIV Solange ich drei Höfe mit lobenswerten Männern kenne,
ist mein Wein gelesen und brutzelt schön meine Pfanne.
Der aufrichtige Patriarch ohne Fehl und Tadel,
der ist einer von ihnen, und der Trost des Hofes erreicht mich
schnell,
5 Leopold[24], Fürst der Steiermark und Österreichs,
es gibt niemanden auf der Welt, den ich mit ihm vergleichen könnte.
Das Lob auf ihn ist keineswegs ein Löbchen: er kann, er hat, er tut.
Sein Onkel[25] hat die Art des freigebigen Welfen,[26]
dessen Ruhm war vollkommen und strahlt auch nach dem Tode.
10 Ich habe überhaupt keine Veranlassung, freundlicher Aufnahme
wegen weit herumzuirren.

XV

---

21 Gemeint wohl Papst Innozenz III. (1160/61–1216).
22 ... in Rom?
23 Eine fiktive Figur, die schon in Ton 2, Str. II und Ton 3, Str. V in Erscheinung trat.
24 Herzog Leopold VI. von Österreich (1176/77–1230).
25 Gemeint wohl Heinrich von Mödling (gest. 1223).
26 Gemeint wohl Graf Welf VI. (gest. 1191).

XV   Ich gehöre zum inneren Kreis des spendablen Landgrafen.[27]
          Das ist so meine Art, dass man mich stets bei den Vornehmsten
              finden soll.
          Auch die anderen Fürsten sind sehr freigebig, aber
          nicht so verlässlich. Genau das aber war er immer schon und ist es
              noch.
      5   Daher kann er damit besser als sie auftreten.
          Er ist nicht launisch.
          Wer jetzt protzig tut und übers Jahr aber schlecht ist wie ehedem,
          dessen Lobpreis grünt kurz auf und wird dann welk wie der Klee.
          Die Blüte der Thüringer leuchtet durch den Schnee,
      10 sommers und winters erstrahlt sein Lob wie in den ersten Jahren.

XVI   Es gehört zur Verherrlichung der Frauen, dass man sie schön nennt.
          Bei Männern ist das fehl am Platze, es ist zu weich und wirkt oftmals
              wie eine Schmähung.
          Wagemutig und freigebig und wenn er zusätzlich verlässlich ist,
          dann wird er rundum gelobt, zu jenen beiden gesellt sich das Dritte
              gut.
      5   Wenn es euch nicht verachtenswert erscheint, dann werde ich euch
              beibringen,
          wie wir lobpreisen und nicht verschmähen sollen.
          Ihr müsst in die Menschen hineinsehen, wenn ihr wirklich etwas
              erkennen wollt,
          niemand soll der äußeren Farbe wegen Lob spenden.
          So mancher Schwarzer[28] ist im Inneren voller Tugenden.
      10 Ach, wie weiß die Herzen der Aufrechten sind, wenn man nur das
              Innere nach außen kehrt!
                    ________________[29]

                                                                    XVII

---

27 Gemeint wohl Landgraf Hermann von Thüringen (um 1155–1217).

28 ‚Schwarzer' übersetzt hier das mittelhochdeutsche Wort *môre*, das allerdings in beiden überliefernden Handschriften nicht zu finden ist; stattdessen steht dort *tôre* (‚Dummkopf'). Aufgrund des Kontextes
(‚Farbe' in V. 8, ‚Weiß' in V. 10) haben fast alle Editoren *tôre* zu *môre* verbessert.

29 Zur Bedeutung dieser Linien siehe den Editionsband; sie kennzeichnen Überlieferungsbesonderheiten wie die, dass Strophen eines Tones in einer Handschrift nicht alle aufeinander folgen müssen,
sondern dass eine Ton-Reihe auch durch tonfremde Strophen unterbrochen sein kann.

XVII   Wir alle klagen und wissen doch nicht, was uns quält,
          dass uns nämlich der Papst[30], unser Vater, so sehr in die Irre geführt
              hat.
          Wahrlich väterlich schreitet er vor uns her,
          wir folgen ihm und verlassen mit keinem Fuß seine Spur.
       5 Nun pass auf, Welt, was mir daran missfällt:
          Ist er geizig, dann geizen alle mit ihm,
          lügt er, dann stimmen alle in seine Lüge ein,
          und betrügt er, dann betrügen alle mit ihm zusammen.
          Nun passt auf, wer könnte sagen, dass ich falsch liege.
      10 So erlangt der junge Judas mit dem alten dort Berühmtheit.

XVIII   Die Christenheit lebte noch nie so sehr aufs Geratewohl.
          Diejenigen, die sie eigentlich unterweisen sollten, haben nicht die
              rechte Einstellung dazu.
          Eine solche fände sich aber selbst bei einem einfachen Laien im
              Übermaß.
          Sie sündigen ohne Angst, deshalb hasst Gott sie.
       5 Uns zeigen sie den Weg zum Himmel, sie selbst fahren in die Hölle,
          sie behaupten, wer ihren Worten folgen wolle
          und nicht ihren Werken, der werde zweifellos dort errettet werden.
          Die Geistlichen sollten keuscher als die Laien sein.
          In welchen Büchern haben sie das gelesen,
      10 dass so mancher danach giert, eine schöne Frau zu Fall zu bringen?

---

30 Gemeint wohl Papst Innozenz III. (1160/61–1216).

Ton 12a
Sangspruchdichtung (Fürstenspiegelton)

Lebensdidaxe – Herrscherlehre – Marienpreis – Jesu Leiden und Tod

(Nicht alle Strophen haben thematische Verbindungen und sie bilden insgesamt auch keine Vortragseinheit.)

I   Ihr Fürsten, adelt Eure Haltung mit reiner Güte,
seid wohlwollend zu den Freunden, nehmt den Feinden gegenüber
    eine selbstbewusste Haltung ein.
Stärkt das Recht und dankt Gott für die große Ehre,
dass viele Menschen ihr Leben und ihren Besitz in Euren Dienst
    stellen.
5 Seid freigebig, friedfertig, zeigt Euch in Würde,
dann loben Euch die makellosen, schönen Damen.
Schamhaftigkeit, Treue, Ansehen verleihende Wohlerzogenheit sollt
    ihr aufrichtig leben.
Liebt Gott und sprecht Recht, worüber auch immer die Armen
    klagen.
Glaubt nicht, was euch die Lügner erzählen,
10 und folgt gutem Rat, dann könnt ihr auf das Himmelreich bauen.

II   Makellose Maria[1], höchstgepriesene, gütige Gebieterin,
hilf mir der Ehre Deines Kindes wegen, damit ich für meine Sünde
    büße.
Du fließende Flut der Barmherzigkeit, der Tugend und aller Gutheit,
der gütige Geist Gottes erblühte aus dem edlen Herzen:
5 Er ist Dein Kind, Dein Vater und Dein Schöpfer.
Wie froh sind wir, dass Du Ihn geboren hast,
den Höhe, Tiefe, Breite, Länge niemals umspannen konnten,
Dein zierlicher Körper umschloss Ihn in wahrhaft vollkommener
    Keuschheit.
Kein Wunder konnte diesem gleichkommen,
10 Königin der Engel, Du trugst Ihn ohne jedes Leid.

III

---

1 Die Marienpreisgedichte Walthers (aber auch solche anderer Dichter) zeichnen sich durch eine teils sehr gesuchte Bildlichkeit, außergewöhnliche Wortwahl und zuweilen komplexe Syntax aus. Hier angemessen zu übertragen, ist besonders schwierig.

III An dem Freitag wurden wir von der Hölle befreit
von dem, der sich in dreifacher Weise in Einem zu Drei gemacht
hat.
Der Engel Gabriel verkündete Maria die Botschaft,
von der Himmel und Erde mit großen Freuden entflammt wurden.
5 Er sprach zu ihr: ‚Ave‘, den liebevollen Gruß,
durch ihre Ohren empfing sie den Grundgütigen,
der immer schon ohne Anfang war und ohne Ende sein wird.
Dafür seien Dir Lobpreis und Ehrerbietung entgegengebracht,
Königin Maria
<. . . . . .>[2]
10 Du hast ihn uns zum Trost gegeben, der die ganze Welt von Leid
befreien kann.

IV Sünder, du sollst an das große Leid denken,
das Gott für uns durchlitten hat, und du sollst dein Herz in Reue
versenken.
Sein Körper wurde mit spitzen Dornen schwer verwundet
und am Kreuz wurden seine Qualen noch vielfach vergrößert.
5 Man schlug ihm drei Nägel durch Hände und Füße.
Voller Jammer weinte die gütige Maria,
als sie sah, wie das Blut ihres Kindes aus beiden Seiten herausfloss.
Voller Trauer sprach Jesus vom Kreuz herunter:
‚Mutter, wahrlich ist Euer Unglück
10 für mich ein weiterer Tod. Johannes, du sollst der Lieben helfen, das
Leid zu ertragen.‘[3]

V

---

2 Im Original fehlt Text.

3 Vgl. das Evangelium nach Johannes 19, 26 f.

V   Der Blinde[4] sprach zu seinem Knecht: ‚Du sollst
die Lanze an seinem Herzen ansetzen. Fürwahr, ich will der Qual ein
    Ende bereiten.‘
Die Lanze wurde gegen den Herrn der Welt gerichtet.
Maria zeigte vor dem Kreuz ihre von Trauer erfüllte Klage.
5 Sie erbleichte, verlor ihre Kraft in bitterlicher Not,
als sie voller Jammer sah, wie man ihr geliebtes Kind tötete
und Longinus einen Speer in seine makellose Seite stach.
Sie stürzte ohnmächtig nieder, weder hörte sie, noch sprach sie
    etwas.
In diesem Augenblick des Jammers zerbrach das Herz Christi.
10 Rot färbte sich allmählich das Kreuz mit seinem reinen Blut.

---

4 Gemeint ist Longinus (V. 7), ein blinder römischer Soldat, der Jesus mit einem Speer in die Seite
gestochen haben soll (nach dessen Tod). Es handelt sich um eine verstreute Legendenbildung, nur
einzelne Details gehen auf die Bibel zurück.

Ton 12b
Sangspruchstrophe

Welt-Kritik – Allegorie

Törichte Welt, ziehe an deinem Zügel, sieh dich um, schau genau
    hin!
Wenn du deinem Wesen freien Lauf lässt, dann wird dich dies zu
    Fall bringen.
Über dieses Wesen wird in deinem Herzen nicht nachgedacht,
es schadet dir hier und ist dort der Seele ein ewiger Feind.
5 Lass zu, dass das Gute das Schlechte aus dir heraustreibt;
liebe Gott, dann wirst du glücklich sein können;
bemühe dich mit aufrichtig gutem Verhalten darum, dass man dich
    lobt, wenn du gerettet werden willst;
von den Bösen sollst du dich fest entschlossen fernhalten;
glaube an das, was die Geistlichen an Gutem verlesen.
10 Willst du all dem noch die Krone aufsetzen, dann sprich über Frauen
    nur Gutes.

Ton 13
Sangspruchstrophe

Warnung vor Betrug und Betrügern

Viele Herren gleichen Trickbetrügern,
die geschickt betrügen können und Böses im Schilde führen.
Da sagt einer: ‚Schau her, was ist unter diesem Hut?
Nun heb ihn hoch! Darunter ist ein wilder, majestätischer Falke.‘
5 ‚Zieh den Hut hoch! Jetzt befindet sich ein stolzer Pfau darunter.‘
‚Und nochmal hochgehoben! Jetzt ist ein Meerwunder darunter.‘
So oft das auch geschieht, am Ende ist es doch nichts anderes als
    eine Krähe.
Freund, das sehe ich auch, haha, haha, haha.
Behalte deine falsche Trickbüchse bei dir,
10 wäre ich so stark wie du, ich würde sie dir an deinen Kopf schlagen.
Deine Asche fliegt mir in die Augen,
ich will nicht mehr dein Blasgehilfe[1] sein,
wenn du mich nicht besser vor so einem betrügerischen Monstrum
    beschützt.

---

1 Wer damit gemeint sein könnte (was ist ein *blâsgeselle*?), ist in der Forschung umstritten (siehe die im Literaturverzeichnis hier unter 5.5 aufgeführten Stellenkommentare).

Ton 14
Sangspruchstrophe

Welt-Kritik – Allegorie

So, wie es in der Welt jetzt zugeht, kann jemand,
der unter zwanzig Verwandten nur einen guten, treuen Freund hat,
   schon sagen, er sei von Freunden geradezu umzingelt:
Früher hätte man unter fünf Verwandten drei Freunde gefunden.
Meine Güte, Welt, du hast eine tadelnswerte Art an dir:
5 Dessen Seele nimmt schweren Schaden, der dir bis an sein Ende
   nachfolgt
und der deine Lebensart mit ganzem Herzen annimmt.
Wir beklagen, dass die Alten sterben und gestorben sind.
Wir könnten schon bald eine andere Notlage zu Recht beklagen,
dass Treue, gute Erziehung und Ansehen in der Welt nicht mehr
   vorhanden sind:
10 Die Menschen sind noch Erblasser, diese drei Werte aber haben
   keine Nachkommen.

Ton 15   Buch II

Naturlied in 2 Fassungen

Winterklage – Freude auf den Sommer

Strophen dieses Tones liegen in 2 Fassungen vor. (Fassungen können sich grundsätzlich in Anzahl, Bestand und Reihenfolge der Strophen sowie in variierenden Formulierungen des Textes unterscheiden. Letzteres betrifft: Wortschatz, Plus-/Minus-Text, Satzbau, hin und wieder Versreihenfolgen.) Die Übersetzung ist bemüht, diese Textvariationen im Mittelhochdeutschen durch entsprechend variierende Formulierungen auch im Neuhochdeutschen zu erfassen. Eine philologische Varianzanalyse lässt sich freilich nur an den mittelhochdeutschen Texten durchführen.

Fassung auf der Basis von Handschrift B

I Uns hat der Winter fürchterlichen Schaden zugefügt:
   Heide und Wald sind jetzt ganz farblos,
   wo zuvor viele Stimmen so lieblich erklangen.
   Sähe ich, wie die Mädchen sich auf der Straße den Ball
 5 zuwerfen, dann käme der Gesang der Vögel zu uns zurück.

II Könnte ich doch den Winter verschlafen!
   Wenn ich in dieser Zeit wach bin, dann hasse ich ihn,
   dass seine Macht so überaus groß ist.
   Aber, bei Gott, er wird dennoch vor dem Mai fliehen,
 5 dann pflücke ich dort Blumen, wo jetzt Raureif liegt.

Fassung nach Handschrift E

I Wenn der Winter doch bald zu Ende gehen würde,
   dann könnte ich von allen Sorgen lassen, die ich habe.
   Freilich – er hat mir nichts anderes angetan,
   als mir die frohe Hoffnung in die Länge zu ziehen,
 5 in der Mitte des Mais zu einer Freude zu kommen.

II Ich wünsche, der Winter gehe zu Ende,
   denn er spendet keine Freude,
   hält nur kalten Wind und, mehr noch, Regen und Schnee bereit.
   Das schmerzt heftig in den Augen.
 5 Gepriesen seien dagegen das Grüne, Laub und Klee.

III

III Könnte ich doch den Winter verschlafen!
Wenn ich in dieser Zeit wach bin, dann trifft mich sein Zorn,
dass seine Macht so überaus groß ist.
Aber, bei Gott, er wird vor dem Mai fliehen,
5 dann pflücke ich dort Blumen, wo jetzt Raureif liegt.

IV Uns hat der Winter fürchterlichen Schaden zugefügt:
Heide und Wald sind dem Verderben ausgeliefert,
wo zuvor viele Stimmen so lieblich erklangen.
Sähe ich, wie die Mädchen sich auf der Straße den Ball
5 zuwerfen – dann kommt der Gesang der Vögel zu uns zurück.

V Was mich jetzt bekümmert, das wird alles in Ordnung kommen.
Wie sehr meine Stimmung nun auch danieder liegt,
die Zeit wird noch kommen, dass sie sich wieder zur Sonne
aufschwingt.
Wird man tun, was man mir versprochen hat,
5 ach, wie sehr wird sich mein Herz dann freuen!

Ton 16
Minnelied (Das ‚Lindenlied‘)

Frauenrede – Liebe, Erotik, Sexualität

I   ‚Unter der Linde[1]
       bei der Heide,
       wo unser beider Bett war,
       dort könnt ihr
    5 – wunderschön –
       geknickte Blumen[2] und Gras finden.
       Vor dem Wald in einem Tal,
       tandaradei,
       sang – wunderschön – die Nachtigall.

II   Ich erreichte
       die Wiese,
       auf die mein Geliebter schon gekommen war.
       Dort wurde ich empfangen
    5 wie eine vornehme Dame,[3]
       sodass ich mich auf immer in höchstem Glück befinde.
       Er küsste mich gut tausend Mal,
       tandaradei,
       schaut nur, wie rot mein Mund ist.

                                                                        III

---

1 In der Editorik hat es sich durchgesetzt, Strophen und – wie hier – ganze Lieder, die von einer Frau gesprochen werden (Rollenrede), in einfache Anführungsstriche zu setzen.

2 Im Original steht *gebrochen bluomen*; die Metaphorik weist stets auf ein sexuelles Geschehen hin (vgl. lat. *de-florare, de-floratio*).

3 In der Forschung kontrovers diskutierter Vers (siehe die im Literaturverzeichnis hier unter 5.5 aufgeführten Stellenkommentare).

III   Er hatte
        ganz üppig
        aus Blumen ein Bett gerichtet.
        Darüber wird noch
     5 still und heimlich gelacht werden,
        wenn jemand an diesem Weg vorbeikommt,
        an den Rosen kann man nämlich ganz gut sehen,
        tandaradei,
        wo mein Kopf gelegen hatte.

IV   Dass er mit mir geschlafen[4] hat,
        wenn das jemand wüsste –
        Gott behüte! – zutiefst würde es mich beschämen.
        Was er mit mir anstellte,
     5 das soll niemals jemand
        erfahren – nur er und ich wissen es
        und ein kleines Vöglein,
        tandaradei,
        das wird wohl verschwiegen sein.‘

---

4 Im Original steht *bî-ligen* (wörtlich: ‚bei-liegen‘), gemeint ist Geschlechtsverkehr (vgl. auch nhd. ‚Beischlaf‘).

Ton 17
Minnelied in 2 Fassungen

Liebesklage – Liebesschmerz – Liebesallegorie

Strophen dieses Tones liegen in 2 Fassungen vor. (Fassungen können sich grundsätzlich in Anzahl, Bestand und Reihenfolge der Strophen sowie in variierenden Formulierungen des Textes unterscheiden. Letzteres betrifft: Wortschatz, Plus-/Minus-Text, Satzbau, hin und wieder Versreihenfolgen.) Die Übersetzung ist bemüht, diese Textvariationen im Mittelhochdeutschen durch entsprechend variierende Formulierungen auch im Neuhochdeutschen zu erfassen. Eine philologische Varianzanalyse lässt sich freilich nur an den mittelhochdeutschen Texten durchführen.

Fassung auf der Basis von Handschrift A

I Ich habe mit so schönen Worten über sie gesprochen,
   dass sie von Vielen in der Welt gepriesen wird.
   Wenn sie sich dafür an mir gerächt hat,
   dann, verdammt, habe ich getobt vor Wut,
  5 dass ich ausgerechnet die gepriesen
   und mit Lobeshymnen gekrönt habe,
   die für mich nur Spott und Hohn übrighat.
   Mächtige Frau Minne[1], das sei Euch dargelegt.

II Mächtige Minne, noch mehr klage ich Euch:
   Sprecht für mich Recht und richtet über mich.
   Der, der immer für Eure Ehre
   gegen unzuverlässige Leute gekämpft hat, das war ich.
  5 Inzwischen bin ich schwer verwundet;
   mich habt Ihr angeschossen,
   sie aber geht heil davon,
   ihr geht es gut, ich aber bin krank.

III

---

1 Allegorie der Liebe: im Original steht *Frowe Minne*; sie steht für die personifizierte Liebe, die über viel Macht verfügt.

III Herrin, lasst mich davon profitieren,
dass Ihr noch mehr Pfeile habt, ich weiß das genau.
Könnt Ihr sie in ihr Herz schießen,
sodass sie denselben Schmerz fühlt wie ich?
5 Ihr sollt, edle Königin,
Eure Verwundungen gerecht verteilen
oder meine Wunden heilen.
Sollte ich allein so zum Verderben bestimmt sein?

IV Ich gehöre Euch, mächtige Minne,
schießt dorthin, wo man Euch Widerstand leistet.
Helft, dass ich sie erobere,
nein-nein-nein, Herrin, sie soll sich dem nicht entziehen!
5 Lasst mich die Geschichte zu Ende erzählen:
Wenn sie uns beiden entkommt,
dann sind wir zwei geschiedene Leute.
Wer sollte Euch dann noch jemals etwas klagen?

Fassung auf der Basis von Handschrift E

I Ich habe mit so schönen Worten über sie gesprochen,
dass sie von Vielen in der Welt gepriesen wird.
Wenn sie sich dafür an mir gerächt hat,
dann, verdammt, habe ich getobt vor Wut,
5 dass ich ausgerechnet sie gepriesen
und mit Lobeshymnen gekrönt habe,
die für mich hingegen nur Spott und Hohn übrighat.
Mächtige Frau Minne, das sei dir dargelegt.

II Mächtige Minne, noch mehr klage ich Euch:
Sprecht für mich Recht und richtet über mich.
Der, der immer für Eure Ehre
gegen unzuverlässige Leute gekämpft hat, das war ich.
5 Inzwischen bin ich schwer verwundet;
Mich habt Ihr angeschossen,
sie aber geht verletzt dahin,
Euch geht es gut und ich bin krank.

III

III   Herrin, lasst sie davon nicht profitieren,
ich weiß genau, dass Ihr noch mehr Pfeile habt.
Ihr sollt sie in ihr Herz schießen,
sodass sie denselben Schmerz fühlt wie ich.
5 Könnt Ihr, edle Königin,
die Verwundungen auf uns verteilen
oder aber meine Wunden heilen?
Sollte ich allein so zum Verderben bestimmt sein?

IV   Mächtige Minne, Ihr sollt mich
besser entlohnen als einen anderen Mann
und sollt mich
besser behandeln, denn ich habe Euch auch besser gedient.
5 Was bringt Euch dies neumodische Gehabe ein,
dass Ihr so manchen ehrt,
der Euch hingegen in Schande stürzt?
Auf solche Weise macht Ihr die Besten zunichte.

V   Ich gehöre Euch, mächtige Minne,
oh weh, warum fügt Ihr mir solche Schmerzen zu?
Helft, dass ich sie erobere,
nein-nein-nein, Herrin, sie soll sich uns nicht entziehen!
5 Lasst mich die Geschichte zu Ende erzählen:
Wenn sie uns beiden entkommt,
dann sind wir zwei geschiedene Leute.
Wer sollte Euch dann noch jemals etwas klagen?

Ton 18
(Minne-)Lied in 3 Fassungen

Kunst(reflexion) – Künstlerkonkurrenz – Freude und Leid – Reden über Frauen

Strophen dieses Tones liegen in 3 Fassungen vor. (Fassungen können sich grundsätzlich in Anzahl, Bestand und Reihenfolge der Strophen sowie in variierenden Formulierungen des Textes unterscheiden. Letzteres betrifft: Wortschatz, Plus-/Minus-Text, Satzbau, hin und wieder Versreihenfolgen.) Die Übersetzung ist bemüht, diese Textvariationen im Mittelhochdeutschen durch entsprechend variierende Formulierungen auch im Neuhochdeutschen zu erfassen. Eine philologische Varianzanalyse lässt sich freilich nur an den mittelhochdeutschen Texten durchführen.

Fassung nach Handschrift B

I Ich bin froh und glücklich, ohne zu schaden,
   so dass man mir gönnt, gut zu leben:
   Still und heimlich bin ich bester Stimmung.
   Was würde in der Welt ein Prahlhals taugen?
   5 Schande über die, die so viele schöne Frauen
   in übles Gerede gebracht haben!
   Es ist gut, dass ich das bedacht habe!
   <....>[1]

II Ich will vom Ansehen eines guten Mannes
   gerne hören und darüber sprechen.
   Wer mir etwas anderes anträgt, das ist mir zuwider.
   Das, freilich, werde ich mir nicht gefallen lassen.
   5 Angeber und Lügner, wo immer die auch sind,
   denen verbiete ich meinen Gesang,
   und es geschieht gegen meinen Willen,
   wenn sie mich derart ausnutzen.

III Wenn ich mit meinen Gedanken abschweife,
   dann will so manch einer auf mich einreden.
   Dann schweige ich und lasse ihn plappern.
   Was sollte er auch sonst von mir erwarten?
   5 Hätte ich in dieser Situation Augen oder Ohren,
   dann könnte ich das Gesagte verstehen.
   Wenn ich aber nicht über Beides verfüge,
   vermag ich weder ‚nein' noch ‚ja' zu sagen.

---

1 Im Original Textverlust.

Fassung nach Handschrift C

I   Ich bin froh und glücklich, ohne zu schaden,
so dass man mir gönnt, gut zu leben:
Still und heimlich bin ich bester Stimmung.
Was würde in der Welt ein Prahlhals taugen?
5 Angeber und Lügner, wo immer die auch sind,[2]
denen verbiete ich meinen Gesang,
und es geschieht gegen meinen Willen,
wenn sie mich derart ausnutzen.

II   Ich will vom Ansehen eines guten Mannes
gerne hören und darüber sprechen.
Wer mir etwas anderes anträgt, das ist mir zuwider.
Das, freilich, werde ich mir nicht gefallen lassen.
5 Schande über die, die so viele schöne Frauen
in übles Gerede gebracht haben!
Es ist gut, dass ich das bedacht habe!
Ihr sollt einen großen Bogen um sie machen, gute Frauen.

III   So manch einer bläst Trübsal, dem aber doch Angenehmes
      widerfährt.
Ich hingegen bin immer guten Mutes,
obwohl ich keine Herzensfreude habe.
Das spielt für mich keine Rolle.
5 Herzensfreude, wo immer ich ihrer gewahr wurde,
dort traf mich stets auch Herzeleid.
Wenn mich meine Gedanken in Ruhe ließen,
dann wüsste ich gar nichts von Leid.

IV   Wenn ich mit meinen Gedanken abschweife,
dann will so manch einer auf mich einreden.
Dann schweige ich und lasse ihn plappern.
Was sollte er auch sonst von mir erwarten?
5 Hätte ich in dieser Situation Augen oder Ohren,
dann könnte ich das Gesagte verstehen.
Wenn ich aber über Beides nicht verfüge,
vermag ich weder ‚nein‘ noch ‚ja‘ zu sagen.

                              V

---

2 Die Abgesänge (Verse 5–8) der Strophen I und II sind in Fassung C gegenüber den Fassungen B und E vertauscht.

V   Ich bin jemand, der noch niemals auch nur einen halben Tag
        in voller Freude zugebracht hat.
        Was mir an Freuden bislang zufiel,
        davon ist mir nichts geblieben.
    5   Hier kann niemand Freude finden, die nicht
        wie der Glanz strahlender Blumen verfällt.
        Deshalb soll sich mein Herz
        nach Freuden sehnen, die es nicht wirklich gibt.[3]

        Fassung nach Handschrift E

I   Man soll vom Ansehen eines guten Mannes
        gerne hören und darüber sprechen.
        Wer mir etwas anderes anträgt, der ist mir zuwider.
        Das, freilich, kann ich mir nicht gefallen lassen.
    5   Angeber und Lügner, wo immer die sind,
        denen verbiete ich meinen Gesang,
        es geschieht gegen meinen Willen,
        dass sie es derart bei mir ausnutzen.

II   Ich bin froh und glücklich, ohne zu schaden,
        so dass man mir gönnt, gut zu leben:
        In aufrechter Weise bin ich frohen Mutes.
        Was würde in der Welt ein Prahlhals taugen?
    5   Schande über sie, wie sehr haben sie schöne Frauen
        in übles Gerede gebracht!
        Es ist gut, dass ich das bedacht habe!
        Ihr sollt einen großen Bogen um sie machen, gute Frauen.

III   So manch einer bläst Trübsal, dem aber doch Gutes widerfährt.
        Ich hingegen bin immer guten Mutes,
        Herzensfreude kenne ich allerdings nicht.
        Das spielt für mich keine Rolle.
    5   Herzensfreude, wo immer ich ihrer gewahr wurde,
        dort gesellte sich stets auch Herzeleid zu.
        Wenn mich meine Gedanken in Ruhe ließen,
        dann wüsste ich gar nichts von Leid.

                                                              IV

---

3 Die Übersetzung fußt auf dem handschriftlich überlieferten Wortlaut. Die meisten anderen Herausgeber haben ‚verbessert‘ und verstehen den Vers so: ‚nicht nach Freuden sehnen, die es nicht gibt‘.

IV   Wenn ich mit meinen Gedanken umherschweife,
       dann will so manch einer auf mich einreden.
       Dann schweige ich und lasse ihn plappern.
       Was sollte er auch sonst von mir erwarten?
    5 Hätte ich in dieser Situation Augen oder Ohren,
       dann könnte ich das Gesagte verstehen.
       Da ich darüber nun nicht verfüge,
       vermag ich weder ‚nein' noch ‚ja' zu sagen.

Ton 19
(Minne-)Lied in 2 Fassungen

Freude und Leid – Phantasie als Hilfe – Gesellschaftskritik – Stimmungslagen – Frauenpreis

*Strophen dieses Tones liegen in 2 Fassungen vor. (Fassungen können sich grundsätzlich in Anzahl,
Bestand und Reihenfolge der Strophen sowie in variierenden Formulierungen des Textes unterscheiden.
Letzteres betrifft: Wortschatz, Plus-/Minus-Text, Satzbau, hin und wieder Versreihenfolgen.) Die
Übersetzung ist bemüht, diese Textvariationen im Mittelhochdeutschen durch entsprechend variierende
Formulierungen auch im Neuhochdeutschen zu erfassen. Eine philologische Varianzanalyse lässt sich
freilich nur an den mittelhochdeutschen Texten durchführen.*

Fassung auf der Basis von Handschrift C

I   Wer Sorge still und verborgen mit sich schleppt,
der denke an gute Frauen, das wird ihn befreien,
und er soll an helle Tage denken.
Die Gedanken waren stets mein bester Trost
5 angesichts finsterer Zeiten, die mir Kummer bereiten,
allerdings orientiere ich mich an der Heide,
die sich für ihren Kummer schämt,
wenn sie den Wald grün werden sieht, dann wird sie immer rot.[1]

II   Will jemand wieder glücklich sein,
sodass wir nicht mehr in Sorgen leben?
Meine Güte, wie verhalten sich die Jungen,
die vor Freude in der Luft schweben sollten!
5 Ich weiß nicht, wem ich es vorwerfen soll,
außer den reichen Mächtigen und den Jungen, denen gilt mein
      Vorwurf.
Die leben ganz sorgenfrei
und Traurigkeit passt so gar nicht zu ihnen – deshalb stünde Freude
      ihnen gut an.

III

---

1 Der Gedankengang und die Bildlichkeit in den letzten 3 Versen sind nicht leicht zu verstehen
(siehe die im Literaturverzeichnis hier unter 5.5 aufgeführten Stellenkommentare).

III   Hochverehrte Dame, wenn ich an dich denke,
        was du, ohne jeden Makel, an auserlesenen Tugenden in dir trägst,
        halte inne, du rührst mich
        tief im Herzen, wo die Liebe wohnt.
5   ‚Lieb' und ‚lieber', das habe ich nicht im Sinn,
        Du bist für mich das ‚Allerliebste', auf das ich all mein Denken
            richte.
        Du, die du über mich Gewalt hast, stehst für mich an vorderster
            Stelle
        vor der ganzen Welt, was auch immer mir widerfährt.

IV   Wie wunderschön Frau Fortuna[2] doch einkleiden kann,
        mir verleiht sie Qual und Hochstimmung.
        Ganz ähnlich macht sie einen reichen Mann
        missmutig, oh weia, was bringt denen Besitztum?
5   Meine liebe Frau Fortuna, wie sehr hat sie mich vergessen,
        dass sie mir kein Stückchen Besitz zu meiner Stimmung passend
        zurechtgeschnitten hat, die Liebste!
        Meine Qual würde zu ihm, dem Reichen mit seinen Sorgen, besser
            passen.

Fassung auf der Basis von Handschrift U[x]

I   Will jemand wieder glücklich sein,
        sodass wir nicht mehr in Sorgen leben?
        Meine Güte, wie verhalten sich die Jungen,
        die vor Freude in der Luft schweben sollten!
5   Ich weiß nicht, wem ich es sonst vorwerfen soll,
        wenn nicht den reichen Mächtigen und den Jungen, denen gilt mein
            Vorwurf.
        Die leben ganz sorgenfrei,
        deshalb passt Traurigkeit so gar nicht zu ihnen – Freude hingegen
            stünde ihnen gut an.

                                                             II

---

2 Im Original steht *Frô Saelde*, die Allegorie des Glücks (lat. *fortuna*).

II   Wie wunderschön Fortuna doch einkleiden kann,
mir verleiht sie Qual und Hochstimmung.
Ganz ähnlich macht sie einen reichen Mann
missmutig, ach und weh, was nützt dem Besitztum?
5 Frau Fortuna, wie sehr hat sie sich vergessen,
dass sie mir kein Stückchen von seinem Besitz zu meiner Stimmung
    passend
zurechtgeschnitten hat, die Liebste!
Meine Qual würde zu ihm, dem Reichen mit seinen Sorgen, besser
    passen.

III   Hochverehrte Dame, wenn ich an dich denke,
was du, ohne jeden Makel, an auserlesenen Tugenden in dir trägst,
halte inne, du rührst mich
tief <...>[3], wo die Liebe wohnt.
5 ‚Lieb' und ‚lieber', das habe ich nicht im Sinn,
es ist das ‚Allerliebste', auf das ich all mein Denken richte.
Du, die du über mich Gewalt hast, stehst für mich an vorderster
    Stelle
vor jeder anderen Art von Freude, was auch immer mir widerfährt.

IV   Wer Kummer still und verborgen mit sich schleppt,
der denke an gute Frauen, das wird ihn befreien,
und er soll an helle Tage denken.
Die Gedanken waren stets mein bester Trost
5 in finsteren Zeiten, in denen ich Qualen erleide,
allerdings orientiere ich mich an der Heide,
die schämt sich für ihren Kummer,
wenn sie den Wald grün werden sieht, dann wird sie immer rot.[4]

---

3 Im Original Textverlust.

4 Der Gedankengang und die Bildlichkeit in den letzten 3 Versen sind nicht leicht zu verstehen (siehe die im Literaturverzeichnis hier unter 5.5 aufgeführten Stellenkommentare).

Ton 20
Minnelied

Wechselrede Mann-Frau – Ideal des Maßhaltens/der Mäßigung – weibliche und männliche Ideale

I   Ich höre, dass man Euch so viele Tugenden zuspricht,
daher steht Euch mein Dienst stets zur Verfügung.
Wenn ich Euch nicht erblickt hätte,
dann wäre das für mein Ansehen gar nicht gut gewesen.
5 Ich möchte stets mehr und mehr Achtung erfahren
und bitte Euch, Verehrte,
dass Ihr Euch meiner annehmt.
Ich würde gern ein ausgeglichenes Leben führen, wenn ich nur
    wüsste wie,
mein Wille ist gut, aber ich bin noch unerfahren:
10 Nun sollt Ihr mich anleiten, das rechte Maß[1] zu finden.

II   ‚Könnte ich Maß halten, wie ich es aber nicht zu tun vermag,
dann wäre ich für die Welt eine glückliche Frau.
Ihr verhaltet Euch wie ein klug redender Mann,
dass Ihr mich und mein Aussehen so sehr preist.
5 Ich bin viel unbedarfter, als Ihr es seid,
was soll's?
Dennoch werde ich diese Streitfrage beantworten.
Tut zunächst das, worum ich Euch bitte,
und erklärt mir die Haltung der Männer,
10 dann bringe ich Euch die Gewohnheiten der Frauen nahe.'

III

---

1 Im Original ist von der *mâze* die Rede (auch in Strophe II); siehe dazu die Anmerkung zu Ton 10,
Str. VII, V. 15, S. 66. Siehe auch die Bemerkungen zu Übersetzungsproblemen, S. XLII f.

III   Wir wollen, dass Beständigkeit
       zurecht die Krone guter Damen sei.
       Wenn sie mit Anstand fröhlich sein können,
       dann gesellt sich die Lilie ganz wunderbar zur Rose.
    5 Nun merkt auf, wie der Linde
       der Gesang der Vögel ansteht,
       dazu noch Blumen und Klee,
       noch besser steht den Damen ein schöner Gruß an.
       Ihr liebreizend plaudernder Mund
   10 verlangt, dass man ihn küssen muss.

IV   ‚Ich sage Euch, wer uns gut gefällt:
       Der, der Schlechtes und Gutes erkennt
       und stets das Beste über uns sagt,
       dem sind wir zugetan, wenn er es aufrichtig meint.
    5 Wenn er sich froh zeigt, wie es sich gehört,
       und sich maßvoll
       zwischen Unten und Oben bewegt,
       dann kann er bekommen, wonach er verlangt.
       Welche Frau würde ihm einen Faden versagen?
   10 Ein guter Mann hat gute Seide verdient.‘

Ton 21
(Minne-)Lied

Gesellschaftskritik – Künstlerklage – Minnekultur – Liebesreflexionen

I Ich würde stets gut und ohne Zorn leben,
stünden die Lügner nicht in hohem Ansehen.
Das wird ein langer Kampf werden.
Ihre Herzensfreude wird für mein Herz stets Leid bedeuten.
5 Es grämt mich sehr,
dass sie so offen und dreist herumspazieren
und keinen anständigen Menschen unbehelligt lassen.
Unbeständigkeit, Sünde, Schande, Schmach:
Dazu raten sie überall, wo man sie gerne reden hört.
10 Es ist schlimm, dass man sie nicht links liegen lässt!
Das wird vielen Herrinnen noch schaden
und hat bereits viele Herren verdorben.

II Noch immer ertrage ich im Geheimen Missgunst
eines Wortes wegen, dass ich früher ausgesprochen hatte.
Warum sollte ich deswegen zürnen?
Ich werde sagen, was ich früher sagte:
5 Ich sang von der aufrichtigen Liebe,[1]
dass sie ohne Sünde sei.
An die falsche Liebe dachte ich ebenfalls
und mein Verstand riet mir,
dass ich sie ‚Unliebe‘ nennen sollte, was ich auch tat.
10 Nun hassen mich ihre Gefolgsleute.
So helfe Euch Gott, wenn ich vertrieben werde,
ihr Damen, dann haltet an mir fest.

III

---

[1] V. 5–9: Intertextuelle Verweise; siehe Ton 44 und besonders Ton 93.

III   Wenn jemand dadurch weiser wird,
       dass viele Leute seinen Worten lauschen,
       so ist das bei mir nicht ersichtlich.
       Die halbe Welt folgt meinem Rat
    5 und es macht mich fast verrückt,
       dass ich wenig damit anfangen kann.
       Es kann gut und gerne einem anderen Menschen helfen,
       ich aber merke doch sehr, dass es mir schadet,
       und ich will daher die Freunde nun künftig besser auswählen,
   10 solche nämlich, die gute Nachrichten nicht verdrehen.
       Wenn irgendein falscher Schmeichler mit mir reden möchte,
       nein, ich kann's nicht, mir brummt der Schädel.

IV   Meine mich beherrschende Frau ist von Zeit zu Zeit hier,
       sie ist so gut, wie ich es erhoffe.
       Denn ich habe mich von ihr noch nie getrennt.
       Wenn es so ist, dass eine Liebe die andere suchen soll,
    5 dann verliert sie sich sehr häufig
       in Gedanken, wie es bei mir der Fall ist.
       Mein Körper ist hier und dort sind meine Gedanken.
       Die wollen auf keinen Fall von ihr lassen.
       Nun hätte ich gerne, dass sie nur Gutes für sie hegen
   10 und aber auch mich selbst nicht vergessen.
       Was nützt es, wenn ich meine Augen schließe?
       Sie schaut doch durch das Herz hinein.

Ton 22
(Minne-)Lied

Gesellschaftskritik – triste Stimmungen – Kritik an Frauen – Frauenpreis (-diskussion) –
    Aufruf zur Differenzierung

I   Die Herren behaupten, man soll den Damen
      vorwerfen, dass die Welt so aussieht, wie sie aussieht.
      Sie schauen nicht fröhlich hoch wie früher,
      sie ziehen es vor, tief nach unten zu blicken.
   5 Auch habe ich gehört:
      Sie sagen, was ihnen die Freude raubt,
      sie hätten fast ganz die Zuversicht
      auf ein sorgenfreies Leben verloren,
      niemand verhelfe ihnen zu einem Gefühl höfischer Freude.
  10 Wer wird der Richter sein? Hier ist die Klage eingereicht.

II   Meine liebe Gebieterin will auf schändliche Weise
      mit mir Spott treiben, behauptet, ich hätte das Loben eingestellt.
      Sie ist töricht, wenn sie nicht schon völlig verrückt ist,
      denn ich war noch nie so reich an Lobeshymnen:
   5 Würde ich es vor den Wankelmütigen wagen,
      dann lobte ich die, die zu loben wären.
      Darauf spekuliere aber keine von ihnen:
      Ich werde sie niemals alle loben,
      wie sehr es den Schlechten auch missfallen mag,
  10 wenn sie nicht alle gut werden.

III   Ich kenne eine, die es nicht mit Missgunst sieht,
      dass man makellose Frauen lobt.
      Sie ist in jeder Hinsicht so vollkommen,
      dass sie wohlwollend zulässt, wenn andere hervorragende Frauen
        gepriesen werden.
   5 Der hat ihr nicht zu wenig verliehen,
      der sie schön und tugendhaft erschaffen hat.
      Der fügte das Schöne und Tugendhafte fest zusammen,
      wie kunstvoll er das vollenden konnte!
      Der sollte auf immer Bilder gießen,
  10 der dieses Bild gegossen hat.

                                      IV

IV Hohe Damen und Geistliche schwächen sich dadurch,
dass sie sich nicht differenziert betrachten lassen.
Diejenigen, die sich den Schamlosen zugesellen,
die werden auch rasch mit ihnen etwas zu tun haben.
5 <. . . . .
. . . . >[1]
Eine Schande ist es, dass Angehörige zweier so erhabener Stände
sich mit den Schamlosen einlassen!
Ohne Zweifel werden sie zugrunde gehen,
10 es sei denn, sie fangen an, sich dessen zu schämen.

---

1 Im Original fehlt Text.

Ton 23
Minnelied in 4 Fassungen

Schöne Natur, aber schönere Frau – Allegorie des Maßhaltens – Niedere Minne, Hohe
Minne

*Strophen dieses Tones liegen in 4 Fassungen vor. (Fassungen können sich grundsätzlich in Anzahl,
Bestand und Reihenfolge der Strophen sowie in variierenden Formulierungen des Textes unterscheiden.
Letzteres betrifft: Wortschatz, Plus-/Minus-Text, Satzbau, hin und wieder Versreihenfolgen.) Die
Übersetzung ist bemüht, diese Textvariationen im Mittelhochdeutschen durch entsprechend variierende
Formulierungen auch im Neuhochdeutschen zu erfassen. Eine philologische Varianzanalyse lässt sich
freilich nur an den mittelhochdeutschen Texten durchführen.*

Fassung nach Handschrift A

I   Wenn die Blumen aus dem Gras hervorsprießen,
als ob sie die glitzernde Sonne anlachten
an einem frühen Morgen im Mai,
und wenn die kleinen Vöglein herrlich singen
5 in ihrer schönsten Melodie, die sie kennen,
welche Freude kann dem gleichkommen?
Das alles ist ein halbes Himmelreich.
Sollen wir sagen, was sich damit vergleichen ließe,
so gebe ich zum Besten, was oft
10 meinen Augen noch angenehmer war
und auch noch weiterhin wäre, wenn ich es sähe.

II

II Wo eine vornehme, schöne und makellose Dame,
gut gekleidet und auch mit angemessener Kopfbedeckung
sich zum Zeitvertreib unter viele Menschen begibt,
nach höfischer Sitte freudig gestimmt, keineswegs allein,
5 sich hin und wieder vorsichtig umschauend,
so wie die Sonne vor den Sternen steht,
der Mai beschere uns all seine Wunder –
was gibt es dort so Herrliches
wie ihr überaus liebreizendes Wesen?[1]
10 Wir lassen von allen Blumen ab
und starren die edle Frau an.

III Auf, auf, wenn ihr die Wahrheit erkennen wollt,
lasst uns zum Fest des Mais gehen!
Der ist mit all seiner Macht gekommen.
Schaut ihn an und schaut edle Damen an,
5 welches von beiden das andere übertrifft.
Das bessere Teil, das habe ich mir genommen.
Ach, wer mich dort vor die Wahl stellen würde,
dass ich das eine für das andere aufgeben müsste,
ob ich dann die richtige Wahl träfe?
10 Herr Mai, Ihr müsstet der März[2] sein,
bevor ich meine Dame dort aufgäbe.

IV

---

1 Im Original steht *lîp*, also ‚Leib‘, ‚Körper‘. Zuweilen ist in der Tat auch nur der Körper gemeint, viele andere Kontexte aber legen nahe, dass mehr gemeint ist: die ganze Person, das Wesen eines Menschen etc., wobei das Körperliche durchaus immer auch mitzudenken ist.

2 In der Forschung eine kontrovers diskutierte Stelle (siehe die im Literaturverzeichnis hier unter 5.5 aufgeführten Stellenkommentare). Das mittelhochdeutsche Wort *merze* wurde nicht nur als Monatsbezeichnung ‚März‘ aufgefasst (wie hier und insofern die Stelle als Adynaton begriffen), sondern alternativ als afrz. *merci* im Sinne von: ‚Gunst der Geliebten‘ oder als *merze* = ‚Schmuck, Kostbarkeit‘.

IV   Schöpferin aller Werte,
        das seid wahrhaftig Ihr, mächtige Frau Maße.[3]
        Der ist ein glücklicher Mensch, der an Eurer Lehre festhält!
        Der muss sich Euretwegen
5   weder am Hof noch auf der Straße schämen.
        Deshalb suche ich, Verehrte, Euren Rat,
        dass Ihr mich lehrt, mit rechtem Maß zu werben.
        Strebe ich nach unten, strebe ich nach oben[4], ich bin in jedem Fall
           verletzt.
        Ich war unten schon beinahe tot,
10   nun bin ich aber krank auf dem Weg nach oben:
        Die Unmäßigkeit lässt mich in Sorge zurück.

V   Niedere Minne nennt man die, die so sehr schwächt,
        dass der Sinn nach übler Lust strebt.
        Diese Art Minne schmerzt auf verachtenswerte Weise.
        Hohe Minne ist die, die anreizt und dafür sorgt,
5   dass der Sinn sich nach edlen Werten aufschwingt.
        Diese Minne winkt mir jetzt zu, dass ich mit ihr gehen soll.
        Mich wundert, warum die Maße zögert.
        Wenn die Herzeliebe[5] erst einmal da ist, bin ich auf Abwege geführt.
        Meine Augen haben eine Frau erblickt,
10   wie liebevoll auch ihre Worte sind,
        mir kann dennoch durch sie Schaden widerfahren.

---

3 Im Original ist die Rede von *Frôwe Mâze*, eine Allegorie des Maßhaltens, der Mäßigung. Die Übersetzung dieser und ähnlicher Allegorien klingt im Neuhochdeutschen meist etwas sperrig. Siehe dazu auch die Anmerkung zu Ton 10, Str. VII, V. 15, S. 66.

4 Im Original ist formuliert: *wirb ich nider, wirb ich hôhe*. Man betritt hier einen auch forschungsgeschichtlich höchst komplexen Bereich von Walthers Minnesang, in dessen Zentrum die sog. Hohe Minne und Niedere Minne steht, siehe die folgende Strophe. Unter Hoher Minne wird meist eine ethisch gefestigte, gesellschaftlich anerkannte Liebe verstanden, bei der Körperlichkeit keine (explizite) Rolle spielt. Als Niedere Minne (kein ‚Programm' Walthers!) wird ein Liebensverständnis bezeichnet, das mehr oder weniger nur Sexualität zum Inhalt hat. Walther will letztlich beides harmonisieren.

5 Im Original ist von der *herzeliebe* (wörtlich: ‚Herzensfreude') die Rede. Damit will Walther augenscheinlich eine Form von Liebe bezeichnen, die sich durch Werte wie Aufrichtigkeit und Treue auszeichnet, aber Erotik und Sinnlichkeit mit einschließt.

Fassung nach Handschrift B[6]

I   Wenn die Blumen aus dem Gras hervorsprießen,
als ob sie die glitzernde Sonne anlachten
an einem frühen Morgen im Mai,
und wenn die kleinen Vöglein herrlich singen
5 in ihrer schönsten Melodie, die sie kennen,
welche Freude lässt sich damit vergleichen?
Das alles ist ein halbes Himmelreich.
Alle sprechen darüber[7], was sich damit vergleichen ließe,
und so gebe ich zum Besten, was oft
10 meinen Augen noch angenehmer war
und auch noch weiterhin wäre, wenn ich es sähe.

II   Wo eine vornehme, schöne und makellose Dame,
gut gekleidet und mit angemessener Kopfbedeckung
sich zum Zeitvertreib unter viele Menschen begibt,
nach höfischer Sitte freudig gestimmt, keineswegs allein,
5 sich hin und wieder vorsichtig umschauend,
so wie die Sonne vor den Sternen steht,
der Mai beschere uns all seine Wunder –
was gibt es denn dort so Herrliches
wie ihr überaus liebreizendes Wesen?
10 Wir lassen von allen Blumen ab
und starren die edle Frau an.

III   Auf, auf, wenn ihr die Wahrheit erkennen wollt,
dann begeben wir uns zum Fest des ehrwürdigen Mais!
Der ist mit all seiner Freude gekommen.
Schaut ihn an und schaut schöne Damen an,
5 welches von beiden hier das andere übertrifft.
Ob ich wohl das feinere Vergnügen genommen habe?
Oha, wer mich hier vor die Wahl stellen würde,
das eine gäbe ich für das andere auf,
wie schnell würde ich das eine dem anderen vorziehen!
10 Herr Mai, Ihr müsstet der März sein,
bevor ich meine Dame dort aufgäbe.

IV

---

6 Verschiedene Hinweise finden sich zur Fassung nach A, siehe dort.
7 Der originale Wortlaut kann auch so übersetzt werden: ‚Nun sagt alle, …‘.

IV   Schöpferin aller Werte,
das seid wahrhaftig Ihr, mächtige Frau Maße.
Der ist ein glücklicher Mensch, der an Eurer Lehre festhält!
Der muss sich Euretwegen
5   weder am Hof noch auf der Straße schämen.
Deshalb suche ich Euren Rat,
dass Ihr mich lehrt, mit rechtem Maß zu werben.
Strebe ich nach unten, strebe ich nach oben, ich bin in jedem Fall
     verletzt.
Ich war unten schon beinahe tot,
10 nun bin ich aber krank auf dem Weg nach oben:
Unmäßigkeit, Ihr lasst mich niemals ohne Sorge zurück.

V   Niedere Minne nennt man die, die so sehr schwächt,
dass der Leib nach übler Lust strebt.
Diese Lust schmerzt auf verachtenswerte Weise.
Hohe Minne ist die, die dafür sorgt,
5   dass der Sinn sich nach Liebe voller Ehre aufschwingt.
Diese Liebe winkt mir jetzt zu, dass ich mit ihr gehen soll.
Jetzt weiß ich nicht, warum die Maße zögert.
Wenn Herzeliebe einmal da ist, bin ich auf Abwege geführt –
meine Augen haben eine Frau erblickt,
10 wie liebevoll auch ihre Worte sind,
mir kann sehr wohl durch sie Schaden widerfahren.

Fassung nach Handschrift C[8]

I   Wenn die Blumen aus dem Gras hervorsprießen,
als ob sie die glitzernde Sonne anlachten
an einem frühen Morgen im Mai,
und wenn die kleinen Vöglein herrlich singen
5   in ihrer schönsten Melodie, die sie kennen,
welche Freude lässt sich damit vergleichen?
Das alles ist ein halbes Himmelreich.
Alle sprechen jetzt darüber[9], was sich damit vergleichen ließe,
und so gebe ich zum Besten, was oft
10 meinen Augen noch angenehmer war
und auch noch weiterhin wäre, wenn ich es sähe.

II

---

8 Verschiedene Hinweise finden sich zur Fassung nach A, siehe dort.
9 Der originale Wortlaut kann auch so übersetzt werden: ‚Nun sagt alle, …‘.

II Wo eine vornehme, schöne und makellose Dame,
gut gekleidet und auch mit angemessener Kopfbedeckung,
sich zum Zeitvertreib unter viele Menschen begibt,
nach höfischer Sitte freudig gestimmt, keineswegs allein,
5 sich hin und wieder vorsichtig umschauend,
so wie die Sonne vor den Sternen steht,
der Mai beschert uns all seine Wunder –
was gibt es dort so Herrliches
wie ihr überaus liebreizendes Wesen?
10 Wir lassen von allen Blumen ab
und starren die edle Frau an.

III Schöpferin aller Werte,
das seid wahrhaftig Ihr, mächtige Frau Maße.
Der ist ein glücklicher Mensch, der an Eurer Lehre festhält!
Der muss sich Euretwegen
5 weder am Hof noch auf der Straße schämen.
Deshalb suche ich stets Euren Rat,
dass Ihr mich lehrt, mit rechtem Maß zu werben.
Strebe ich nach unten, strebe ich nach oben, ich bin in jedem Fall
    verletzt.
Ich war unten schon beinahe tot,
10 nun bin ich aber krank auf dem Weg nach oben:
Unmäßigkeit, Ihr lasst mich in Sorge zurück.

IV Niedere Minne nennt man die, die so sehr schwächt,
dass der Körper nach übler Lust strebt.
Diese Lust schmerzt auf verachtenswerte Weise.
Hohe Minne ist die, die dafür sorgt,
5 dass der Sinn sich nach Liebe voller Ehre aufschwingt.
Diese Liebe winkt jetzt, dass ich mit ihr gehen soll.
Jetzt weiß ich nicht, warum die Maße zögert.
Wenn Herzeliebe einmal da ist, bin ich auf Abwege geführt.
Fürwahr habe ich eine Frau erblickt,
10 wie liebevoll auch ihre Worte sind,
mir kann sehr wohl durch sie Schaden widerfahren.

V

V Seht, fürwahr, wenn ihr die Wahrheit erkennen wollt,
lasst uns zum Fest des Mais gehen!
Der ist mit all seiner Freude gekommen.
Schaut ihn an und schaut edle Damen an,
5 welches Vergnügen das andere wohl übertrifft.
Das feinere Vergnügen, ob ich mir das genommen habe?
Und wer mich dann vor die Wahl stellen würde,
dass ich das eine für das andere aufgeben müsste —
oh, wie schnell ich dann eine Wahl träfe.
10 Herr Mai, Ihr müsstet der März sein,
bevor ich meine Dame dort aufgäbe.

Fassung nach Handschrift E[10]

I Wenn die Blumen aus dem Gras hervorsprießen,
als ob sie die glitzernde Sonne anlachten
an einem frühen Morgen im Mai,
und wenn die kleinen Vöglein singen
5 in ihrer schönsten Melodie, die sie kennen,
welche Freude lässt sich damit vergleichen?
Das alles ist ein halbes Himmelreich.
Sollen wir sagen, was sich damit vergleichen ließe,
dann spreche ich gerne aus, was
10 meinen Augen noch angenehmer war
und noch weiterhin wäre, wenn ich es sähe.

II Wo eine vornehme, schöne und makellose Dame,
gut gekleidet und mit angemessener Kopfbedeckung,
sich zum Zeitvertreib unter viele Menschen begibt,
nach höfischer Sitte hochgestimmt, keineswegs allein,
5 sich hin und wieder ein wenig umschauend,
so wie die Sonne vor dem Stern steht,
der Mai beschere uns all seine Wunder –
was gibt es dort so Wunderbares
wie ihr überaus liebreizendes Wesen?
10 Wir lassen von allen Blumen ab
und starren die edle Frau an.

III

---

10 Verschiedene Hinweise finden sich zur Fassung nach A, siehe dort.

III Schöpferin aller Werte
     seid wahrhaftig Ihr, mächtige Frau Maße.
     Der ist ein glücklicher Mensch, der an Eurer Lehre festhält!
     Der muss sich Euretwegen
   5 weder zu Hofe noch auf Straßen schämen.
     Deshalb suche ich, Verehrte, auch gerne Euren Rat,
     dass Ihr mich lehrt, mit rechtem Maß zu werben.
     Strebe ich nach oben, strebe ich nach unten, ich bin in jedem Fall
         verletzt.
     Ich war unten schon beinahe tot,
  10 nun bin ich krank auf dem Weg nach oben:
     Unmäßigkeit, bereite mir keine Sorge!

IV   Niedere Minne nennt man die, die schwächt,
     dass der Körper nach übler Lust strebt.
     Diese Art Minne schmerzt auf verachtenswerte Weise.
     Hohe Minne ist die, die dafür sorgt,
   5 dass der Sinn sich nach edlen Werten aufschwingt.
     Diese Minne wünscht von mir, dass ich mit ihr gehen soll.
     Jetzt weiß ich nicht, warum die Maße zögert.
     Wenn die Herzeliebe einmal da ist, bin ich auf Abwege geführt.
     Mein Auge hat eine Frau erblickt,
  10 wie liebevoll auch ihre Worte sind,
     mir kann sehr wohl durch sie Schaden widerfahren.

V   Nun denn, ihr sollt die Wahrheit erkennen,
     lasst uns zum Fest des Mais gehen!
     Der ist mit all seiner Schönheit gekommen.
     Schaut ihn an und schaut schöne Damen an,
   5 welches von beiden da das andere übertreffen mag.
     Das beste Vergnügen, ob ich mir das genommen habe?
     Ach, wer mich da vor die Wahl stellen würde,
     das eine gäbe ich für das andere auf –
     ach, wie rasend schnell ich dann eine Wahl träfe.
  10 Herr Mai, Ihr müsstet der März sein,
     bevor ich meine Dame dort aufgäbe.

Ton 24[1]
Minnegroßstrophe in 2 Fassungen

Liebesklage – Liebesallegorie

Fassung nach Handschrift A (dort dem Dichter Reinmar zugewiesen,
einem Zeitgenossen Walthers)

Ich liebe und begehre eine lange Zeit:
Die Minne denke darüber nach,
wie sie meine Zeit auf angemessene Weise entlohnen könnte.
Also lohne sie auf genau solche Weise, das ist mein Begehren,
5 an mich selbst denke sie sehr wenig,
aber meine Klage soll sie durchaus im Blick haben.
Und sie soll Recht sprechen in solch ungeheuerlicher Sache,
dass eine glückselige Frau
mich ohne meine Schuld ins Verderben stürzt.
10 Ihrem Blick werde ich entzogen:
Wenn sie mir nicht
alle Freude genommen hat, werde ich auch weiterhin nach ihrer
          großen Zuneigung verlangen.
Wäre ein verlässlicher Mann der Rede wert,
dann sollte sie mich
15 bisweilen ansehen – und sie würde dies gerne wollen,
wenn ich genug Anstand wahrnehmen könnte.

---

1 Deutlich mehr als bei vielen anderen Töne gilt hier: Eine Übersetzung ins Neuhochdeutsche kann kaum noch etwas von der sprachlichen, rhetorischen, metrischen und reimtechnischen Virtuosität zu erkennen geben. Die beiden mittelalterlichen Fassungen leben von Schlagreimen, Kreuzreimen, Paarreimen, Wortwitz, Wortspielen, Enjambements, eigenwilliger Syntax. Die Übersetzung kann mehr als sonst nur eine unvollkommene Brücke zum Original sein. Die A-Fassung weist Textverderbnisse im Original auf.

Fassung auf der Basis von Handschrift B (Walther zugewiesen)

Ich liebe sie nun eine lange Zeit:
Würde die Minne doch einmal darüber nachdenken,
wie sie meine Zeit auf angemessene Weise entlohnen könnte!
Nun lohne sie auf genau solche Weise, das ist mein Begehren,
5 an mich selbst denke sie sehr wenig,
aber meine Klage soll sie durchaus im Blick haben.
Und sie soll Recht sprechen in dieser ungeheuerlichen Sache,
dass eine Frau, die sich nicht bindet,
mich ohne meine Schuld ins Verderben stürzt.
10 Ihrem Blick werde ich entzogen:
Wenn sie mir nicht
alle Freude genommen hat, werde ich auch weiterhin nach ihrer
    Zuneigung verlangen.
Wäre ein verlässlicher Mann der Rede wert,
dann sollte sie mich
15 bisweilen ansehen – und sie würde dies auch wollen,
dann könnte ich genug Anstand wahrnehmen.

Ton 25
(Minne-)Lied in 2 Fassungen

Lob der Vergangenheit – Kunstkritik – Kritik an Frauen – Sprachreflexion (*wîp* vs. *frowe*)

Strophen dieses Tones liegen in 2 Fassungen vor. (Fassungen können sich grundsätzlich in Anzahl, Bestand und Reihenfolge der Strophen sowie in variierenden Formulierungen des Textes unterscheiden. Letzteres betrifft: Wortschatz, Plus-/Minus-Text, Satzbau, hin und wieder Versreihenfolgen.) Die Übersetzung ist bemüht, diese Textvariationen im Mittelhochdeutschen durch entsprechend variierende Formulierungen auch im Neuhochdeutschen zu erfassen. Eine philologische Varianzanalyse lässt sich freilich nur an den mittelhochdeutschen Texten durchführen.

Fassung nach Handschrift A

I   Früher, als man noch aufrichtig auf liebevolle Weise um Frauen
       warb,
    da war meine Dichtung voller Freude.
    Nachdem aber die an Freuden reiche Minne so heruntergekommen
       war,
    sang auch ich zum Teil ohne Freude und Liebe.
5   So, wie die Umstände sich dartun,
    so soll man seine Sangeskunst einbringen.
    Wenn es aber mit dem Verfall der Liebeskunst jetzt ein Ende hat,
    werde ich wieder von höfischen Dingen singen.
    Es wird noch der Tag der Freude und des Gesangs zurückkehren:
10 Wohl dem, der darauf warten kann!
    Wer es glauben wollte,
    ich würde sehr gut erkennen, was passt
    und wann und wie man singen sollte.

II

II   Ich sang heute vor den vornehmen Damen nur ihres Grußes[1] wegen.
      Den nahm ich als Lohn für meinen Lobpreis.
      Wo ich auf Entlohnung aber ganz vergebens warten muss,
      da soll ein anderer loben, den sie auf schöne Weise grüßen.
   5 Wo ich
      mit meinem Gesang keinen Gruß erwerben kann,
      dorthin drehe ich, stolzer Mann,
      meinen Nacken oder eine meiner Wangen.
      Das bedeutet: Wie du mir,
  10 so ich dir.
      Ich will meinen Lobpreis
      an Frauen richten, die zu danken verstehen:
      Was nützen mir die Hochnäsigen?

III   Ich sage euch, was uns allen Schaden zufügt:
      Die Frauen scheren uns teilweise alle über einen Kamm,
      wir sind ihnen – ob böse oder gut – gleich lieb.
      Schaut, diese Gleichmacherei raubt uns Freude und Ansehen.
   5 Würden uns die Frauen wie früher auseinanderhalten
      und ließen auch sie sich im Gegenzug unterscheiden,
      das brächte uns stets mehr Nutzen ein,
      den Männern wie den Frauen.
      Was bedeutet ‚schlecht‘, was bedeutet ‚gut‘,
  10 wenn man uns nicht auseinanderhalten will?
      Vornehme Frauen, denkt daran,
      dass auch die Männer zu Einigem im Stande sind:
      Wenn sie euch über einen Kamm scheren, dann werdet ihr nämlich
          beleidigt sein.

                                                              IV

---

1 Der um eine Frau werbende Mann erhofft sich als Zeichen des Wohlwollens oft den *gruoz* der
Dame. Siehe dazu die Anmerkung zu Ton 6, Str. V, V. 7, S. 39.

IV   ‚Frau‘[2] muss und wird immer die edelste Bezeichnung für Frauen
            sein
        und preist besser als ‚Herrin‘, so wie ich es sehe.
        Wo auch immer nun eine ist, die sich ihres Frauseins schämt,
        die möge auf dieses Lied achten und dann eine Wahl treffen.
    5   Unter Herrinnen gibt es Unfrauen,
        unter Frauen sind solche höchst selten.
        Die Bezeichnung ‚Frau‘ und das, was eine Frau ausmacht,
        beides ist makellos.
        Was immer es mit den Herrinnen auf sich haben mag,
    10 so sind all diese Herrinnen immer doch Frauen.
        Ein Lob, das sich auf Äußerlichkeiten bezieht, führt in Verruf
        wie zuweilen ‚Herrin‘:
        ‚Frau‘ hingegen ist ein Lob, das sie alle krönt.

Fassung nach Handschrift C

I   Früher, als man noch aufrichtig auf liebevolle Weise um Frauen
            warb,
        da war auch meine Dichtung voller Freude.
        Nachdem aber die liebenswerte Minne so heruntergekommen war,
        sang auch ich zum Teil ohne Freude und Liebe.
    5   So, wie die Umstände sich dartun,
        so soll man seine Sangeskunst einbringen.
        Wenn es aber mit dem Verfall der Liebeskunst jetzt ein Ende hat,
        werde ich wieder von höfischen Dingen singen.
        Es wird noch der Tag der Freude und des Gesangs zurückkehren:
    10 Wohl dem, der darauf warten kann!
        Wer es mir glauben wollte,
        ich würde sehr gut erkennen, was passt,
        und wann und wie man singen sollte.

                                               II

---

2 In dieser Strophe wägt Walther ab, welches Wort eine Frau am besten bezeichnet: das Wort *wîp*
oder das Wort *frowe*? Während im Mittelhochdeutschen *wîp* neutral ‚(erwachsene) weibliche Person‘,
‚Frau‘, meint, bezeichnet *frowe* eine Frau, die eine höhere soziale Position innehat: die ‚Herrin‘ (mhd.
fro = ‚Herr‘, *-we* = Femininsuffix: ‚Herr-in‘). Siehe auch oben Abschnitt 3 Übersetzungsprobleme und
-strategien, S. XLIII f.

II   Ich sage euch, was uns den größten Schaden zufügt:
Die Frauen scheren uns teilweise alle über einen Kamm,
wir sind ihnen – ob böse oder gut – gleich lieb.
Schaut, diese Gleichmacherei raubt uns Freude und Ansehen.
5 Würden uns die Frauen wie früher auseinanderhalten
und ließen auch sie sich im Gegenzug unterscheiden,
das brächte uns größeren Nutzen ein,
den Männern wie den Frauen.
Was bedeutet ‚schlecht‘, was bedeutet ‚gut‘,
10 seitdem man uns nicht auseinanderhalten will?
Vornehme Frauen, denkt daran,
dass auch sie, die Männer, zu Einigem im Stande sind:
Wenn sie euch über einen Kamm scheren, dann werdet ihr nämlich
    beleidigt sein.

III   ‚Frau‘[3] muss und wird immer die edelste Bezeichnung für Frauen
    sein
und preist besser als ‚Herrin‘, so wie ich es sehe.
Wo auch immer nun eine von denen ist, die sich ihres Frauseins
    schämt,
die möge auf dieses Lied achten und dann auch eine Wahl treffen.
5 Unter Herrinnen gibt es Unfrauen,
unter Frauen sind solche höchst selten.
Die Bezeichnung ‚Frau‘ und das, was eine Frau ausmacht,
beides ist makellos.
Was immer es mit den Herrinnen auf sich haben mag,
10 so sind all diese Herrinnen immer doch Frauen.
Ein Lob, das sich auf Äußerlichkeiten bezieht, führt in Verruf
wie zuweilen ‚Herrin‘:
‚Frau‘ ist eine Bezeichnung, die sie alle krönt.

IV

---

3 Siehe die Erläuterung zu Fassung A.

IV   Zwei Fähigkeiten besitze ich, der ich sonst ein Nichtsnutz bin,
      an denen ich seit meiner Kindheit festhalte.
      Denen, die fröhlich sind, geselle ich mich mit angemessener Freude
         zu,
      und ich lache nur ungerne, wo man in meiner Nähe weint.
5   Der Leute wegen bin ich fröhlich,
      der Leute wegen werde ich sorgenvoll sein.
      Sieht es in meinem Inneren auch anders aus,
      was soll's? Ich werde mir dennoch ihre Gefühle borgen.
      Und wie sie sich fühlen, so werde ich mich verhalten,
10   auf dass sie mir nicht böse werden.
      Manch einem ist gleichgültig,
      was den Mitmenschen Kummer bereitet:
      So einer soll den Leuten zuwider sein.

V   Ich sang früher vor den vornehmen Damen nur ihres Grußes[4]
         wegen.
      Den nahm ich als Lohn für meinen Lobpreis.
      Wo ich auf Entlohnung aber vergebens warten muss,
      da soll ein anderer loben, den sie auf schöne Weise grüßen.
5   Wo ich
      mit meinem Gesang keinen Gruß erdienen kann,
      dorthin kehre ich, stolzer Mann,
      meinen Nacken oder eine meiner Wangen.
      Das bedeutet: Wie du mir,
10   so ich dir.
      Ich will meinen Lobpreis
      an Frauen richten, die zu danken verstehen:
      Was nützen mir die Hochnäsigen?

---

4 Siehe die Erläuterung zu Fassung A.

Ton 26
Minnelied

Frauenpreis – Künstlerklage – Liebeskonzept – Bedeutung von Schönheit – Schein und
Sein – Ermahnung an die Frau (Ton 112 im Anhang nimmt intertextuell Bezug auf
diesen Ton 26)

I　　Herzallerliebste junge Dame,[1]
　　　Gott gewähre dir heute und auf immer Gutes!
　　　Könnte meine Verehrung noch tiefer gehen,
　　　das würde ich mehr als gerne leisten.
　5　Was aber kann ich jetzt noch anderes sagen,
　　　als dass niemand dir mehr gewogen ist? Ach je, gerade das schmerzt
　　　　　mich!

II　　Sie werfen mir vor,
　　　dass mein Gesang unwürdig werde.[2]
　　　Verflucht seien sie, dass sie nicht darüber nachdenken,
　　　was Liebe eigentlich ist!
　5　Die haben nie wirkliche Liebe erfahren,
　　　die mit Blick auf Besitz und Schönheit lieben, meine Güte, was
　　　　　haben die für eine Vorstellung von Liebe?[3]

III　　Zur Schönheit gesellt sich oftmals Missgunst,
　　　zur Schönheit sei es niemandem zu eilig.
　　　Liebe ist für das Herz besser,
　　　der Liebe folgt die Schönheit nach.
　5　Liebe macht Frauen schön,
　　　das vermag die Schönheit nicht zu tun, sie macht eine Person nicht
　　　　　liebenswert.

　　　　　　　　　　　　　　　　　　　　　　　IV

---

1 Im Original steht: *Herzeliebez vrowelîn*. Walther versucht, den ‚belasteten‘ Begriff *vrowe* (siehe oben
Kommentar zu Ton 25 A, Str. IV) über das Diminutivsuffix *-lîn* und kombiniert mit dem Adjektiv
herzeliep neu mit Bedeutung zu füllen. Es geht im Folgenden um die ‚wahre‘ Liebe, frei von Äußerlichkeiten. – Eine intertextuelle Bezugnahme findet sich in Ton 112 (Anhang).

2 Im Original steht, dass der *sanc nider* gewendet werde. Siehe dazu den Kommentar zu Ton 23 A
IV (‚hohe‘ und ‚niedere‘ Minne), S. 131.

3 Im Original wird mit den Wörtern *minne(n)* und *liebe(n)* operiert; ähnlich wie bei der Diskussion um
wip und *frowe* wägt Walther auch ab, welches Wort das Wesen wahrer Liebe am besten bezeichne,
Tendenz: *liebe*; siehe auch die Ausführungen oben, S. XLIV f.

IV   Ich ertrage es, wie ich es ertragen habe
und es immer ertragen werde.
Du bist schön und hast Besitz genug,
was können sie mir da schon von erzählen?
5 Was sie auch sagen, ich bin dir treu ergeben
und schätze deinen gläsernen Ring wie das Gold einer Königin.

V   Wenn du treu und verlässlich bist,
dann bin ich der Deine ohne jede Sorge,
dass du mir absichtlich
jemals Liebesleid zufügen wirst.
5 Wenn du beides nicht bist,
dann wirst du niemals die Meine werden, das täte weh, sollte es
    soweit kommen!

Ton 27
Minnelied in 2 Fassungen

Frauenpreis – Kommunikation – gesellschaftliche Restriktionen – Liebeskonzept

Strophen dieses Tones liegen in 2 Fassungen vor. (Fassungen können sich grundsätzlich in Anzahl, Bestand und Reihenfolge der Strophen sowie in variierenden Formulierungen des Textes unterscheiden. Letzteres betrifft: Wortschatz, Plus-/Minus-Text, Satzbau, hin und wieder Versreihenfolgen.) Die Übersetzung ist bemüht, diese Textvariationen im Mittelhochdeutschen durch entsprechend variierende Formulierungen auch im Neuhochdeutschen zu erfassen. Eine philologische Varianzanalyse lässt sich freilich nur an den mittelhochdeutschen Texten durchführen.

Fassung nach Handschrift C

I   Sollte ich dir gleichgültig sein,
so weiß ich das nicht: Ich liebe dich.
Eines bereitet mir Kummer,
du schaust zu mir herüber und über mich hinweg.
5 Das solltest du unterlassen,
ich werde eine solche Art von Liebe
nicht ohne großen Schaden ertragen können.
Hilf mir tragen, die Last ist für mich zu groß.

II   Sollte das deine Art sein, dich zu schützen,[1]
dass dein Auge mich so selten ansieht?
Wenn du das in guter Absicht tust,
dann mache ich dir deswegen keinen Vorwurf.
5 Dann vermeide es, mir ins Gesicht zu schauen,
das sei dir gestattet,
und blick stattdessen herunter auf meinen Fuß,
wenn du es nicht anders tun kannst: Das soll dann als dein Gruß[2]
gelten.

III

---

1 Im Original steht: *Sol daz sîn dîn huote.* Mit der *huote* (‚Bewachung‘) ist eine gesellschaftliche Instanz gemeint, die über (sexual-)moralische Regeln wacht und dem Liebespaar stets feindlich gesonnen ist (siehe dazu auch die Bemerkungen zu Übersetzungsproblemen, S. XLII).

2 Der um eine Frau werbende Mann erhofft sich als Zeichen des Wohlwollens oft den *gruoz* der Dame. Siehe dazu die Anmerkung zu Ton 6, Str. V, V. 7, S. 39.

III   Selbst wenn ich sie alle anschaue,
die mir mit Recht gut gefallen müssen,
so bist aber nur du die Frau, die mich beherrscht.
Das kann ich sehr wohl ohne Übertreibung sagen.
5 Vornehm und reich
sind viele,
sie zeigen auch Würde und Stolz,
womöglich sind sie besser, du aber bist gut.

IV   Herrin und Gebieterin, du solltest darüber nachdenken,
ob ich für dich in irgendeiner Weise wichtig bin.
Die Liebe[3] nur eines Partners,
die reicht nicht, es muss noch eine zweite hinzukommen.
5 Die Liebe taugt nicht, wenn sie einseitig ist,
sie soll auf Gegenseitigkeit beruhen,
so sehr, dass sie
zwei Herzen und keines mehr durchdringt.

Fassung nach Handschrift E

I   Sollte ich dir gleichgültig sein,
so weiß ich das nicht: Ich liebe dich.
Eines bereitet mir Kummer,
du schaust zu mir herüber und über mich hinweg.
5 Das solltest du unterlassen,
das kann ich nicht aushalten:
große Liebe ohne großen Schaden.
Hilf mir tragen, mir ist zu viel aufgebürdet.

II   Verehrteste, denk darüber nach,
ob ich für dich in irgendeiner Weise wichtig bin.
Die Liebe[4] nur eines Partners,
taugt nicht, es muss noch eine zweite hinzukommen.
5 Die Liebe taugt nicht, wenn sie einseitig ist,
sie soll auf Gegenseitigkeit beruhen,
so sehr, dass sie
zwei Herzen und nicht mehr durchdringt.

III

---

3 Im Original steht *minne*. Siehe auch den Kommentar zu Ton 26, Str. II.
4 Siehe Kommentar zu Fassung C.

III   Sollte das deine Art sein, dich zu schützen[5],
       dass dein Auge das meine so selten ansieht?
       Ob du das für mich in guter Absicht tust,
       weiß ich nicht.
    5 Dann senke vor mir den Kopf,
       das sei dir gestattet,
       und blick herunter auf meinen Fuß,
       wenn du es nicht anders tun kannst: Das soll dann als dein Gruß[6]
         gelten.

IV[7]   Sie alle fangen an,
       die Füße meiner edlen Gebieterin zu betrachten.
       Mitten in dem Getümmel
       schau, Herrin, hin und wieder auch dorthin.
    5 Kümmere dich nicht
       um die Aufpasser:
       die knöpfe ich mir noch vor.
       Erprobe erst dies und dann das.[8]

---

5 Siehe Kommentar zu Fassung C.
6 Siehe Kommentar zu Fassung C.
7 Möglicherweise eine parodistische Strophe, die sekundär entstanden ist.
8 Man kann auch übersetzen: ‚das versuche/erprobe ich erst so und dann so'.

Ton 28
Minnelied (Das ‚Mailied')

Verherrlichung des Mais – Liebesklage – Bitte an die Frau

I   Seht ihr, welche Wunder
der Mai mit sich führt?
Schaut Prediger und Laien an,
wie alles in Bewegung kommt.
5 Groß ist seine Macht.
Ich weiß nicht, ob er zu zaubern versteht:
Wo er sich in seiner Herrlichkeit hinbegibt,
dort ist niemand alt.

II   Uns wird es schnell gut ergehen:
Wir werden fröhlich sein, tanzen, lachen und singen –
aber ohne grobschlächtiges Gehabe.
Ja, wer könnte denn da traurig sein?
5 Jetzt, da die Vöglein so schön
in ihren betörendsten Weisen singen,
sollten auch wir es tun!

III   Gepriesen seist du, Mai, wie du
alles ohne Streit herrichtest!
Wie schön du die Blumen einkleidest
und noch prächtiger die Heide!
5 Die ist noch viel bunter.
‚Du bist kürzer!' – ‚Ich bin länger!'
so wetteifern auf dem Feld
Blumen und Klee.

IV   Roter Mund, wie übel verziehst du dich!
Unterlass dein Lachen!
Schäme dich, dass du mich
zu meinem Schaden auslachst.
5 Ist das Recht getan?
Verflucht sei die verlorene Zeit,
wenn aus einem liebreizenden Mund
solche Lieblosigkeit kommt!

V

V   Was mir, meine Dame, Freuden raubt,
       das seid Ihr und Eure Erscheinung.[1]
       Ihr bringt mich stets in Verwirrung,
       gnadenlose Frau!
5   Woher kommt diese Gesinnung?
       Ihr versteht doch, großes Glück zu verleihen:
       Wenn Ihr mir nichts davon gebt,
       dann seid Ihr nicht gut.

VI   Ihr, die Ihr mich beherrscht, befreit mich von Kummer,
       macht mir die Zeit angenehm!
       Oder aber ich werde kaum Freude erfahren.
       Seid glücklich und gebt vom Glück zurück!
5   Nun schaut Euch doch einmal um!
       Die ganze Welt ist voller Freude.
       Könnte mir denn nicht ein ganz kleines
       Freudelein widerfahren?

---

1 Im Original steht: *daz ist iuwer lîp* (‚das ist Euer Leib‘). Siehe Kommentar zu Ton 23 A II, S. 130.

Ton 29
Minnelied in 2 Fassungen

Liebesklage – Anklage der Frau – Vorwürfe – Drohung des Mannes

Strophen dieses Tones liegen in 2 Fassungen vor. (Fassungen können sich grundsätzlich in Anzahl, Bestand und Reihenfolge der Strophen sowie in variierenden Formulierungen des Textes unterscheiden. Letzteres betrifft: Wortschatz, Plus-/Minus-Text, Satzbau, hin und wieder Versreihenfolgen.) Die Übersetzung ist bemüht, diese Textvariationen im Mittelhochdeutschen durch entsprechend variierende Formulierungen auch im Neuhochdeutschen zu erfassen. Eine philologische Varianzanalyse lässt sich freilich nur an den mittelhochdeutschen Texten durchführen.

Fassung nach Handschrift C

I   Die Frau, die ich verehre und die mich beherrscht – sie ist eine
       grausame Frau,
    denn sie misshandelt mich maßlos und hart.
    Nun hatte ich mich aber doch frisch und jung
    in ihren Dienst gestellt und dazu mit Stolz und guter Gesinnung.
5   Ach ja, da war es mir noch gut ergangen,
    wie sehr liegt das alles nun am Boden!
    Was habe ich erhalten?
    Nichts anderes als Qualen, die ich erdulde.

II   Niemals habe ich ein schöneres Haupt gesehen,
    jedoch konnte ich kein einziges Mal in ihr Herz schauen.
    Gerade deswegen bin ich der Betrogene,
    das ist mir wirklich und wahrhaftig widerfahren.
5   Hätte ich ihr alle Sterne,
    den Mond und die Sonne
    schenken können,
    so würde ihr das – bei meinem Leben! – gehören.

III

III   Oh, meine glücklichen Tage –
wie viele habe ich davon für sie vergeudet,
das wird immer die Klage meines Herzens sein,
wenn die Liebe[1] für mich ein solches Ende nimmt.
5 Erleide ich Not und Mühsal,
das würde ich kaum beklagen.
Allein meine Zeit,
wenn ich die wirklich verloren habe, das wird mich quälen.

IV   Solch ein Verhalten sah ich noch nie,
dass sie ihre besten Freunde übel behandelt.
Wer ihr aber wie ein Feind begegnet, mit dem will sie
herumtuscheln; so etwas hat noch nie ein gutes Ende genommen.
5 Ich weiß sehr gut, wie sowas ausgeht:
Vom Feind und Freund getrennt
wird sie allein dastehen,
wenn sie mich und jene falsch behandelt.

V   Meine verehrte Dame darf sich nicht darüber ärgern,
dass ich fortreite und in fremden Ländern
nach Frauen frage, die ehrenhaft
leben – ich kenne viele –
5 und die darüber hinaus auch noch schön sind.
Von denen gibt es aber keine,
sei sie groß, sei sie klein,
deren Ablehnung mir jemals Schmerz bereiten würde.

Fassung nach Handschrift E

I   Die Frau, die ich verehre und die mich beherrscht – sie ist eine
      unglückselige Frau,
denn sie behandelt mich derart bösartig.
Fürwahr hatte ich mich aber doch frisch und jung
in ihren Dienst gestellt und dazu mit Stolz und guter Gesinnung.[2]
5 Ach ja, da war es mir noch gut ergangen,
wie sehr liegt das alles nun am Boden!
Was habe ich erhalten?
Nichts anderes als Qualen, die ich erdulde.

II

---

1 Im Original steht *liebe* (Grundbedeutung: ‚Freude'); siehe Kommentar zu Ton 26, Str. II, S. 144.
2 Im Original fragmentierter Text.

II   Oh, meine glücklichen Tage –
wie viele habe ich davon für sie vergeudet,
das wird immer die Klage meines Herzens sein,
wenn die fröhlichen Tage ein solches Ende nehmen.
5 Not und Mühsal,
das beklage ich kaum.
Allein meine Zeit,
wenn ich die wirklich verloren habe, das wird mich quälen.

III   Niemals habe ich ein schöneres Haupt gesehen,
jedoch konnte ich nicht in ihr Herz schauen.
Denn das weiß ich sehr wohl: Wenn ich betrogen wurde,
dann ist mir das auch wirklich und wahrhaftig geschehen.
5 Hätte ich ihr alle Sterne,
den Mond und die Sonne
schenken können,
so würde ihr das – bei meinem Leben! – auf immer gehören.

IV   Sie hat mir so manchen Tag bestimmt
und mich um ein schönes Leben gebracht.
Da ich sie jetzt nicht mehr ertragen kann,
will ich ihr auch † *eine* † geben:[3]
5 Erweist sie mir Zuneigung,
dann werde ich ihr mit Verehrung dienen,
wenn ich mich aber
gänzlich von ihr trennen muss, dann werde ich woanders tanzen.

V[4]   Manch einer klagt, seine Herrin sage „nein",
ich hingegen klage, dass meine „ja" sagt.
Sie beherrscht nur ein einziges Wort,
das höre ich anderswo kaum.
5 Ich weiß nicht, ob sie sich über mich lustig macht,
niemals verweigert sie sich mir,
stets erhalte ich nichts als feste Versprechungen.
„Gerne" und „ja", verflucht sei das.

---

3 Wahrscheinlich liegt in der Handschrift mit dem Wort *eine* ein Fehler vor, der hier nicht verbessert wird. Viele Herausgeber haben dies allerdings getan, z. B. zu: *ouch ein ende geben* = ‚die Beziehung beenden' u. ä.

4 Eine parodistische Strophe, womöglich sekundär entstanden.

Ton 30
Minnelied in 3 Fassungen

Frauenpreis – Schönheitsbeschreibung – Koketterien

Strophen dieses Tones liegen in 3 Fassungen vor. (Fassungen können sich grundsätzlich in Anzahl, Bestand und Reihenfolge der Strophen sowie in variierenden Formulierungen des Textes unterscheiden. Letzteres betrifft: Wortschatz, Plus-/Minus-Text, Satzbau, hin und wieder Versreihenfolgen.) Die Übersetzung ist bemüht, diese Textvariationen im Mittelhochdeutschen durch entsprechend variierende Formulierungen auch im Neuhochdeutschen zu erfassen. Eine philologische Varianzanalyse lässt sich freilich nur an den mittelhochdeutschen Texten durchführen.

Fassung auf der Basis von Handschrift D

I Herrliche, schöne Frau,
  möge mir doch irgendwann ihr Dankeschön zuteilwerden!
  Ihre liebreizende Erscheinung[1]
  ist erhabenes Thema meines hohen Sangs.
5 Gerne diene ich ihnen allen,
  doch habe ich mir eine, diese nämlich, auserwählt.
  Jemand anders kennt die Seine gut,
  die mag er ganz ohne meine Missgunst loben;
  er möge Musik und Worte
10 mit mir teilen: Wenn ich hier lobe, dann soll er dort loben.

II Ihr Haupt, das ist so voller Freude,
  als ob es mein Himmel sein wollte.
  Womit sollte man es auch sonst vergleichen?
  Es hat wahrhaftig himmlischen Glanz.
5 Zwei Sterne leuchten dort herab,
  könnte ich mich darin spiegeln
  – oh, käme sie mir damit doch so nahe! –,
  dann wird dort ein Wunder geschehen:
  Ich werde wieder jung, wenn sie das tut,
10 und mir Sehnsuchtskrankem wird es besser gehen.

III

---

1 Im Original steht *lîp*. Siehe Kommentar zu Ton 23 A II und oben Abschnitt 3 Übersetzungsprobleme und -strategien, S. XLV f.

III   Gott hat auf ihre zarten Wangen große Sorgfalt gelegt,
       er trug so kostbare Farbe auf,
       ganz reines Rot, ganz reines Weiß,
       ganz rosenrot, ganz lilienfarben.
   5 Wenn ich es zu sagen wagte – eigentlich ist es eine Sünde –,
       so betrachtete ich sie stets lieber
       als den Himmel oder das Sternbild des Großen Bären.
       Halt! Was preise ich da, ich törichter Mann?
       Allzu rasch mache ich sie mir viel zu erhaben,
  10 dann wird mein eigenes Lob zum Schmerz meines sehnsüchtigen
         Herzens.

IV   Sie hat ein Kissen, sie hat ein Küssen[2], das ist rot,
       würde ich das für meinen Mund gewinnen,
       dann wäre ich frei von Sehnsuchtsqual
       und auch für alle Zeiten geheilt.
   5 Wenn sie das an ihre zarte Wange legt,
       ja, dort wäre ich gerne nahebei.
       Das schmeckt und riecht, wenn sie es bewegt,
       als ob es voll mit Balsam wäre.
       Das soll die Gute mir leihen:
  10 so oft sie es wieder zurückhaben möchte, werde ich es ihr geben.

V   Ihre Arme, ihre Hände, jeder ihrer Füße,
       die könnten schöner nicht sein.
       Wenn ich preisen soll, was sich dazwischen befindet,
       so glaube ich durchaus, noch mehr gesehen zu haben.
   5 Ich hätte ungerne ,Bedecke die Blöße!‘[3]
       gerufen, als ich sie sah.
       Sie sah mich nicht, als sie mich anschoss;
       das schmerzt mich immer noch so, wie es damals schmerzte.
       Ehedem erfreute ich mich der Zeit und des Ortes,
  10 wo die makellose Süße aus einem Bad heraustrat.[4]

---

2 Im Original lautet der erste Vers *Si hât ein küssen, daz ist rôt.* Im Mittelhochdeutschen kann *küssen* für ,das Küssen‘ und ,das Kissen‘ stehen (Lautvarianz erst im Neuhochdeutschen); die Strophe lebt von dieser Homonymie und dem dadurch möglichen Wortspiel.

3 In der Forschung teilweise anders verstanden (bei anderer Interpunktion; siehe die im Literaturverzeichnis hier unter 5.5 aufgeführten Stellenkommentare).

4 Das Vor-Bild für diese Szene dürfte auf alttestamentarische, insgesamt verstörende Schilderungen zurückgehen: Bathseba im Bad (Das zweite Buch Samuel 11,1 ff.) bzw. Susanna im Bad (Das Buch Daniel 13,1 ff.).

Fassung nach Handschrift A

I Diese herrliche, schöne Frau,
   möge mir doch irgendwann ihr Dankeschön zuteilwerden!
   Ihre liebreizende Erscheinung[5]
   ist erhabenes Thema meines hohen Sangs.
5 Gerne diene ich ihnen allen,
   doch habe ich mir diese auserwählt.
   Jemand anders kennt die Seinen gut,
   die mag er ohne meine Missgunst loben;
   er möge Musik und Worte
10 mit mir teilen: Wenn ich hier lobe, dann soll er dort loben.

II Gott hat auf ihre zarten Wangen große Sorgfalt gelegt,
   er trug so kostbare Farbe auf,
   ganz reines Rot, ganz reines Weiß,
   hier rosenrot, dort lilienfarben.
5 Wenn ich es zu sagen wagte – eigentlich ist es eine Sünde –,
   so betrachtete ich sie stets lieber
   als den Himmel oder das Sternbild des Großen Bären.
   Halt! Was preise ich da, ich törichter Mann?
   Mache ich sie mir allzu erhaben,
10 wird sehr schnell das Lob aus meinem Mund zum Schmerz meines
     Herzens.

III Sie hat ein Kissen, sie hat ein Küssen[6], das ist rot,
   bekäme ich das für meinen Mund,
   dann würde ich aus dieser Qual herauskommen
   und wäre auch für alle Zeiten geheilt.
5 Wem sie das an ihre zarte Wange legt,
   der ist da gerne ganz nahe bei.
   Es schmeckt und riecht, wenn man es bewegt,
   als ob es nichts als Balsam wäre.
   Das soll sie mir leihen:
10 so oft sie es wieder zurückhaben möchte, werde ich es ihr geben.

IV

---

5 Im Original steht *lip*. Siehe Kommentar zu Ton 23 A II.
6 Siehe Kommentar zur Fassung nach D.

IV   Ihre Kehle, ihre Hand, jeder Fuß,
das alles könnte schöner nicht sein.
Wenn ich preisen soll, was sich dazwischen befindet,
so glaube ich durchaus, noch mehr bestaunt zu haben.
5 Ich hätte ungerne ‚Bedecke die Blöße!‘[7]
gerufen, als ich sie nackt sah.
Sie sah mich nicht, als sie mich anschoss;
das schmerzt immer noch so, wie es damals schmerzte.
Ich preise den herrlichen Ort,
10 wo die Liebreizende aus einem Bad heraustrat.[8]

V   Ihr Haupt ist so voller Freude,
als ob es mein Himmel sein wollte.
Womit sollte man es auch sonst vergleichen?
Es hat wahrlich himmlischen Glanz.
5 Zwei Sterne leuchten dort herab,
darin wünsche ich mich zu spiegeln
– oh, käme sie mir damit doch so nahe! –,
dann könnte in der Tat ein Wunder geschehen:
Ich werde wieder jung, wenn sie das tut,
10 und mir Sehnsuchtskrankem wird es besser gehen.

Fassung nach Handschrift C

I   Diese herrliche, schöne Frau,
möge mir doch irgendwann ein Dankeschön zuteilwerden!
Ihre liebreizende Erscheinung[9]
ist vornehmes Thema meines erhabenen Sangs.
5 Gerne diene ich allen,
doch habe ich mir diese auserwählt.
Jemand anders kennt die Seinen gut,
die mag er ohne meine Missgunst loben;
er möge Musik und Worte
10 mit mir teilen: Wenn ich hier lobe, dann soll er dort loben.

II

---

7 Siehe Kommentar zur Fassung nach D.
8 Siehe Kommentar zur Fassung nach D.
9 Siehe Kommentar zur Fassung nach D.

II   Ihr Haupt ist so voller Freude,
als ob es mein Himmel sein wollte.
Womit könnte man es auch sonst vergleichen?
Es hat wahrhaftig himmlischen Glanz.
5 Zwei Sterne leuchten dort herab,
darin wünsche ich mich zu spiegeln
– oh, käme sie mir damit doch so nahe! –,
dann wird in der Tat ein Wunder geschehen:
Ich werde wieder jung, wenn sie das tut,
10 und mir Sehnsuchtskrankem wird es besser gehen.

III   Ihre Kehle, ihre Hände, jeder Fuß,
das alles könnte schöner nicht sein.
Wenn ich preisen soll, was sich dazwischen befindet,
glaube ich durchaus, noch mehr bestaunt zu haben.
5 Ich hätte ungerne ,Bedecke die Blöße!'[10]
gerufen, als ich sie nackt sah.
Sie sah mich nicht, obwohl sie mich anschoss;
das schmerzt mich immer noch so, wie es schmerzte,
wenn ich an den herrlichen Ort
10 denke, wo sie aus einem lauteren und reinen Bad heraustrat.[11]

IV   Gott hat auf ihre zarten Wangen große Sorgfalt gelegt,
er trug so kostbare Farbe auf,
ganz reines Rot, ganz reines Weiß,
dort rosenrot, dort lilienfarben.
5 Wenn ich es zu sagen wagte – eigentlich ist es eine Sünde –,
würde ich sie stets lieber betrachten
als den Himmel oder das Sternbild des Großen Bären.
Halt! Was preise ich da, ich törichter Mann?
Mache ich sie mir allzu erhaben,
10 wird sehr schnell das Lob aus meinem Herzen zum Schmerz meines
     Herzens.

V

---

10 Siehe Kommentar zur Fassung nach D.
11 Siehe Kommentar zur Fassung nach D.

V   Sie hat ein Kissen, sie hat ein Küssen[12], das ist rot,
        erhielte ich das für meinen Mund,
        dann würde ich aus dieser Qual herauskommen
        und wäre auch für alle Zeiten geheilt.
    5   Wo immer auch sie das an ihre zarte Wange legt,
        ja, dort wäre ich gerne nahebei.
        Es schmeckt und riecht, wenn man es bewegt,
        als ob es voll mit Balsam wäre.
        Das soll sie mir leihen:
   10   sooft sie es wieder zurückhaben möchte, werde ich es ihr geben.

---

12 Siehe Kommentar zur Fassung nach D.

Brünner Fragment

Übersetzung der Transkription des Brünner Fragments (linke Spalte) mit denkbaren Ergänzungen des Textes nach N (rechte Spalte) wie vorgeschlagen von Freimut Löser, 2010 (siehe dazu den Editionsband).

Eine Hof Melodie

An Tugenden beständig	[ist eine gute Frau ??]
würde mir von ihr ein	[Dankeschön zuteil dann setze ich ??]
ihr stolzes Wesen	[auf würdevolle Weise in meinen hohen]
Sang gerne werde ich ihnen allen	[dienen doch habe ich diese]
mir auserwählt. ein anderer	[kennt die Seinen gut die möge]
er mit aller Kraft ohne meine	[er mag Melodie und]
Missgunst loben	
die Worte mit mir	[teilen wenn ich hier lobe]
soll er die Seinen dort loben	
Ihr Haupt das ist	[freudenreich als ob es mein Himmel]
sein will. womit könnte es	[sonst verglichen werden Es hat wahrlich und wahrhaftig himmlischen Glanz dort leuchten]
zwei Sterne herab darin	[möchte ich mich noch spiegeln]
wenn sie mir die so nahe	[bringt dann wird ein]
Wunder geschehen ich	[werde jung wenn]
sie das tut wird meine	[Sehnsuchtsqual]
beendet sein.	

Sie trägt ein Ki(ü)ssen das [ist rot und bekäme]
ich das an meinen Mund [dann wäre ich befreit von]
Sehnsuchtsqual ich würde auch [für alle Zeiten geheilt]
wenn es die Liebe aus freien Stücken [wendet da wäre ich gerne
    nahebei Es hei?]

lt den Schmerz meines Herzens [und schmeckt/riecht als ob es
    Balsam wäre Sie gab es??]

mir zwei Mal so oft [sie es wieder zurück bekommen
    möchte so]

oft würde ich es ihr geben.

Gott erschuf ihre [Wangen mit hoher Sorgfalt]
er trug so kostbare [Farbe auf ganz reines Rot]
ganz reines Weiß hier rosenrot [dort lilienfarben]
wagte ich es vor den [Menschen zu sagen dann würde
    ich]

sie stets lieber ansehen als den [oder als das Sternbild
Himmel   des Großen Bären]
oh weh was rede ich dummer [Mann sehr rasch gestalte ich sie
    mir zu]

vornehm darunter leide ich durch sie [?]
sehr

Ihr Kinn, ihre Kehle, ihre Hand [ihr Fuß das alles könnte]
nicht schöner sein was [ich dazwischen loben]
muss so glaube ich dass ich durchaus [noch mehr beobachtet habe Ich]
hätte ungerne bedecke die Blöße [gerufen als ich sie]
nackt sah Ihr Pfeil [der fand sein Ziel als sie mich
    anschoss Wie sehr]

brach sie in mein Herz ein wenn ich [an den Ort denke]
wo die Liebe aus einem [Bade trat]

Ton 31
(Minne-)Lied in 2 Fassungen

Fehlende Freunde – Lebensklage – Liebesklage – Bitten an Frau Minne um Hilfe bei
Werbung – Vorwürfe an Frau Minne – Preisung von Frau Minne – Vorwürfe an
Frau Fortuna

*Strophen dieses Tones liegen in 2 Fassungen vor. (Fassungen können sich grundsätzlich in Anzahl,
Bestand und Reihenfolge der Strophen sowie in variierenden Formulierungen des Textes unterscheiden.
Letzteres betrifft: Wortschatz, Plus-/Minus-Text, Satzbau, hin und wieder Versreihenfolgen.) Die
Übersetzung ist bemüht, diese Textvariationen im Mittelhochdeutschen durch entsprechend variierende
Formulierungen auch im Neuhochdeutschen zu erfassen. Eine philologische Varianzanalyse lässt sich
freilich nur an den mittelhochdeutschen Texten durchführen.*

Fassung nach Handschrift A

I   Ich, ein Mensch, dem niemand Freude schenkt,
warum mache ich so manchen glücklich,
der es mir nicht dankt?
Oh weh, warum verhalten sich die Freunde so?
5 Ja, Freunde! Was rede ich da von Freunden!
Hätte ich einen, der würde meine Klage hören.
Ich habe aber eben keinen Freund und so habe ich auch keine
    Unterstützung.
Nun behandle mich, wie immer du willst, liebe Minne,
wo es doch sonst niemand gut mit mir meint.

II   Allerliebste Minne! Ich habe
durch dich meinen Verstand verloren.
Du willst mit aller Gewalt
in mein Herz hineingehen und es auch wieder verlassen.
5 Wie könnte ich ohne Verstand wieder gesund werden?
Du wohnst dort, wo er hingehört, dort sollst du auch sein.
Du schickst ihn fort, du weißt sehr gut wohin.
Dort richtet er zu meinem Leidwesen nichts aus, liebe, machtvolle
    Frau Minne.
Ihr solltet selbst dorthin!

III

III   Gnade, mächtige Minne! Ich werde
        dir für diesen Botendienst
        ganz zu Willen sein.
        Verhalte dich mir gegenüber aufrichtig.
5   Ihr Herz ist voller aufrechter Freude,
        schön geschmückt in strahlender Reinheit.
        Wenn du dort Zugang erzwingst,
        dann lass mich hinein, damit wir gemeinsam mit ihr sprechen.
        Ich war gescheitert, als ich allein darum bat.

IV   Gnadenreiche Minne, lass ab!
        Oh weh, warum tust du mir so weh?
        Du übst hier Gewalt, nun übe auch dort Gewalt
        und schau, wo es dir Widerstand leisten kann.
5   Nun will ich sehen, ob du noch zu irgendetwas taugst.
        Du darfst nicht behaupten, dass du nicht in ihr Herz hineinkommst![1]
        Es gab nie auch nur ein einziges Schloss,
        das dir irgendwie Widerstand leisten könnte, du Meisterin der Diebe.
        Mach auf! Sie benimmt sich allzu dreist gegen dich!

V   Frau Fortuna[2] teilt um sich herum aus
        und kehrt mir den Rücken zu.
        Jetzt will sie kein Erbarmen mit mir haben,
        was meint ihr, was soll ich jetzt tun?
5   Sie wendet sich mir nicht gerne zu.
        Auch wenn ich im Kreis laufe, so stehe ich doch immer hinter ihr:
        Sie will mich nicht ansehen.
        Ich wünschte, dass sich ihre Augen an ihrem Nacken befänden:
        dann würde das auch gegen ihren Willen geschehen.

VI   Wer verlieh dir, Minne, die Macht,
        sodass du so mächtig bist?
        Du hast Gewalt über Jung und Alt,
        dagegen vermag niemand etwas auszurichten.
5   Jetzt, da deine Fesseln
        mich gefangen nehmen werden, preise ich Gott,
        dass ich wahrhaftig erkannt habe,
        wo man Dienst in Würde leistet.
        Davon komme ich niemals los, Gnade, Herrin und Königin!
10   Lass mich mein Leben für dich leben!

---

1 Streng genommen ist der zweite Halbvers in A nicht verneint. Allerdings hat man Anlass, den
handschriftlichen Wortlaut *herzen mügest* wohl als *herz enmügest* zu deuten; die Handschriften E und F
(die hier nicht als eigene Fassungen erscheinen) negieren eindeutig. Siehe aber die C-Fassung.
2 Im Original steht *Vrô Saelde*, die Allegorie des Glücks (lat. *fortuna*).

Text der V. Strophe nach Handschrift B

V′   Fortuna teilt um mich herum aus
     und kehrt mir den Rücken zu.
     So kann sie kein Erbarmen haben,
     nun ratet, Freunde, was ich dagegen unternehmen soll.
   5 Sie wendet sich mir nicht gerne zu.
     Auch wenn ich im Kreis laufe, so stehe ich doch immer hinter ihr:
     Sie denkt nicht daran, mich anzusehen.
     Ich wünschte, dass sich ihr Auge an ihrem zarten Nacken befände:
     dann würde das auch gegen ihren Willen geschehen.

Fassung nach Handschrift C

I   Allerliebste Minne, lass ab!
     Warum tust du mir so weh?
     Du übst hier Gewalt, nun übe auch dort Gewalt,
     erprobe, wer dir Widerstand leisten kann.
   5 Nun zeig einmal, ob du zu irgendetwas taugst.
     Du darfst nicht behaupten, dass du in ihr Herz hineinkommst![3]
     Es gab nie auch nur ein einziges Schloss,
     das dir standhalten könnte, du Meisterin der Liebe.
     Schließ auf! Sie benimmt sich allzu dreist gegen dich!

II   Allerliebste Minne! Ich habe
     durch dich meinen Verstand verloren.
     Du willst mit aller Gewalt
     in mein Herz hineingehen und es auch wieder verlassen.
   5 Wie soll ich ohne Verstand wieder gesund werden?
     Du wohnst stets dort, wo er sein sollte.
     Du schickst ihn fort, du weißt sehr gut wohin.
     Dort richtet er zu meinem Leidwesen allein nichts aus.
     Oh wirklich, du solltet dich selbst dorthin begeben!

III

---

3 Der Text in C scheint nicht korrekt zu sein, da das Verb ‚hineinkommen' nicht verneint ist. Nicht auszuschließen ist aber, dass hier in der C-Fassung eine Portion deftiger Ironie steckt (‚erzähl mir bloß nicht, dass du in ihr Herz schauen kannst!').

III   Allerliebste Minne! Ich werde
dir für diesen Botendienst
noch ganz zu Willen sein.
Verhalte dich mir gegenüber aufrichtig.
5 Edle Tugenden prägen Deine Erscheinung,
die sich in strahlender Reinheit darbietet.
Wenn du sie in deine Gewalt gebracht hast,
dann lass mich hinein, damit wir gemeinsam mit ihr sprechen.
Ich war gescheitert, als ich sie allein darum bat.

IV   Frau Fortuna teilt um sich herum aus,
sie kehrt mir den Rücken zu.
So kann sie kein Erbarmen haben,
ich weiß nicht, was ich dagegen unternehmen soll.
5 Sie wendet sich mir nicht gerne zu.
Auch wenn ich mich umdrehe, so stehe ich doch immer hinter ihr:
Sie denkt nicht daran, mich anzusehen.
Ich wünschte, dass sich ihr Auge an ihrem zarten Nacken befände:
dann würde das auch gegen ihren Willen geschehen.

V   Wer verlieh dir, Minne, die Macht,
dass du trotz allem so mächtig bist?
Du hast Gewalt über Jung und Alt,
dagegen vermag niemand etwas auszurichten.
5 Jetzt, da deine Fesseln
mich gefangen nehmen werden, preise ich Gott,
dass ich wahrhaftig erkannt habe,
wo man Dienst in Würde leistet.
Davon komme ich niemals los, Gnade, Herrin und Königin!
10 Lass mein Leben für dich zur Freude werden!

VI   Ich, ein Mensch, dem niemand Freude schenkt,
warum mache ich so manchen glücklich,
der es mir nicht dankt?
Oh weh, warum verhalten sich die Freunde so?
5 Ja, Freund! Was rede ich da von Freund!
Hätte ich einen, der würde meine Klage hören.
Ich habe aber eben keinen Freund und so habe ich auch keine
    Unterstützung.
Nun behandle mich, wie immer du willst, liebliche Minne,
wo es doch sonst niemand gut mit mir meint.

Ton 32
(Minne-)Lied in 3 Fassungen

Preisung deutscher Männer, deutscher Frauen, des Deutschen Landes und deutscher
Lebensart – nur in einer Fassung auch eine Minne-Strophe

*Strophen dieses Tones liegen in 3 Fassungen vor. (Fassungen können sich grundsätzlich in Anzahl,
Bestand und Reihenfolge der Strophen sowie in variierenden Formulierungen des Textes unterscheiden.
Letzteres betrifft: Wortschatz, Plus-/Minus-Text, Satzbau, hin und wieder Versreihenfolgen.) Die
Übersetzung ist bemüht, diese Textvariationen im Mittelhochdeutschen durch entsprechend variierende
Formulierungen auch im Neuhochdeutschen zu erfassen. Eine philologische Varianzanalyse lässt sich
freilich nur an den mittelhochdeutschen Texten durchführen.*

Fassung nach Handschrift A

I   Heißt mich willkommen:
    Ich bin es, der euch Neuigkeiten bringt.
    Alles, was ihr bisher gehört habt,
    das ist null und nichtig, fragt mich jetzt.
  5 Dafür will ich aber Bezahlung,
    fällt mein Lohn gut aus,
    dann werde ich sehr wohl etwas sagen, das euch schmeichelt.
    Schauen wir mal, welche Wertschätzung man mir entgegenbringt.

II   Ich werde vornehmen deutschen Frauen
    eine solche Nachricht bringen, dass sie umso mehr
    der ganzen Welt gefallen werden,
    das tue ich ohne Wunsch nach viel Entlohnung.
  5 Was für einen Lohn könnte ich auch schon fordern?
    Dazu sind sie für mich viel zu erhaben.
    Folglich bin ich bescheiden und bitte sie um nichts anderes,
    als darum, mich angemessen zu grüßen.[1]

III

---

1 Der um eine Frau werbende Mann erhofft sich als Zeichen des Wohlwollens oft den *gruoz* der
Dame. Siehe dazu die Anmerkung zu Ton 6, Str. V, V. 7, S. 39.

III   Ich habe viele Länder gesehen
        und habe die besten darunter mit Freude kennengelernt.
        Es soll mir übel ergehen,
        wenn ich mein Herz jemals dazu bringen könnte,
    5   dass ihm
        fremdländische Sitten gut gefallen.
        Was würde es mir helfen, wenn ich mich angestrengt darum
            bemühte?
        Denn eines steht immer schon fest: Deutsche Lebensart führt sie alle
            an.[2]

IV   Von der Elbe bis an den Rhein,
        wieder zurück bis zum Land der Ungarn,
        dort finden sich sehr wohl die Besten.
        Genau das sind meine Erfahrungen in der Welt.
    5   Sollte ich
        gutes Benehmen und Aussehen angemessen beurteilen können,
        dann würde ich mit Nachdruck schwören, dass hier die Frauen
        besser sind als andere vornehme Damen.[3]

V   Deutsche Männer sind prächtige Kerle,
        geradezu wie Engel erscheinen die Frauen.
        Wer über sie schimpft, der ist völlig verblendet.
        Einen anderen Grund kann ich nicht sehen.
    5   Wohlanständigkeit und aufrichtige Liebe,
        wer das sucht,
        der soll in unser Land kommen, dort herrscht große Freude.
        Möge ich lange darin leben!

---

2 Der erste Halbvers der Übersetzung hat kein Äquivalent im Original; der Zusatz soll den Tenor
der Strophe verdeutlichen.

3 In V. 7 steht im Original *wîp*, in V. 8 ist von *frowen* die Rede.

Fassung nach Handschrift C[4]

I   Heißt mich willkommen:
      Ich bin es, der Neuigkeiten bringt.
      Alles, was ihr bisher gehört habt,
      das ist null und nichtig, fragt mich jetzt.
    5 Dafür will ich Bezahlung
      und fällt mein Lohn gut aus,
      dann werde ich wohl etwas sagen, das euch schmeichelt.
      Schauen wir mal, welche Wertschätzung man mir entgegenbringt.

II   Ich werde vornehmen deutschen Frauen
      eine solche Nachricht bringen, dass sie umso mehr
      der ganzen Welt gefallen werden,
      das tue ich ohne Wunsch nach viel Entlohnung.
    5 Sie um reichen Lohn anzugehen,
      verbietet ihre Erhabenheit.
      Folglich bin ich bescheiden und bitte sie um nichts anderes
      als darum, mich angemessen zu grüßen.

III   Deutsche Männer sind prächtige Kerle,
      wie Engel erscheinen die Frauen.
      Wer über sie schimpft, der ist verblendet.
      Einen anderen Grund kann ich nicht sehen.
    5 Wohlanständigkeit und aufrichtige Liebe,
      wer das sucht,
      der soll in unser Land kommen, dort herrscht große Freude.
      Möge ich lange darin leben!

IV   Ich habe viele Länder gesehen
      und habe die besten darunter mit Freude kennengelernt.
      Mir soll es übel ergehen,
      wenn ich mein Herz jemals dazu bringen könnte,
    5 dass ihm
      fremdländische Sitten gut gefallen.
      Was würde es mir helfen, wenn ich mich mit Lügengeschichten
          darum bemühte?
      Denn eines steht immer schon fest: Deutsche Lebensart führt sie alle
          an.

                                                        V

____

4 Erläuterungen zu Details siehe Fassung nach A.

V   Von der Elbe bis an den Rhein,
       und wieder zurück bis nach Ungarn
       finden sich sehr wohl die Besten,
       die ich in der Welt kennengelernt habe.
    5 Sollte ich
       gutes Benehmen und Aussehen beurteilen können,
       dann würde ich – so wahr mir Gott helfe – mit Nachdruck
           schwören, dass dort die Frauen
       besser sind als anderswo die vornehmen Damen.

VI   Der ich bislang aufrichtig gedient habe
       und auf immer gerne dienen werde,
       von der lasse ich niemals ab.
       Allerdings fügt sie mir viel Leid zu.
    5 Sie versteht es,
       mir das Herz zu verletzen und die Stimmung zu verdunkeln.
       Nun möge Gott ihr verzeihen, dass sie mich so übel behandelt.
       Sie kann ja später durchaus noch ihr Verhalten ändern.

       Fassung nach Handschrift E[5]

I   Heißt mich alle willkommen:
       Ich bin es, der euch frische Neuigkeiten bringt.
       Alles, was ihr bisher gehört habt,
       das ist wirklich alles null und nichtig, fragt mich jetzt.
    5 Dafür will ich aber Bezahlung,
       fällt mein Lohn gut aus,
       dann werde ich euch etwas sagen, das euch schmeichelt.
       Schauen wir mal, wie man mich entlohnen wird.

II   Ich werde vornehmen deutschen Frauen
       eine solche Nachricht bringen, dass sie umso mehr
       der ganzen Welt gefallen werden,
       das tue ich ohne Wunsch nach viel Entlohnung.
    5 Was werde ich wohl bekommen?
       Da sie für mich allzu erhaben sind,
       bin ich folglich bescheiden und bitte sie um nichts anderes
       als darum, mich angemessen zu grüßen.

                                                     III

---

[5] Erläuterungen zu Details siehe Fassung nach A.

III   Von der Elbe bis an den Rhein,
        wieder zurück bis nach England,
        sie können gut die Besten sein,
        die ich in der Welt kennengelernt habe.
    5   Würde ich
        Güte, Benehmen und Aussehen aufrechter Damen kennen,
        weiß Gott, dann würde ich mit Nachdruck schwören, dass hier die
            Frauen
        schöner sind als dort die vornehmen Damen.

IV   Unredliches, irriges Volk[6] ist völlig verblendet,
        sie verstehen nicht, sich ehrenhaft zu verhalten.
        Deutsche Männer sind prächtige Kerle,
        geradezu wie Engel erscheinen die Frauen.
    5   Freude und aufrichtige Liebe,
        wer die sucht,
        der soll in unser Land kommen, dort herrscht große Freude.
        Lange werde ich dort verweilen!

V   Ich habe viele Länder gesehen
        und habe die besten darunter mit Freude kennengelernt.
        Mir soll es übel ergehen,
        wenn ich mein Herz jemals dazu bringen könnte,
    5   dass mir
        verrückte Sitten gut gefallen.
        Nun, was würde es mir helfen, wenn ich mich mit Lügengeschichten
            darum bemühte?
        Denn eines steht immer schon fest: Deutsche Lebensart gefällt mir
            vor allen anderen.

---

6 Im Original steht *Falschez volk*; ich habe es entsprechend übersetzt, obwohl der Vers schwer verständlich ist. Möglicherweise hat der Schreiber sich beim Diktat verhört und gemeint war: *Welschez
volk* = ‚Romanisches Volk‘ (Italiener, Franzosen).

Ton 33
Minnelied in 2 Fassungen

Allegorie der Frau Minne – Jugendwahn – Jugend und Alter – Liebe und Alter

Strophen dieses Tones liegen in 2 Fassungen vor. (Fassungen können sich grundsätzlich in Anzahl, Bestand und Reihenfolge der Strophen sowie in variierenden Formulierungen des Textes unterscheiden. Letzteres betrifft: Wortschatz, Plus-/Minus-Text, Satzbau, hin und wieder Versreihenfolgen.) Die Übersetzung ist bemüht, diese Textvariationen im Mittelhochdeutschen durch entsprechend variierende Formulierungen auch im Neuhochdeutschen zu erfassen. Eine philologische Varianzanalyse lässt sich freilich nur an den mittelhochdeutschen Texten durchführen.

Fassung nach Handschrift C

I   Die Minne hat eine Eigenart:
Wenn sie die aufgeben würde,
so stünde ihr das besser an!
Mit dieser Eigenart stürzt sie so manchen ins Unglück,
5 den sie eigentlich nicht unglücklich machen sollte.
Ach herrje, wie passt das zu ihr?
Ihr sind vierundzwanzig Jahre
viel lieber als vierzig,
und sie benimmt sich wahrlich schlecht, wenn sie irgendwo ein
    graues Haar sieht.

II   Die Minne war so voll und ganz meine Gebieterin,
dass ich all ihre Geheimnisse gut kannte.
Jetzt ist es mir widerfahren,
dass, wenn ein Junger daherkommt,
5 ich mit schiefen Augen
scheel angesehen werde.
Erbärmliche Frau, wofür müht sie sich ab?
Weiß Gott, auch wenn sie Tricks beherrscht
und Dummköpfe betrügt, so ist sie doch viel älter als ich.

III

III   Es ist zur Gewohnheit der Minne geworden,
        sich mit Dummköpfen einzulassen
        und wie ein Kind herumzuhüpfen.
        Wo ist ihr Verstand geblieben?
   5   Woran denkt die Dumme?
        Sie ist wirklich allzu blind.
        Dass sie ihr Herumtollen nicht aufgibt!
        Und sie sollte sich wie eine kluge Frau benehmen!
        Sie eckt überall an, sodass es mir im Herzen wehtut.

IV   Die Minne soll es freundlich aufnehmen,
        dass ich, während sie herumkämpft,
        beiseite gehe und mich hinsetze.
        Meine Stimmung immerhin gleicht einem,
   5   der hüpft und hohe Sprünge tut.
        Meine Güte, was will sie noch mehr?
        Ich diene eben auf andere Weise und tue, was ich kann.
        Sie schaue nach, wo die sechs Tage geblieben sind,
        ich werde ihr in der Woche noch stets den siebten widmen.[1]

        Fassung nach Handschrift E

I[2]   Ich habe ihr gedient,
        das[3] da Frau Minne genannt wird,
        sodass ich es immer beklage
        <........>[4]
   5   Der Narr ist bei gutem Verstand.
        Dass mich der verjagen soll,
        der für mich ein Dummkopf sein sollte,
        wo wir beide doch um eine Sache werben!
        Tut diese Sache weg, die soll niemals meins werden.

                                                    II

---

1 Hintergrund der etwas verklausulierten und ironisch gemeinten Aussage ist Das zweite Buch Mose (Exodus) 20,9 f.: „Sechs Tage sollst du arbeiten und alle deine Werke verrichten./ Aber am siebenten Tage ist der Sabbat des Herrn, deines Gottes; an diesem sollst du keine Arbeit verrichten …“. Gemeint ist hier wohl: Der Sprecher will der Minne nur noch den siebten Tag widmen, er ist alt geworden und kann nur noch in Gedanken herumtollen.

2 Die Strophe ist schwer verständlich, auch wegen des Verlusts von V. 4.

3 Die Genusinkongruenz *ir … daz* bereits im Original.

4 Im Original Textverlust.

II   Es ist zur Gewohnheit der Minne geworden,
     sich mit Dummköpfen abzugeben
     und wie ein Kind herumzuhüpfen.
     Wo ist ihr Verstand geblieben?
5   Woran denkt die Dumme?
     Sie ist wirklich allzu blind.
     Dass sie ihr Herumtollen nicht aufgibt!
     Und sie sollte sich wie eine kluge Frau benehmen!
     Sie eckt überall an, sodass es mir im Herzen wehtut.

III   Die Minne soll es freundlich aufnehmen,
     dass ich, während sie herumkämpft,
     beiseite gehe und mich hinsetze.
     Meine Stimmung immerhin gleicht dem,
5   der hüpft und höchste Sprünge tut.
     Was brauche ich mehr?
     Ich diene eben auf andere Weise und tue, was ich kann.
     Sie schaue nach, wo die sechs Tage geblieben sind,
     mehr noch:[5] sie wird in der Woche stets den siebten Tag
        bekommen.[6]

IV   Die Minne hat immer noch eine Eigenart:
     Egal wie sie die aufgeben würde,
     es stünde ihr besser an, es zu tun!
     Damit stürzt sie so manchen ins Unglück,
5   den sie eigentlich nicht unglücklich machen sollte.
     Ach herrje, wie kann sie nur!?
     Ihr sind vierundzwanzig Jahre
     lieber als vierzig,
     und sie benimmt sich dermaßen schlecht, wenn sie ein graues Haar
        sieht.

---

5 Der Vers wird im Original eingeleitet mit *noch mêr* … Das ist schwer verständlich – auch die Übersetzung.

6 Siehe die Anmerkung zur C-Fassung.

Ton 34
(Minne-)Lied

Reflexion über Minnesangkunst – üble Zustände in der Welt – Dekadenz – missgünstige Dritte – weibliche und männliche Qualitäten und Ideale

I Die Miesmacher behaupten, alles sei tot,
es lebe jetzt niemand mehr, der etwas singen könnte.
Nun ja, sie sollten doch bedenken, in welchem Elend wir alle
    stecken,
wie die ganze Welt mit Kummer und Furcht zu ringen hat.
5 Wenn der Tag des Sanges wieder anbricht, dann wird man erneut
    hören, wie gesungen und gesprochen wird:
Man versteht sich durchaus noch auf Wundervolles.
Ich hörte, wie ein kleines Vögelchen dasselbe klagte,
das verbarg sich:
‚Ich werde nicht vor Anbruch des Tages singen‘.

II Ich glaubte, dass sie frei von Makel und Unbeständigkeit sei,
jetzt wollen sie mir etwas anderes weismachen.
Sie behaupten, dass nichts Lebendes ohne Veränderung existiere,
demgemäß müsste also meine Herrin wankelmütig sein.
5 Ich kann aber nicht erkennen, was sie falsch macht,
eine Kleinigkeit ausgenommen:
Sie fügt ihren Feinden keinen Schaden zu und verletzt ihre Freunde.
Wenn sie das unterlässt,
dann kann ich suchen, so viel ich will, ich werde nichts Übles finden.

III Der, dem es nach einer so guten Frau verlangt wie mir,
wie viele Tugenden sollte der haben!
Nun besitze ich leider nichts, womit ich sie für mich gewinnen
    könnte,
es sei denn, sie ist auch mit wenig zufrieden.
5 Zwei Tugenden besitze ich, die man früher geschätzt hat,
Wohlerzogenheit und Treue.
Die gereichen einem heute zum Nachteil – sollen sie doch!
Ich hetze nicht allem Neuen nach.
Wenn ich es einem dort gönne, dann ganz aus vollem Herzen.

IV

IV   Die Verschlagenen machen meinen Gesang bei guten Frauen
        schlecht
und behaupten, dass ich schlecht über sie denken würde.
Na, sollen sie sich doch alle gegen mich verschwören, schönen Dank
        auch!
Ein Feigling, wer dort zaudert!
5 Ob deutschen Frauen wohl jemals jemand besser zugesprochen hat?
Dass ich
die Guten von den Schlechten unterscheide, schaut, das ist ihnen
        zuwider.
Lobte ich beide
in gleich guter Weise, was wäre davon zu halten?

V   Eines freut mich wirklich an euch, Hass und Missgunst,
nämlich dass ihr euch, wenn man euch als Boten aussendet,
so gerne bei den Anständigen aufhaltet
und dadurch euren Herrn lächerlich macht.
5 Ihr Späher, wenn ihr es nicht schafft, einen aufrechten Menschen zu
        erblicken
und den auf Irrwege zu locken,
dann – da hilft gar nichts – macht euch auf zurück in euer Haus,
auf dass ihr einen verlogenen Mund und schiefen Blick an den
        Pranger stellt.

VI   Ich habe euch gesagt, welche Fehler sie hat:
Zwei Unbeständigkeiten habe ich euch genannt.
Jetzt sollt ihr aber auch hören, welche Tugenden sie hat,
das sind auch zwei, passt schön auf!
5 Ich würde euch gerne Tausend nennen: Es gibt aber nur diese zwei,
Schönheit und Ansehen.
Die besitzt sie beide von Grund auf. Wirklich? Ja!
Was will sie noch mehr?
Hier wurde gelobt, lobe man nun anderswo![1]

---

1 Im Original steht *lobe anderswâ*, was man auch mit ‚ich lobe woanders' übersetzen kann.

Ton 35
Lied

Allegorie der Welt – streitbare Rede an die Welt – üble Zustände in der Welt – Dekadenz

I Wie soll man dich im Blick behalten,
Welt, wenn du dich so wegdrehst?
Glaubst du, dass nur du dich mir entwinden kannst?
Nein, auch ich kann mich dir entwinden.
5 Dir ist es damit sehr eilig,
ich bin indes noch weit davon entfernt,
dich zu verachten.

II Du besitzt viele schöne Dinge,
von denen eines mir zuteilwerden soll.
Welt, was werde ich nicht alles dafür tun!
Du sollst aber genau nachdenken,
5 ob ich es jemals
auch nur im Geringsten an meiner Verlässlichkeit habe fehlen lassen,
seit du mich gebeten hast, dir zu dienen.

III Welt, du sollst nicht darüber
zürnen, dass ich Lohn einfordere.
Spende mir ein wenig mehr Trost,
schau mich liebevoll an.
5 Du kannst mich sehr wohl berauben
und mir mein Glück nehmen:
Das liegt, gewaltige Gebieterin, in deinen Händen.

(auf Basis der Handschrift B)

IV Ich weiß nicht, wie dein Wille
mir gegenüber aussieht; der meine ist
dir gegenüber gut. Was erwartest du mehr,
Welt, von mir außer höfisch-erhabener Haltung?
5 Willst du noch größere Herrlichkeit
als die, dass man dir
Freude gönnt und jemanden, der dazu verhelfen kann?

V

(auf Basis der Handschrift B)

V   Welt, tu noch anderes, worum ich dich bitte,
folge der Tugend weiser Menschen!
Du richtest dich zugrunde,
wenn du die Jugend von Dummköpfen wertschätzt.
5 Bitte die alte Ehre,
dass sie zurückkehren möge
und erneut deine Gefolgschaft unterrichte.
————————————[1]

(auf Basis der Handschrift E)

IV   Welt, tu noch anderes, worum ich dich bitte,
liebe die Tugend weiser Menschen!
Du richtest dich zugrunde,
wenn du die Jugend von Dummköpfen wertschätzt.
5 Bitte die alte Ehre,
dass sie zurückkehren möge
und erneut deine Gefolgschaft vermehre.

(auf Basis der Handschrift E)

V   Welt, wie lange soll ich noch Verlangen haben,
Du weißt sehr gut, wonach und wo?
Du wirst auf meine Freude verzichten müssen,
wenn mir nicht genau dort geholfen wird.
5 Geht nach Hause, hier ist ausgesungen.
Vertriebe man mich hier,
dann würde ich meinen Mund nicht mehr öffnen.

(auf Basis der Handschrift E)

VI   Ich habe dir in einer Weise gedient,
Welt, dass ich mich dessen nicht schämen muss.
Wenn du mir mit Belohnung Freude schenkst,
dann wirst du wohl Gleiches zurückbekommen.
5 Ich würde auch nur eine Kleinigkeit wollen.
Weißt du, was ich meine?
Freude für Freude, nur das.

---

1 Die Linie weist darauf hin, dass die Strophen IV/V nach B und IV/V/VI nach E alternative Liedfortsetzungen der Strophen I–III sind.

Ton 36
Minnelied in 2 (3) Fassungen

Erbschaftsmetaphorik – erwünschtes Verhalten der Frau – rätselhafte Strophe über Er-
zählungen über Frauen – Klage des Mannes – Verabredung von Geheimkommunika-
tion – Männer- und Frauenrede (mit Ironie durchzogen)

*Strophen dieses Tones liegen in 2 (3) Fassungen vor. (Fassungen können sich grundsätzlich in Anzahl,
Bestand und Reihenfolge der Strophen sowie in variierenden Formulierungen des Textes unterscheiden.
Letzteres betrifft: Wortschatz, Plus-/Minus-Text, Satzbau, hin und wieder Versreihenfolgen.) Die
Übersetzung ist bemüht, diese Textvariationen im Mittelhochdeutschen durch entsprechend variierende
Formulierungen auch im Neuhochdeutschen zu erfassen. Eine philologische Varianzanalyse lässt sich
freilich nur an den mittelhochdeutschen Texten durchführen.*

Fassung auf der Basis von Handschrift B

I   Ich will jetzt, bevor ich dahinscheide,
     mein Hab und Gut und viel von meinem Eigentum verteilen,
     damit es später niemand nötig hat herumzustreiten,
     außer denen, die ich auf folgende Weise mit meinem Erbe beglücke:
5   Mein ganzes Unglück will ich denjenigen vermachen,
     die Hass und Neid gewohnt sind,
     und zusätzlich meinen ganzen Kummer.
     Meine Sorgen
     mögen die Lügner in Besitz nehmen.
10   Meinen Unverstand
     vermache ich denen, die mit falschen Gedanken lieben,
     und den Damen hinterlasse ich Sehnsuchtsqual nach Herzensfreude[1].

———————————[2]

– – – – – – – – – – – –·

II

---

1 Wohl ironisch aufzufassen: erst macht der Mann die Frauen glücklich, dann hinterlässt er Sehnsüchte.

2 Zur Bedeutung dieser Linien siehe den Editionsband; sie kennzeichnen Überlieferungsbesonderheiten wie die, dass Strophen eines Tones in einer Handschrift nicht alle aufeinander folgen müssen,
sondern dass eine Ton-Reihe auch durch tonfremde Strophen unterbrochen sein kann. Hier ist die Lage
noch dadurch verkompliziert (gestrichelte Linie), dass im Original die Metrik der Strophen in den
Handschriften variiert (was auf die Übersetzung freilich keinen Einfluss hat).

II   Es gefällt mir, dass sie um mich klagt,
       – aber auch nicht zu viel, sie muss noch gut dabei aussehen –,
       wenn man ihr von mir berichtet,
       so dass ihr das ein wenig weh tut.
   5   Sie soll stets mit Blick auf mich
       übertriebene Betrübnis und übertriebene Freude vermeiden,
       das steht Damen, die sich in Sehnsucht verzehren, gut an, wie ich
           meine.
       Darauf achten jene sehr wenig,
       die nichts anderes im Sinn haben,
   10 als sich heftig auf die Lippen zu beißen.[3]

       – – – – – – – – – – – – – .

III   Nun wartet, lasst mich zurückkommen.
       Ich weiß gut, was Frauen wollen.
       Ich habe eine Geschichte über sie gehört,
       wie ich viele erobern kann.
   5   Ich schwöre: Ich will Leben und Ansehen und mein ganzes Heil
           aufgeben.
       Wie könnte mich dann eine von ihnen abweisen?
       Ach Gott, ach Gott, was rede ich da!
       Gott sollte
       Recht sprechen, wenn er es nur wollte,
   10 über die, die solche Schwüre in die Welt setzen,
       auf dass ihnen die Augen ausfallen,
       sodass sie sich einstmals an jenem Tag[4] überall stoßen.

---

3 Im Original ist vom ‚Beißen auf den Mund' die Rede. Es gibt nur zwei Belege für eine solche
Wendung, insofern ist ein Verständnis nicht einfach. Vielleicht sind Frauen angesprochen, die sehr
verkrampft und verbissen sind.

4 Gemeint ist wohl der Jüngste Tag, das Endgericht Gottes.

Fassung nach Handschrift E

I Ich will, bevor ich dahinscheide,
  mein Hab und Gut und viel von meinem Eigentum verteilen,
  damit niemand später in Streit gerät,
  wie ich euch darlegen möchte:
  5 Mein ganzes Unglück will ich jenen vermachen,
  auf dass sie sich willig an Hass und Neid gewöhnen,
  und zusätzlich meinen ganzen Kummer.
  Meine Sorgen
  mögen die Lügner in Besitz nehmen.
  10 Meinen Unverstand
  sollen die entgegennehmen, die mit falschen Gedanken lieben,
  und den Damen hinterlasse ich Sehnsuchtsqual nach Herzensfreude.[5]

II Da mir nicht mehr zufällt,
  als dich so gut wie gar nicht zu sehen,
  wünsche ich den ganzen Tag Heil herbei[6]
  und erflehe doch ständig,
  5 dass dich Gott vor üblen Kerlen beschütze
  und immer in der Schar der Engel führe.
  Auch bitte ich dich, wo immer du mich siehst,
  dass du mir heimlich
  auf anmutige Weise mit den Augen
  10 Zeichen gibst
  und mir eine kleine Liebenswürdigkeit erweist:
  Es kümmert mich nicht, wenn du mich mit Worten abweist.

            III

---

5 Wohl ironisch aufzufassen: erst macht der Mann die Frauen glücklich, dann hinterlässt er Sehnsüchte.

6 Schwer verständliche Passage, wenn man sie nicht sehr ironisch auffasst.

III ‚Man kann ganz deutlich
an meinen Augen erkennen, was dein Fortgehen bewirkt hat.
Nun sag schon, wie wäre es mir wohl ergangen,
wenn ich dir zu Willen gewesen wäre?
5 Ich wäre meines Lebens nicht mehr froh geworden.
Wenn du aber zurückkommst, dann werde ich es wieder sein.
Du bist für mich ein sonderbarer, schwer ergründbarer[7] Mann.
Ach, warum
klage ich so sehr, ich Dumme,
10 nur,
weil wir einmal vertraut miteinander gesprochen haben?
Doch sei gewiss, ich sehe gerne, wie du lebst.‘[8]

IV Ich konnte dir wenig abjagen
außer hin und wieder einen Gruß.
Du hast mir aber immerhin so viel zu verstehen gegeben,
dass ich dir auf immer dienen werde.
5 Wenn ich dich auch noch nicht erobert habe,
prima, gut für mich! Ein anderer hat es auch noch nicht getan.
So kannst du ja ganz glücklich sein.
Gott möge es dir lohnen,
dass du mich dermaßen nett behandelt hast.
10 Bleib wohl auf!
Oh-oh, wenn ich dich so antreffen würde![9]
Verehrte Dame, erinnere dich an all meine Verlässlichkeit.

---

7 Im Original steht *fremder man*; *fremd* ist ein Adjektiv, das viele Bedeutungen hat: ‚weit entfernt‘, ‚unbekannt‘, ‚seltsam‘ u. a. Ob mein Vorschlag das ‚Richtige‘ trifft?

8 Auch dieser Vers ist mehrdeutig: Ganz wörtlich: ‚doch wisse, dass ich Dir zu leben sehr gönne‘ oder ‚… dass ich erlaube, dass du gut lebst‘.

9 Worauf sich das beziehen mag, bleibt offen.

Fassung nach Handschrift F

(Anmerkung: Die Handschrift F weist grundsätzlich recht schlechte Textqualität auf. Der Schreiber scheint häufig nicht verstanden zu haben, was er niedergeschrieben hat. Das mag an mundartlichen Problemen gelegen haben, zusätzlich vielleicht auch daran, dass er nicht von einer schriftlichen Vorlage abgeschrieben hat, sondern dass ihm diktiert worden ist und er manche Wörter nicht verstanden hat. Die folgende Übersetzung bleibt eng am Text von F, glättet die Probleme nicht und wird auch nicht modern interpungiert.)

Ich will bevor ich verscheide
meine beweglichen [?] teilen die viel eigen [?]
damit niemand später es wagt stark zu werden
außer so wie ich es hier herausstellen werde
5 mein ganzes Unglück jenen [?]
sie mögen sich gerne an Neid und Reichtum gewöhnen
und zusätzlich meine Unseligkeit
und meinen Kummer
mögen die Lügner besitzen
10 meinen Unverstand
jenen [?] mit falscher Liebe
den Damen sehnsuchtsvolles Herzensleid nach Herzensliebe

Man kann ganz deutlich
an meinen Augen erkennen was dein Fortgehen bewirkt hat
nun sag schon wie wäre es mir ergangen
wenn ich dir zu Willen gewesen wäre
5 dann wäre ich nie wieder froh geworden
wenn du nicht wieder in meinen Tannenwald [?] kommst
wirst du für mich ein fremder sonderbarer Mann sein
wir würden immer
so sehr klagen, ich Dummer
10 wegen dem einen
dass wir einmal vertraut mit Gesprächen waren
so wisse Gott dass ich dir gönne gut zu leben

Da ich von dir nicht mehr abbekomme
außer dass ich *kunne* [?] wahrnehme/verstehe [?]
so wünsche ich dir Tag und Nacht Heil
und auf immer mein Erflehen [?]
5 dass dich Gott vor falschem Volk beschütze
und dich zur Schar aller Engel führe
auch bitte ich wo du mich siehst
dass du heimlich
dich mit den Augen
10 mir ein wenig zuneigst
und mir eine kleine Liebenswürdigkeit erweist
es kümmert mich nicht ob du dich von mir mit Worten entfernst

Ich konnte dir wenig abjagen
außer hin und wieder einen Gruß
Du hast dich mir aber so gut verweigert
dass ich dir auf immer dienen werde
5 da ich dich noch nicht erobert habe
prima so hat es auch ein anderer getan
so kannst du ganz glücklich sein
Gott möge es dir lohnen
dass du mir so nett hilfst
10 nun sei gesund
wenn ich dich so antreffen würde
nun Herrin erinnere dich aller Zuverlässigkeit

Nun schweigt und lasst zurückkommen
ich kenne gut den Willen vieler Frauen
ich habe eine Geschichte von ihr gehört
mit der ich viele von ihnen erobern kann
5 wie kann sich mir eine einzelne verwehren
ich will Leben und Ansehen und mein ganzes Heil für sie *venym* [?]
es weiß ich sage
Gott sollte
oftmals richten wenn er wollte
10 über die die Schwüre taten
und die sich doch an dem Tag stießen

Ton 37
Minnelied in 2 Fassungen

Minnereflexion – Erotik – Liebeserfüllung in der Phantasie – Ich und Gesellschaft –
   Kunstreflexion

*Strophen dieses Tones liegen in 2 Fassungen vor. (Fassungen können sich grundsätzlich in Anzahl,
Bestand und Reihenfolge der Strophen sowie in variierenden Formulierungen des Textes unterscheiden.
Letzteres betrifft: Wortschatz, Plus-/Minus-Text, Satzbau, hin und wieder Versreihenfolgen.) Die
Übersetzung ist bemüht, diese Textvariationen im Mittelhochdeutschen durch entsprechend variierende
Formulierungen auch im Neuhochdeutschen zu erfassen. Eine philologische Varianzanalyse lässt sich
freilich nur an den mittelhochdeutschen Texten durchführen.*

Fassung auf der Basis von Handschrift E

I   Ich will nun weiterhin in der Hoffnung auf ihre Gnade in Freude
           leben,
         so sehr, wie es <.....>[1] mir eben möglich ist.
         Ich weiß nicht, ob es allen Menschen so geht;
         auf einen guten Tag folgt für mich ein ganz schlechter:
     5   Wenn ich Freuden nicht erlangen kann,
         dann muss ich auf sie verzichten. So
         habe ich es von Kind auf immer gerne mehr als jeder andere
            gehalten
         – es ist mir gleichgültig, wer mich deshalb auslacht –,
         wirklich und wahrhaftig, Wünschen und Hoffen
    10   haben mich oft froh gemacht.

                                                                II

---

1 Im Original Textverlust.

II   Ich wünsche mir sehnlichst, dass ich einmal
so nahe bei ihr liege, dass ich in ihr Auge sehen
und sie vollends erobern kann,
sodass sie mir alles gewährt, worum ich sie bitte.
5 Dann sage ich: „Du, willst du schon wieder
damit anfangen, oh glückselige Frau,
mir abermals so weh zu tun?"
Dann kichert sie ganz lieblich.
Ja nun denn, wenn ich es recht bedenke,
10 bin ich nicht durch bloßes Wünschen schon reich beschenkt?

III   Mein Unglück, das ich ihretwegen erlitten habe,
immer wenn ich mich mit Sehnsuchtsschmerzen abquälte,
soll mir das ihr gegenüber so wenig einbringen?
Habe ich mich tatsächlich ohne Lohn und ohne Dank aufgerieben?
5 Dann werde ich mich anders aufstellen.
Wie wäre es, wenn ihr
meine Freude lieber ist als meine Qual? Das wäre schon
    wünschenswert.
Und wenn ihr dann beides gleichgültig ist,
dann vergnügte ich mich mit dem einen lieber
10 als mit jener völlig verlorenen Mühe.

IV[2]   Ach nein, dass so viele mich ungebührlich behandeln!
Das klage ich heute und auf immer der guten höfischen Welt.
Es gibt darin doch wenige, deren Kopfbedeckung[3] angemessen ist.
Ich würde auf immer schweres Herzeleid empfinden,
5 wenn ich von ihnen getrennt wäre,
allein, dass ich gerne bei ihr[4] bin,
das ist das Übel, ich bin einfach gerne dort.
Deshalb muss ich unter diesem ungebührlichen Verhalten leiden.
Wer allerdings seinen Anstand wahrte,
10 dem würde eine seidene Kopfbedeckung gut stehen.

---

2 Die Strophe ist aufgrund vieler Leerstellen (unspezifische Pronomina) schwer verständlich.

3 Im Original ist vom *schapel* die Rede (auch in V. 10). Ein *schapel* ist eine Kopfbedeckung insbesondere für Frauen, doch ist auch belegt, dass Männer ein *schapel* getragen haben. Kopfbedeckungen wie auch andere Kleidungsstücke symbolisieren häufig einen sozialen Status.

4 In der Strophe wechseln Pronomen im Plural und Singular unvermittelt einander ab.

Fassung auf der Basis von Handschrift B

Ich werde nicht mehr in der Hoffnung auf ihre Gnade in Freude
    leben.[5]
Meine Wortkunst ist in zwei Teile gerissen:
Die eine Hälfte ist mir verboten,
die mögen andere Leute mit Gesang vortragen.
Ich werde hingegen wieder zu meinem Anstand zurückfinden
5 und mich um ein Gleichmaß bemühen, das Freude bringt.
Um einer Sache wegen, die sie ‚Ehre‘ nennen,
werde ich vieles beiseitelassen.
Werde ich davon keinen Nutzen mehr haben,
dann sieht es auf der Straße übel aus[6]
10 und ich werde meine Tür zuschlagen.

---

5 Eine Art ‚Überschrift‘, die eine Variation des 1. Verses der 1. Strophe von Fassung E darstellt.
Solche sehr seltenen ‚Überschriften‘ deuten Formverwandtschaften zwischen Strophen an.

6 Auch denkbar: ‚... und steht es auf der Straße so schlecht, dann ...‘

Ton 38
(Minne-)Lied

Höfisches Verhalten – Frauenpreis – Klage – Gedankenfreiheit – Liebesphantasie –
  Geben und Nehmen

I   Wenn ich mich selbst loben darf,
dann bin ich ein höfischer Mann gerade deswegen,
weil ich so viel Rohheit erdulde,
obwohl ich in der Lage bin, mich dagegen zu wehren.
5 Ein Klausner, ob der das still ertragen würde? Ich glaube nicht.
Nähme er meine Position ein
und träfe ihn auch nur ein kleines Zörnchen,
dann würde er heftig zurückschlagen,
während ich dies ganz geduldig unterlasse.
10 Das und mehr noch ertrage ich einer bestimmten Sache wegen.

II   Herrin, Ihr seid schön und besitzt Würde,
dazu passt Gnade wunderbar.
Was schadet es Euch, dass man Euch begehrt?
Nun wirklich, Gedanken sind doch frei:
5 Dem Hoffen und Wünschen lasse ich freien Lauf.
Wenn mein Sinnen und Trachten in höfisches Umwerben mündet,
was kann ich dafür, wenn all das Euch meinen Gesang beschert,
aber das interessiert Euch nicht.
Dennoch bin ich voller Dank:
10 Wenn Euch mein Lobpreis in der Hofgesellschaft bekannt macht, so
  ist das für mich die größte Ehre.

III

III   Herrin, Ihr habt mir Folgendes gesagt:
        Wer mich traurig macht,
        den soll ich dennoch glücklich machen,
        er werde sich bestimmt schämen und sich zum Guten verändern.
   5   Diese Aussage – trifft sie denn zu – soll sich an Euch erweisen.
        Ich erfreue Euch, Ihr bekümmert mich,
        deshalb sollt Ihr Euch schämen, wenn ich das so sagen darf.
        Haltet an Euren Worten fest
        und ändert Euer Verhalten zum Guten, dann habt Ihr die Wahrheit
            gesagt.
   10   Ihr seid doch wirklich sehr gut, deshalb will ich von dieser Güte
            Gutes abbekommen.

IV   Herrin, Ihr habt einen würdevollen Überwurf
        angelegt, den makellosen Körper,
        denn ich habe nie ein besseres Kleid gesehen.
        Ihr seid eine edel gewandete Frau:
   5   Geist und Glückseligkeit sind herrlich dort hineingewebt.
        Ich habe niemals getragene Kleider angenommen:
        dieses aber nähme ich für mein Leben gern.
        Der Kaiser würde für sie zum Spielmann
        für eine so reiche Gabe.
   10   Dort, Kaiser, spiel auf! Nein, Herr Kaiser, woanders!

Ton 39 (1)[1]
Minnelied

Frauenpreis – missgünstige Dritte – Liebes- und Geschlechterideale

I   Die, die an allem Guten verzweifeln,
       glauben, dass ich mit ihnen verzweifelt sei.
       Ich aber habe den Trost, dass mir die noch Freude bringen wird,
       der ich mein Leid geklagt habe.
     5 Wenn mir durch sie Freude widerfährt,
       dann ist mir gleichgültig, was üble Kerle sagen.

II   Ich will Neid und Missgunst immer gerne ertragen.
       Verehrte, mächtige Frau, du sollst mir dabei helfen,
       dass sie mich zurecht beneiden müssen,
       sodass es ihnen im Herzen schmerzt, wenn sie mich sehen.
     5 Mache, dass ich glücklich dastehe:
       Dann geht es mir gut und sie werden sich ewig mies fühlen.

III   ‚Geliebte' und ‚Herrin'[2] in einem Gewand
       würde ich gerne in Euch allein sehen.
       Ob mir das so wohltäte,
       wie es mir mein Herz gesagt hat?
     5 ‚Geliebte', das ist ein süßes Wort,
       andererseits steckt in ‚Herrin' unendliche Würde.

IV   Herrin, ich werde in hohen Tönen jubilieren,
       wenn du zulässt, dass diese beiden Worte für mich zur Wirklichkeit
          werden,
       dann überreiche ich dir zwei, die für mich gelten,
       – selbst ein Kaiser könnte sie dir nicht schenken –:
     5 ‚Geliebter' und ‚Begleiter', die mögen dir gehören,
       und ‚Geliebte' und ‚Herrin' mir.

---

1 Ein weiteres Lied mit demselben Strophenbau (= Ton 39 [2]) folgt auf Ton 82, hier S. 293.

2 Im Original steht *Friundîn unde vrowen*. Mit diesen Bezeichnungen soll verdeutlicht werden, dass eine Frau idealerweise von höfischer und ethischer Vortrefflichkeit sein soll (*vrowe*), aber eben auch eine erotisch-sinnliche Seite (*friundîn*) zeigen möge.

Ton 40
(Minne-)Lied in 4 Fassungen

Klage über tugendlose Menschen – Frau als Allegorie für Gnade und Ungnade – Frauenpreis – Liebesklage – Natur – rätselhafte Botenstrophe

*Strophen dieses Tones liegen in 4 Fassungen vor. (Fassungen können sich grundsätzlich in Anzahl,
Bestand und Reihenfolge der Strophen sowie in variierenden Formulierungen des Textes unterscheiden.
Letzteres betrifft: Wortschatz, Plus-/Minus-Text, Satzbau, hin und wieder Versreihenfolgen.) Die
Übersetzung ist bemüht, diese Textvariationen im Mittelhochdeutschen durch entsprechend variierende
Formulierungen auch im Neuhochdeutschen zu erfassen. Eine philologische Varianzanalyse lässt sich
freilich nur an den mittelhochdeutschen Texten durchführen.*

Fassung nach Handschrift B

I   Diese Dreisten ohne Gewissen, würden sie mich nicht bedrängen,
       dann empfände ich weder Hass noch Missgunst.
       Jetzt aber will ich wirklich – wie Anstand es gebot – nichts mehr mit
           ihnen zu schaffen haben,
       Schmach und Streiterei überlasse ich ihnen.
    5 Als Anstand noch das Sagen hatte, wie hat er es noch hinbekommen:
       Tausend stellten sich einem zuchtlosen Menschen entgegen,
       bis er sich eines Besseren besann
       und dies auch tun musste,
       so viele anständige Menschen waren dort.
       ─────────────────────[1]

                                                       II

─────────────────────

[1] Zur Bedeutung dieser Linien siehe den Editionsband; sie kennzeichnen Überlieferungsbesonderheiten wie die, dass Strophen eines Tones in einer Handschrift nicht alle aufeinander folgen müssen,
sondern dass eine Ton-Reihe auch durch tonfremde Strophen unterbrochen sein kann.

II   Sie fragen wahrlich viel zu oft
       nach meiner Dame, wer sie denn sei.
       Das nervt mich dermaßen, dass ich es ihnen allen jetzt sagen werde,
       dann werden sie mich wohl in Ruhe lassen.
   5 ,Gnade' und ,Ungnade', diese zwei Namen[2]
       trägt meine Dame und sie verweisen auf ganz Unterschiedliches:
       Der eine ist arm und schwach, der andere reich und stark.[3]
       Wer mich, was ,reich und stark' angeht, in die Irre führt,
       der möge sich für ,arm und schwach' schämen.[4]

III   Ich will und werde die Gute nicht vergessen,
       die mir so viele Gedanken raubt.
       Solange ich singen werde, finde ich stets
       aufs Neue Lobeshymnen[5], die ihr gerecht werden.
   5 Das möge sie für gut erachten: Dann werde ich fortfahren zu loben.
       Es erfreut die Augen, wenn man sie sieht,
       und dass man ihr viele Tugenden zuspricht,
       das ist angenehm für die Ohren.
       Schön für sie und schmerzhaft für mich!

IV   Zwar erstrahlt die Heide in großer Farbenpracht,
       doch will ich dem Wald zugestehen,
       dass er noch mehr Freudvolles besitzt,
       und auch dem Feld ergeht es besser.
   5 Gepriesen seist du <. . . . . .>[6]
       Sommer, dafür, dass ich deine Tage stets lobe,
       sollst du meine Klage mit Trost trösten.
       Ich sage es dir im Vertrauen auf Dein Wohlwollen:
       Die, die mir lieb ist, der bin ich verhasst.

---

2 Mhd. *name* bedeutet ,(Eigen-)Name' und auch ,Bezeichnung', ,Wort'; hier ist das eine wie das andere gemeint.

3 Im Original steht nur *arm* und *rîch*. Mit den Zusätzen ,schwach' und ,stark' soll dem Bedeutungsspektrum von *arm* und *rîch* Rechnung getragen werden.

4 Die letzten drei Verse haben Rätselcharakter. Offen ist, ob sich ,arm' auf ,Gnade' und ,reich' auf ,Ungnade' bezieht oder umgekehrt, was wiederum für das Verständnis von V. 8 und 9 von Bedeutung ist.

5 Im Original steht lediglich *lop* (,Lob', ,Lobpreis'). Mir scheint, dass in der Strophe ein Schuss Ironie steckt, daher meine Übersetzung ,Lobeshymne'.

6 Im Original fehlt Text.

Fassung nach Handschrift C

I Zwar erstrahlt die Heide in großer Farbenpracht,
doch will ich dem Wald zugestehen,
dass er noch mehr Freudvolles besitzt,
und auch dem Feld ergeht es besser.
5 Gepriesen seist du <. . . . .>[7]
Sommer, dafür, dass ich deine Tage stets lobe,
sollst du meine Klage mit Trost trösten.
Ich sage es dir im Vertrauen auf Dein Wohlwollen:
Die, die mir lieb ist, der bin ich verhasst.

II Ich will und werde die Gute nicht vergessen,
die mir so viele Gedanken raubt.
Solange ich singen werde, finde ich stets
aufs Neue Lobeshymnen[8], die ihr gerecht werden.
5 Das möge sie für gut erachten: Dann werde ich fortfahren zu loben.
Es erfreut die Augen, wenn man sie sieht,
und dass man ihr viele Tugenden zuspricht,
das ist angenehm für die Ohren.
Schön für sie und schmerzhaft für mich!

III Sie fragen wahrlich zu oft
nach meiner Dame, wer sie denn sei.
Das nervt mich dermaßen, dass ich es ihnen allen jetzt sagen werde,
dann werden sie mich wohl in Ruhe lassen.
5 ‚Gnade' und ‚Ungnade', diese zwei Namen[9]
trägt meine Dame und sie verweisen auf ganz Unterschiedliches:
Der eine ist arm und schwach, der andere reich und stark.[10]
Wer mich, was ‚reich und stark' angeht, in die Irre führt,
der möge sich für ‚arm und schwach' schämen.[11]

IV

---

7 Im Original fehlt Text.
8 Siehe die vorangehende Anmerkung.
9 Zu mhd. *name* siehe die Anmerkung zu Fassung B.
10 Im Original steht nur *arm* und *rîch*: Siehe die Anmerkung zu Fassung B.
11 Die letzten drei Verse haben Rätselcharakter. Siehe die Anmerkung zu Fassung B.

IV   Diese Dreisten ohne Gewissen, würden sie mich nicht bedrängen,
       dann empfände ich weder Hass noch Missgunst.
       Jetzt aber will ich wirklich – wie Anstand es gebot – nichts mehr mit
           ihnen zu schaffen haben,
       Schmach und Streiterei überlasse ich ihnen.
    5 Als Anstand noch das Sagen hatte, wie hat er es da noch
           hinbekommen:
       Tausend stellten sich einem zuchtlosen Menschen entgegen,
       bis er sich eines Besseren besann
       und dies auch tun musste,
       so viele Zuchtlose[12] waren dort.

       Fassung nach Handschrift E

I   Diese Dreisten ohne Gewissen, würden sie mich nicht bedrängen,
       dann empfände ich weder Hass noch Missgunst.
       Jetzt aber will ich wirklich – wie Anstand es gebot – nichts mehr mit
           ihnen zu schaffen haben,
       ihre Schmähungen und Streitereien lasse ich hinter mir.
    5 Als Anstand noch das Sagen hatte, eijeijei, da hat er es so gemacht:
       Tausend hatten Acht auf einen tugendhaften Menschen,
       bis er sich eines Besseren besann,
       <. . .>[13]
       so viele anständige Menschen waren dort.

II   ,Obwohl der Heide ihre große Farbenpracht gut ansteht,
       will ich dem Wald zugestehen,
       dass er viel freudespendende Farbe besitzt,
       noch besser steht es um das Feld.
    5 Gepriesen seist du, Sommer, für diese frohe Zeit!
       Sommer, dafür, dass ich deine Tage stets lobe,
       sollst du, Trost, meine Klage trösten.
       Ich sage dir, was mich irre macht:
       Der, der mir lieb ist, dem bin ich verhasst.'[14]

                                                                III

---

12 Handschrift C überliefert in V. 9 *ungefüegen* (‚Zuchtlose'); die anderen Handschriften schreiben
gefüegen (‚Anständige'), was sinnvoller erscheint. In der C-Version könnte man allerdings die *ungefüegen*
(‚Zuchtlosen') auf die *schamelôsen* (‚die Dreisten ohne Gewissen') aus V. 1 beziehen.

13 Hier und in Str. III im Original Textverlust.

14 Anders als in den Fassungen B und C spricht hier eine Frau – eine bemerkenswerte und weitreichende Textvarianz.

III   Ich kann und werde die Gute nicht vergessen,
         die mir so viele Gedanken raubt.
         Solange ich singen werde, finde ich stets
         aufs Neue Lobeshymnen[15], die ihr gerecht werden.
     5   Das möge sie für gut erachten: Dann werde ich fortfahren zu loben.
         Es erfreut die Augen, wenn man sie sieht,
         <. . .>
         <. . .>
         Schön für sie, schmerzhaft für mich!

         Fassung nach Handschrift G

I   Diese Dreisten ohne Gewissen, würden sie mich nicht bedrängen,
         dann empfände ich weder Hass noch Missgunst.
         Jetzt aber muss ich mich – wie Anstand es mir gebot – ihnen
             zugesellen,
         † nun sollen sie Schmach und Streiterei haben †[16]
     5   Als Anstand noch das Sagen hatte, eijeijei, da hat er es so gemacht,
         dass Tausend sich einem zuchtlosen Menschen entgegen stellten,
         bis er sich also eines Besseren besann,
         auch musste er dies tun,
         so viele anständige Menschen waren dort.

II   Zu meinem Leidwesen fragen sie wahrlich zu oft
         nach meiner Dame, wer sie denn sei.
         Das nervt mich dermaßen, dass ich es ihnen allen jetzt sagen werde,
         und dann sollen sie mich in Ruhe lassen.
     5   ‚Gnade‘ und ‚Ungnade‘, diese zwei Namen[17]
         trägt meine Dame – sie verweisen auf ganz Unterschiedliches:
         Der eine ist arm und schwach, der andere reich und stark.[18]
         Wer mich, was ‚reich und stark‘ angeht, in die Irre führt,
         der möge sich für ‚arm und schwach‘ schämen.[19]

                                                               III

---

15 Im Original steht lediglich *lop* (‚Lob‘, ‚Lobpreis‘). Mir scheint, dass in der Strophe ein Schuss Ironie steckt, daher meine Übersetzung ‚Lobeshymne‘.

16 V. 3 und 4 sind in dieser Fassung anders als in den anderen formuliert und schwer verständlich, im Original vielleicht verderbt. Weitere Hinweise im Editionsband.

17 Zu mhd. *name* siehe die Anmerkung zu Fassung B.

18 Im Original steht nur *arm* und *rîch*. Siehe dazu die Anmerkung zu Fassung B.

19 Die letzten drei Verse haben Rätselcharakter. Siehe dazu die Anmerkung zu Fassung B.

III   Ich will und werde die Gute nicht vergessen,
        die mir so viele Gedanken raubt.
        Solange ich singe, werde ich stets
        aufs Neue Lobeshymnen[20] finden, die ihr gerecht werden.
    5   Die möge sie annehmen: Dann werde ich fortfahren zu loben.
        Es erfreut die Augen, wenn man sie sieht,
        dass man ihr Tugend zuspricht,
        das ist angenehm für die Ohren.
        Schön für sie und, ach, wie schmerzhaft für mich!

IV   Zwar erstrahlt die Heide in mancherlei Art,[21]
        doch muss ich dem Wald zugestehen:
        Dadurch, dass er so viele gute Dinge besitzt,
        steht er noch besser da.
    5   Gepriesen seist du, Sommer, für dein höfisches Wesen!
        Sommer, auf dass ich deine Tage stets loben möge!
        Trost, nun tröste meine Klage!
        Ich sage dir, was mich irre macht:
        Das, was mir lieb ist, dem bin ich verhasst.[22]

V[23]   Ich habe die Botschaft vernommen, durch meine Ohren
        hindurch bis tief in mein Herz hinein.
        Mein Bote ist mit Sorgen, die man ausgelöst hat[24], zu mir
            zurückgekommen,
        das zeigt sich an meiner riesigen Freude.
    5   Nun können sie von der Liebe erzählen, was sie wollen, wie
            wunderschön sie sei,
        das glaub ich nicht, sondern nur das, was ich will.[25]
        Mein Lobgesang für sie hat ein Ende.
        Der begleitete sie stets mit großer Zuverlässigkeit
        – nach Gott, aber vor allem anderen.

---

20 Zu den ‚Lobeshymnen‘ siehe die Anmerkung zu Fassung E.

21 Im Original steht *Swie wol diu haide in manger hande stât*, was fehlerhaft zu sein scheint. Man vergleiche die anderen Fassungen.

22 Anders als in den Fassungen B und C (ein Mann spricht) und in der Fassung E (eine Frau spricht), bleibt in dieser Fassung offen, wer spricht – eine bemerkenswerte und weitreichende Textvarianz.

23 Eine etwas rätselhafte, im Detail schwer verständliche Strophe, die in den anderen Fassungen fehlt.

24 Im Original findet sich eine ungewöhnliche Konstruktion: *mit brâhten sorgen*, wörtlich: ‚mit gebrachten Sorgen‘. *bringen* kann auch ‚vollbringen‘ bedeuten, das würde wohl in diesen Kontext hier passen.

25 Eine schwer verständliche Stelle.

Ton 41
Lied

Kunstkritik – Klage über Konkurrenten – Bitte um Hilfe bei der Wiederherstellung guter Kunst

I　Oh nein, höfischer Gesang,
dass dich schräge Töne
je vom Hof verdrängen durften!
Gott soll dich verachten, so wie du jetzt aussiehst!
5 Verflucht, dass deine Würde so daniederliegt!
Deswegen sind alle deine Freunde unglücklich.
Wenn es eben sein muss, dann ist es so:
Frau Un-Kunst, Ihr habt gesiegt.

II　Der, der uns Freude zurückbrächte,
die wohlanständig und angemessen wäre,
ach, wie gut würde man über den denken,
wo auch immer man von ihm berichtete!
5 Das wäre ein äußerst höfischer Geist,
den ich stets gerne herbeiwünsche.
Den Damen und den Herren stünde es gut an,
es ist eine Schande, dass es niemand tut!

III　Von denen, die den guten Gesang vernichten,
gibt es ungleich mehr
als von denen, die ihn gerne hören.
Dennoch richte ich mich nach der alten Lehre.
5 Ich will mich nicht der Mühle zugesellen,
wo der Mahlstein sich rauschend dreht
und das Rad so viele Misstöne von sich gibt.
Achtet genau darauf, wer die Harfe zupfen soll!

IV

IV   Die so fürchterlich herumtröten,
über die muss ich vor Zorn lachen,
dass sie auf dermaßen schiefes Zeug
stolz und von sich überzeugt sind.
5 Sie verhalten sich wie die Frösche in einem See,
denen ihr Quaken so gut gefällt,
dass die Nachtigall daran verzweifelt,
obschon sie gerne weitersingen würde.

V   Wer die Un-Kunst zum Schweigen brächte
– welch gute Kunst man dann wiederfinden würde! –
und wer sie von den Burgen herunterstieße,
sodass die Un-Kunst da verschwände![1]
5 Nähme man ihr das edle Hab und Gut weg,
das wäre genau das, was ich wünsche.
Bei den Bauern ließe ich sie gerne zurück,
von dort ist sie hergekommen.

In der Handschrift B lautet die V. Strophe wie folgt:

V′   Wer auch immer die Un-Kunst zum Schweigen brächte
– wie sänge man dann wieder von Freude! –
und wer sie von den Burgen herunterstieße,
sodass sie uns nicht mehr dermaßen zusetzen würde!
5 Nähme man ihr die großen Höfe,
das wäre genau das, was ich wünsche.
Bei den Bauern ließe ich sie gerne zurück,
von dort ist sie auch hergekommen.

---

[1] Die Verse 1–4 weisen hier und in der B-Fassung schon im Original einen gestörten Satzbau auf.

Ton 42 und 42a
Minnelied in 2 Fassungen

Liebesklage – Selbstbetrug – Klage über unwürdige Männerkonkurrenz – Schein und
Sein

*Strophen dieses Tones liegen in 2 Fassungen vor. (Fassungen können sich grundsätzlich in Anzahl,
Bestand und Reihenfolge der Strophen sowie in variierenden Formulierungen des Textes unterscheiden.
Letzteres betrifft: Wortschatz, Plus-/Minus-Text, Satzbau, hin und wieder Versreihenfolgen.) Die
Übersetzung ist bemüht, diese Textvariationen im Mittelhochdeutschen durch entsprechend variierende
Formulierungen auch im Neuhochdeutschen zu erfassen. Eine philologische Varianzanalyse lässt sich
freilich nur an den mittelhochdeutschen Texten durchführen.*

Fassung nach Handschrift C

I   Ich befand mich in einem Zustand zweifelnder Sorge
und dachte darüber nach,
ihr nicht mehr zu dienen,
ein Trost aber hielt mich davon ab.
5 Naja, Trost ist es kaum zu nennen, oje!
Es ist kaum ein kleines Tröstchen,
so klein, dass, wenn ich es euch beschriebe, ihr mich verspotten
    würdet.
Doch kaum jemand hat Freude, wenn er nicht weiß worüber.

II   Mich hat ein Halm glücklich gemacht:
Er behauptet, ich werde Gnade finden.
Ich habe diesen kleinen Strohhalm abgemessen,
wie ich es zuvor bei den Kindern gesehen hatte.
5 Höret und schaut, ob sie es tun wird:
„Sie tut es, sie tut es nicht, sie tut es, sie tut es nicht, sie tut es."
Wie oft ich es ausgemessen habe, das Ende ging immer gut aus,
das tröstet mich – und Glaube gehört auch dazu.

III

III   Sie ist mir von Herzen lieb,
         aber ich muss und kann ertragen,
         dass ich für sie nur einer unter den Besten bin.
         Ich habe keinen Grund, nicht weiter um sie zu werben.
     5   Ich will, wenn ich es recht betrachte, nicht glauben,
         dass jemand leichtfertig[1] an der Aufrichtigkeit meines Tuns zweifeln
             könnte.
         Ich freue mich, wenn die Betrogenen wissen, was sie betrogen hat,
         und allmählich reicht es mir, dass sie ständig prahlende Männer sieht.

         Fassung auf der Basis von Handschrift O

I[2]   Als Gott eine so schöne Frau erschaffen hatte,
         da stattete er sie auch mit derart feinem Geist aus,
         dass man sie vor anderen lobt:
         Außen strahlt ihre Schönheit, innen ist sie einfältig-dumm und
             plump.
     5   Wie kann ich die gewinnen, die so mit Glück überschüttet wurde?
         Mit dem, was ich mein Glück nennen kann, käme ich dort kaum
             weiter.
         Ich werde mich also ganz ihrer Gnade ergeben: Wahrlich,
         das ist mein Letztgedanke und meiner Weisheit letzter Schluss![3]

II   Ich befand mich in einem Zustand zweifelnder Sorge
         und dachte darüber nach,
         ihr nicht mehr zu dienen,
         aber ein Trost hielt mich davon ab.
     5   Naja, Trost ist es kaum zu nennen, oje!
         Es ist kaum ein kleines Tröstchen,
         so klein, dass, wenn ich es euch beschriebe, ihr mich verspotten
             würdet.
         Doch freut sich niemand über etwas, wenn er nicht weiß, was es ist.

                                                       III

---

1 Im Original steht *sanfte*. Meine Übersetzung ‚leichtfertig‘ wird durch die Wörterbücher nicht ganz gedeckt. Vielleicht ist auch so etwas wie ‚unterschwellig‘ gemeint.

2 Die Strophe dürfte sehr ironisch zu verstehen sein; ich habe dies in der Übersetzung sprachlich zu verdeutlichen versucht.

3 Im Original steht *mîn enderât und ouch mîn endelist*. Beide Nomen sind nur einmal hier belegt, dürften also Neologismen sein, die den ironischen Ton der Strophe verstärken sollten.

III	Mich hat ein Halm glücklich gemacht:
	Er behauptet, ich werde Gnade finden.
	Ich habe diesen kleinen Strohhalm abgemessen,
	wie ich es zuvor bei den Kindern gesehen hatte.
5	Nun höret und schaut, ob sie es tun wird:
	„Sie tut es, sie tut es nicht, sie tut es, sie tut es nicht, sie tut es.“
	Wie oft ich es ausgemessen habe, das Ende ging immer gut aus,
	das tröstet mich – und Glaube gehört auch dazu.

Ton 42a

(weist Strophenbau- und Textvarianz zu Ton 42 auf)

Mich hat ein Halm glücklich gemacht:
Ich glaube, ich werde Gnade finden.
Wie oft ich diesen Strohhalm auch abgemessen habe,
wie ich es von Kindheit an getan habe
5 – sie tut es nicht, sie tut es, sie tut es nicht, sie tut es, sie tut es nicht,
    sie tut es –,
wie auch immer ich es anstellte, das Ende ging immer gut aus.

Ton 43
Lied

Auto(r)biographisches? – 40 Jahre Minnesang – Alter – sozialer Rang – Weltklage und
-absage – Körper und Seele – letzte Dinge

I   Ihr makellosen Frauen, ihr würdevollen Männer,
es steht jetzt so, dass man mir
mehr denn je Ehre erweisen und herzlichen Gruß[1]
entbieten muss.
5 Dazu seid ihr aus gutem Grund mehr als früher verpflichtet.
Wenn ihr es hören wollt, dann sage ich euch, warum:
Gut vierzig Jahre und noch länger
habe ich von der Liebe gesungen und zwar so, wie man es tun soll.
Damals war ich darüber mit den anderen froh,
10 jetzt wird mir das nicht mehr zuteil, aber euch voll und ganz.
Mein Minnesang[2], der sei euch weiter zu Diensten,
mir sollen eure Treue und Ergebenheit bleiben.

II   Lasst mich an einem Stock gehen
und nach Würde streben
mit unablässigem Bemühen,
wie ich es von Kind auf getan habe.
5 Ich gehöre, wie tief ich gesellschaftlich auch stehe, doch zur Gruppe
der Edlen,
hoch genug aus meiner Sicht.
Das hassen die, die unten stehen. Bekümmert mich das? Nein.
Die Edlen halten umso mehr an mir fest.
Kostbare Würde[3], die ist so gut,
10 dass man ihr höchste Wertschätzung zukommen lassen soll.
Nie hat es ein lobenswerteres Leben gegeben,
als dort, wo man sich der Endlichkeit stets bewusst ist.

III

---

1 Der *gruoz* ist Zeichen von Anerkennung, Wertschätzung und Zuneigung. Das *grüezen* ist ein bedeutender sozialer Akt; siehe dazu die Anmerkung zu Ton 6, Str. V, V. 7, S. 39.

2 Im Original steht *minnensanc* (,Sang von der Liebe‘), es handelt sich durchaus um so etwas wie einen *terminus technicus*. Ich lasse ihn in der Übersetzung unübersetzt.

3 Im Original steht *werde wirde*, eine Art *figura etymologica*, die im Neuhochdeutschen kaum adäquat nachgeahmt werden kann.

III   Welt, ich habe durchschaut, wie du lohnst:
       Was du mir auch gibst, das nimmst du mir wieder.
       Wir verlassen dich alle nackt.
       Schäm dich, wenn es mir auch so ergehen soll.
   5 Ich hatte Leib und Seele – und das war allzu viel –
       tausendmal deinetwegen aufs Spiel gesetzt,
       jetzt bin ich alt und du treibst mit mir hinterhältige Scherze.
       Wenn ich darüber in Wut gerate, dann lachst du.
       Lache gerne über uns noch eine Weile,
 10 Dein Jammertag wird bald schon kommen
       und dir wegnehmen, was du uns genommen hast,
       und dich darum noch niederbrennen.

IV   Meiner Seele möge es gut ergehen!
       Auf der Welt habe ich so manchen Menschen
       froh gemacht, Männer und Frauen.
       Hätte ich mich doch besser vorgesehen!
   5 Preise ich die körperliche, vergängliche Liebe[4], so ist das ein Leiden
         für die Seele
       und die sagt, das sei Lug und Trug und ich sei nicht bei Verstand.
       Der wahren Liebe spricht sie hingegen vollkommene Beständigkeit
         zu
       und wie gut sie doch sei und wie fest.
       Leib, lass ab von der Art Liebe, die auch von dir ablässt,
 10 und achte und schätze die Liebe, die Bestand hat.
       Mir scheint, dass die, die du begehrt hast,
       nicht Fisch bis hin zur Gräte ist.

                              V

---

4 An allen Stellen in dieser Strophe steht für ‚Liebe' im Original *minne*.

V[5]   Ich hatte mir ein schönes Bild erwählt,
         aber es sei geklagt, dass ich es je gesehen
         und auch so viel zu ihm gesprochen habe!
         Jetzt hat es Schönheit und Sprache verloren.
    5   Darin befand sich etwas Wunderbares, das verschwand, ich weiß
             nicht, wohin.
         Dadurch verstummte das Bild sogleich.
         Seine Lilien-Rosen-Farbe wurde so kerkerblass,
         dass es Duft und Glanz verlor.
         Mein Bild, wenn es so ist, dass ich gefangen bin
    10   in dir, dann lass mich heraus,
         auf dass wir uns glücklich wiederfinden mögen,
         denn ich werde wieder in dich zurückkehren.

---

5 Die Strophe ist in der Forschung unterschiedlich diskutiert und interpretiert worden. Siehe die
Kommentare in der unter 5.5 genannten Literatur.

Ton 44   Buch III
Minnelied in 2 Fassungen

Arbeit an einer Definition von ‚Minne' – Minneklage – Drohungen gegen die verehrte
Frau – Sang für und um die Frau als Kunstgenuss der Gesellschaft – Liebe – Leid –
Streit – Versöhnung

*Strophen dieses Tones liegen in 2 Fassungen vor. (Fassungen können sich grundsätzlich in Anzahl,
Bestand und Reihenfolge der Strophen sowie in variierenden Formulierungen des Textes unterscheiden.
Letzteres betrifft: Wortschatz, Plus-/Minus-Text, Satzbau, hin und wieder Versreihenfolgen.) Die
Übersetzung ist bemüht, diese Textvariationen im Mittelhochdeutschen durch entsprechend variierende
Formulierungen auch im Neuhochdeutschen zu erfassen. Eine philologische Varianzanalyse lässt sich
freilich nur an den mittelhochdeutschen Texten durchführen.*

Fassung nach den Handschriften E, F, O

I   Kann mir jemand sagen, was Minne ist?
     Obwohl ich durchaus ein wenig darüber weiß, wüsste ich gerne noch
       mehr.
     Jemand, der klüger ist als ich,
     sage mir, warum sie so schmerzt.
5   Minne ist Minne, wenn sie angenehm ist;
     schmerzt sie, so kann man sie nicht zu Recht Minne nennen. Wel-
      ches Wort dann angemessen wäre, weiß ich nicht.

II   Sollte ich zutreffend ergründen können,
     was die Minne ist, dann sagt dazu ‚ja'.
     Minne ist die Freude zweier Herzen:
     Teilen sie in gleichem Maße, dann herrscht dort Minne.
5   Wird sie aber nicht geteilt,
     kann ein Herz allein sie nicht in sich tragen. Ach, würdest du mir
      doch helfen wollen, meine liebe, verehrte Frau.[1]

                        III

---

[1] Im Original steht *vrowe* (auch an den anderen Stellen im Lied). Ich habe hier durch meine Übersetzung versucht, Nebentöne, die mir vorzuliegen scheinen, herauszustellen. Siehe auch oben den Abschnitt 3 zu Übersetzungsproblemen.

III   Verehrte, ich trage an einem Teil zu schwer,
        wenn du mir helfen willst, dann bitte beizeiten.
        Wenn ich dir aber völlig gleichgültig bin,
        so sag es gerade heraus, dann gebe ich meine Anstrengungen auf
   5   und befreie mich von dir.
        Eines sollst du aber sehr genau wissen, dass dich nämlich niemand
            besser lobpreisen kann.

IV   Ich will stets so singen,
        dass sie danach sagen: „Nie hat er besser gesungen".
        Dafür dankst du mir aber überhaupt nicht!
        Das werfe ich dir als erstes vor und danach noch anderes.[2]
   5   Weißt du eigentlich, was sie dir wünschen?
        ‚Glückselig sei sie, wegen der man uns so schönen Gesang bietet!'
        Schau, Verehrteste, dieser Wunsch der Gesellschaft geht auf mich
            zurück!

V   Kann die Frau, die mich in ihrer Gewalt hat, Süßes sauer machen?
        Glaubt sie, dass ich ihr Liebesfreude für Leid[3] gebe?
        Sollte ich sie wirklich und wahrhaftig loben,
        nur damit sie mich mit Verachtung straft?
   5   Dann könnte ich meinen eigenen Augen wohl nicht mehr trauen.
        Oh Gott, was rede ich Tauber und Blinder? Wen auch immer die
            Minne[4] blendet, wie sollte der in der Lage sein zu sehen?

---

2 Die Formulierung ab der Konjunktion ‚und' lautet im Original: *sô denne daz*, was ziemlich nichtssagend ist, meine Übersetzung ist nur ein Versuch unter anderen.

3 Im Original steht *liep umbe leit* (‚Freude für Leid'); bei Walther geht die Bedeutung von *liebe* allerdings immer wieder schon in die von nhd. ‚Liebe' über; daher mein Kompositum. Siehe auch oben den Abschnitt 3 zu Übersetzungsproblemen, S. XLIV f.

4 Ich lasse *Minne* hier als Allegorie unübersetzt stehen.

Fassung nach Handschrift C

I Kann die Frau, die mich in ihrer Gewalt hat, Süßes sauer machen?
  Glaubt sie, dass ich Liebesfreude[5] gegen Leid eintausche?
  Soll ich sie wirklich und wahrhaftig loben,
  nur damit sie es mir mit Verachtung zurückzahlt?
 5 Dann könnte ich meinen eigenen Augen wohl nicht mehr trauen.
  Oh Gott, was rede ich Tauber und Blinder? Wen die Minne[6] blendet,
   wie sollte der in der Lage sein zu sehen?

II Kann mir jemand sagen, was Minne ist?
  <..>[7] so wüsste ich doch gerne noch mehr.
  Wer jetzt gut Bescheid weiß,
  der sage mir genau, warum sie schmerzt.
 5 Minne ist Minne, wenn sie angenehm ist;
  schmerzt sie, so kann man sie nicht Minne nennen. Welches Wort
   dann angemessen wäre, weiß ich nicht.

III Sollte ich zutreffend ergründen können,
  was die Minne ist, dann sagt ‚ja‘.
  Minne ist die Freude zweier Herzen:
  Teilen sie in gleichem Maße, dann herrscht dort Minne.
 5 Wird aber nicht geteilt,
  kann ein Herz allein sie nicht in sich tragen. Ach, würdest du mir
   doch helfen wollen, meine liebe, verehrte Frau![8]

IV Verehrte, ich trage – allein – an einem Teil zu schwer,
  wenn du mir helfen willst, dann bitte beizeiten.
  Wenn ich dir aber völlig gleichgültig bin,
  so sag es gerade heraus, dann gebe ich meine Anstrengungen auf
 5 und bin wieder ganz frei.
  Eines sollst du aber wissen, dass dich nämlich wahrlich niemand
   besser lobpreisen kann als ich.

---

5 Im Original steht *liep umbe leit* (‚Freude für Leid‘); siehe die Anmerkung zur EFO-Fassung.

6 Siehe die Anmerkung zur EFO-Fassung.

7 In dieser Fassung fehlt Text; siehe aber die Fassung EFO.

8 Im Original steht *vrowe;* siehe dazu die Anmerkung zur EFO-Fassung.

V   Dass ich dir kaum einen Gruß entbiete,
      das geschieht ohne jede böse Absicht.
      Aus meiner Sicht ist es in Ordnung, dass der Geliebte mit der
            Geliebten zürnt,
      wenn es eine wirkliche Herzenssache ist.
    5 Traurig und fröhlich sein,
      sanftes Erzürnen, schmerzliches Versöhnen, das ist das Gesetz der
            Minne, so will es Liebe, die aus dem Herzen kommt.[9]

VI   Eine Redensart soll dir gar nicht erst in den Sinn kommen,
      Verehrteste, hier vertraue ich auf deine Wohlerzogenheit,
      wenn du es dennoch tätest, hätte ich dafür nur Abscheu übrig.
      Vergleichbar wäre das mit den Geizigen, die, wenn es ans Bezahlen
            geht, sagen:
    5 „Könnte er Glück und Seligkeit sein nennen, dann täte auch ich ihm
            Gutes."
      Der ist selbst von aller Glückseligkeit verlassen, der so etwas sagt
            und nicht handelt.

---

9 Im Original steht *diu herzeliebe wil alsô*. Walther ist bemüht, für das, was er unter rechter Liebe
versteht, alternative Bezeichnungen zu finden. *herzeliebe* zählt dazu (‚Herzens-Liebes-Freude').

Ton 45[1]
Minnelied

Streit und Versöhnung – Zeitverlust – Drohungen gegen die verehrte Frau

I Dass ich dir kaum einen Gruß entbiete,
   Verehrte, das geschieht ohne jede üble Absicht.
   Aus meiner Sicht ist es in Ordnung, dass der Geliebte mit der
    Geliebten durchaus zürnt,
   wenn es eine wirkliche Herzenssache ist.
 5 Sei nicht traurig, sei fröhlich!
   Sanftes Erzürnen, schmerzliches Versöhnen, das ist das Gesetz der
    Minne, so will es Liebe, die aus dem Herzen kommt.[2]

II Nie sah ich Tage so schnell davoneilen,
   wie es die meinen tun. Ich schaue ihnen nur noch hinterher.
   Wüsste ich doch, wohin sie sich begeben!
   Mich wundert immer wieder aufs Neue, warum es ihnen so eilig ist.
 5 Sie könnten doch durchaus von mir zu jemandem kommen,
   der sie nicht so gut behandelt wie ich; dann lass sie strahlen,
    allerdings nur, wenn sie wissen, für wen.[3]

III Eine Redensart soll dir gar nicht erst in den Sinn kommen,
   Verehrteste, Dein gutes Wesen aber wird wohl dafür sorgen.
   Wenn du es dennoch aussprächest – nur Abscheu hätte ich dafür
    übrig,
   die Niederträchtigen reden so, wenn es ans Bezahlen geht:
 5 „Könnte er Glück und Seligkeit sein nennen, dann täte auch ich ihm
    Gutes."
   Der ist selbst von aller Glückseligkeit verlassen, der so etwas gern
    sagt, aber nicht entsprechend handelt.

---

1 Die Strophen I und III auch in Ton 44, Fassung C, als Strophen V und VI (mit Textvarianten).

2 Im Original steht *diu herzeliebe wil alsô*. Walther ist bemüht, für das, was er unter rechter Liebe versteht, alternative Bezeichnungen zu finden; *herzeliebe* zählt dazu (‚Herzens-Liebes-Freude').

3 Der zweite Halbvers ist kryptisch: an wen richtet sich der Imperativ ‚lass' (*lâ*)? Worauf bezieht sich das Verb ‚wissen' (*wizzen*)?

Ton 46
Minnelied

Wechselrede Mann und Frau – implizite Drohungen an die Frau – Klage der Frau –
Eifersucht – Mann auf Abwegen – Absage der Frau

I   Zeige, verehrte Frau, angemessenes Wohlwollen.
Lass mich allein auf immer für dich leben.
Sollte ich das nicht tun, dann fort mit mir!
Nur eines sollst du mir zugestehen,
5 das kannst du mir gut und gerne für eine kurze Zeit erlauben,
während ich auf dich warten werde.
Ich benenne es nicht, ich meine jenes, du weißt schon was.
Ich sage dir, wovor ich Angst habe:
Ich fürchte, dass ich es erneut schätzen lerne.[1]

II   ‚Sollte ich je einen Geliebten finde, dann will ich ihn ganz für mich
haben.
Mein Geliebter aber liebt andere Frauen.
Ich teile gerne alle schönen Dinge,
allerdings nicht den Geliebten.
5 Wenn ich ihn zuweilen gerne bei mir sähe,
so hält er sich woanders auf.
Wenn er dort gerne ist, na, dann bitteschön!
Das schmerzt so manche Frau
und auch mir geht es nicht gut dabei.‘

III   Diese glückliche Frau, sie zürnt mir allzu sehr,
dass ich mir Geliebte an vielen Orten suche.
Sie befahl mir nie, ihren Vorstellungen gemäß zu leben,
wie eindringlich ich sie auch darum gebeten habe.
5 Was nützt es, dass ich sie mehr als all die anderen liebe?
Klage ich, so hüllt sie sich in Schweigen.
Wenn sie wirklich will, dass ich von anderen Frauen lasse,
dann sollte sie
etwas mehr auf meine Worte achten.

IV

---

1 Bewusst unklare Rede; das Gemeinte wird erst im Fortgang des Liedes deutlich.

IV   ,Ich will dir zugestehen, dass du mich sehr oft umworben hast,
      und ich habe das kaum beachtet.
      Seinerzeit wusste ich aber gut, dass du überall so aufgetreten bist,
      deshalb war ich dir gegenüber sehr zurückhaltend.
   5 Wer mich zur Geliebten möchte, wer mich erobern will,
      dem sollte solch unstetes Gehabe fremd sein.
      Freude und Liebe zu teilen, das bedeutet, Leid zu teilen.
      Nun sag mal, siehst du das anders?
      Das ist der Grund, warum ich mich nicht traue, dich zu lieben.'

Ton 47
Minnelied

Wechselrede Mann und Frau – Zweifel der Frau an der Ehrlichkeit des Mannes – Hoffnung – feste Absichten des Mannes – Werbung um die Frau – Kommunikationsprob-
leme

I   ‚Ich[1] würde stets so leben, wie es die Leute wünschen,
     allerdings sind die nicht einer Meinung.
     Wenn ich mich in Hochstimmung befinde
     und sie mich fröhlich sehen,
5   so ist das dem einen zuwider,
     der andere aber sagt, die Freude gereiche mir zur Ehre.
     Nun weiß ich nicht, an wen ich mich halten soll.
     Wäre ich doch weise und klug,
     dann täte ich wohl das Richtige.

II   Ich höre, dass man ihm manche Ehren zuspricht,
     ihm, der mir sehr zu Diensten war.
     Bei Dem, der in sein Herz hineinschauen kann,
     suche ich, auf Seine Gnade hoffend, Rat,
5   auf dass Er es mir offen zeige.
     Nun fürchte ich aber, dass er[2] eine falsche Absicht verfolgt.
     Würde er mir doch seinen Willen kundtun!
     Selbst wenn mir etwas lieber wäre als mein Leben,
     er könnte darüber herrschen!‘

III Wenn es so ist, dass Diensteifer mir helfen wird,
     wie er vielen anderen geholfen hat,
     dann wird mir eine feste Absicht,
     die ich hier und jetzt habe, ihre Zuneigung sichern.
5   Dieser feste Wille riet mir, dass ich sie mit Bitten angehen sollte,
     und würde sie aber in Zorn verfallen, so sollte ich es trotzdem tun.
     Nun – ich werde es tun, was auch immer mir geschieht.
     Eine makellose, kluge und glückselige Frau,
     von der lasse ich doch so schnell nicht ab.

                                                        IV

---

1 Strophe I hier als Frauenrede verstanden; vom Text her eindeutig wie in Strophe II ist das aber nicht.
2 Gemeint ist hier nicht mehr Gott (V. 3–5), sondern der Mann.

IV   Wie kommt es, dass ich
ihre Worte so gut verstehe und sie die meinen nicht,
und ich großen Kummer leide,
obwohl man mich dabei fröhlich sieht?
5 Ein anderer Mann würde aufgeben:
Ich aber verfolge das Ziel beständig weiter, obwohl es mir nichts
    einbringt.
Wie viel Kummer ich deswegen auch erleide,
ich verliere kein böses Wort darüber,
beklage es allerdings schon.

Ton 48[1]
Minnelied

Wechselrede Mann und Frau – Frauenpreis – Männerpreis – Liebeserfüllung – (ge- und erlebte Sexualität?)

I In mir haben freudige Hoffnung
und auch herzliche, tröstende Zuwendung der Geliebten
Sehnsuchtsschmerzen ausgelöst.
Wenn die sich für mich in Freude verwandeln,
5 dann erfahre ich auf genau die Weise Erlösung,
wie ich sie mir
mit ihr, der Geliebten, vorgestellt habe,
die mir alle anderen Frauen gleichgültig macht,
die ich aber dennoch ihretwegen ebenfalls verehren muss und werde.
10 Wirklich wahr: Ich begehre keinen anderen Lohn
von irgendeiner von ihnen – ihren[2] Gruß[3] ausgenommen.

II ,Aufrecht und gut, frei von jeder Falschheit, lebt
ein Mann, der mir stets
befehlen kann, was immer ihm auch vorschwebt.
Seine Beharrlichkeit macht mir Freude,
5 ich habe ihn aber auch sehr gut behandelt.
Das rührt von großer Liebesfreude her.
Mir ist von ihm, das muss ich zugestehen,
ein schönes Frauenglück[4] widerfahren.
Diese höchste Glückseligkeit erfahren wir beide.
10 Seine männliche Tüchtigkeit[5] hat ihm die beste Stelle
in meinem Herzen gesichert.'

III

---

1 Ein Lied mit im Original z. T. recht ,gedrechselt' und ,geschraubt' wirkenden Formulierungen. Man kann sich eine Menge Ironie und Augenzwinkern hinzudenken und dann könnte es sich um eine verklausulierte Rede über Sex handeln.

2 ,Ihr' kann sich auf die anderen Frauen beziehen oder aber auf die eine Geliebte.

3 Der um eine Frau werbende Mann erhofft sich als Zeichen des Wohlwollens oft den *gruoz* der Dame. Siehe dazu die Anmerkung zu Ton 6, Str. V, V. 7, S. 39.

4 Im Original steht: *wîbes heil*, in der dritten Strophe entsprechend *mannes heil*. In beiden Begriffen darf man erotisch-sexuelle Nebentöne vermuten.

5 Im Original steht: *tugent*. Das Wort hat meist ethische Denotate und Konnotate, kann aber auch konkreter ,männliche Kraft' u. ä. bedeuten.

III   Eine Frau hat dafür gesorgt, dass meine Freude
        gefestigt und von endloser Dauer ist,
        ganz zurecht, solange ich lebe.
        Ich erhoffe mir bei ihr und von ihr beglückende Gunst:
   5   Kommt mir Trost und Hilfe voller Freude zu,
        so kann man dies gut und gerne Liebesgabe[6] nennen.
        Ein Männerglück widerfuhr mir,
        als[7] sie mit aufrichtiger Treue sagte,
        ich sollte ihrem Herzen nahe sein.
  10   Daher darf es niemanden verwundern,
        wenn das meine von Kummer und Sorge frei ist.

---

6 Im Original steht *friundes gebe* (‚Gabe eines geliebten Freundes').

7 Im Original steht (zweimal) *dâ*, was eigentlich lokal zu verstehen ist (... dort, wo sie mir ...); vielleicht ist tatsächlich (auch) an einen Ort gedacht.

Ton 49
(Minne-)Lied

Gesang als Kunst für die Gesellschaft – Liebesklage des Mannes – Vorwürfe und Drohungen an die Frau – Wie du mir, so ich dir – Alter

I Ich hatte mir vorgenommen, lange zu schweigen,
jetzt aber werde ich wieder singen wie früher.
Gute Leute haben mich dazu animiert,
die können noch mehr von mir fordern.
5 Ich werde ihnen vortragen und für sie singen,
und was sie auch wünschen – ich werde es tun: Im Gegenzug sollen
    sie beklagen, dass ich Kummer leide.

II Lasst euch von einem Wunder erzählen, wie es mir
mit meiner qualvollen Arbeit ergangen ist.
Es gibt eine Frau, die mich einfach nicht beachten will,
ich aber sorgte dafür, dass sie von der Gesellschaft verehrt und
    geachtet wurde,
5 sodass sie voller Stolz sein kann.
Leider weiß sie offenbar nicht, dass ihre Wertschätzung dahin ist,
    wenn ich mein Singen aufgebe.

III Wahrlich, wahrlich, oh Herrgott, unter welchen Flüchen wird sie jetzt
    leiden,
wenn ich nun meinen Gesang einstelle!
Alle, die sie jetzt loben, das weiß ich gut,
die werden wüten, auch wenn ich das nicht unbedingt will.
5 Tausend Herzen wurden
froh, weil sie froh war, die werden wohl leiden, wenn ich mich von
    ihr verabschiede.

IV Als mir schien, dass sie gut wäre,
wer war da besser für sie als ich?
Das hat ein Ende: Was auch immer sie mir antut,
sie soll sich entsprechend auf etwas gefasst machen.
5 Befreit sie mich aus dieser Not- und Zwangslage,
dann ist sie so angesehen wie ich; tötet sie mich aber, dann geht auch
    sie zugrunde.

V

V   Wenn ich im Dienst an ihr allmählich älter werde,
     wird sie auch nicht gerade jünger.
     Dann sieht mein Haar wahrscheinlich so aus,
     dass es sie nach einem jungen Mann gelüstet.
5   Na denn, Herr Junger Mann,
     nehmt für mich Rache und haut auf ihre runzlige Haut mit
          Weidenstöcken ein!

Ton 49a[1]
(Minne-)Lied

Gesang als Kunst für die Gesellschaft – Liebesklage des Mannes – Vorwürfe und Drohungen an die Frau – Wie du mir, so ich dir – Alter

I Langes Schweigen hatte ich mir vorgenommen,
   jetzt muss ich aber wieder singen wie früher.
   Schöne Damen haben mich dazu animiert,
   sie könnten noch mehr von mir verlangen.
   5 Was auch immer ich singe oder ihnen vortrage,
   so bitte ich sie allesamt,
   dass sie meinen Kummer beklagen.

II Mich wundert, wie es mir
   durch meine eigene qualvolle Arbeit ergangen ist
   einer Frau wegen, die mich einfach nicht beachten will;
   ich aber sorgte dafür, dass sie von der Gesellschaft verehrt und
    geschätzt wurde.
   5 Sie empfindet großen Stolz,
   doch weiß ich nicht, wann mein Gesang verstummen
   und damit ihre grenzenlose Verehrung ein Ende haben wird.

III Wenn ich im Dienst an ihr alt geworden bin,
   ist sie nicht gerade jünger geworden.
   Dann sieht mein Haar wahrscheinlich so aus,
   dass es sie nach einem jungen Mann gelüstet.
   5 Gott steh Euch bei, Herr Junger Mann,
   dass ihr für mich an der alten Braut Rache übt,
   und haut mit Weidenstöcken auf sie ein!

---

1 Diese drei Strophen weisen eine besondere Überlieferung im Umfeld des Dichters Reinmar (des Alten) auf; siehe den Editionsband.

Zwei Strophen der Ballade ‚Der edle Moringer‘[2] verwenden Verse
von 49/49a:

30.   Zu schweigen hatte ich mir vorgenommen,
        jetzt muss ich lieber wieder singen,
        dazu haben mich die Frauen animiert,
        sie können mir noch mehr abverlangen.
    5   Ich bitte Euch darum, junger Mann,
        übt für mich Rache an der alten Braut
        und haut mit Weidenstöcken auf sie ein!

31.   Ich war jung, jetzt bin ich alt,
        deshalb hält sie nicht viel von mir.
        Weil mein Bart grau ist,
        will sie einen jungen Mann haben.
    5   Früher war ich Herr, jetzt bin ich Knecht,
        sodass mir auf dieser Hochzeit
        eine alte Schüssel zugeteilt worden ist.

---

2 Bei dieser Ballade handelt es sich um ein Lied aus dem 14. Jahrhundert: Ein verschollen geglaubter
Ehemann kehrt heim. ‚Moringer‘ verweist auf den Minnesänger Heinrich von Morungen (Ende 12. bis
1. Viertel des 13. Jahrhunderts).

Ton 50
(Minne-)Lied

Gesellschaft – Fluchen – Missgunst – Verehrung der Frau – Liebesklage – Liebesqual –
Eigenname: Hildegunde

I   Die, die mir in diesem Winter Freude genommen haben,
ob Frauen oder Männer,
denen wird diese Sommerzeit besser gefallen.
Eine Schande, dass ich kein guter Flucher bin!
5 Leider, leider kenne ich nur
das eine üble Wort: ‚Verdammt‘. Nein-nein-nein! Das wäre allzu
heftig.

II   Zwei herzallerliebste Flüche beherrsche auch ich:
Die wirken als Flüche so, wie ich es will.
In diesem Jahr sollen sie[1] sowohl Esel als auch den Kuckuck
hören – noch vor dem Frühstück.
5 Weh und Ach über den Armseligen! [2]
Wüsste ich, ob es sie quält und reut, dann wollte ich um Gottes
Willen Erbarmen haben.

III Man soll Ungeduld gegenüber geduldig sein:
Das schmerzt die, die weder Anstand noch Ehre kennen.
Wenn Bösartige jemanden hassen, ohne dass dieser Anlass dazu gibt,
so rührt das gerade von dessen Aufrichtigkeit her.
5 Verliehe mir die Gute, die dazu ja imstande ist,
Trost und Zuversicht, dann würden mir deren Neid und Missgunst
nichts ausmachen.

IV

---

1 V. 3 und 4: eine kontrovers diskutierte Stelle. Das Pronomen ‚sie‘ kann sich hier nur auf die
anonymen Personen aus Str. I, V. 1 beziehen. In der Überlieferung gibt es aber Varianten, was den
Bezug angeht. Mit ‚Esel‘ und ‚Kuckuck‘ sind vielleicht untalentierte Künstler bezeichnet. Siehe die im
Literaturverzeichnis hier unter 5.5 aufgeführten Stellenkommentare.

2 Gemeint wohl: ‚den Armseligen, den solche Flüche treffen‘. Der Singular irritiert hier.

IV   Ich will vor der ganzen Welt einen Schwur auf ihr Leben leisten:
Diesen Eid soll sie hören und sich daran erinnern!
Sollte mir irgendjemand, ob Jungfrau oder Frau, lieber sein,
dann möge ich in der Hölle schmoren.
5 Wenn sie ein wenig Vertrauen in sich hat,
dann vertraut sie diesem Eid und verhindert, dass ich Herzensqualen
    leide.

V   Herren und Freunde, helft bitte rechtzeitig:
Es kommt zu einem Ende, das ist so.
Ich führe euch meinen Liebeskampf vor.
Ich werde in der Tat niemals wieder richtig glücklich:
5 Die tiefe Wunde in meinem Herzen,
die wird stets offen bleiben, wenn sie, die Geliebte, mich mit ihrem
    Mund nicht küsst.
Die tiefe Wunde in meinem Herzen,
die wird stets offen bleiben, wenn sie diese nicht tief vom Grunde
    her versorgt und heilt.
Die tiefe Wunde in meinem Herzen,
10 die wird stets offen bleiben, wenn Hildegunde[3] sich um sie nicht
    kümmert.

---

3 Dass (grundsätzlich ja doch fiktive) Frauengestalten in der Lyrik namentlich genannt werden, ist
für das 12. und 13. Jahrhundert extrem selten (Ausnahme: Neidhart, Zeitgenosse Walthers).

Ton 51
Minnelied (Das ‚Kranzlied‘ oder ‚Traumlied‘)

Balladenhaftes Erzähllied – Frauenpreis – Verehrung – gelebte Liebe – Sexualität –
Traumerlebnis

I   „Nehmt, verehrte Dame, diesen Kranz“,
so sprach ich zu einem schönen Mädchen,
„dann werdet Ihr dem Tanzvergnügen
durch die schönen Blumen Glanz verleihen, wenn sie auf Eurem
     Kopfe sind.“
5 Hätte ich viele Edelsteine,
dann gehörten die selbstredend auf ihr Haupt,
das könnt ihr mir glauben.
Schaut mich an[1], wie aufrichtig ich es meine.

II   „Verehrte Dame, Ihr seid so schön,
dass ich Euch meinen Kopfschmuck[2] gerne geben möchte,
den allerbesten, den ich besitze.
Ich kenne viele weiße und rote Blumen,
5 die befinden sich weit weg auf jener Heide.
Dort, wo sie so schön hervorgewachsen sind
und wo die kleinen Vögel gesungen haben,
werden wir beide sie pflücken und Liebesfreuden genießen.“[3]

III

---

1 Solche Anreden an das Publikum sind sicher mit Gesten, bestimmter Mimik etc. begleitet gewesen;
der Text allein gibt darüber keine Auskunft mehr. Diese Stelle ist ein schönes Beispiel dafür, wie Text-
Leerstellen durch performative Akte mit Sinn und Intention gefüllt werden können – und, so bin ich
überzeugt, bei Walther oft genug mit Ironie-Signalen.

2 Im Original steht das Wort *schapel*. Siehe dazu die Anmerkung zu Ton 37, Fassung E, Str. IV, V. 3,
S. 185.

3 Im Original ist nur vom *bluomen brechen* die Rede; es handelt sich um eine verhüllende Bezeichnung
für ‚Geschlechtsverkehr haben‘, insbesondere ist die Entjungferung gemeint (vgl. lat. *de-floratio*).

III Sie nahm, was ich ihr anbot,
     einem Kind sehr ähnlich, das schon um ehrenhaftes Benehmen weiß.
     Ihre Wangen röteten sich
     und glichen einer Rose inmitten von Lilien.
   5 In ihren strahlenden Augen zeigte sich Scham.
     Und dann verneigte sie sich vor mir auf betörende Weise.
     Das wurde mein Lohn.
     Kommt noch was nach, nun, ich schweige still.
     ___________________[4]

IVa[5] Ihretwegen
     muss ich in diesem Sommer allen Mädchen
     genau in die Augen schauen.
     Vielleicht erobere ich eine[6], dann sind meine Sorgen dahin.
   5 Was wäre, wenn aber sie bei diesem Tanz mitmacht?
     Liebe Damen, ich appelliere an Eure Güte:
     Hebt die Hüte ein wenig hoch.
     Uiuiui, wenn ich sie dann unter dem Kranz sähe!

IVb Mir schien, dass mich
     noch nie solche Glücksgefühle durchströmt hatten.
     Die Blüten fielen ohne Unterlass[7]
     von dem Baum zu uns herunter auf das Gras.
   5 Schaut, da musste ich vor Freude jauchzen,
     als ich in so herrlicher Weise
     im Traum beglückt war –
     und da wird's Tag und ich wach auf.

---

4 Zur Bedeutung dieser Linie siehe den Editionsband; sie kennzeichnet Überlieferungsbesonderheiten, hier den Umstand, dass die Strophen IVa und IVb in einer der überliefernden Handschriften nicht unmittelbar auf III folgen.

5 Man nimmt an, dass die hier mit IVa und IVb gekennzeichneten Strophen alternative Liedschlüsse gewesen sind.

6 In einer Handschrift (E) steht *vinde ich mine* (‚finde ich meine' [Dame]); hier wird deutlich auf die Dame Bezug genommen, die vom Mann den Kranz bekommen hat.

7 Das ‚Blumen pflücken' aus Str. II (siehe Anmerkung dort) dürfte hier aufgegriffen werden.

Ton 52[1]
Lied (Das sog. ‚Vokalspiel‘)

Natur – Jahreszeiten – Klage über den Winter

I　Die Welt war gelb, rot und blau,
　grün im Wald und anderswo,
　da sangen die kleinen Vögel,
　jetzt aber krächzt wieder die Nebelkrähe.
5　Trägt sie eine andere Farbe? Aber sicher!
　Sie ist bleich und ganz grau geworden.
　Deswegen ziehen sich so manche Augenbrauen zusammen.

II　Ich saß auf einem grünen Hügel,
　dort wuchsen Blumen und Klee
　zwischen mir und einem See.
　Etwas Schöneres gibt‘s dort nicht.
5　Wo wir zuvor Blumen für Kränze pflückten,[2]
　da liegen jetzt Reif und Schnee,
　das schmerzt die Vöglein.

III　Die Dummen sagen „Schnei’ los, so schnei’ doch“,
　die armen Leute „Oh weh, ach nein“.
　Ich bin beschwert wie mit Blei,
　drei Wintersorgen quälen mich.
5　Welche das auch sind,
　die würde ich schnell los,
　wenn uns der Sommer doch nur nahe wäre.

IV

---

1 Dieses Lied weist im Original eine Formbesonderheit auf: Die Reimsilben der fünf Strophen enden jeweils auf einen der fünf Vokale. Die sieben Verse der ersten Strophe enden alle auf -â (*blâ: anderswâ: dâ: nebelcrâ: jâ: übergrâ: brâ*) – und so geht es mit -ê, -î, -ô, -û in den Folgestrophen weiter. Dieses Vokalspiel lässt sich in der Übersetzung nicht mehr nachahmen. Der Inhalt der Strophen ist wenig spektakulär.

2 Vgl. die Anmerkung zu Ton 51, Strophe II.

IV   Bevor ich lange so leben müsste,
        würde ich den Krebs lieber roh essen.
        Sommer, mache uns wieder glücklich,
        Du schmückst Wiese und Buschwerk.
     5 Damals vergnügte ich mich mit den Blumen,[3]
        hoch schwebte mein Herz in der Sonne,
        das jagt der Winter ins Stroh.

V   Ich habe lange gelegen wie eine Sau,
        mein glattes Haar ist kraus geworden.
        Liebster Sommer, wo bist du?
        Gott, wie viel lieber sähe ich, dass man die Felder bestellt,
     5 als noch lange in einem solchen Elend
        eingepfercht zu sein wie jetzt:
        Eher würde ich noch Mönch in Doberlug.[4]

---

3 Vgl. die Anmerkung zu Ton 51, Strophe II.
4 Doberlug/Dobrilugk: ein bekanntes Zisterzienserkloster nördlich von Dresden.

Ton 53
Lied

Religiöse Grundthematik – Bitten an Gott – eindringliche Kreuzzugspropaganda

I   Du erhabene, wahrhaftige, göttliche Liebe,[1]
führe schwachen und sündigen Geist auf den rechten Weg.
Gott, denk an Deinen Anfang[2]
und rette die Christenheit.
5 Dein Kommen bringt
Heil für das Leid der ganzen Welt.
Du, der Du mit den Waisen Erbarmen hast,
hilf, diese Qualen[3] zu vergelten.
Erlöser von den Sünden,
10 es verlangt uns nach den fließenden Fluten.[4]
Uns kann Dein Geist entzünden,
wenn ein bereuendes Herz erkannt wird.
Dein Blut hat uns benetzt,
den Himmel aufgeschlossen,
15 jetzt sollt ihr[5] ohne Zögern
das Heilige Land befreien.
Gebt Leben und Eigentum hin,
Gott wird uns eine Hilfe dem gegenüber sein,
der manche Todgeweihte
20 der Seele beraubt hat.

II

---

1 Im Original steht: *Vil süeze waere minne* (‚Ganz süße, wahre Liebe‘); meine abweichende Übersetzung ist dem weiteren religiösen Kontext verpflichtet.

2 Im Original steht: *dîn anebeginne* (‚dein Anbeginn‘); es ist nicht ganz klar, was damit gemeint ist, vielleicht der ‚Beginn der Heilsgeschichte‘. Siehe die im Literaturverzeichnis hier unter 5.5 aufgeführten Stellenkommentare.

3 Anspielung auf die Einnahme Jerusalems durch die Heiden.

4 Unklares Bild; vielleicht ist das Meer gemeint, über das Kreuzfahrer nach Palästina fuhren.

5 Unvermittelter Wechsel der Anrede von Gott zu den Mitchristen und potentiellen Kreuzfahrern.

II Dieses kurze Leben schwindet dahin,
   der Tod findet uns in Sünde vor,
   wer aber sich auf die Seite Gottes stellt,
   der kann der Hölle entkommen.
5 In tiefer Not findet sich große Hilfe:
   Die Wunden Christi heilen jetzt.
   Sein Land wird bald erlöst,
   das steht felsenfest.
   Königin aller Frauen,
10 erweise treue und verlässliche Hilfe!
   Dein Kind wurde dort gefoltert,
   sein Menschsein starb dahin.
   Seine göttliche Gnade räume uns noch Zeit ein,
   damit wir das Heidenvolk mit Scharfsinn bezwingen.
15 Die Getauften nennen sie ‚Unchristen‘,
   warum fürchten diese nicht den Richterstab,
   der auch die Juden schinden wird?
   Ihr Geschrei wird laut ertösen.
   Preisend rufen wir dem Kreuze zu:
20 Befreien wir das Grab!

III

III   Das menschliche Leben[6] muss dahingehen,
       wenn wir den Lohn[7] erhalten,
       Gott wollte für uns sterben,
       seine Drohung ist zurückgestellt.[8]
5   Sein über alles verehrtes Kreuz
       hat mehr und mehr Heil gebracht.
       Wer sich vom Zweifel löst,
       hat Geist und Seele gerettet.
       Gedankenloser Sünder,
10   deine Tage sind gezählt,
       der Tod hat uns, die
       Verdammten, ohne Gegenwehr gestellt.
       Nun eilt alle gemeinsam dorthin,
       auf dass wir in willig ertragener Aufopferung
15   gewisslich in das Himmelreich
       gelangen.
       Gott wird mit den Händen eines Kämpfers
       dort Seine Schmach rächen,
       aus vielen Ländern möge sich
20   Sein Heiligstes Heer zusammenfinden!

IV

---

6 Gemeint wohl das Menschsein Gottes als Christus.

7 ‚Lohn‘ wohl als ‚Erlösung‘ zu verstehen.

8 Der Vers ist schwer verständlich: Welche Drohung (*drô*) soll gemeint sein? In der Forschung gibt es unterschiedliche Vorschläge, u. a.: Androhung des Jüngsten Gerichts; Drohung, dass Christus sich nur *einmal* opfern werde (siehe die im Literaturverzeichnis hier unter 5.5 aufgeführten Stellenkommentare).

IV   Gott, sende uns Deine Hilfe,
      mit Deiner rechten Hand
      mögest du uns am Ende,
      wenn uns Geist und Seele verlassen,
   5 vor den höllenheißen Wogen schützen,
      damit wir dort nicht hineinstürzen.
      Es ist uns allen doch gut bekannt,
      wie erbärmlich es dasteht,
      das Heilige Land,[9]
  10 völlig hilflos und einsam.
      Jerusalem, weine und beweine,
      wie sehr man Dich vergessen hat!
      Die böse Gewalt der Heiden
      hat Dich übel zugerichtet.
  15 Der Ehre Deiner Namen[10] wegen
      erbarme Dich, Christus,
      der Not, mit der sie[11], die dort Bürgschaften aushandeln,[12]
      zu kämpfen haben,
      und dass sie uns auf solche Weise besiegen könnten,
  20 das verhindere alsbald.

---

9 Im Original steht: *daz hêre lant vil reine* (‚das erhabene, über alles makellose Land‘).

10 Anspielung auf die Trinität Gottes (Vater, Sohn, Heiliger Geist).

11 Das Pronomen *sie* bezieht sich hier auf die Christen; *sie* in V. 19 auf die Heiden. Der Text selbst ist also eher unklar, doch zeigt sich auch hier (wie an manchen anderen Stellen), dass durch performative Signale (nach links und rechts zeigen zum Beispiel) für das mittelalterliche Publikum der Bezug sogleich erkennbar war.

12 Der zweite Teil des Verses ist unklar. Im Original steht: *die dort den borgen dingen*; in der Forschung wurde überlegt, ob hier Versuche Friedrichs II. gemeint sein könnten, mit dem Sultan al-Kamil eine friedliche Koexistenz von Christen und Muslimen in Jerusalem auszuhandeln (1228 und 1229). Siehe die im Literaturverzeichnis hier unter 5.5 aufgeführten Stellenkommentare.

Ton 54
Sangspruchdichtung (Der Bognerton)

Verehrung Gottes – Preis seiner unbegreifbaren Vollkommenheit – Marienpreis – Kritik an Engeln – Kampf gegen die Heiden – Aufforderung an drei Erzengel, gegen die Heiden zu kämpfen – der Wert echter Freundschaft im Vergleich zu Verwandtschaftsbeziehungen – wahre Freundschaft: Verlässlichkeit – wie du mir, so ich dir – Warnung vor Überheblichkeit und Maßlosigkeit – Kunst des Schenkens und der Freigebigkeit – Allegorie der Unmäßigkeit – verkehrte Welt – Schein und Sein, Innen und Außen – Lob Diethers II. von Katzenellenbogen – höfische Werte – Selbstbeherrschung – Aufrichtigkeit – Warnung davor, sich und seine Dienste unter Wert anzubieten – Folgen zu großen Reichtums und zu großer Armut – was ist Liebe? – falsche und wahre Liebe

(Nicht alle Strophen haben thematische Verbindungen und sie bilden insgesamt auch keine Vortragseinheit.)

I   Er, der nie Anfang nahm,
aber einen Anfang setzen kann,
der kann auch, ohne selbst Ende zu nehmen, ein Ende machen.
Da dies alles in Seiner Hand liegt,
5 wer anders wäre wert, verehrt zu werden?
Er sei der Erste in meinem Lied.
Ihn zu verehren geht über alles.
Dieser Lobpreis, nach dem Ihn verlangt, ist voll von Glückseligkeit.

II   Nun wollen wir die gütige Jungfrau lobpreisen,
der von ihrem Sohn nichts versagt wird.
Sie ist die Mutter dessen, der uns von der Hölle erlöste.
Das ist uns ein Trost vor jedem anderen,
5 dass man dort im Himmel nach ihrem Willen handelt.
Auf, auf, nun los, Alte und Junge,
zu ihrem Lob soll nun gesungen werden!
Es ist gut, sie zu preisen, denn sie ist – GUT. [1]

III

---

1 Der Vers lautet im Original: *si ist guot ze lobenne, sî ist guot.* Das Attribut ‚gut‘ klingt etwas banal, auch die Wiederholung scheint auf den ersten Blick stilistisch nicht schön zu sein. Allerdings verwendet Walther dieses Adjektiv auch noch in anderen Kontexten (Frauenpreis) und wahrscheinlich ist die semantische Ausstrahlung von mittelhochdeutsch *guot* stärker als heute: ‚vollkommen‘, ‚vortrefflich‘, ‚voller Güte‘, ‚vornehm‘, ‚ehrenhaft‘, ‚gnädig‘, ‚tüchtig‘.

III   Ich sollte euch Engel ebenfalls ehrfurchtsvoll grüßen –
        aber nein! Ich bin nun wirklich kein Dummkopf.
        Wie viele Heiden habt ihr denn zugrunde gerichtet?
        Da euch niemand weder sieht noch hört,
    5 so sagt, was habt ihr dazu beigetragen?
        Wollte ich für Gott Rache üben so wie ihr, still und unbeweglich,
        mit wem sollte ich mich beraten können?
        Ich würde euch, ihr Herren, in Ruhe lassen.[2]

IV   Verehrter Herr Michael, verehrter Herr Gabriel,
        verehrter Herr ‚Teufelsfeind‘ Rafael,[3]
        ihr besitzt Weisheit, Stärke und Heilmittel.[4]
        Und mehr noch: Ihr verfügt über drei Engelchöre,
    5 die eurem Gebot willig Folge leisten.
        Wenn ihr von mir gelobt werden wollt, so geht in euch
        und stürzt die Heiden ins Verderben, das ist das Allerwichtigste.
        Würde ich euch früher loben, na, da hätten sie was zu spotten.

V   Ein Mensch mit Verwandten hoch oben in der Gesellschaft, aber
          ohne Freunde,
        das bedeutet nicht viel,
        bessere Hilfe und Stütze verspricht Freundschaft, die ohne
          Blutsbande auskommt.
        Stell dir jemanden aus einem Königsgeschlecht vor,
    5 wenn der keine Freunde hat, was nützt das dann alles?
        Verwandtschaft sorgt für Ansehen ohne eigene Anstrengung,
        während man sich um Freunde sehr bemühen muss.
        Klar, ein Verwandter hilft durchaus, ein Freund indes weit mehr.

                             VI

---

2 Den Hintergrund der Strophe bildet das Kreuzzugsgeschehen. Dabei werden nicht helfende Engel mit nicht helfenden *hêrren* (wohl Fürsten, die sich einem Kreuzzug verweigern) parallelisiert.

3 Es handelt sich um drei Erzengel. Sie und auch die später genannten drei Chöre sind Teile einer komplexen mittelalterlichen Engellehre.

4 Im Original steht: *arzenîe* (‚Arznei‘, ‚Heilkunde‘, ‚Heilmittel‘).

VI   Wer sich zum Freund gewinnen lässt
      und auch entsprechende Charakterstärke besitzt,
      sodass auf ihn ohne Wenn und Aber Verlass ist,
      mit einem solchen Freund kann man bedenkenlos leben.
   5 Ich habe hin und wieder einen –
      was Verlässlichkeit angeht – schwer einschätzbaren[5] Freund erwählt,
      sodass ich ihn, wie gerne ich ihn auch behalten hätte,
      aufgeben musste.

VII   Wer für mich glitschig wie Eis ist
      und mich wie einen Ball aufhebt,
      wenn ich dann aus dessen Händen rolle,
      so soll mir das niemand als Unbeständigkeit vorwerfen,
   5 denn dem treuen Freund bin ich
      jemand von gleichem Gewicht und guter, eckiger Festigkeit.[6]
      Wessen Einstellung mir zu bunt erscheint –
      heute so, morgen so – dem rolle ich weg.

VIII Eine Sechs wollte eine Sieben werden
      in sich selbst überschätzendem Wahn,
      so sehr jedes Maß verlassend war ihr Verlangen.
      Wer die Straße der Maße verlässt,
   5 der gerät schnell auf einen engen Pfad.
      Arrogante Sechs, macht Euch nun zur Drei!
      Dir war als Sechs ein Feld freigeräumt,
      jetzt kauere dich an den Ort der Drei.

IX   Ein Herr, der niemandem etwas abschlägt,
      der beherrscht die Kunst des Gebens nicht,
      der wird auf immer arm sein oder ein Betrüger.
      Zehn Mal etwas zu verweigern ist besser, als einmal zu lügen.
   5 Er soll weniger versprechen, dafür aber aufmerksamer und
          freundlicher grüßen,
      wenn es ihm denn um echtes Ansehen geht.
      Was er nicht verleihen kann
      und was er nicht selbst besitzt, das soll er verweigern.

                                                          X

---

5 Im Original steht: *sô sinewel an sîner staete* (‚so rund, was seine Beständigkeit angeht‘); die Beständigkeit kann man nicht richtig fassen, sie dreht sich immer weg.

6 Im Original steht: *… unde wol gevieret. gevieret* bedeutet ‚fest gefügt‘, aber auch ‚zu einem Viereck verbunden‘. Letztere Bedeutung mag sich anbieten mit Blick auf die Metapher von der ‚runden‘, nicht greifbaren Beständigkeit und dem Bild des Balles in V. 2.

X   Unmäßigkeit[7], kümmere dich um
Frauen, die wie Männer, und um Männer, die wie Frauen sind,
um geistliche Ritter, um ritterliche Geistliche,
mit denen kannst du machen, was du willst,
5 ich werde sie dir als Helfershelfer übergeben.
Ich werde dir junge Altherren zeigen
und dir alte Jungherren zuführen,
damit sie dir helfen, die Welt auf den Kopf zu stellen.

XI   Diesen Diamanten, den edlen Stein,
gab mir einer der schönsten Ritter.
Seine Gabe wurde mir zuteil, ohne dass ich darum gebeten habe.
Natürlich meine ich nicht seine äußere Schönheit:
5 Ein freigebiger Mann ist schön und hat höfisches Benehmen
verinnerlicht.
Man drehe die inneren Werte nach außen,
dann trifft der Lobpreis das Äußere, meint aber all das Ehrenvolle,
wie bei dem von Katzenellenbogen[8].

XII   Ich bin dem Bogner[9] treu ergeben,
obwohl ich nichts von ihm bekomme:
Natürlich ist er spendabel, ich aber habe davon nichts,
naja, soll doch ein Pole oder ein Russe[10] Freude dran haben.
5 Das gönne ich denen aus tiefstem Herzen.
Ein Meister allerdings würde viel bessere Geschichten über ihn
verfassen
als Tausend elende Saitenkratzer,[11]
wenn er denn die besser behandelte, die des Hofes wirklich würdig
sind.

XIII

---

7 Im Original steht *unmâze*. Es handelt sich hier um die Allegorie der ‚verkehrten Welt'. *Mâze* und *unmâze* sind darüber hinaus sehr häufig vorkommende Begriffe vor allem in der moralisch-didaktischen Sangspruchdichtung; siehe dazu die Anmerkung zu Ton 10, Str. VII, V. 15, S. 66.

8 Gemeint ist wohl der Graf Diether II. von Katzenellbogen (gest. ca. 1245), Grafschaft Katzenelnbogen, Rhein-Lahn-Kreis.

9 Wohl Kurzbezeichnung für Graf Diether II. von Katzenellenbogen (gest. ca. 1245).

10 *Pôlan* und *Riuze* stehen hier augenscheinlich für verachtenswerte Typen.

11 Im Original steht *snarrenzaere*, ein von Walther erfundenes Wort, nur hier belegt. Er dürfte damit Nichtskönner, Kunstbanausen, Dummköpfe gemeint haben – im Gegensatz zum *meister* in V. 6 (= Walther?).

XIII   Wer erschlägt den Löwen? Wer erschlägt den Riesen?
       Wer bezwingt diesen und wer jenen?
       Das schafft einer, der sich selbst beherrscht
       und seinem ganzen Körper und Wesen eine feste Haltung verleiht
     5 und sich aus ungestümer Wildheit in den Hafen beständiger
           Sittsamkeit begibt.
       Bloß ausgeborgtes Verhalten und höfische Zurückhaltung vor Gästen
       können gut eine Zeit lang Glanz vortäuschen.
       Rasch blitzt da etwas auf, es verliert sich aber ebenso schnell.

XIV   Ohne Würde und Wert ist, wer sich billig kaufen lässt.
       Ihr vornehmen Männer, ihr Frauen ohne Fehl und Tadel,
       gebt euch nicht her für kleines Geld.
       Es wird eurem Heil schwer zu schaffen machen,
     5 wenn ihr euch einfach herschenkt.
       Wer sich, dem Undank ausgesetzt, für nichts hergibt, beraubt sich
           jeder Würde.
       Auch euer Ansehen schwindet dahin
       und verleitet dennoch zu schnöder leerer Hoffnung.[12]

XV   Wer ohne es sich wirklich verdient zu haben
       allzu reich wird und sich immer öfter
       mit seinem Reichtum brüstet, der verliert sich alsbald in
           Überheblichkeit.
       Zu reich und zu arm zu sein, beides macht
     5 bei vielen Leuten eine rechte Einstellung zum Leben zunichte.
       Wo zu viel Reichtum Anstand und Würde auffrisst
       und wo zu viel Armut Sinn und Verstand raubt,
       da scheint mir weder das Eine noch das Andere gut zu sein.[13]

XVI   Liebe[14] ist weder Mann noch Frau,
       sie hat weder Seele noch Körper,
       man kann sie nicht abbilden.
       Man kennt das Wort für sie, sie selbst ist aber nicht zu fassen,
     5 ohne sie kann niemand die Huld Gottes gewinnen
       <. . . . .>
       nie fand sie Eingang in ein betrügerisches Herz.

                                                           XVII

---

12 Der letzte Vers ist etwas kryptisch; vielleicht ist gemeint, dass selbst oder gerade dann, wenn der Mensch moralisch am Ende ist, er immer noch Hoffnung auf an sich Nichtiges hat.

13 Der letzte Vers – hier ziemlich wörtlich übertragen – wirkt in seiner Aussage etwas blass.

14 Im Original hier und in der Folgestrophe: *Minne.* – Im Original Textverlust in V. 6.

XVII   Es ist in der für uns kurz bemessenen Zeit
          nach dem Vor-Bild der Liebe so viel Falsches geprägt worden.[15]
          Wer aber ihr Siegelbild, das echte, erkennen würde,
          dem garantiere ich – bei allem, was mir heilig ist –,
      5   dass, wenn er sich ihrem Geleit anschlösse,
          ihn Sittenlosigkeit und Verrohung nicht niederreißen könnten.
          Liebe fügt sich so herrlich zum Himmel,
          dass ich sie bitte, mich dorthin zu geleiten.

---

15 Der Metaphorik der Strophe liegt das Prägen und Schlagen von Münzen nach einer Vorlage
zugrunde, nach einem Klischee.

Ton 55
Sangspruchdichtung (Leopoldston, Erster Thüringerton, Zweiter Atzeton)

Dialog- und Rätselstrophe: Auf Gerhard Atze reiten – Totenklagestrophen auf den Dichter Reinmar – verkehrte Welt, Welt im Chaos – gute und schlechte Ratschläge – Sehnsucht nach Wien und Herzog Leopold – Fragmentstrophe mit Eigenname ‚Sibeck‘

(Nicht alle Strophen haben thematische Verbindungen und sie bilden insgesamt auch keine Vortragseinheit.)

I[1] „Reite zum Hof, Dietrich!“
    „Herr, ich kann nicht.“ „Was hindert dich?“
    „Ich habe kein Ross, mit dem ich dorthin reiten könnte.“
    „Ich leihe dir eines, wenn du willst.“
5 „Herr, dann werde ich wohl besser reiten können.“
    „Halt, warte noch einen Augenblick!
    Würdest du lieber auf einer goldenen Katze reiten
    oder auf einem sonderlichen Kauz namens Gerhard Atze?“
    „Gott steh mir bei, selbst wenn es Heu fräße, es wäre ein
        merkwürdiges Pferd.
10 Seine Augen drehen sich wie bei einem Affen,
    er sieht aus wie ein Kuckuck.
    Ja, grad diesen Atze gebt mir her, dann bin ich bestens ausgestattet.“
    „Na, dann mach deine Beine mal krumm, reite auf dir selbst[2] nach
        Hause, weil du nach Atze verlangt hast.“
________________[3]

II

---

1 Eine im Detail bislang nicht befriedigend analysierte Strophe: ‚Dietrich‘ scheint keine reale Person zu sein, eher ein fiktiver Gesprächspartner des ‚Herrn‘. Gerhart Atze (Gerhardus Atzo) wiederum ist realhistorisch in einer Urkunde Landgraf Hermanns von Thüringen bezeugt (1196 und 1252). Siehe die im Literaturverzeichnis hier unter 5.5 aufgeführten Stellenkommentare. In einer anderen Strophe (Ton 73, III; hier S. 279) beklagt der Ich-Sprecher (= Walther?), dass Gerhard Atze ihm sein Pferd erschossen habe. Die Strophe hier ist, von unklaren Einzelheiten abgesehen, als Schmähgedicht auf Atze zu verstehen.

2 Im Original steht: *rît selbe her hein* (‚reit selbst hierher nach Hause‘), meine Übersetzung bezieht das ‚auf Atze reiten‘ mit ein.

3 Bedeutung dieser und der folgenden Linien: Die Strophen folgen in den überliefernden Handschriften nicht in dieser Weise aufeinander; weitere Erläuterungen im Editionsband.

II Es sei beklagt, dass weder Weisheit noch Jugend,
    noch die Schönheit und Tugend eines Menschen
    vererbt werden, sobald der Körper dahingestorben ist!
    Das darf ein weiser Mensch sehr wohl beklagen,
  5 der sich über den Schaden im Klaren ist,
    Reinmar[4], was an hervorragender Kunst mit dir zugrunde geht!
    Mit Recht seist du auf immer dafür verehrt,
    dass du nie müde wurdest,
    Gutes über die hohen Damen zu verbreiten <. . . . .>[5]
 10 Darum sollen sie für deine Wortkunst immer dankbar sein.
    Und selbst wenn du nur ein einziges Lied gesungen hättest –
    nämlich ‚Gepriesen seist du, *wîp*, wie erhaben ist dieses Wort!‘[6] – Du
        hättest dich in einer Weise
    um ihre Verehrung verdient gemacht, dass alle Frauen für dich stets
        um Gnade und Barmherzigkeit bitten sollten.

III Es ist wahr, Reinmar, du machst mich
    viel trauriger als ich dich machen würde,
    wenn du noch lebtest und ich gestorben wäre.
    Ich will es bei allem, was mir heilig ist, sagen,
  5 dich als Menschen will ich gar nicht beklagen;
    ich beklage Deine edle Kunst, dass es die nicht mehr gibt.
    Du konntest der ganzen Welt immer und immer wieder Freude
        bereiten,
    wenn du Gutes im Sinn hattest.
    Ich trauere um Deinen wortkunstreichen Mund und Deinen so
        lieblichen Gesang,
 10 dass es all das zu meinen Lebzeiten nicht mehr gibt.
    Dass du nicht auch nur ein Weilchen noch warten konntest!
    Bald leiste ich dir Gesellschaft, mein Singen währt nicht mehr lang.
    Deiner Seele möge es gut ergehen und für Deine Kunst sei gedankt!

                                        IV

---

4 Reinmar (der Alte) ist ein Minnesang-Dichter des späteren 12. und frühen 13. Jahrhunderts, ein Zeitgenosse Walthers, vielleicht waren beide Dichter Konkurrenten.

5 Im Original Textverlust.

6 Intertextueller Verweis auf den Strophenbeginn eines Liedes von Reinmar, in dem er die Bezeichnung *wîp* besonders zu schätzen empfiehlt.

IV   Wo der ganz oben Stehende nach unten fällt
und umgekehrt der unten Stehende hinauf in den Hohen Rat
gezogen wird, da stürzt der Hof ins Chaos.
Wie soll ein ungelehrter Mann
5   Entscheidungen über etwas treffen, von dem er keine Ahnung hat,
wie soll er mir zum Beispiel bei etwas Hilfe leisten, was mir gar keine
    Schwierigkeiten bereitet?
So befinden sich jetzt die Oberen außen vor den Ratssälen,
und die, die von unten kamen, sollen Entscheidungen für das Reich
    fällen.
Wenn sie nicht mehr weiterwissen, schaut mal hin, da fällt ihnen
    nichts anderes ein,
10 als mit Betrügen und Betrug um sich zu werfen:
Das bringen sie den Fürsten bei – und natürlich auch zu lügen.
Genau diese Subjekte zersetzen unser Rechtswesen und stellen die
    Weltordnung auf den Kopf.
Nun schaut, wie die Krone am Boden liegt und wie aber die Kirche
    dasteht![7]

V   Man sollte mich für das, was ich jetzt sage, nicht schief anschauen:
Ich möchte die hohen Herren unterrichten,
wie sie jeden Ratschlag gut durchschauen und einschätzen können.
Es gibt drei gute Ratschläge,
5   denen stehen drei schlechte
auf der linken Seite gegenüber. Nun lasst euch diese sechs einmal
    benennen:
Zum Vorteil gereichendes Handeln und Gottergebenheit und
    Ansehen in der Welt,
das sind die guten. Gepriesen sei, wer solche Ratschläge erteilt!
Den sollte ein Kaiser in seine höchstvornehme Ratsversammlung
    aufnehmen.
10 Die anderen heißen Verderben bringendes Handeln, Sündigen und
    verächtliches Tun.
Wer sie bisher nicht erkannt hat – hier ist der Schlüssel:
Die Sprache verrät, wie es um das Herz bestellt ist.
Selten fängt gut an, was zu einem üblen Ende führt.

VI

---

7 Recht wörtliche Übersetzung von *wie diu krône lige und wie diu kirche stê* unter Beibehaltung der Verben *ligen* (‚liegen') und *stân* (‚stehen') – es kann sein, dass Walther hier nur die weltliche Machtordnung korrumpiert sieht (sie liegt danieder), während die Kirche (gut?) dasteht.

VI   Drei Sorgen habe ich mir einmal hervorgeholt.
       Wenn ich nur eine loswerden könnte,
       ginge es mir blendend.
       Allerdings, wie ich es auch drehe und wende,
5   ich kann sie nicht wirklich getrennt betrachten.
       Ich hoffe, dass mir alle drei genommen werden.
       Zuneigung Gottes und die Liebe meiner verehrten Herrin,
       wie ich die gewinnen soll, das sind zwei meiner Sorgen.
       Das Dritte hat sich mir oft zu Unrecht verwehrt:
10   Das ist der herrliche Hof zu Wien.[8]
       Ich werde nicht Ruhe geben, bevor ich nicht dorthin gekommen bin,
       weil er sich immer in äußerster Verlässlichkeit um alles Gute sorgte.
       Man sah Leopolds Hand dort geben, ohne dass sie je zurück-
         schreckte.

———————————

VII[9]   <. . . . .
       . . . .
       . . . .
       . . . .
5   . . . .
       . . . .
       . .> sich Freunden und Verwandten verhasst machen
       und des Besitzes wegen Leben und Seele aufs Spiel setzen,
       gerne seinem Ansehen zuliebe aufteilte, wenn man ihn ließe,
10   und ihn nicht in den leeren Beutel[10] stopfen würde,
       stolze Hofbeamte <. . .>, wo immer man dies alles tut!
       Ich wittere Sibeck in dem Rat: ein Brand liegt in der Glut.

———————————

8 Gemeint ist der Wiener Hof unter Herzog Leopold VI. von Österreich und der Steiermark (1176/
77 bis 1230); siehe auch V. 6. Walther wird wohl tatsächlich gute wie schlechte Erfahrungen mit und
in Wien gemacht haben. Es gibt noch andere Strophen ähnlichen Inhalts (vgl. Ton 10, hier S. 63 ff.).

9 Erhalten ist die Strophe erst ab V. 7. Der Gehalt ist von daher nur schwer bestimmbar. Mit dem
Eigennamen ‚Sibeck' (im Original: *Seveken*) im letzten Vers dürfte ein aus der Dietrich-Epik bekannter,
heimtückischer und falscher Ratgeber gemeint sein.

10 Die Handschrift ist hier schwer lesbar; es könnte statt *itel biutel* (‚leerer Beutel') auch *stel biutel*
(‚Beutel in einem Stall/ in Ställen'?) dort stehen.

Ton 3 (Fortsetzung von S. 30 ff. oben)
Sangspruchdichtung (Kaiser Friedrichs- und
Engelbrechtston, Teil 2)

Reflexionen über Mildtätigkeit – Kritik an Fürsten (Realbezüge) – rätselhafte Kunstreflexion, Bitte an Mäzen um Hilfe – rätselhafte Strophe um ein merkwürdiges Geschenk – hyperbolischer Lobpreis auf den Kölner Erzbischof Engelbert – drastische
Verwünschungen seines Mörders, Folterphantasien – Ermahnung an den Landgrafen
(Ludwig IV. von Thüringen?), nicht zu zaudern

(Nicht alle Strophen haben thematische Verbindungen und sie bilden insgesamt auch
keine Vortragseinheit.)

VI[1]   Sie fragen mich sehr oft, was ich gesehen hätte,
    wenn ich vom Hof fortreite, und was dort geschehen sei.
    Ich lüge ungerne und will auch nicht nur die halbe Wahrheit
    erzählen.
    In Nürnberg gab es einen guten Gerichtstag, davon berichte ich
    Neues.
5   Die Vagabunden bitten um milde Gaben, die können ganz gut
    prüfen und beurteilen.
    Die erzählten mir, dass ihre Reisesäcke leer von dannen zogen.
    Unsere einheimischen Fürsten sind von derart überhöfischer Art,[2]
    dass allein Leopold hätte freigebig sein müssen, wenn er nicht dort
    nur Gast gewesen wäre.

VII

---

1 Das Verständnis der Strophe ist in der Forschung umstritten (siehe die im Literaturverzeichnis hier
unter 5.5 aufgeführten Stellenkommentare). ‚Nürnberg‘ in V. 4 kann sich auf den Nürnberger Hoftag
am 23. Juli 1224 beziehen. Mit ‚Leopold‘ in V. 8 dürfte Herzog Leopold VI. von Österreich gemeint
sein.

2 Im Original: ... *sint sô hovebaere*; mir scheint hier beißende Ironie vorzuliegen, die die Übersetzung
versucht zu versprachlichen.

VII   Ich bringe drei Arten von Sang in ordentlicher Weise auf Trab,
        den hohen und den niederen und den Hieb in die Mitte,[3]
        sodass mir die Kunstverständigen[4] für einen jeden Dank sagen.
        Wie aber könnte ich jetzt auch nur einen der drei singen, sodass man
          mir dankt?
   5 Der hohe, der ist mir zu überladen, der niedere viel zu schwach,
        der mittlere, der ist mir zu fein für solche schrägen Sachen.
        Nun hilf mir, edler Rat des Königs, mich dazwischen
          zurechtzufinden,
        damit wir alle ein Lied zustande bringen, das niemand hasst.

VIII

---

3 Im Original steht *mittelswanc* (‚Mittelschwank', ‚Mittelschwung', ‚mittlerer Schwung'), ein nur für Walther belegtes Wort, das vielleicht seinen Ursprung in der Fechtersprache hat; sicher ist das nicht. – Auch V. 1 ist in der Forschung unterschiedlich gedeutet worden. Siehe die im Literaturverzeichnis hier unter 5.5 aufgeführten Stellenkommentare.

4 V. 3 birgt im Original lexikalische, syntaktische und Wortart-Probleme; meine Übersetzung kann nur als Versuch gelten. Mein Vorschlag ‚Kunstverständige' übersetzt mittelhochdeutsch *rederíche(r)* (‚reich an Rede').

VIII[5] Vornehmer Kaiser von Rom, Ihr habt Euch
         mit meinen Sachen so befasst, dass ich Euch danken lassen muss;
         ich selbst kann Euch nicht so danken, wie ich es gerne will.
         Ihr habt mir Eure Kerze auf geschickte Weise gesendet,
       5 die hat die Haare unserer Augenbrauen angebrannt
         und uns auch die Augen stark geblendet,
         dennoch haben sie mir alle das Weiße zugewendet:
         Auf diese Weise hat ihr Schielen meinen Nutzen und Euer Ansehen
            in Schande geführt.

IX   Edler Bischof von Köln[6], seid zurecht froh!
         Ihr habt dem Reich so gut gedient,
         dass Eure Verehrung inzwischen höchste Höhen erreicht.
         Sollte Euer Ansehen irgendeinem üblen und feigen Neider ein
            Ärgernis sein,
       5 das, Lehrmeister der Fürsten, braucht Euch wahrlich nicht zu
            kümmern.
         Treuer Verwalter des Königs, Ihr seid weit bekannt,
         Kümmerer um das Ansehen des Kaisers, besser als jemals ein Kanzler,
         Kämmerer von drei Königen und elftausend Jungfrauen.[7]

                                                        X

---

5 Eine ganz rätselhafte, in der Forschung wieder und wieder diskutierte Strophe (siehe die im Literaturverzeichnis hier unter 5.5 aufgeführten Stellenkommentare). Der Kaiser kann Otto IV. oder Friedrich II. sein. Das sprechende Ich mag der realhistorische Walther sein. Dieser bedankt sich für das Geschenk einer Kerze. Unklar ist, ob dieses Geschenk einen realen (sozialen) Wert hatte (und dann handelte es sich um einen ernstgemeinten Dank) oder nicht. – Ich habe zuletzt versucht, die Strophe abgrundtief ironisch zu verstehen und die Ironie in einer Übersetzung wie folgt zu versprachlichen (erscheint in: Lyrik interdisziplinär. Beiträge zu Ehren von Franz-Josef Holznagel. Hg. von Jan Cölln, Doreen Brandt, Hellmut Braun und Anne Gessing. Basel/Berlin 2024; in Vorbereitung):

Allervornehmster Kaiser von Rom, Ihr habt Euch in einer unglaublichen Weise
mit meinen Sorgen beschäftigt, sodass ich Euch danken lassen muss;
mir fehlen indes die Worte, ich selbst kann Euch wirklich nicht so danken, wie ich es gerne will.
Ihr habt mir Eure Kerze – LICHTSTRAHLEN! – auf so herrlich hinterhältige Weise gesendet,
die hat uns, die wir uns begierig um das Geschenk scharten, Wimpern, Brauen, Lider rundweg abgekokelt;
und Ihr habt unsere Augen fast geblendet,
obwohl diese sich weggedreht haben und mir nur das Weiße sichtbar wurde.
So haben ihre triefenden Augen zwar meinen Gewinn lächerlich gemacht, aber Eure
herrscherliche Macht entehrt.

6 Gemeint ist Engelbrecht (= Engelbert) I. von Berg, der von 1216 bis zu seiner Ermordung 1225 Erzbischof von Köln war.

7 Mit den Königen sind wahrscheinlich die Heiligen Drei Könige gemeint. 1164 waren Reliquien nach Köln gebracht worden. Mit der Erwähnung der elftausend Jungfrauen wird auf eine in Köln lokalisierte Legende angespielt, der gemäß Ursula, die Tochter eines britischen Königs, sich mit elftausend Jungfrauen auf eine Meerfahrt begibt und in Köln den Märtyrertod erleidet.

X Wessen Leben ich preise, dessen Tod werde ich stets beklagen.
   Wehe dem, der den erhabenen Fürsten
   von Köln erschlagen hat! Eine Schande, dass ihn die Erde trägt!
   Für seine Schuld fällt mir keine passende und grausame Folter ein:
5 Für ihn wäre ein aus Eichenholzzweigen geflochtener Strang um
       seinen Hals viel zu angenehm,
   ich will ihn auch nicht verbrennen, vierteilen oder ihm die Haut
       abziehen,
   auch seine Knochen nicht mit dem Rad zerbrechen, ihn auch nicht
       aufs Rad flechten.
   Ich warte in aller Ruhe ab, dass die Hölle ihn hoffentlich bei
       lebendigem Leib verschlucken wird.

XI Jeder, der im Rat des edlen Landgrafen[8]
   sitzt, sei er Dienstmann oder Freigeborener – was zählt, ist die
       höfische Gesinnung,
   möge ihn an meine Lehren erinnern, auf dass ich ihn dadurch
       wahrnehme und erfahre.
   Mein junger Herr gilt als freigebig, man berichtet mir, er sei
       verlässlich,
5 dazu gut erzogen: Das sind drei lobenswerte Tugenden.
   Wenn er sich einer vierten Tugend aus freiem Willen heraus
       befleißigte,
   dann wäre sein Gang schnurgerade ohne jeden Fehltritt,
   Zaudern wäre seine Sache nicht. Denn Zaudern schadet der Ernte
       und schadet der Aussaat.

---

8 Mit dem Landgrafen ist wahrscheinlich Ludwig IV. von Thüringen (1200–1227) gemeint.

Ton 56[1]
Sangspruchstrophe

Bewusst als Rätsel angelegter Text

Früher habe ich zuweilen Tage erlebt,
an denen unser Lobpreis allen Sprachen zugänglich war.
Wo immer auch uns irgendein Land jemals nahe lag,
das verlangte nach Frieden oder es war besiegt.
5 Mächtiger Gott, wie wir damals um Ehre kämpften!
Da gaben die Alten Ratschläge und die Jungen handelten.
Jetzt sind die Richter krumm!
Diese Rätsel-Geschichte ist schwer zu verstehen;
was immer man daraus ableiten kann, Meister, das finde heraus!

---

1 Diese Strophe ist bewusst als Rätsel angelegt, von daher sind auch verschiedene Details schwer verständlich. Hier gilt klassisch-hermeneutisch: Kennt man das Ganze, erschließen sich Details – und umgekehrt. In der Forschung finden sich verschiedene Ansätze (siehe die im Literaturverzeichnis hier unter 5.5 aufgeführten Stellenkommentare; Schweikle fasst einige Versuche zusammen, historische Situationen für die Strophe zu rekonstruieren).

Ton 57
Minnelied

Wechselrede Mann-Frau – Frauenpreis – Selbstreflexion der Frau (Schönheit/Tugend) –
Ratschläge an die Frau – Koketterien – Anspielungen erotisch-sexueller Art

I   Wenn meine Worte, liebe verehrte Frau[1], angemessen sind,
dann sollten sie Euch nicht verärgern.
Könnte ich durch sie bei Euch Erfolg haben,
dann wäre ich gerne unter den Besten dabei.
5 Seid versichert, dass Ihr schön seid.
Besitzt Ihr, wie ich fest glaube,
auch noch gutes Wesen neben dem schönen Aussehen,
welch Ehre, welch Ruhm kommt Euch dann zu!

II   ‚Ich will Euch zu sprechen erlauben,
sagt, was Ihr wollt, solange mich das nicht um den Verstand bringt.
Das habt Ihr bei mir
mit Eurem liebevollen Lobpreis verdient.
5 Ich weiß nicht, ob ich schön bin.
Gerne besäße ich das gute Wesen einer Frau.
Lehrt mich, wie ich das beschütze;
ein schöner Körper ohne Klugheit und Verstand taugt nichts.‘

III   Liebe verehrte Frau, ich werde Euch darin unterweisen,
wie sich eine Frau der Welt gegenüber verhalten soll:
Guten Menschen sollt Ihr Ehre erweisen,
sie liebevoll ansehen, wahrnehmen und angemessen grüßen;[2]
5 mit einem aber sollt ihr Euren Leib und Euer Leben
tauschen.
Verehrte, wenn Ihr mich haben wolltet,
dann gäbe ich mich einer so schönen Frau hin.

IV

---

1 Im Original: *Frowe*, auch in Str. III (V. 1 und 7) und IV.

2 Der *gruoz* und das *grüezen* sind im Minnesang oft begegnende Begriffe. Siehe dazu die Anmerkung
zu Ton 6, Str. V, V. 7, S. 39.

IV		‚Wenn ich beim Anschauen und Grüßen
		etwas vergessen habe,
		dann will ich das gerne nachholen.
		Ihr habt mich behandelt, wie es sich am Hofe gehört.
	5	Macht weiter so, um meinetwegen:
		Seid für mich nichts weiter als ein Freund zum Reden!
		Ich kenne niemanden, dem ich
		Leib und Leben nehmen wollte, denn es würde ihm doch sehr weh
			tun.‘

V		Verehrte, lasst es mich einmal auf diese Weise wagen:
		Ich bin großer Not schon oft entkommen
		und Ihr müsst Euch wirklich keine Gedanken machen,
		denn sollte ich sterben, so wird es ein sanfter, schöner Tod werden.
	5	‚Mein Herr, ich möchte aber noch länger leben!
		Vielleicht sind Euch Leib und Leben gleichgültig,
		wozu sollte ich mir solche Qualen antun,
		mich für Euch herzugeben?‘

Ton 58[1]
Sangspruchartiges Lied

Kindererziehung – Rittererziehung – Lebenslehren

I   Niemand kann mit Stöcken
die Erziehung eines Kindes sichern.
Dem, den man an vorbildliches Leben heranführen kann,
erscheint ein Wort wie ein Schlag.
5 Dem erscheint ein Wort wie ein Schlag,
den man an vorbildliches Leben heranführen kann.
Die Erziehung eines Kindes sichern
kann niemand mit Stöcken.

II   Achtet auf eure Rede,
das steht den Jungen gut an.
Schiebe den Riegel vor die Tür,
lass kein böses Wort hinaus.
5 Lass kein böses Wort hinaus,
schiebe den Riegel vor die Tür,
das steht den Jungen gut an,
achtet auf eure Rede!

III Achtet auf eure Augen
in der Öffentlichkeit und im Verborgenen,
lasst sie gutes Verhalten erkennen
und die Bösen verschmähen.
5 Und lasst sie die Bösen verschmähen
und gutes Verhalten erkennen,
in der Öffentlichkeit und im Verborgenen
achtet auf eure Augen!

IV

---

1 Alle 6 Strophen weisen eine Palindromstruktur auf. Das bedeutet: Die Verse 1–4 wiederholen sich spiegelbildlich in den Versen 5–8; man kann die Strophen also lesen, indem man bei V. 1 beginnt und bei V. 4 innehält – oder aber man beginnt bei V. 8 und liest rückwärts bis V. 5: der Inhalt ist jeweils der gleiche. – Diese Struktur, die im Original durch Wortwahl und Reim besonders wirkungsvoll hervortritt, lässt sich in einer Prosaübersetzung nur unvollkommen erhalten.

IV Achtet auf eure Ohren
oder ihr seid Dummköpfe.
Wenn ihr üble Worte hineinlasst,
so macht euch das den Verstand zu Schanden.
5 Das macht euch den Verstand zu Schanden,
wenn ihr üble Worte hineinlasst,
ihr seid Dummköpfe,
wenn ihr nicht auf eure Ohren achtet!

V Achtet gut auf diese Drei,
die leider schwer zu hüten und zu zügeln sind.
Zungen, Augen, Ohren sind
oft boshaft, blind für Anstand und Ehre.
5 Oft boshaft, blind für Anstand und Ehre
sind Zungen, Augen, Ohren,
die leider schwer zu hüten und zu zügeln sind,
achtet gut auf diese Drei!

VI Niemand kann Ritter
dreißig Jahre und einen Tag lang sein,
wenn es ihm an innerer Haltung,
körperlicher Ausstrahlung oder Besitz mangelt.
5 Wenn es ihm an körperlicher Ausstrahlung, Besitz
oder innerer Haltung mangelt,
kann dreißig Jahre und einen Tag lang
niemand Ritter sein.

Ton 59[1]
Minnelied (Tagelied)

Gelebte Sexualität – verbotene Liebe – schmerzliches Abschiednehmen – Sehnsucht und
   Liebesqualen

I   Recht so, wie es Liebende tun, lag
ein schöner Ritter
im Arm einer höfischen Dame.[2]
Er erblickte den hellen Morgen,
5 als er ihn durch die Wolken
aus der Ferne hereinstrahlen sah.
Voller Kummer sagte die Dame:
„Verflucht seist du, Tag,
da du mich beim Geliebten
10 nicht länger bleiben lässt.
Was die da ‚Liebe‘ nennen,
das ist nichts als Sehnsuchtsquälerei.“

II   „Meine geliebte Freundin,
hör auf, traurig zu sein.
Ich muss dich jetzt verlassen,
das ist für uns beide gut und wichtig.
5 Der Morgenstern
hat hier drin doch alles hell erleuchtet.“
„Geliebter Freund, tu das nicht,
hör auf, so zu reden,
und füge mir nicht mehr derart
10 heftigen Schmerz zu.
Wohin eilst du so schnell?
Das ist alles gar nicht gut.“

III

---

1 Bei diesem Lied handelt es sich um ein sogenanntes ‚Tagelied‘, einen Subtyp im Genre des Minnesangs. Es hat narrative Elemente wie eine Ballade. Die Grundsituation ist stets die gleiche: Nach einer
glücklichen Liebesnacht müssen sich Mann und Frau am frühen Morgen trennen, damit das nächtliche
Geschehen nicht aufgedeckt wird (weil sexualmoralische Regeln missachtet wurden). Zuweilen hilft dabei
ein Wächter (wie hier). Mann und Frau beklagen die notwendige Trennung in dialogischer Struktur.

2 Hier und an anderen Stellen im Lied im Original: *frowe*. Ich habe *frowe* in mehreren Varianten
übersetzt, je nach Strophenkontext.

III   „Verehrteste, die du mich nun einmal beherrschst, so sei es also,
       ich werde lieber noch bleiben.
       Nun sag rasch
       alles, was dich quält,
5   auf dass wir die, die uns nachstellen,[3]
       wie früher hinters Licht führen."
       „Mein geliebter Freund, das schmerzt mich,
       und bis ich nicht wieder
       mit dir geschlafen habe, wird mein Kummer
10   grenzenlos sein.
       Nun lass mich hier nicht lange alleine liegen,
       das wäre mir das Liebste."

IV   „Das wird jetzt genau so geschehen,
       da kann ich nichts dagegensetzen;
       auch wenn ich dich, meine verehrte Liebe,
       einen Tag lang nicht sehe,
5   so trennt sich doch mein Herz
       niemals von dir."
       „Mein geliebter Freund, nun folge mir.
       Bald sollst du mich wiedersehen,
       wenn du mir
10   aufrichtig treu bist.
       Verflucht sei dieser herrliche Anblick,
       jetzt bin ich es, die den Tag sieht."

V   „Was nützen rote Blumen,
       wo ich jetzt doch fortgehen muss?
       Liebste Freundin,
       die quälen mich,
5   genauso wie den Vöglein
       die kalten Wintertage eine Qual sind."
       „Geliebter, das ist auch meine Klage
       und für mich ein nicht endender Schmerz.
       Ich kann wahrlich nicht absehen,
10   wie lange ich auf dich verzichten muss.
       Nun bleib noch eine Weile liegen,
       nichts Schöneres könntest du tun."

                                                      VI

---

3 Im Original heißt es: *daz wir unser huote triegen* ... (‚auf dass wir unsere Beobachtung/Überwachung
betrügen...'). Siehe die Anmerkung zu Ton 27, Fassung C, Str. II, S. 146.

VI   „Liebe Herrin, es ist Zeit.
        Befiehl mir, lass mich ziehen.
        Ehrlich, es ist nur zu Deinem Guten,
        dass ich fortwill.
    5   Der Wächter hat das Tagelied[4]
        schon ganz laut gesungen."
        „Geliebter, was soll werden, wie wird das enden?
        Ich gebe auf.
        Verflucht sei dieses Abschiednehmen,
    10 das ich dir jetzt zugestehe.
        Der, von dem ich meine Seele habe,
        möge dich beschützen."

VII   Der Ritter zog fort,
        er sehnte sich so sehr nach ihr
        und ließ
        die schöne, edle Dame bitterlich weinend zurück.
    5   Aber er vergalt ihr mit Treue,
        dass sie mit ihm geschlafen hatte.
        Sie sagte: „Wer diese
        Tagelieder singt,
        der will mich am Morgen
    10 tief betrüben.
        Jetzt liege ich ohne Geliebten da –
        ganz so wie eine liebeskranke Frau."

---

4 Im Original steht *diu tageliet* (‚die Tagesstrophen'); *liet* im Singular bedeutet ‚Strophe', *liet* im Plural
‚Lied'. Insofern dürfte der Wächter hier ein ‚Tagelied' gesungen, also mit einem Gesang den Tag ange-
kündigt haben.

Ton 60
(Minne-)Lied

Freude und Leid – Dekadenz – *laudatio temporis acti* (‚früher war alles besser') – Reflexionen über das Geschlechterverhältnis – Anklage an die Welt der Frauen – trostloser Blick in die Zukunft

I Keine Freude – so viel Leid,
ach, wer möchte das denn noch weiter ertragen!
Wäre es nicht ganz unhöfisch,
dann würde ich's herausschreien: Schau, Glück, schau!
5 Glück hört aber nicht und beachtet selten jemanden gern,
dem Treue und Aufrichtigkeit etwas bedeuten.
Wenn das alles wirklich so ist, wie soll ich jemals aus meiner üblen
Lage herauskommen?

II Ach nein, welch kläglicher Gewinn
zieht da täglich vor meinen Augen vorbei.
Dass ich so vollkommen zum Deppen gemacht wurde
mit und wegen meinem höfischen Auftreten und mich niemand
dafür entschädigt!
5 Mit den guten alten Sitten
scheitert man nun in der Welt.
Jetzt verfügt niemand über Ansehen und Besitz,
der nicht bösartig ist und übel handelt.

III Dass sich die Männer so schlecht benehmen,
daran sind einzig und allein die Frauen Schuld: Leider ist das so.
Früher, als sie sich um Ansehen bemühten,
da freute sich die Welt auf und über ihre Zuneigung.
5 Mensch, eieiei, wie gut man über sie sprach,
als man an ihnen Anstand und Haltung sah!
Jetzt ist klar geworden,
dass man um ihre Liebe mit übler Anmache buhlen muss.

IV

IV   Lasst mich zu den holden, hehren Damen gehen.
      Am meisten habe ich dann über Folgendes zu klagen:
      Je mehr Anstand und Würde ich besitze,
      desto weniger Anerkennung erhalte ich.
  5   Sie verschmähen und verachten einen aufrechten Mann,
      die Frau ausgenommen, die noch weiß, was sich gehört.
      Die meine ich nicht.
      Die schämt sich nämlich immer dann, wenn Frauen ehr- und
          schamlos auftreten.

V   Frauen ohne Fehl und Tadel und wirklich gute Männer,
      wenn es davon noch welche gibt – die können sich glücklich
          schätzen.
      Auf welche Art auch immer ich denen zu Diensten sein kann,
      ich werde es tun, auf dass sie mich im Blick behalten.
  5   Feierlich verkünde ich ihnen hier und jetzt:
      Sollte die Welt nicht bald besser werden,
      dann werde ich eben leben,
      so gut ich grad kann, und meine Sangeskunst aufgeben.

Ton 61[1]
(Minne-)Lied

Ratschläge und Lehren an einen jungen Mann – Bedeutung der Frauen für das Glück
eines Mannes – Stufen erotischen und sexuellen Glücks

I Junger Mann, jubiliere – und ergötze dich
an den gut gestellten Frauen ohne Fehl und Tadel.
Freu dich des Lebens und Besitzes
und verleihe deinem jungen Leben Würde.
5 Richtig tolle Freude wirst du aber solange nicht verspüren,
wie die Herrlichkeit, die von Frauen kommt, an dir noch nicht zu
erkennen ist.

II Der kennt echte Freude nicht,
dem sie nicht von guten Frauen gewährt wird,
sei es in aller Offenheit, still im Geheimen oder ganz allein
und – natürlich! – dem Ideal des rechten Maßes entsprechend.
5 Daran sollst du denken, junger Mann,
und strebe nach Herzens-Liebes-Freude[2]: Die bringt dich voran.

III Auch wenn du dabei keinen Erfolg hast,
es wird dich innerlich doch stählen.
Es hängt alles einzig und allein von deiner dich beherrschenden
Gebieterin ab,
ob du an den Freuden zugrunde gehst oder nicht.
5 Du wirst eine solche prickelnde Hochstimmung verspüren,
dass du bei den anderen gut ankommst, was auch immer die eine mit
dir anstellt.

IV

---

1 Das Lied kommt wie eine recht traditionelle Didaxe (Erziehung der Jugend) daher, durchsetzt mit
ehrwürdigen Begriffen der Minnesangkultur. Ausgehend von Str. IV, V. 5 vermute ich an vielen Stellen
aber ironische Augenzwinkerei und übersetze dementsprechend; ich bin mir bewusst, mich vom mittelhochdeutschen Wortlaut weiter als sonst zu entfernen.

2 Im Original steht: *herzeliebe*. Walther ist bemüht, für das, was er unter rechter Liebe versteht, alternative Bezeichnungen zu finden. *herzeliebe* zählt dazu (‚Herzens-Liebes-Freude‘).

IV   Kommt es aber dazu, dass du Erfolg hast
        und eine gute Frau sich deiner annimmt mit allem, was sie hat,
        oh-lala, welche Freude wirst du erfahren,
        wenn sie ganz offen und ohne jeden Widerstand vor dir steht.
    5   Fest drücken und umarmen, schmusen, miteinander schlafen,
        solch wunderbare Liebesfreuden werden dir höchste Glücksgefühle
            bescheren.

V   Schau, jetzt habe ich dich an etwas herangeführt,
        was ich selbst leider nie erfahren habe.
        Unglück verwehrt mir,
        wohin ein glücklicher Mann am Ende kommen kann.
    5   Und dennoch: Hoffnung tut mir gut
        und der feste Wille, irgendwann doch noch den Genuss zu spüren.

Ton 62
Minnelied

Hoffnungen eines Mannes – Frauenpreis – Schönheit versus Tugend – dezent angedeu-
tete Erotik und Sexualität – Wert des Frauendienstes (Besonderheit: Str. IV noch in
2 variierenden Fassungen)

I   Neuer Sommer, neuer Anfang,
gute Hoffnung, Zuversicht auf Liebes,
all das erfreut mich um die Wette,
sodass ich durchaus Vertrauen habe, zu Freuden zu kommen.
5 Noch etwas anderes aber entzückt mich mehr
als der Sang aller Vöglein:
Als man noch die guten Werte einer Frau vergleichend betrachtete
    und prüfte,
erhielt diese stets den Ehrenpreis.[1]
Dabei denke ich auch an meine verehrte Dame,
10 da muss noch mehr Hilfe, mehr Hoffnung möglich sein.
Sie ist einfach schöner als eine schöne Frau,
diese Schönheit entsteht nämlich durch liebenswertes Wesen.

II   Ich weiß genau, dass Freude, Liebe und liebenswerte Art
eine schöne Frau wohlgestalten können.
Eine Frau aber, die sich stets und ständig um Tugenden müht,
das ist die, die man sich wünschen soll.
5 Liebe und erfreuendes Wesen sind der Schönheit zuträglicher
als Edelsteine dem Gold:
Nun sagt doch einmal, was denn besser ist,
wenn beide von hohem Wert sind.
Sie steigern das Ansehen des Mannes.
10 Wer die ach so angenehme Mühsal,[2]
die sie verursacht, aufrecht und willig erträgt,
der weiß, was das ist: Liebesfreude, die aus dem Herzen kommt.

III

---

1 Im Original steht das Nomen *habedanc* (‚Dankeschön').

2 Im Original: *süeze arbeit* (‚süße Qual'), ein im Minnesang häufig begegnendes Oxymoron (eine
rhetorische Figur, mit der etwas in sich Widersprüchliches ausgedrückt wird).

III   Wen eine Frau liebevoll ansieht –
ein solcher Blick ist für ein Herz wahre Freude schlechthin:
Was aber glaubt ihr, wie es dem ergeht,
dem noch andere Freude von ihnen widerfährt?
5 Dieser ist wahrlich reich an vielen Freuden,
wenn die Freude des anderen sich völlig auflöst.[3]
Was kommt auch schon den Freuden gleich,
die sich einfinden, wenn ein liebevolles, freudiges Herz umhüllt ist
    von Treue,
Schönheit, Keuschheit, tugendhaften Sitten?
10 Welcher glückselige Mann das für sich gesichert hat
und wenn er das auch Leuten gegenüber, die er nicht kennt,
    verherrlichend beschreibt,
dann wisst: Wahnsinnig ist der nicht!

IV   Was taugt ein Mann, der sich nicht
um eine makellose Frau bemüht?
Auch wenn sie ihn für immer unbeachtet lässt,
es wertet ihn dennoch auf.
5 Er handelt um einer wegen in einer Weise,
dass er den anderen gut gefällt:
Daher macht ihn auch die eine[4] froh und glücklich,
wenn ihm die andere eine harte Absage erteilt.
Daran möge ein glücksbeseelter Mann denken,
10 Glück und Ehre sind da zuhauf zu finden.
Wer die Liebe einer guten Frau besitzt,[5]
der schämt sich für jede Art von Fehltritt.

---

3 Im Original ist der pronominale Bezug (‚dieser‘/‚der andere‘) – bewusst? – unklar; ich belasse diese Unsicherheit auch in der Übersetzung. Womöglich wird hier etwas schelmisch mit der Bedeutung unterschiedlicher Liebesfreuden gespielt.

4 Wie in Strophe III sind auch hier die pronominalen Bezüge (‚die eine‘/‚die andere(n)‘) offen.

5 Im Original ist formuliert *swer guotes wîbes minne hât*; der Genitiv kann ein *genitivus subjectivus* und auch ein *genitivus objectivus* sein, also: ‚Liebe des Mannes zur Frau‘ und ‚Liebe der Frau zum Mann‘.

Fassung nach i auf der Basis von i^2

IV　Was taugt ein Mann, der sich nicht
um eine makellose Frau bemüht?
Was heißt das schon, wenn sie ihn für immer unbeachtet lässt?
Trotzdem verleiht sie ihm Wert und Ausstrahlung.
5　Er möge sich der einen wegen so verhalten,
dass er den anderen gut gefällt.
Bestimmt macht ihn eine andere froh und glücklich,
wenn ihm die eine eine harte Absage erteilt.
Daran möge ein jeder Mann denken,
10　Tugend und Ehre sind da zuhauf zu finden.
Wer die Liebe makelloser Frauen besitzt,
der schämt sich für jede Art von Fehltritt.

Fassung nach s auf der Basis von s^2

IV　Was taugt ein Mann, der sich nicht
um eine makellose Frau bemüht?
Auch wenn sie ihn für immer unbeachtet lässt,
so wertet er sich selbst doch auf.
5　Er möge sich um einer wegen so verhalten,
dass er der anderen gut gefällt.
Einer von denen kann ihn gut froh und glücklich machen,
wenn ihn der andere abweist.[6]
Daraus möge ein glückseliger Mann Trost schöpfen,
10　Tugend und Ehre sind da zuhauf zu finden.
Ein Mann, der die Liebe einer makellosen Frau besitzt,
der schämt sich für jede Art von Fehltritt.

---

6 V. 7 f. sind im Original wohl verderbt (Abschreibfehler wahrscheinlich); die Übersetzung bleibt eng
am Text. Irritierend ist das Maskulinum ‚der andere' in V. 8.

Ton 63
Minnelied

Frauenpreis – Klage über *huote*-Instanz – Unerreichbarkeit der Frau – Spekulation des
Mannes über Auswege aus der misslichen Lage

I   Was hat die Welt
Erquickenderes zu bieten als eine Frau,
was, das ein sehnsüchtiges Herz noch mehr in Freude versetzen
    könnte?
Fände sich ein besseres Geschenk fürs Leben
5 als sie, die Kostbare?
Für Freude kenne ich nichts Besseres.
Wenn eine Frau von Herzen
den liebt, der für sie und ihre Wertschätzung lebt, wie es sich gehört,
na, da wird Zuversicht auf Großes mit Freude durchmischt:
10 Die Welt hat nichts Feineres als dies zu bieten.

II   Meine von mir verehrte Dame, der ich meine Liebe antrage,
ist in zweierlei Hinsicht verschlossen,
dort ist sie in einer Klause[1] weggesperrt, hier, bei mir, hält ihr
    Hochmut sie von mir fern.
Ersteres hat
5 mich nun so manchen Tag fürchterlich verärgert,
das andere aber stachelt meine Sehnsucht nur noch mehr an.
Sollte ich über beides die Schlüsselgewalt haben,
dort, um ihr ganz nah sein zu können, hier, um ihr allzu dickes
    Tugendschloss zu öffnen,
so befreite mich diese Macht eines Herrn im Hause von meiner
    Sehnsuchtsqual
10 und ich käme durch ihre Schönheit für immer zu neuer Jugend.

                                III

---

1 ‚Klause‘: Im Mittelalter ein kleiner, verschlossener Raum oder ein kleines abschließbares Gebäude,
wohin sich freiwillig sehr religiöse Männer oder Frauen zurückzogen, um dort ein rein kontemplatives,
gottgefälliges Leben zu führen. Hier ist die räumliche und körperliche Trennung der Frau von dem sie
verehrenden Mann gemeint.

III   Haben die Tugendwächter[2] im Sinn,
       mich von der Geliebten fernzuhalten,
       die ich bis heute mit beständiger Treue geliebt habe?
       Eine solche Freude in Leid zu verkehren,
5   davon mögen sie bitte Abstand nehmen:
       Ich werde immer und immerzu in liebevoller Hoffnung dienen.
       Die Tugendwächter können zwar verhindern, dass ich mit ihr
          zusammenkomme,
       für den Fall weiß ich aber Trost:
       Sie werden mich niemals daran hindern können, sie zu lieben.
10 Schließen sie das eine weg, so bleibt das andere doch frei.

---

2 Im Original ist das Abstraktum *huote* verwendet (auch in V. 7). Siehe die Anmerkung zu Ton 27, Fassung C, Str. II, S. 146.

Ton 64
Lied in 2 Fassungen

Naturidyll – Traumerlebnis – unsinnig-nichtssagende Traumdeutung

Strophen dieses Tones liegen in 2 Fassungen vor. (Fassungen können sich grundsätzlich in Anzahl, Bestand und Reihenfolge der Strophen sowie in variierenden Formulierungen des Textes unterscheiden. Letzteres betrifft: Wortschatz, Plus-/Minus-Text, Satzbau, hin und wieder Versreihenfolgen.) Die Übersetzung ist bemüht, diese Textvariationen im Mittelhochdeutschen durch entsprechend variierende Formulierungen auch im Neuhochdeutschen zu erfassen. Eine philologische Varianzanalyse lässt sich freilich nur an den mittelhochdeutschen Texten durchführen.

Fassung auf der Basis von Handschrift A

I Als der Sommer gekommen war
und die Blumen so wunderschön durchs Gras
gesprossen waren,
dort, wo die Vögel sangen,
5 da schritt ich
einher auf einer großen, großen Wiese.
Ein klarer Bach, dessen Lauf sich vor dem Wald befand,
hatte dort seine Quelle,
just da, wo die Nachtigall sang.

II Neben dem Bach stand ein Baum,
dort hatte ich ein Traumerlebnis:
Ich kam aus der Sonne
zur Bachquelle,
5 auf dass die liebliche Linde
einen kühlen Schatten spenden möge.
Ich saß bei der Quelle,
ich vergaß all meinen Kummer
und so schlief ich schnell ein.

III

III Da hatte ich ganz plötzlich den Eindruck,
     dass mir alle Länder zu Diensten wären,
     dass meine Seele
     schwerelos im Himmel schwebte
   5 und dass der Körper machen konnte,
     was und wie er wollte.
     Ich fühlte nicht den geringsten Schmerz.
     Gott habe darauf Acht, wo und wie dies enden soll,
     einen schöneren Traum hat es nie mehr gegeben.

IV   Gerne hätte ich dort für immer geschlafen,
     wäre da nicht eine vermaledeite Krähe gewesen,
     die zu schreien anfing.
     Möge es allen Krähen so ergehen,
   5 wie ich es ihnen allerherzlichst wünsche!
     Sie raubte mir großes Glück und große Freude.
     Von ihrem Geschrei schreckte ich hoch,
     wenn dort ein Stein gelegen hätte,
     ohoh, ihr letztes Stündlein wäre gekommen.

V   Allein ein uraltes Mütterchen
     tröstete mich.
     Ich beschwor sie und nahm sie in die Pflicht,
     jetzt hat sie mir erläutert,
   5 was der Traum bedeutet.
     Hört euch das an, liebe Leute:
     Zwei und eins, das macht drei,
     ferner sagte sie mir noch,
     dass mein Daumen ein Finger sei.

Fassung nach Handschrift C

I   Als der Sommer gekommen war
     und die Blumen so wunderschön durchs Gras
     gesprossen waren
     und als die Vögel sangen,
   5 da schritt ich
     einher auf einer großen, großen Wiese.
     Ein kühler Bach hatte dort seine Quelle,
     sein Lauf führte durch ebendiese Wiese,
     wo die Nachtigall schön sang.

II

II   Ein Baum stand auf der Wiese,
dort träumte ich einen Traum:
Ich war aus der Sonne heraus
zur Quelle gegangen,
5 damit die liebliche Linde
mir dort Schatten spenden möge.
Als ich da saß,
vergaß ich alle meine Sorgen
und so schlief ich ganz schnell ein.

III   Da hatte ich ganz plötzlich den Eindruck,
dass mir alle Länder zu Diensten wären
und dass meine Seele
schwerelos im Himmel schwebte,
5 und trotzdem konnte der Körper
hier leben, gerade so, wie er wollte.
Da fühlte ich mich geborgen und es gab keinen Schmerz.
Gott entscheide, wo und wie dies enden soll,
denn einen herrlicheren Traum hat es nie mehr gegeben.

IV   Gerne wäre ich für immer dort geblieben,
wäre da nicht eine verflucht-vermaledeite Krähe gewesen,
die zu schreien anfing.
Möge es allen Krähen so ergehen,
5 wie ich es ihnen allerherzlichst wünsche!
Sie raubte mir großes Glück und große Freude.
Von ihrem Geschrei schreckte ich hoch,
wenn dort ein Stein gelegen hätte,
ohoh, ihr letztes Stündlein wäre gekommen.

V   Ein uraltes Mütterchen
tröstete mich aber.
Ich beschwor sie und nahm sie in die Pflicht,
da hub sie an, mir zu erläutern,
5 was der Traum bedeute.
Hört euch das an, liebe kluge Leute:
Zwei und eins, das macht drei,
ferner sagte sie mir noch,
dass mein Daumen mein Finger sei.

Ton 65
Minnelied

Klage eines Mannes – Hoffnung – Reflexion über das Glück der Anderen – Wert des
gutes Frauendienstes – implizite Ermahnung der Frauen, die Männerwelt differenziert
zu betrachten

I   Was habe ich nicht alles an Hoffnung und Zuversicht
auf eine schöne und prächtige Zeit verloren!
Die Beschwerlichkeiten des Winters
glaubte ich im Sommer stets hinter mich lassen zu können.
5 So baute ich immer wieder auf Wendungen zum Besseren:
Wie übel es mir auch ergehen mochte,
ich hatte doch stets Zuversicht auf Freude und Glück.
Erfolg hatte ich dabei allerdings nie:
Ich fand niemals wirklich echte, dauerhafte Freude,
10 sie wollte mich eher aufgeben als ich sie.

II   Wenn ich jetzt auf bloße leere Hoffnung hin froh sein muss,
dann kann ich mich nicht zu Recht glücklich nennen.
Der, dem es sein Glück so fügt,
dass ihm seine Herzensgeliebte Schönes und Gutes zukommen lässt,
5 wenn der dann von Freuden übermannt wird,
– was mir leider nicht vergönnt ist –
so möge er mich bitte nicht verspotten,
wenn ihm seine Geliebte Liebesfreude schenkt:
Ich würde auch gerne jubilieren,
10 wenn es die Geneigtheit der Geliebten ermöglichte.

III Welch glücklicher Mann, welch glückliche Frau,
deren Herzen in Treue verbunden sind!
Ich möchte, dass beider Leib und Leben
verherrlicht und gepriesen seien.
5 Überglücklich möge all ihre Zeit sein!
Der ist unstreitig vom Glück beseelt,
der ihre Tugenden, wie es sein sollte, erkennt,
sodass all dies sein Herz erfüllt.
Eine glückliche Frau, die verständig und einsichtig ist,
10 die möge sich ihm mit gutem Willen zuwenden.

IV

IV   Manch einer glaubt, existieren zu können,
       ohne sein Leben guten Frauen zu widmen.
       Solch ein dummer Nichtsnutz weiß nicht,
       welche Freude und große Ehren dies eigentlich einbringt.
   5 Dem Kleingeistigen genügt
       das Kleingeistige, so ist das.
       Wer aber Ehre und Freude sein Eigen nennen will,
       der er- und verdiene sich die Aufmerksamkeit einer guten Frau.
       Der, dem sie diese aus freien Stücken schenkt,
  10 erlebt Freude und Wertschätzung.

V   Ja, du lieber Gott, was denkt sich denn der,
       der ohne Dienst zu Erfolg gekommen ist?
       Ob eine Sie oder ein Er,
       wer so liebt
   5 und treuen, aufrichtigen Dienst links liegen lässt, der sei verflucht.
       Eine glückliche und weise Frau tut so etwas nicht,
       die erfasst nämlich das Wesen eines guten Mannes,
       auf diese Weise sondert sie die Guten von den Schlechten.
       Anders verhält es sich bei einer dummen Frau,
  10 sie ist daran gewöhnt, dass ihr ein dummer Mann folgt.

Ton 66
(Minne-)Lied

Reflexionen über den Wert der Beständigkeit – Klage des sprechenden Mannes über zu
geringen Liebeslohn

I   ‚Beständigkeit‘[1] ist eigentlich nur Bedrängnis und Mühsal,
     ich weiß nicht, ob sie irgendwie von Wert ist:
     Sie verursacht viel Verdruss.
     Als die Geliebte mir aufgetragen hat,
  5 dass ich ‚beständig‘ sein müsse –
     welch Leid ist mir seitdem widerfahren!
     Meine liebe herrische Frau Beständigkeit: Lasst mich in Ruhe!
     Aber selbst wenn ich sie wieder und wieder darum bitten würde,
     sie ist und bleibt doch viel beständiger als ich.
 10 Ich werde an meiner Beständigkeit zugrunde gehen,
     wenn die Geliebte sie nicht endlich anerkennt.[2]

                                                              II

---

1 Im Original ist von *staete* (als Nomen, Adjektiv/Adverb und Allegorie) die Rede – an sehr vielen
Stellen in diesem Lied. Es handelt sich um einen im Minnesang sehr oft thematisierten Wert. Gemeint
sind ‚Beharrlichkeit‘, ‚Festigkeit‘, ‚Beständigkeit‘, Verlässlichkeit‘ – Tugenden, die insbesondere der Mann
bei seiner Umwerbung der Frau erkennen zu geben hat (aber auch von der Frau wird – gerade bei
Walther – *staete* eingefordert). Wankelmut, Heute-so-morgen-so-Haltungen, Unzuverlässigkeit usw. werden stets als Charakterschwächen verurteilt.

2 Im Original unklarer Vers; wörtlich übersetzt: ‚wenn die Geliebte sich ihrer nicht bemächtigt‘.

II　　Wer sollte denn dem extra dafür danken,
　　　dem durch Beständigkeit Freude und Liebe widerfährt,
　　　wenn dieser nichts als Beständigkeit im Sinn hat?[3]
　　　Der, der noch nie Erfolg mit Beständigkeit hatte,
5　　wenn man den aber sieht, wie er trotzdem an Beständigkeit festhält,
　　　schaut, dessen Beständigkeit ist wahrlich vorbildlich.
　　　Genau so habe ich mich mit und in Beständigkeit abgemüht,
　　　leider, leider ohne Erfolg bislang!
　　　Verändere das, meine glückspendende Gebieterin,
10　damit ich nicht noch zum Gespött der falschen Treulosen
　　　gerade wegen meiner Beständigkeit werde.

III　Hätte ich mich für ein Gutteil meiner Freuden
　　　nicht von dir, Herzensgeliebte, abhängig gemacht,
　　　dann könnte wohl alles gut werden.
　　　Aber da nun meine Freude und mein Glück
5　　und dazu noch meine Würde
　　　ausschließlich bei dir liegen –
　　　würde ich, dies bedenkend, mein Herz von dir lösen,
　　　so schadete ich mir nur selbst.
　　　Das bekäme mir nicht gut.
10　Aber, selige, glückliche und glückspendende Frau, bedenke bitte,
　　　dass ich nun lange, lange schon Kummer und Qual zu ertragen habe.

IV　　Hohe Gebieterin, ich kenne Deine Absicht gut,
　　　dass du aus tiefstem Herzen beständig bist,
　　　das habe ich oft erlebt.
　　　Fürwahr haben dich
5　　Klugheit und reiche Erfahrung einer Frau beschützt,
　　　was guten Frauen eben auch Behütung sein soll.
　　　Daher erfreut mich Dein Glück, erfreut mich auch dein Ansehen,
　　　mehr Freude gibt's für mich allerdings nicht.
　　　Nun sag, war's das mit meiner Entlohnung?
10　Du solltest mich schon daran teilhaben lassen,
　　　wonach ich so innig verlangt habe.

---

3 Die ersten drei Verse sind etwas unklar. Ganz wörtlich übersetzt würden sie lauten: ‚Wer soll dem Dank abstatten,/ dem durch Beständigkeit Freude geschieht,/ wenn der gerne auf Beständigkeit achtet.‘ Man könnte auch anders interpungieren, nach V. 2 den Satz schließen und V. 3 als Frage auffassen: ‚Wer soll dem Dank abstatten,/ dem durch Beständigkeit Freude geschieht?‘/ Achtet der überhaupt gerne auf Beständigkeit?‘

Ton 67
Minnelied

Freude früher und jetzt – Hoffnung auf Vereinigung mit der Geliebten – Problem mit
der *huote* – Identität der Geliebten (als Rätsel) – Aufforderung an Frau Minne, dem
Mann zu helfen

I   Es wäre uns allen
eine bestimmte Art des Glücklichseins bitter nötig,
so dass man wie früher mit und in wahrer Freude leben könnte.
Eine Unart
5 führt zum Verlust meiner Freude,
nämlich dass Freude die jungen Leute geradezu quält und schmerzt.[1]
Wozu dann ihr junges Leben? Wozu ihr frischer Körper?
Damit sollten sie eigentlich die Freude lieben.
Mensch! Hätten sie doch mal wieder Freude im Sinn,
10 diese jungen Männer, noch immer würden die Frauen dabei
Hilfestellung leisten.

II   Nun bin ich allerdings
froh und glücklich und werde
an Freude der Geliebten wegen festhalten, was auch kommen mag.
Meine bloße Körperhülle ist noch hier,
5 mein Herz allerdings weilt schon bei ihr,
sodass man oft denkt, ich sei nicht ganz klar im Kopf.
Hier[2] sollten sie zusammenkommen,
mein Körper, mein Herz, ihr beider Bewusstheit![3]
Das sollten sie erkennen,
10 sie, die mir oft Freude genommen haben.

III

---

1 In recht vielen Liedern und Sangspruchstrophen wird vom lyrischen (meist männlichen) Sprecher
ein Verlust von (gesellschaftlicher) Freude beklagt; besonders der jungen Generation wird vorgeworfen,
in eine geradezu melancholische, depressive Stimmung verfallen zu sein.

2 Vom Text her ist unklar, worauf sich das deiktische Wort *hie* (,hier') bezieht. Erneut ist daran zu
erinnern, dass solche Text-Leerstellen durch performative Akte (u. a. Gestik) gefüllt werden konnten.

3 Im Original steht: *ir beider sinne*. Das mittelhochdeutsche Wort *sin* hat sehr viele Bedeutungen: ,Sinn',
,Bewusstsein', ,Verstand', ,Kunst', ,Geist', ,Gedanke', ,Absicht' u. v. m. Gerade hier, wo es um eine an
sich schon schwer aufzulösende Dichotomie von Körper und Herz geht, ist eine semantische Festlegung
kaum möglich.

III Dank den elenden Aufpassern[4]
     kann jetzt niemand Freude erleben,
     denn ihr Nachstellen und Auskundschaften[5] raubt so manchem
          anständigen Menschen jede Freiheit.
     Das wird mich quälen,
   5 sollte ich sie erblicken, denn
     dann werde ich sie, die liebe, glückliche Frau, nicht beachten dürfen.[6]
     Ich hoffe noch zu erleben,
     dass ich sie einmal allein, mir gegenüber offen und zugeneigt,
          antreffe
     und dass wir beide endlich von diesen Bespitzelungen verschont
          bleiben;
  10 dadurch würde mir viel Liebesfreude geschenkt.

IV   Manch einer fragt mich
     nach der Geliebten, wer sie denn eigentlich sei,
     der ich diene und bisher beständig gedient habe.
     Wenn mir das zu sehr auf die Nerven geht,
   5 dann sage ich: Es sind drei,
     denen ich diene, und auf eine vierte habe ich Hoffnung.
     Doch sie allein, die mich so sehr an sich gebunden hat,
     weiß genau, was ich da rede und eigentlich meine.
     Diese Gute, der ich vor allen anderen dienen werde,
  10 fügt Wunden zu und heilt sie auch wieder.

V   Auf, auf, mächtige Frau Minne,
     gehe sie mit den Waffen der Liebe an,
     die mich im Griff hatte und immer noch hat.
     Mach ihr deutlich,
   5 dass wahre Liebe durchaus gewalttätig sein kann.
     Wie wäre es wohl, wenn Liebesfreude auch sie angreift und ergreift?
     Dann würde sie mir wohl glauben können,
     dass ich sie von ganzem Herzen liebe.
     Also los, Minne, zeig's ihr und mache ihr das alles klar
  10 und ich werde dir weiterhin willig zu Diensten sein!

---

4 Im Original ohne Attribut; doch ist der Begriff *merkaere* (‚Aufpasser') grundsätzlich sehr negativ konnotiert. Siehe auch die Anmerkung zu Ton 27, Fassung C, Str. II, S. 146.

5 Im Original: *ir huote* (auch in V. 9). Siehe die Anmerkung zu Ton 27, Fassung C, Str. II, S. 146.

6 Häufig wiederkehrendes Motiv: Der Mann darf mit der Frau in der Gesellschaft nicht offen kommunizieren, weil dies die Aufpasser registrieren könnten. Zuweilen verabreden Mann und Frau einen Geheimcode.

Ton 68
Minnelied

Bedeutung der Freude – Bedeutung der Frau für die Freude des Mannes – Reflexionen
über Gedankenliebe

I   Sommer und auch Winter sind
     ein Trost für einen aufrechten Mann, der Trost und Zuversicht nötig
          hat.
     Einem Kind vergleichbar weiß niemand um echte Freude,
     solange eine Frau sie ihm nicht spendet.
5   Daher ist gut zu wissen,
     dass man alle Frauen zu verehren hat,
     am allermeisten jedoch die besten.

II   Da niemand ohne Freude zu etwas brauchbar ist,
     würde auch ich sehr gerne Freude
     von der empfangen wollen, in der sich mein Herz nie getäuscht hat,
     es versicherte mir stets ihre Güte.
5   Immer, wenn es die Augen dort hinschickte,[1]
     schaut, da brachten sie ihm eine Botschaft,
     sodass es wild und ungestüm herumhüpfte.

III Ich weiß nicht recht, wie es aber damit bestellt ist:
     Mein Auge hat sie lange nicht gesehen.
     Sind die Augen meines Herzens bei ihr,
     sodass ich sie ohne Augen sehe?
5   Das ist wirklich sonderbar.
     Wer verlieh ihm die Möglichkeit,
     sie ohne Augen jederzeit sehen zu können?

                                                          IV

---

1 Seit der Antike gelten die Augen als Fenster des Herzens; über die Augen gelangt der Anblick der
geliebten Person ins Herz und entfacht dort das Feuer der Liebe.

IV   Wollt ihr wissen, was diese Augen sind,
          mit denen ich sie immer und überall sehen kann?
          Es sind die Gedanken meines Herzens,
          mit denen sehe ich durch Mauern und Wände.[2]
     5 Nun mag man sie, die Frau[3], abschotten[4], wie man will,
          Herz, Wille und Gesinnung werden
          sie, die Frau, dennoch klar und deutlich sehen.

V   Werde ich mich jemals so glücklich preisen können,
          dass sie mich ohne Augen sehen wird?
          Schaut sie mich in ihren Gedanken an,[5]
          dann belohnt sie die meinen bestens.
     5 Mein Wünschen und Sehnen soll sie erwidern
          und mir zu verstehen geben, dass sie auch nach mir verlangt,
          sie darf mein Wünschen und Sehnen auf immer bei sich haben.

---

2 Im Original zweimal Singular.

3 Im Original nur das Pronomen *si* (auch in V. 7).

4 Im Original steht das Verb *hüeten*. Es verweist auf die *huote* (‚Bewachung‘). Siehe die Anmerkung zu Ton 27, Fassung C, Str. II, S. 146.

5 Häufig wiederkehrendes Motiv: Der Mann darf mit der Frau in der Gesellschaft nicht offen kommunizieren – hier: keinen direkten Blickkontakt haben –, weil dies die Aufpasser registrieren könnten. Dann bleibt oft nur der Rückzug in eine Phantasie- und Gedankenwelt.

Ton 69
Minnelied

Sehnsüchtiger Mann – Strategien der Bekämpfung von Liebeskummer – Klage über
ausbleibende Beachtung durch die umworbene Frau

I Wenn mich Kummer plagte, so änderte sich das,
wenn ich gut über gute Frauen sprach – das machte mich wieder
 froh.
Sehnsuchtsqualen konnte ich niemals
angenehmer vertreiben als auf genau diese Weise.
5 Ich kann mich glücklich schätzen, dass ich in der Lage bin, sie
mit meinem Lobgesang in wohlige Laune[1] zu versetzen,
und dass auch mir dies guttut.

II Ach, wenn mich allein eine glückverheißende Frau,
der ich zu Diensten bin, doch nur wollen würde – keinen Tag länger
 müsste ich Trübsal blasen,
aber es bringt mir nichts ein,
was ich auch anstelle, um sie zu ehren und zu umwerben.
5 Für sie ist das angenehm und es tut ihr gut,
aber mich vergisst sie regelmäßig,
wenn es ans Danken geht.

III Frauen, die mit mir gar nichts zu tun haben,[2] danken mir ganz
 ergeben,
denen wünsche ich auf immer Glück und Zufriedenheit!
Im Gegensatz zum Lohn meiner hochverehrten Gebieterin
ist das für mich immerhin ein kleines Dankeschönchen.[3]
5 Soll sie machen, was sie will,
meine Absichten sind gut, aber ich bedaure mein Handeln,
wenn ich nichts damit erreiche.

---

1 Im Original: *hôher muot*; vgl. oben Abschnitt 3 zu Übersetzungsproblemen und -strategien.

2 Im Original: *Frömde wîp*. *Frömd* (‚fremd') hat im Mittelhochdeutschen viele Bedeutungen: u. a. ‚weit
entfernt', ‚zu jemand anderem gehörend', ‚seltsam', ‚unbekannt'.

3 Im Original ebenfalls eine Wortneuschöpfung: *kleinez denkelîn* (Diminutiv zu *danc*): ‚kleines Danke-
lein'.

Ton 70
Lied mit Sangspruchcharakter

Dialog zwischen Ich-Sprecher (namentlich als ‚Walther' gekennzeichnet) und der ‚Frau
Welt' (Allegorie der Welt) – Absage an die Welt, Abrechnung mit der Welt – Versuch
der Welt, Walther umzustimmen mit Verlockungen und Drohungen – Entlarvung
der Welt: schöner Schein, übles Sein – Walthers Entscheidung: Abschied von der
Welt

I   Frau Welt, richtet dem Herrn des Hauses[1] aus,
     dass ich ihn voll und ganz bezahlt habe,
     meine gewaltige Schuld ist getilgt,
     sagt ihm, dass er mich also aus dem Schuldbuch kratzen[2] kann.
   5 Wer dem etwas schuldet, der hat in der Tat Grund zur Sorge:
     Bevor ich dem etwas lange schuldig bleiben müsste,
     würde ich mir wohl lieber etwas bei einem Juden leihen.
     Er[3] schweigt bis zu einem bestimmten Tag,
     dann fordert er ein Pfand ein,
  10 wenn jener Schuldner nicht zurückzahlen kann.

II   ‚Walther, du bist ganz grundlos so voller Zorn,
     bleib doch hier bei mir!
     Denk daran, zu welchem Ansehen ich dir verholfen habe,
     welche Wünsche ich dir erfüllte,
   5 wann immer du mich darum batest.
     Es hat mich allerdings äußerst betrübt,
     dass du dies so selten getan hast.
     Geh in dich, du hast ein gutes Leben.
     Wenn du dich tatsächlich von mir lossagst,
  10 dann wirst du nie wieder froh werden.'

                                        III

---

1 Im Original ist vom *wirt* die Rede, gemeint wohl ein Gehilfe oder Geselle der Frau Welt, eine Art
zweiter Welt-Instanz.

2 Im Original ist das Verb *schaben* verwendet. Es verweist auf die Buchkulturtechnik des Mittelalters:
Man schrieb auf Pergament; aufgrund der Festigkeit dieses Beschreibmaterials konnte man fehlerhaft
notierte Buchstaben oder Wörter mit einem Messer abschaben, abkratzen.

3 Gemeint ist jetzt wieder der ‚Herr des Hauses' aus V. 1.

III   Frau Welt, ich habe zu lange an Eurer Brust gelegen und getrunken,[4]
       ich will und werde mich jetzt lösen, es ist Zeit.
       Deine Zärtlichkeit hat mich fast blind gemacht,
       denn sie verleiht in der Tat viel süße Freuden.
   5   Als ich dir von Angesicht zu Angesicht in die Augen schaute,
       da sahst du
       ohne jeden Zweifel überwältigend aus.
       Aber: Als ich dich von hinten sah,
       da gab es nur Ekel, Horror, Abschaum,[5]
  10   und deshalb werde ich dich auf immer verachten.

IV   ‚Nun, wenn ich dich also wirklich nicht aufhalten kann,
       so tu doch wenigstens dieses Eine noch, worum ich dich bitte:
       Denk an so manchen herrlichen Tag
       und schau hin und wieder hierher,
   5   dann nämlich, wenn es dir nicht so gut geht und du dich langweilst.‘
       Das täte ich wirklich sehr, sehr gerne,
       allerdings fürchte ich Deinen bösen Hinterhalt,
       vor dem sich niemand schützen kann.
       Gott sorge dafür, dass Ihr, liebe verehrte Herrin, eine gute Nacht
       habt.
  10   Ich mache mich auf den Weg: Nach Hause.

---

4 Gemeint ist hier, dass Frau Welt ‚Walther‘ wie ein Kleinkind gesäugt hat.

5 Es gibt einige mittelalterliche Skulpturen, die genau so die Frau Welt oder den Herrn der Welt
darstellen: schöne Vorderseite, von Schlangen, Würmern etc. befallene Rückseite.

Ton 71
Sangspruchdichtung (König Heinrichston, Rügeton)

Schimpftirade über ein Kind (realhistorischer Bezug unklar) – Bedeutung der Minne –
Warnung vor der Minne Unwürdigen – Verkehrte Welt – Anrufung von Maria und
Jesus

(Nicht alle Strophen haben thematische Verbindungen und sie bilden insgesamt auch
keine Vortragseinheit.)

I   Du wild und ohne Erziehung aufgewachsenes Kind[1], du bist krumm
     und schief,
weil dich eben niemand geradebiegen kann
– du bist für die Zuchtrute leider zu groß,
für die Schwerter aber zu klein –,
5 geh ins Bett und ruh dich aus.
Ich halte mich inzwischen selbst für verrückt,
dass ich dich und deinen Wert so hoch einschätzte.
Ich gab dein ungehobeltes Wesen in die Obhut und Erziehung des
     Freundes,
mir band ich deinen Kummer ans Bein,
10 meinen Rücken brach ich für dich.
Nun muss deine Schule ohne mich als Lehrer auskommen, ich bin
     einfach ratlos, was dich angeht.
Wenn es ein anderer besser kann – mir soll's recht sein, wenn dir
     Gutes davon widerfährt.
Doch ich weiß genau, dass auch dann, wenn deine Herrschaft ein
     Ende hat,
deine Fertigkeiten zum Gipfel der Sünde streben werden.[2]

II

---

1 In der Forschung wurde überlegt, ob es sich hier um eine Anspielung auf den Sohn Friedrichs II.,
König Heinrich (VII.), 1211–1242(?), handelt, der bereits als Einjähriger zum König von Sizilien erho-
ben wurde. Auch die beiden Folgestrophen wurden – vorsichtig – auf ihn und seine politisch bewegten
Lebensumstände auszudeuten versucht. Es bleiben aber viele Unsicherheiten. Würden wir die konkreten
Aufführungssituationen kennen, wäre vieles klarer.

2 Die Übersetzung des letzten Verses bleibt eng beim mittelhochdeutschen Wortlaut; in der Forschung hat man sich damit schwergetan und verschiedene Text-‚Verbesserungen' vorgeschlagen.

II Über Liebe wird auch dort gesprochen,
wohin sie doch niemals kommen wird.
Dumme Nichtsnutze reden zwar viel von ihr,
im Herzen wissen sie aber nicht, wovon die Rede ist.
5 Nun gebt auf euch Acht, ihr Frauen ohne Fehl und Tadel.
Haltet euch mit einem ‚Ja‘ Kindern[3] gegenüber zurück,
dann wird daraus auch kein Kinder-Spiel.
Liebe und Kindsein – das eine mag das andere nicht und umgekehrt.
Sehr oft sieht man in einer schönen Schale
10 einen üblen Kern.[4]
Ihr sollt zuerst schauen, warum, wie, wann und wo, ob zurecht und
    wem
ihr euer liebevolles ‚Ja‘ schenkt, damit es dann auch wirklich auf den
    Richtigen trifft.
Gib Acht, Minne, schau genau hin, wer in dieser Weise alles gut
    abwägt, der soll dein Kind sein,
ob Mann oder Frau – einerlei, die anderen jage zum Teufel.

III Ich war ausgezogen, um Spektakuläres zu erleben,
und in der Tat: Ich stieß auf höchst stupende Dinge.
Ich fand erschreckenderweise die Stühle unbesetzt vor,
auf denen Weisheit, Adel und Alter
5 früher ganz herrschaftlich residierten.
Hilf, Herrin und Jungfrau, hilf, Kind der Jungfrau,
dass die Drei wieder auf ihre Plätze kommen,
lass sie nicht lange herumirren, ohne dass sie wissen, wo ihr Platz ist.
Ihr großes Leid
10 schmerzt mich von Herzen.
Jetzt besitzt der blöde Reiche die Stühle dieser Drei, das Ansehen
    dieser Drei.
Verflucht und verdammt, dass man sich vor diesem Einen jetzt
    anstelle vor den Dreien verneigen muss!
Deshalb lahmt das Recht und verliert der Anstand jede Haltung und
    geht das Ehrgefühl zugrunde.
Soweit meine Klage, die könnte gerne auch noch weitergehen.

---

3 Hier und in den Versen 7, 8 und 13 ist im Original von *kint* die Rede. Ich übersetze mit ‚Kind‘/
‚Kindern‘, es sollte aber bedacht werden, dass dem mittelhochdeutschen Wort auch eine abwertende
Bedeutung beikommen kann: ‚unfertiger/ unreifer/ ahnungsloser/ erfahrungsloser Mensch‘, was hier
sicher zutrifft.

4 Im Original ist vom *schoenen bild* und *valschen lîp* die Rede (‚schönes Bild‘ – ‚unpassender Körper/
Mensch‘); hier wie noch in vielen anderen Liedern und Strophen warnt Walther davor, sich auf den
schönen Schein einzulassen.

Ton 72
Lied mit Sangspruchcharakter

Reflexionen über (sexual?-)moralisch angemessenes Verhalten – Lebensmaximen

I   Eine solche Art Ehre ist mir zuwider,
die mich im Laufe des Jahres geradezu ehrlos machen würde,
sodass ich dann klagen müsste:
Weh und Ach über mich Armen heute! So war das also im letzten
    Jahr!
5 Daher habe ich manchen Kranz aufgegeben
und viele Blumen verschmäht.
Natürlich – ich würde gerne Unmengen von Rosen pflücken, wären
    da nicht die Dornen.[1]

II   Wer sich so verhält,
dass niemand ihm Böses nachsagen kann,
der wird in Freude alt,
der muss sich noch nicht einmal einen halben Tag lang grämen.
5 Der, dessen Herz nach Ehre strebt, ist glücklich,
wenn er sich zum Tanz aufmacht.
Wehe aber dem, dessen liebe Freundin[2] von Ehre nichts weiß!

III   Man soll stets
bei einem Menschen erkunden, wie es in seinem Herzen ausschaut.
Wem das lästig ist,
der bedenkt nicht, wie schnell die Zeit verfliegt.
5 Manch einer erscheint Menschen, die ihn nicht kennen, als gut und
    umgänglich –
aber eigentlich hat er eine schlechte Gesinnung.
Dem möge es am Hof gut gehen, der zu Hause das Rechte tut.

---

1 Die Begriffe *kranz, bluomen, rôsen brechen* gehören zu einem sexuell konnotierten Metaphernkomplex des Minnesangs (*bluomen brechen* bedeutet ‚Geschlechtsverkehr haben‘). Allerdings endet das Lied mit allgemeineren höfisch-ethischen Betrachtungen.

2 Im Original ist nur von *geselle* (ohne Attribut) die Rede, ein Wort, das eine männliche oder weibliche Person bezeichnen kann (‚Gefährte/Gefährtin‘, ‚Freund/in‘ u. ä.). Hier dürfte es sich um die Tanzpartnerin handeln.

Ton 73
Sangspruchdichtung (Zweiter Thüringerton, Erster Atzeton)

Lebensdidaxe: Pflege des Guten, Bekämpfung des Schlechten – Heftige Klage über
Verrohungen am Hof, künstlerische Dekadenz – Polemische, womöglich reale, biographisch motivierte Attacke gegen Gerhart Atze

(Nicht alle Strophen haben thematische Verbindungen und sie bilden insgesamt auch
keine Vortragseinheit.)

I   Um Pflanzen guter Art,
       die in einem grünen Garten
       wurzeln, soll sich ein verständiger Mann
       mit Bedacht kümmern.
 5   Er soll ihnen wie einem Kind Vergnügen bereiten
       und sie mit schönen Dingen erfreuen.
       Da stellt sich Herzenslust ein
       und es versetzt in erhabene Stimmung.
       Wenn sich aber böses Unkraut dazwischen befindet,
10   so möge er es Stück für Stück herausreißen
       – unterlässt er es, das wäre unverzeihlich[1] –
       und er soll schauen, ob sich ein Dornenzweig
       dort mit List und Tücke breitmacht,
       auf dass er den dann
15   aus dem Garten entferne, dem er mühevolle Arbeit widmet:
       Macht er das nicht, dann ist sie völlig umsonst!

                                                        II

---

1 Im Original ist formuliert: *daz ist ein wunder. wunder* kann im Mittelhochdeutschen recht viel bedeuten,
so auch ein ‚Ereignis von außergewöhnlicher Art‘.

II   Eine Sorte Leute macht uns irre:
        Würde die jemand fortschaffen,
        dann könnte ein gut geratener Mann
        am Hof einen Platz finden.
    5   Die lassen ihn aber nicht zu Wort kommen,
        ihre Schnauze ist so vorlaut.
        Selbst wenn er wirklich etwas Gutes vorzuweisen hätte,
        das würde nichts, aber auch gar nichts nützen.
        ‚Ich und ein anderer Trottel,
    10 wir schreien in sein Ohr,
        so laut, wie noch kein Mönch im Chor
        jemals geschrien hat.‘
        Das Singen eines wohlanständigen Mannes,
        das soll man auszeichnen,
    15 es schmerzt indes, wenn so ein Mann verspottet wird.
        Ich höre jetzt lieber auf!

III   Mir hat Herr Gerhart Atze[2] in Eisenach
        ein Pferd erschossen.
        Ich erhebe Klage vor dem, dem er unterstellt ist:
        Der ist unser beider Richter.
    5   Es war gut und gern drei Mark[3] wert.
        Nun hört euch folgende schräge Geschichte an,
        wie er mich hinhält,
        jetzt, da es um eine Entschädigung geht.
        Er spricht von ach so großem Schmerz und Kummer,
    10 dass mein liebes Pferd
        mit genau dem Ross verwandt sei,
        das ihm den Finger
        zu seiner Schande abgebissen hatte.
        Ich schwöre mit beiden Händen,
    15 dass sie nichts miteinander zu tun haben:
        Ist hier jemand, der mir den Eid abnimmt?

---

2 Gerhart Atze (Gerhardus Atzo) ist realhistorisch in einer Urkunde Landgraf Hermanns von Thüringen bezeugt (1196). Siehe die im Literaturverzeichnis hier unter 5.5 aufgeführten Stellenkommentare.
Wahrscheinlich handelt es sich hier um ein reales Erlebnis Walthers. In einer anderen Strophe (Ton 55,
I; hier S. 236) findet sich eine weitere Polemik gegen Atze.

3 Es handelt sich um einen beträchtlichen Wert, der mit diesen ‚drei Mark‘ bezeichnet wird. Eine
Kölner Mark zählte 16 Schillinge. Für etwa 15 Schillinge konnte man zu Walthers Zeit eine Kuh, für
5 Schillinge einen Pelzmantel erwerben. Grundsätzlich sind solche Kaufkrafterhebungen allerdings unsicher und hängen von vielen verschiedenen Faktoren ab.

Ton 74
Sangspruchstrophe (Tegernseespruch)

Klage über schlechte Versorgung im Kloster Tegernsee

Immer wieder hat man mir von Tegernsee[1] berichtet,
wie ehrenvoll dieses Haus dastehe:
Deshalb bin ich mehr als eine Meile[2] von der Straße abgewichen, nur
　　um dorthin zu kommen.
Ich bin schon ein sonderbarer und komischer Kauz,
5　dass ich nicht mir selbst vertraue
und stattdessen immer wieder fremden Leuten nachhänge.
Nein, nein – ich tadle ihn[3] natürlich ü-ber-haupt nicht, allein: Gott
　　gnade uns beiden!
Nur Handwaschwasser[4] stand bereit
und pitsche-patsche-nass
10　musste ich vom Tisch des Mönches[5] wieder kehrtmachen.

---

1 Gemeint ist hier das Benediktinerkloster Tegernsee (eine Abtei), das im 12. und frühen 13. Jahrhundert weit bekannt war, u. a. für die Förderung von Literatur und Wissenschaft.

2 Im Original ist von *mîle* die Rede: Es ist schwer zu bestimmen, welche Entfernung genau Walther im Blick hatte. 3,5 bis 9 Kilometer sind denkbar.

3 Das Pronomen bezieht sich auf den Mönch in V. 10.

4 Im Original ist nur von *wazzer* die Rede. Es spricht sehr viel dafür, dass damit Handwaschwasser gemeint ist, das vor einer Mahlzeit bereitsteht. Der Sprecher (der biographische Walther?) kann sich augenscheinlich aber weder abtrocknen, noch erhält er etwas zu essen.

5 Da die ganze Strophe eine polemische Attacke gegen die Abtei ist, mag Walther den Abt Mangold von Berg (gestorben 1215) gemeint, ihn aber abwertend als *münch* bezeichnet haben.

Ton 75[1]
Sangspruchstrophe

Reflexionen über Freigebigkeit und damit verbundene Probleme

Dass ein freigebiger Mann wirklich aus tiefem Herzen heraus
    aufrichtig ist,
sollte es so etwas geben, dann kann da nur Zauberei[2] im Spiel sein.
Der große Wille, der dort zu finden ist,
wie kann der in die Tat umgesetzt werden?
5 Nun ja, da braucht es Verstand
und Hellwachsein am frühen Morgen
und manch anderen schönen Kunstgriff,
damit das alles nicht im Sande verläuft.
Wer auf diese Weise handelt,
10 der muss
nichts bereuen.
Er möge mit Verstand alles abwägen
und Gott soll er es überlassen, Glückseligkeit zu spenden.
Auf diese Weise strebe man
15 nach Ehre, die lange währt.

---

1 Die Grundthematik scheint klar: Es geht um die Tugend der Freigebigkeit. Insgesamt aber sind die Gedankengänge m. E. etwas verworren.

2 Im Original ist von *wunder* die Rede.

Ton 76
Sangspruchdichtung (Meißnerton)

Verteidigung eines Landgrafen (wahrscheinlich Hermann von Thüringen), historisch unklarer Bezug – Einforderung von Lohn und Anerkennung, gerichtet an ‚den Meißner‘
(wahrscheinlich Dietrich von Meißen) – Drohungen des Künstlers (Walthers?)

(Nicht alle Strophen haben thematische Verbindungen und sie bilden insgesamt auch
keine Vortragseinheit.)

I[1] Nun soll der erhabene Kaiser[2]
bei seiner Ehre
die Schandtat des Landgrafen[3] auf sich beruhen lassen,
denn er war doch wahrhaftig
5 ganz geradeheraus sein Feind.
Die Feiglinge aber setzten sich heimlich zusammen.
Sie verschworen sich hier, sie verschworen sich dort
und diskutierten ein treuloses Verbrechen.[4]
Ihr sündhaftes Treiben ging von Rom[5] aus.
10 Ihr schändliches Tun[6] blieb freilich nicht geheim,
sie fingen an, sich gegenseitig zu bestehlen
und sich zu denunzieren.
Schaut, der Dieb bestahl den Dieb,
Drohen machte Freude.

II

---

1 Die historisch-politische Situation, auf die sich die 1. Strophe bezieht, ist bislang nicht eindeutig
rekonstruierbar. In der Forschung kursieren verschiedene Positionen. Insbesondere hängt das Verständnis auch vom Verb in V. 3 ab: Ich habe die handschriftlich verbürgte Lesart *vürbrechen* in der Edition
beibehalten und mit ‚auf sich beruhen lassen‘ übersetzt. Andere Editoren haben das Verb verändert
und verstehen die Strophe deutlich anders. Vgl. dazu den Editionsband und dort den Textkritischen
Kommentar zu dieser Strophe mit Literaturhinweisen.

2 Wahrscheinlich ist Otto IV. (1175/76–1218) gemeint.

3 Wahrscheinlich ist Hermann von Thüringen (um 1155–1217) gemeint. Die Schandtat mag sich auf
eine nicht immer verlässliche und loyale Haltung Hermanns beziehen.

4 Im Original steht *ungetriuwer mort*. Solange man die konkrete Situation, die hinter der Strophe steht,
nicht kennt, ist es schwer, das Wort *mort* (das eben auch ‚Mord‘ bedeuten kann) zu übersetzen. Ich
bleibe etwas offener.

5 Angesprochen sein dürfte Papst Innozenz III. (1160/61–1216).

6 Im Original ist von einem *dûf* (‚Diebstahl‘) die Rede. Es gilt Ähnliches, wie zum *mort* gesagt.

II   Der Meißner[7] sollte
       mich entlohnen – es wird wirklich langsam Zeit! –
       durchaus nicht für meinen Dienst, der spielt keine Rolle,
       aber ich will endlich Anerkennung![8]
   5 Ihn mit Lobeshymnen zu überhäufen,
       das kann ich auch bleibenlassen.
       Wenn ich ihn lobe, dann soll er auch mich loben.
       Alles andere, was ich gerne hätte,
       will ich ihm freundlichst erlassen.
  10 Seine Wertschätzung meiner Person muss stimmig sein,
       ansonsten werde ich meine Hymnen auf ihn widerrufen,
       sowohl am Hof als auch auf der Straße,
       allmählich warte ich lange genug
       auf ein angemessenes Verhalten von ihm.

III   Ich habe für den guten Ruf des Meißners
       gesorgt
       und weit mehr für ihn geleistet als er für mich.
       Aber was nützen schöne Worte?
   5 Wenn ich ihn hätte krönen können,
       die Krone wäre heute auf seinem Kopf.
       Hätte er mich damals angemessener entlohnt,
       so wäre ich ihm weiterhin zu Diensten gewesen.
       Aber aufgepasst: Ich bin noch immer in der Lage, Schaden
          abzuwenden.
  10 Er ist allerdings nicht so anständig,
       mir irgendwie Anerkennung zukommen zu lassen,
       also lassen wir es bleiben.
       Jaja, was nicht so alles zugrunde geht,
       um das man sich nicht bemüht!

---

7 Wahrscheinlich ist Markgraf Dietrich von Meißen (gest. 17. Febr. 1221) gemeint. – Worin der Dienst des Sprechers (Walthers?) bestanden hat, ist nicht bekannt.

8 Das Verständnis der Verse 3–4 ist in der Forschung umstritten!

Ton 77 Buch IV

Minnelied

Liebesfreude – Hoffnung des Mannes auf Liebeserfüllung – Anrufung der Frau Minne
und Bitte um ihre Hilfe

I   Ich war noch nie so voller Freude,
ich muss jetzt einfach singen.
Glücklich sei sie, die mir das zugutehält!
Ihr freundlicher Gruß[1] drängt mich zu singen.
5 Die, die mich auf immer in ihrer Gewalt hat,
wird wohl in der Lage sein, mir trübe Gedanken zu vertreiben
und stattdessen vielerlei Freuden zu spenden.

II   Fügt es Gott, dass ich bei ihr Erfolg habe,
die mir mein Herz und mein ganzes Dasein mit Freude erfüllt,
ja, schaut her, dann wäre ich auf immer glücklich.
Keine Frau hat mich jemals wieder derart beherrscht.
5 Ich wusste überhaupt nicht,
dass die Minne[2] so gewalttätig[3] sein konnte,
ganz so, wie es ihr gerade gefiel, bis ich es an ihr erlebte.

III   Bezaubernde Minne, nun, da mich eine Frau so sehr in ihren Fängen
hat – wie Deine zauberhafte Lehre es vorsieht –,
bitte sie, sie möge sich mir mit all ihrer weiblichen Güte zuwenden,
dann werden meine mit Ängsten verwobenen Sorgen ein Ende
finden.
5 Durch den Glanz ihrer hellen Augen hindurch[4]
wurde ich mit Freude aufgenommen
und mit meiner traurigen Stimmung war es vorbei.

IV

---

1 Der um eine Frau werbende Mann erhofft sich als Zeichen des Wohlwollens oft den *gruoʒ* der
Dame. Siehe dazu die Anmerkung zu Ton 6, Str. V, V. 7, S. 39.

2 Wie an vielen anderen Stellen tritt hier die Allegorie der ‚Frau Minne' auf (die Liebesgöttin, Venus).

3 Seit der Antike ist ‚Liebe' mit einem weitläufigen Bildkomplex rund um Kampf, Krieg, Herrschaft,
Fesselung, Gefangenschaft, Verwundung – und natürlich auch Versöhnung, Heilung etc. verknüpft.

4 Seit der Antike werden die Augen als Fenster des Herzens betrachtet, durch die das Bild eines
geliebten Menschen in das Herz des Gegenübers gelangt.

IV   Mich freut auf immer, dass ich einer so guten Frau
in der Hoffnung auf liebevollen Dank dienen darf.
Mit dieser freudigen Zuversicht vertreibe ich oft traurige Gedanken
und üble Stimmung schwindet dahin.
5 Hat meine quälende Zeit ein Ende,
dann weiß ich ohne jeden Zweifel,
dass keinem Mann jemals eine größere Liebesfreude zuteilwurde.

V   Minne, die gute und schöne Seite in Dir kann eine Fülle von
Liebesfreuden spenden,
Deine Gewalt aber vermag viel Freude zunichtezumachen.
Du lehrst, wie man Liebesfreude aus glänzenden Augen hervorlachen
lässt,
dort, wo Du Dein Zauberspiel weiter und weiter treiben willst.
5 Du kannst eine von Freude erfüllte Stimmung
so absonderlich umschlagen lassen,
dass die Wunden, die Du verursachst, ganz angenehmen Schmerz
bereiten.[5]

---

5 Wie öfters im sogenannten ‚Hohen Minnesang' findet sich auch hier ein Oxymoron im Original: *sanfte unsanfte* (‚auf sanfte Weise unsanft').

Ton 78
Minnelied

Von Liebe ergriffener Mann – Sehnsüchte – Schönheitsreize

I   Gepriesen sei die Stunde, als ich sie kennenlernte,
    die über alles, was mich ausmacht, die Herrschaft übernahm,
    von dem Moment an, als ich mich mit all meinen Sinnen auf sie
        einließ.
    So hat sie mich mit ihrem guten Wesen um den Verstand gebracht.
  5 Dass ich mich von ihr nicht trennen kann,
    das haben ihre Schönheit und ihr gutes Wesen[1] bewirkt
    und ihr roter Mund, der so liebreizend lacht.[2]

II Meine Sinne, Gefühle, mein Denken
    sind bei der Makellosen, Lieben, Guten.
    Es wird schon für uns beide zu einem guten Ende kommen,
    was auch immer ich von ihrem Wohlwollen zu verlangen wage.
  5 Wenn ich je weltliche Freuden genossen habe –
    das haben ihre Schönheit und ihr gutes Wesen bewirkt
    und ihr roter Mund, der so liebreizend lacht.

---

1 In V. 4 und V. 6 ist von *güete* die Rede, hier als ‚gutes Wesen' wiedergegeben.
2 Die beiden letzten Verse sind auch im Original als gleichlautender Refrain gestaltet.

Ton 79
(Minne-)Lied (Fragment)

Problematik angemessener Sangeskunst – Sänger und Publikum – Sorgen des liebenden
Mannes (Sängers) – Lobpreis der Natur

I   Wer weiß jetzt so zu singen, dass man ihm dankt?
     Der eine ist traurig, der andere froh:
     Wer kann das zusammenbringen?
     Der eine ist so, der andere so.
5   Mich bringen sie durcheinander
     und sie selbst gehen in die Irre:[1]
     Wüsste ich nur, was sie wollten – ich sänge es.

II   Mit Freude und Sorge kenne ich mich aus,
     davon singe ich, wie es gerade gebraucht wird.
     Mir geht es gut, mir geht es schlecht.
     Die Freude des Sommers tut mir gut.
5   Der Kummer, den ich habe,
     der rührt vom Hoffen und Bangen her,
     wie es mir mit der Geliebten wohl ergehen wird.

III   Seid gepriesen, ihr kleinen Vöglein!
     Euer liebevoller Gesang
     übertönt den meinen bei Weitem.
     Die ganze Welt dankt euch.
5   Genauso danken
     <. . . . . .
     . . . .>[2]

---

1 Eine schwierige Stelle: Im Original steht das Verb *versinnen*. Viele Editoren halten es für falsch und
haben u. a. zu *versûmen* ‚verbessert‘, was das Verständnis aber auch nicht einfacher macht(e). Ich gehe
von einer der vielen Bedeutungen des Präfixes *ver-* aus und verstehe *ver-sinnen* als ‚sich in etwas verlieren‘,
‚zu sehr über etwas nachgrübeln‘.

2 Die letzten beiden Verse fehlen in beiden überliefernden Handschriften.

Ton 80[1]
Sangspruchstrophe

Lobpreisung einer Frau, die auf Äußerlichkeiten keinen Wert legt (im Detail etwas kryptisch)

Eine Frau mit natürlicher Hautfarbe,
ohne weiße und rote Schminke, die es nicht nötig hat, ihre innere
    Festigkeit durch Äußerlichkeiten anzuzeigen,
dafür, dass sie sich nicht in kostbaren Stoff kleidet,
preise ich sie,
5 wiewohl ich sie doch niemals um etwas bitten würde.
Es ist wirklich wahr, ich höre gerne gute Geschichten über sie,
    die ihr helles Haar offen trägt.[2]
Mit ihr geht so manche zur Kirche,
    die ihren dunklen Nacken ganz entblößt präsentiert.
10 Ich denke, diese Kopftuch- und Haarmoden[3] sind nicht zu
    vergleichen.

---

1 Details dieser Strophe sind bis heute schwer verständlich, nicht zuletzt, weil einige mittelhochdeutsche Wörter nur hier belegt sind (Wortneuschöpfungen Walthers). Weitere Hinweise im Editionsband.

2 Im Original ist von *ûf gebundenem* Haar die Rede, damit könnte auch gemeint sein: ‚hochgebundenes
Haar'.

3 Im Original steht *daz gebende ungelîche stât* (‚das Kopftuch sieht anders aus' o. ä.). Das *gebende* ist ein
von Frauen um Kinn und Kopf gebundenes Tuch, das sozialsymbolische Bedeutungen hat.

Ton 81
(Minne-)Lied

Intertextuelles Spiel: Auseinandersetzung mit Reinmar (dem Alten: Minnesänger, Zeitgenosse Walthers) und Elementen seiner Minne-Ideologie

Im Ton: *,Ich wirbe umb allez daz ein man'*[1]

I   Ein Mann bietet in einem Spiel auf eigene Faust zu hoch,
in diese Höhen kann ihm niemand wirklich folgen.
Er behauptet, wenn sein Auge eine Frau erblicke,
so sei die sein Ostertag.
5 Wo kämen wir Anderen hin,
wenn wir ihm da zustimmten?
Ich allein weise das mit Bestimmtheit zurück:
Besser wäre gegenüber meiner verehrten Dame ein freundlicher
    Gruß.[2]
Auf diese Weise wird das Matt aufgehoben.[3]

II

---

1 Diese Überschrift ist ein Intertextualitätsmarker. Er verweist darauf, dass Metrik und Musik der beiden Strophen von Reinmar (dem Alten) entliehen sind (mehr dazu im Editionsband), einem Künstler-Zeitgenossen Walthers, vielleicht in frühen Jahren Walthers Lehrer, später gab es wohl (menschliche) Differenzen. Siehe auch die Totenklage, Ton 55, hier S. 236.

2 Eine im Original grammatikalisch mehrdeutige Stelle. Siehe die Kommentare dazu in der Edition.

3 Das *mat* im Original greift eine Schachspielmetapher in Reinmars Lied auf.

II   ‚Ich bin bislang eine Frau, eine Frau[4] gewesen,
        an Ehre ganz beständig, mit erhabener Haltung:
        Ich habe die Zuversicht, heil davonzukommen,
        dass nämlich niemand mit solch einer Diebestour[5] Schaden anrichten
            wird.
      5 Wer nun hier einen Kuss von mir erhalten möchte,
        der mühe sich darum mit Geschick und anderer Neckerei.[6]
        Kommt es aber so, dass er ihn zu schnell erhält,
        dann wird er für mich auf immer ein Dieb sein und er soll ihn bitte
            bei sich
        behalten und woanders zurückgeben.‘[7]

        Metrisch gebesserte Textfassung[8]

        Im Ton: ‚*Ich wirbe umb allez daz ein man*‘

I′   Ein Mann bietet in einem Spiel auf eigene Faust zu hoch,
        in diese Höhen kann ihm niemand wirklich folgen.
        Er behauptet, wenn eine Frau von seinem Auge
        erblickt wird, sie sei sein Ostertag.
      5 Wo kämen wir Anderen hin,
        wenn wir ihm da zustimmten?
        Ich bin es, der ihm das nicht durchgehen lässt:
        Besser wäre gegenüber meiner verehrten Dame ein freundlicher
            Gruß.
        Auf diese Weise wird das Matt aufgehoben.

                                                              II′

---

4 Die Wiederholung auch im Original: *ein wîp, ein wîp*.

5 Verweis auf den Reinmar-Text: Hier will der verliebte Mann etwas frech der Frau Küsse abgewinnen; siehe auch die übernächste Anmerkung.

6 Im Original ist von *ander spil* die Rede. *spil* kann auch erotisch-sexuelle Konnotationen aufweisen.

7 Auch hier ein intertextueller Dialog. In Reinmars Text schlägt der Mann der Frau Folgendes vor: Er raubt ihr einen Kuss; sollte ihr dieser Raub missfallen, werde er das Diebesgut natürlich wieder zurückgeben (und sie also noch einmal küssen).

8 Hier handelt es sich nicht um die Übersetzung einer weiteren handschriftlichen Fassung des zweistrophigen Liedes, sondern einer von Editoren im Laufe der Editionsgeschichte mit Blick auf die Strophenmetrik ‚verbesserten‘ Fassung (heißt: diese Fassung – natürlich nur die in mittehochdeutscher Sprache – entspricht besser der Metrik der Reinmarstrophen, auf die sich Walther ja bezieht). – Anmerkungen zu Details: siehe die erste Fassung.

II′   ,Ich bin bislang eine Frau gewesen,
        an Ehre ganz beständig, mit erhabener Haltung:
        Ich habe die Zuversicht, heil davonzukommen,
        dass mir nämlich niemand mit solch einer Diebestour Schaden
            zufügt.
    5   Wer hier einen Kuss von mir erhalten möchte,
        der mühe sich darum mit Geschick und anderer Neckerei.
        Kommt es aber so, dass er ihn zu schnell erhält,
        dann wird er für mich auf immer ein Dieb sein und er soll ihn bitte
            bei sich
        und anderswo behalten.‘

Ton 82
Minnestrophe und Sangspruchstrophe

Erotische Wunschphantasien des Mannes – Klage über allgemeine Dekadenzerscheinungen – hoffnungslose Zustände

I   Könnte ich noch erleben, die Rosen
mit der Liebreizenden zu pflücken,[1]
dann würde ich sie so mit zärtlichen Worten umschmeicheln,
dass wir auf immer ein Liebespaar sein müssten.
5 Würde mir irgendwann einmal ein Kuss
von ihrem roten Mund geschenkt,
dann wäre ich vor Freude selig.

II   Was bringt es, freundlich und gewählt zu sprechen, was nützt Singen,
wozu die Schönheit der Frau, wozu Besitz,
jetzt, da man doch niemanden nach Freuden streben sieht,
man ohne Angst Schlechtes tut,
5 da man Treue, Freigebigkeit, Anstand und Ehre
über Bord werfen will,
ja, da verliert so mancher jede Hoffnung auf Freude.

---

1 Wie an vielen anderen Stellen: Das *bluomen-* oder *rôsen-*Pflücken ist eine Metapher für Geschlechtsverkehr.

Ton 39 (2)
Minnelied

Liebesklage eines Mannes – dezente Vorwürfe an die geliebte Frau

I   Immer wenn ich sie sehe,
rühren mich ihre liebreizenden Blicke
hier[1] drin – in meinem Herzen. Ach, könnte ich sie doch
nur öfters sehen, sie, der ich mich ganz unterwerfe!
5 Ich diene ihr wie ihr Eigenmann,
das soll und muss sie mir glauben.

II   Ich trage in meinem Herzen ein Leid.
Mit ihr, von der ich nicht lassen kann,
wäre ich nur zu gerne heimlich beisammen,
nachts – aber auch am helllichten Tag.
5 Das geschieht jetzt aber solange nicht,
wie es die liebe Verehrte nicht will.

III   Wenn ich für meine Treue auf solche Weise belohnt werde,
dann soll ihr niemand jemals vertrauen.
Sie müsste sich eher eine Beschimpfung
als eine Lobeshymne gefallen lassen, das könnt ihr mir glauben.
5 Ach, Mensch, warum verhält sie sich so,
die mein Herz nun doch wirklich nicht hasst?

---

1 Immer wieder stößt man auf solche sogenannten deiktischen Wörter, die es nahelegen, dass der Vortragende entsprechende Gesten vornimmt, hier etwa: seine Hand auf sein Herz legt.

Ton 84
Minnelied

Dialog zwischen dem Boten eines Mannes und einer Frau – Bitte um Zuwendung der
Frau – Sorge der Frau – Selbstschutz der Frau – Bitte des Boten an die Frau, den
Mann glücklich zu machen

I   Verehrte Herrin, hört um Gottes Willen diese Nachricht:
Ich bin ein Bote und soll Euch mitteilen,
dass Ihr einen Ritter von Kummer befreien mögt,
der diesen lange ertragen hat.
5 Er hat mir aufgetragen, es Euch so nahezubringen:
Wenn Ihr ihn mit Freuden beglückt,
dann werden dadurch ohne Zweifel
viele Herzen froh und freudig.

II   Verehrte Herrin, Ihr solltet keineswegs zögern,
ihn in erhabene Stimmung[1] zu bringen.
Davon könnt Ihr profitieren wie auch alle anderen,
für die Freude gleichermaßen eine Wohltat ist.
5 Das bringt seinen Verstand und seine Kunst auf Trab,
sobald Ihr ihn in Freude versetzt habt,
und er wird
Eure Ehre und Herrlichkeit besingen.

III   ‚Naja, ehrlich gesagt möchte ich mich bei ihm nicht darauf verlassen,
dass er sich so zurückhält, wie es sich gehört.
Verwinkelte Abwege finden sich bei allen Straßen,
Gott schütze mich vor denen.
5 Ich will auf dem rechten, geraden Weg gehen,
verflucht sei der, der mich etwas anderes lehrt.
Wo immer ich mich hinbewege,
dort möge Gott mich schützen!‘

IV

---

1 Hier wie an vielen anderen Stellen im Minnesang ist im Original vom *hôhen muot* die Rede (so auch
in Str. IV, V. 5); siehe dazu die Bemerkungen oben in Kapitel 3 Übersetzungsprobleme und -strategien.

IV Verehrte Herrin, lasst ihm etwas zukommen, das ihn glücklich
     stimmt,
wo doch seine ganze Freude nur an Euch liegt.
Er kann viel von Eurer Güte profitieren,
weil diese voller Tugend und Ehre ist.
5 Verehrte Herrin, versetzt ihn in erhabene Stimmung.
Wenn Ihr nur wollt, schlägt seine Traurigkeit ins Gegenteil um,
sodass dies ihn anspornt,
das Beste aus tiefstem Herzen zu tun.‘

Ton 85
Minnelied

Fünfstrophiges Frauenlied – Gedanken einer Frau über einen sie umwerbenden Mann –
Wünsche, aber auch Zweifel und Sorgen der Frau, sich dem Mann hinzugeben –
Bedauern der Frau, noch nicht nachgegeben zu haben

I ,Ein ganz bestimmtes Verlangen tut mir
einesteils gut, aber andernteils bereitet es mir auch Schmerz und
Sorge.
Ich liebe still und heimlich einen Ritter,
dem kann ich eigentlich jetzt nicht mehr verwehren,
5 worum er mich gebeten hat.
Wenn ich mich darauf nicht einlasse, so scheint mir, bin ich verloren.

II Oft denke ich,
dass ich doch einen starken Willen habe. Wenn das so ist,
dann würde ihm nichts, aber auch gar nichts helfen, wie viel
und wie oft er mich auch anbettelte.
5 Gleich darauf aber kommt mir der Gedanke:
Was bringt das? Ein solcher Vorsatz hält nicht einen einzigen Tag.

III Würde er mich doch in Ruhe lassen!
Er stellt mich wahrlich heftig auf die Probe.
Oh-oh-oh, deshalb fürchte ich sehr,
dass ich doch noch dem nachkomme, wonach er verlangt.
5 Mehr als gerne hätte ich es jetzt endlich getan,
und dennoch: Ich muss ,Nein' sagen, Würde und Ansehen einer Frau
schützen.

IV Ich wage es angesichts tausender Sorgen und Befürchtungen,
die mich still in meinem Herzen
abends und morgens umtreiben, nicht,
ihm zu Willen zu sein.
5 Dass ich es aber auch nur einen Tag
aufschieben muss, das ist für mich ein Schmerz, der schon immer in
meinem Herzen wütete.

V

V Weil die Besten über ihn sagten,
   dass er ein gutes und gefälliges Leben führe,
   habe ich ihm ganz nah
   in meinem Herzen einen Platz eingerichtet,
 5 den noch niemand eingenommen hat.
   Sie alle haben das Spiel verloren, er allein setzt sie alle matt.‘

Ton 86
Minnelied

Beschreibungen der Natur und Jahreszeiten – Winterklage – Freude über einen schönen
Tag – Frauenstrophe: Erinnerungen an ein Treffen mit einem Mann – Schönheitsbeschreibung

I　　Der Reif hatte den kleinen Vöglein Schmerzen zugefügt,
　　sodass sie aufhörten zu singen.
　　Jetzt höre ich sie aber so fröhlich wie früher,
　　nun ist die Heide wieder erblüht.
　　5　Dort beobachtete ich, wie Blumen mit dem Klee darüber stritten,
　　wer von ihnen länger sei.
　　Meiner verehrten Dame sende ich diese Neuigkeiten.

II　　Der Winter hat – uns zum Leid – Kälte
　　und anderes Ungemach herbeigeschleppt.
　　Ich fürchtete schon, niemals mehr rote Blumen
　　auf grüner Heide sehen zu können.
　　5　Naja, und wirklich: Wäre ich tot, würde dies nette Leute,
　　die gerne tanzen und singen und
　　Spaß haben, ganz übel treffen.

III　　Ließe ich diesen herrlichen Tag unbeachtet vorbeiziehen,
　　dann müsste man mich verfluchen
　　und für mich wäre es ein Tiefschlag bis in alle Ewigkeit.
　　Außerdem müsste ich
　　5　all meine Freude sausen lassen, die für mich früher so wichtig war.
　　Gott segne euch alle,
　　wünscht aber auch, dass mir ein Stückchen Glück zukomme!

　　　　　　　　　　　　　　　　　　　　　　　IV

IV ‚Es war ein schöner, freudvoller Ort,
    an dem wir zwei zusammenkamen.
    Mein Herr[1], der mich bat, hierzubleiben,
    der darf über mich bestimmen.[2]
  5 Wirklich und wahrhaftig, es gibt noch nicht einmal ein dürres
        Weidenblatt,
    das mich stört.
    Herr, Ihr versündigt Euch, wenn Ihr mich auf Abwege führt.‘[3]

V   Die Gute, der ich stets dienen werde
    ohne falsches Techtelmechtel und Herumschmeicheln,
    ihre Wangen, die gleichen genau
    den Lilien und Rosen.
  5 Wen wundert es, wenn ich <. . .
    . . . . . .
    . . . .>[4]

---

1 Im Original steht *hêrre*; ich übersetze möglichst offen mit ‚Herr‘. Der Terminus entspricht der *vrowe*, der gebietenden, herrschenden, befehlenden Frau.

2 Es mag auf die romanische Pastourelle angespielt sein. In diesem Liedtyp begegnet ein sozial hochstehender Mann, ein Ritter, einem einfachen Mädchen vom Land. Der Mann verführt das sich zunächst wehrende Mädchen und hat mit ihr Geschlechtsverkehr. Nicht selten handelt es sich um regelrechte Vergewaltigungen.

3 Die letzten drei Verse sind auch im Original schwer verständlich; vor allem verwundert die unvermittelt wechselnde Sprechperspektive im letzten Vers. Vielleicht ist gemeint: ‚Fürwahr gibt es überhaupt nichts (noch nicht einmal ein dürres Weidenblatt), das mich in Verwirrung bringt.‘ Nun ändert sich die Redeperspektive und die Frau spricht den Mann direkt an: ‚Herr, ihr versündigt Euch, wenn ihr mich in die Irre führt.‘ Gemeint könnte sein, dass die Frau mit der Begegnung mit dem Mann in der freien, schönen Natur einverstanden ist, nicht aber mit weiteren (sexuellen) Handlungen.

4 Die Strophe endet fragmentarisch.

Ton 87
Minnelied

Gedanken eines Mannes über seine Beziehung zu einer Frau – Hoffnung des Mannes
auf Reaktion der Frau – überwältigende Wirkung der Frau auf den Mann

I   Herr Gott, spende mir einen Segen, der mich gegen Sorge und Not
schützt,
auf dass ich ein schönes und angenehmes Leben führen kann.
Will mir jemand seine Freude ausleihen,
auf dass ich ihm eine andere zurückgebe?
5 Die finde ich rasch, ich weiß genau wo,
denn dort ließ ich Unmengen davon zurück,
wovon ich mir zutraue, mit Sinn und Verstand
einen Teil zu sichern.

II   Meine ganze Freude hängt von einer Frau ab,
in deren Herz sich nichts als Tugend befindet,
und ihr Äußeres[1] ist so beschaffen,
dass man ihr mit Freude zu Diensten ist.
5 Ich würde gern ein Lachen von ihr erheischen.
Das muss sie mir schon zugestehen,
wie will sie es mir auch vorenthalten?
Ich bin voller Vorfreude auf ihre Gnadenerweise.

III   Wenn ich zuweilen bei ihr sitze,
so sie mich denn einmal mit ihr sprechen lässt,
dann raubt sie mir dermaßen den Verstand,
dass mir schwindelt.
5 Wiewohl meine Worte sonst nur sprudeln –
blickt sie mich auch nur einmal an,
dann habe ich vergessen,
warum ich mich dort hingesetzt habe.

---

1 Im Original ist vom *lîp* (‚Leib‘, ‚Körper‘) die Rede. Siehe dazu die Bemerkungen oben in Kapitel 3
Übersetzungsprobleme und -strategien, S. XLV f.

Ton 88
Minnelied

Männerschönheit – Leugnung des Sprechers, schön zu sein – kryptische Anpreisung
eines anderen Vorzugs – Hoffnung, dass die Frau diese Qualität schätzt – Preis der
Frau – Freude-Leid-Problematik

I   Es wundert mich sehr, was eine Frau
an mir gefunden hat,
sodass sie ihren Zauber auf mich und meine Erscheinung richtet.
Was ist nur los mit ihr?
5 Augen hat sie doch wohl,
wie kommt es, dass sie so schlecht sieht?
Ich bin wahrlich der Männer Schönster nicht,
das steht fest.

II   Sollte ihr jemand etwas über mich vorgelogen haben,
so möge der mich einmal etwas genauer betrachten.
Schönheit wird sie bei mir nun mal gar nicht finden,
vielleicht aber etwas anderes.
5 Allein wie mein Kopf aussieht!
Der ist nicht besonders gut gelungen.
Wenn sie das nicht glaubt,
muss sie wohl ein irrer Wahn befallen haben.

III[1]   Wo sie sich aufhält, da gibt es gut tausend Männer,
die viel schöner sind,
allerdings besitze ich eine kleine Fähigkeit,
der gegenüber meine Schönheit gar nichts ist.
5 Es ist nur eine Kleinigkeit,
die aber doch gut ankommt,
sodass gute Menschen
daran Anteil haben sollen.

IV

---

1 Verse dieser Strophe weisen Überlieferungsdefekte auf. Siehe dazu den Editionsband.

IV   Wenn sie diese Qualität anstelle von Schönheit schätzt,
      dann wird sie glücklich sein.
      Wenn sie das tut, so wird,
      was immer sie mit mir auch macht, ihrer würdig sein.
   5 Sodann werde ich mich ihr unterwerfen
      und alles tun, was sie will.
      Zauberei hat sie dann nicht nötig,
      wo ich doch schon ihr Eigenmann bin.

V   Lasst euch sagen, wie es um ihren Zauber steht,
      von dem sie unendlich viel besitzt:
      Sie ist eine Frau, die Schönheit und Ehre vereint,
      dazu Freude und Leid.
   5 Dass sie noch zu anderem imstande ist,
      soll man sich aus dem Kopf schlagen,
      schon allein ihr liebevolles Verhalten
      bereitet Sorge und Freude zugleich.[2]

---

2 Der Sinn bleibt etwas verschlossen, vielleicht ein bewusstes Spiel mit Uneindeutigkeiten.

Ton 89
(Minne-)Lied

Lob der Freude – Selbstbetrug – Aufgeben und Nicht-Aufgeben von Hoffnung – Klage über die Welt (Allegorie) – Gedanken zur Werbung um Frauen einst und jetzt

I Unter den Menschen hat niemand
eine feinere, dem Hof angemessenere Hoffnung auf Freude als ich.
Wenn mich Sehnsuchtsqualen martern,
nun, dann spiele ich nach außen den Fröhlichen und tröste mich
selbst.
5 Auf diese Weise habe ich mich oft betrogen
und der Welt zuliebe so manche Freude erlogen;
solch Lügen war allerdings löblich.

II Zu meinem Kummer muss ich mich
von mancher Freude, die mein Auge erblickt hat, verabschieden.
Wonach soll sich jemand sehnen,
der nicht glaubt, was zuvor geschehen ist?
5 Der weiß ganz und gar nicht, was es heißt, vergnügt zu sein.
Quälend mühevolles, sehnsüchtiges Begehren,[1] so kann man das
nennen.
Verflucht und verdammt sei solches Leid!

III So manch einer, der mich sieht, glaubt,
mein Herz sei voller Freuden.
Große Freude habe ich aber nicht
und ich werde sie niemals mehr erlangen – außer auf folgende Weise:
5 Wenn deutsche Menschen wieder gut werden[2]
und wenn sie mich tröstet, die mir Leid zufügt,
dann, ja dann werde ich wieder glücklich.

IV

---

1 Im Original lautet diese Kaskade: *seneder muot mit gerender arbeit.*
2 Ob sich dies auf etwas Realhistorisches bezieht, ist unklar.

IV   Ich habe ihr sehr gedient,
        der Welt, und würde ihr gerne noch mehr zu Diensten sein.
        Allerdings: Sie hat nicht die Absicht, sich angemessen zu
            revanchieren
        und glaubt, dass ich das nicht durchschaue.
    5   Eines aber durchschaue ich sehr wohl:
        Wenn ich darum bitte, wonach ich heftig verlange,
        dann gibt sie es eher einem blöden Nichtsnutz.

V   Ich weiß nicht, wie ich es[3] erreichen und Erfolg haben kann.
        So, wie man es hier und jetzt tut, war es mir immer zuwider.
        Mühe ich mich aber so ab, wie man es früher zu tun pflegte,
        dann fügt mir das schnell Schaden zu; was also tun?
    5   Nun, ich baue noch auf etwas Anstand in der Welt
        und dass das Werben der blöden Banausen woanders
        besser ankommt als bei ihr.[4]

---

3 Im Original auch *ez*. Der Bezug ist unklar bzw. offen.

4 Ein häufiges Thema bei Walther: Er bzw. sein lyrisches *alter ego* sieht sich bedrängt von Nichtsnut-
zen und Nichtskönnern, die aber oft mehr Erfolg zu haben scheinen als er.

Ton 90
Minnelied in 2 Fassungen

Reflexionen über Glück und Unglück – verhülltes Spekulieren über erotische Vergnü-
gungen, Vorzüge des Sommers und Winters dabei – Klage über mangelnde Wertschätzung schöner Frauen

*Strophen dieses Tones liegen in 2 Fassungen vor. (Fassungen können sich grundsätzlich in Anzahl,
Bestand und Reihenfolge der Strophen sowie in variierenden Formulierungen des Textes unterscheiden.
Letzteres betrifft: Wortschatz, Plus-/Minus-Text, Satzbau, hin und wieder Versreihenfolgen.) Die
Übersetzung ist bemüht, diese Textvariationen im Mittelhochdeutschen durch entsprechend variierende
Formulierungen auch im Neuhochdeutschen zu erfassen. Eine philologische Varianzanalyse lässt sich
freilich nur an den mittelhochdeutschen Texten durchführen.*

Fassung auf der Basis von Handschrift C

I   Wer sah je ein besseres Jahr,
wer sah je eine schönere Frau?
Das ist für
einen unglücklichen Menschen indes überhaupt kein Trost.
5 Seid gewiss, wem so jemand am frühen Morgen wie ein Omen
      entgegenkommt,[1]
dem wird Unglück zustoßen.

II   Dort, wo die Geliebten ohne jede Sorge
beieinanderliegen,
achtet einmal darauf, ob die Winterzeit
den beiden wohl gut gefällt.[2]
5 Verflixt, was habe ich da gesagt? Ich hätte besser den Mund halten
      sollen,
wo ich doch auch einmal so zu liegen kommen möchte.

III

---

1 Im Original wird das nicht oft belegte Verb *anegengen* (,als Vorzeichen entgegenkommen') verwendet.

2 Der Winter ist als kalte und dunkle Jahreszeit meist negativ besetzt. Des Öfteren aber wird auch auf
einen Vorzug hingewiesen: der Winter bietet längere Nächte als der Sommer. Siehe auch die Strophen
II und III der folgenden Fassung.

III   Ich will einer Frau[3] zu klagen helfen,
die Freude wirklich verdient hätte,
dass ihr in dieser Zeit des Drunter und Drüber droht,
ihre feine Sittsamkeit[4] zu verlieren.
5 Früher wäre ein ganzes Land einer so schönen Frau wegen in Jubel
ausgebrochen.
Was aber richtet ihr schöner Körper jetzt noch aus?

Fassung nach Handschrift A (unter dem Autornamen *Niune*)

I   Jetzt singe ich, wie ich früher gesungen habe:
Will jemand wieder glücklich sein?
Verflucht seien die Mächtigen
und die Jungen genauso!
5 Wüsste ich, was sie bekümmert – sie könnten es mir doch gerne
sagen –,
dann würde ich helfen, ihre Sorgen zu beklagen.

II   Dort, wo die Geliebten ohne jede Sorge
beieinander liegen,
will ich, dass die Sommerzeit
den beiden ganz gehört.
5 Sommer und Winter, beide haben so viele Vorzüge,
dass ich auch beide loben möchte.

III   Wenn der Winter auch kurze Tage hat,
so hat er aber doch lange Nächte,
sodass sich die Geliebten
von ihren Kämpfen[5] gut erholen können.
5 Verflixt, was habe ich da gesagt? Ich hätte besser den Mund halten
sollen,
wo ich doch auch einmal so zu liegen kommen möchte.

---

3 Das Nomen fehlt in der Handschrift.

4 Im Original ist *schoene tugent* formuliert.

5 Seit der Antike ist ‚Liebe‘ mit dem Metaphernfeld des ‚Krieges‘, ‚Kampfes‘ etc. verbunden.

Ton 91
Minnelied

Lobeshymnen auf eine verehrte Frau – Möglichkeit der Verwundung durch die Frau –
die letzte Strophe: namentliche Selbstanrede Walthers, erotische Wunschträume

I Ich brenne jetzt so vor Glück,
dass ich schon bald Wundersames unternehmen werde.
Wenn es so kommt,
dass ich die Liebe meiner verehrten Dame erlange,
5 dann steigen meine Gedanken, Sinne, Gefühle[1]
höher hinauf als der Schein der Sonne. Oh Gnade, du Königin!

II So oft ich die Gute sah,
nie konnte ich unterdrücken,
dass meine Augen glänzten und strahlten.[2]
Der kalte Winter war mir völlig gleichgültig.
5 Anderen Menschen schien er eine Last zu sein,
ich aber wähnte mich in dieser Zeit mitten im Mai.

III Diesen herrlichen Freudengesang
habe ich meiner lieben Dame zu Ehren gesungen.
Dafür soll sie mir danken,
denn ich werde stets um ihretwegen Freude verbreiten.
5 Natürlich: Sie kann mein Herz auch verwunden;
was soll's, wenn sie beides tut?[3] Sie kann es stets ins Gegenteil ver-
kehren.

IV

---

1 Im Original ist nur von *sinnen* die Rede.

2 Die Syntax der ersten drei Verse ist im Original komplex und nicht einfach aufzulösen.

3 Die Übersetzung folgt der Edition, die hier auf Handschrift C beruht. Handschrift F überliefert
statt *beidiu*: *layde*, was sich letztlich glatter in den Gedankengang fügt (‚Was soll's, wenn sie mir Leid
zufügt?').

IV   Niemand wäre in der Lage, mich dazu zu verführen,
       Hoffnung und Zuversicht aufzugeben.
       Würde ich sie aus meinem Kopf verbannen,
       wo fände ich denn woanders eine derart Schöne,
  5 die so makellos wäre?
       Sie ist schöner und wird mehr verehrt als Helena und Diana[4].

V   Hör her, Walther, wie es um mich steht,
       mein lieber Gefährte von der Vogelweide.
       Ich suche Hilfe und Rat:
       Die Schöne fügt mir viel Leid zu.
  5 Könnten wir doch beide ein Lied anstimmen,
       auf dass ich mit ihr auf der leuchtenden Heide Blumen pflücken[5]
         könnte!

---

4 Frauenfiguren der antiken Mythologie. Helena gilt als außergewöhnlich schön (in mittelalterlicher Rezeption aber auch als sündhaft und verführerisch); Diana wurde in der römischen Antike als Jungfrau und Helferin der Frauen verehrt (die mittelalterliche Rezeption weicht davon teilweise aber stark ab).

5 Erneut begegnet hier die Metapher der *Defloratio*: ‚Blumen pflücken/brechen‘ als Bild für Entjungferung und Geschlechtsverkehr.

Ton 92
Minnelied

Wechselrede Mann-Frau – sehnsüchtig klagender Mann – klagende Frau, Schein-Sein –
 erotische Begegnung – fehlende Gelegenheiten – früher war alles besser, fehlende
 Glücksgefühle

I   Gott schenke ihr stets gute Tage
     und möge es einrichten, dass ich sie noch zu sehen bekomme,
     die ich liebe, aber nicht für mich gewinnen kann.
     Es quält mich, dass ich sie sagen höre,
5   sie sei mir ohne Wenn und Aber zugeneigt,
     und dass sie mir aber auch eine andere Geschichte erzählt,[1]
     deretwegen mein Herz tiefsten Kummer zu leiden hat.
     Oh weh, welch süße Qual!
     Federleichte bleierne Schwere liegt in mir.[2]

II[3]   ‚Oft wäre ich gerne glücklich,
     aber leider habe ich keinen Geliebten.
     Nun, wo sie[4] schon alle solch Trübsal blasen,
     wie könnte ich allein es bleiben lassen,
5   ohne ertragen zu müssen, dass sie mit dem Finger auf mich zeigen.
     Allerdings: Nicht wirklich würde ich Freude ihretwegen aufgeben.
     Mit folgendem Trick sichere ich mir ihre Zuneigung, sodass sie mich
       nicht anfeinden:
     Denn niemals werde ich da lachen,
     wo es jemand von ihnen sieht.'

III

---

1 Im Original steht: *und sagt mir ein ander maere.* Syntaktisch ist das ambivalent. Man kann auch
übersetzen: ‚eine andere Erzählung berichtet mir aber etwas,/ dessentwegen ...'

2 In beiden letzten Versen typische Oxymora des (Hohen) Minnesangs.

3 Ich habe diese Strophe in der Edition als Frauenstrophe (-rede) aufgefasst. Das ist nicht sicher; in
V. 2 und 7 könnten auch Indizien für Männerrede stecken. Auch textkritisch gibt es einige Problemstel-
len. Siehe den Editionsband mit weiteren Hinweisen.

4 Im Walther-Corpus begegnen oft solche Indefinitpronomen; häufig beziehen sie sich auf anonyme
Mitglieder der Gesellschaft, Menschen im Umkreis des oft ja thematisierten (Liebes-)Paares.

III ,Gott hat es gut mit mir gemeint
– da ich doch mit Kummer und Sorge lieben muss –,
dass ich mich dem zugewandt habe,
über den alle Leute Gutes sagen.
5 Ich habe ihn in aller Eile
geküsst und umarmt:
Da schoss mir etwas in mein Herz, was mich nicht loslassen wird,
bis ich tue, worum er mich gebeten hat.
Ich würde es tun, hätte ich doch nur die Gelegenheit.'

IV Es schmerzt mich im Inneren,
wenn ich daran denke, worum man sich
früher in der Welt bemühte.
Ach, ich kann einfach nicht vergessen,
5 wie froh und sorgenfrei die Leute waren.
Damals konnte sich ein glücklicher Mensch[5] offen zeigen
und sein Herz machte Freudensprünge, der schönen Zeit ganz
angemessen.
Sollte das nicht mehr möglich sein,
dann wird mich quälen, dass ich so etwas je erlebt habe.

---

*Im Anschluss an dieses Lied folgt in den Handschriften C und E eine weitere Strophe, deutlich als
tonzugehörig gekennzeichnet; sie weist in beiden Handschriften unterschiedliche Defekte und Besserungs-
versuche durch Schreiber/Redaktoren auf. Im Folgenden Übersetzungen der interpunktionslosen Transkriptionen (siehe Editionsband)*

Fassung nach Handschrift C

Da ich ihr wie ein Leibeigener
untergeben sein soll solange ich lebe
und sie mir sehr wohl
den Kummer nehmen kann den ich ihretwegen
5 erlitten habe und weiter erleiden muss
sodass mich niemand außer ihr trösten kann
soll sie meinen Dienst [annehmen]
und sich um mich kümmern
auf dass sie mich auch nicht vernachlässige

---

5 Im Original ist von *man* (,Mann', ,Mensch') die Rede.

Fassung nach Handschrift E

Da ich ihr wie ein Leibeigener
untergeben sein soll solange ich lebe
und sie mir sehr wohl
den Kummer nehmen kann den ich ihretwegen
5   schon lange erlitten habe und weiter erleiden muss
sodass mich niemand außer ihr trösten kann
soll sie meinen Dienst annehmen
und sich um mich kümmern
auf dass sie mich auch nicht vernachlässige

Ton 93
Minnelied in 2 Fassungen

Dialog Bote-Frau – Hoffnung auf gute Nachrichten der Frau – innere Zerrissenheit des
Mannes

*Strophen dieses Tones liegen in 2 Fassungen vor. (Fassungen können sich grundsätzlich in Anzahl,
Bestand und Reihenfolge der Strophen sowie in variierenden Formulierungen des Textes unterscheiden.
Letzteres betrifft: Wortschatz, Plus-/Minus-Text, Satzbau, hin und wieder Versreihenfolgen.) Die
Übersetzung ist bemüht, diese Textvariationen im Mittelhochdeutschen durch entsprechend variierende
Formulierungen auch im Neuhochdeutschen zu erfassen. Eine philologische Varianzanalyse lässt sich
freilich nur an den mittelhochdeutschen Texten durchführen.*

Fassung auf der Basis von Handschrift C (dem Dichter Hartmann von Aue zugewiesen)

I   Erhabene Gebieterin, dir hat
ein Ritter, der es dir mit Freude gönnt
und der mit festem Willen das Beste tut,
was sein Herz zu tun vermag, seinen Dienst angeboten.
5 Der will deinetwegen diesen Sommer
voller Zuversicht und Hoffnung auf deine Gnade sein.
Das mögest du mit liebevollem Wohlwollen entgegennehmen,
auf dass ich mit guten Nachrichten zurückreise,
dann wird man mich dort willkommen heißen.

II   ‚Du magst ihm meine Ergebenheit ausdrücken:
Was immer ihm zur Freude gereichen mag,
das könnte niemandem besser gefallen
als dem, der ihn so gut wie nie gesehen hat.
5 Und bitte ihn, dass er sich mit seinem erhabenen Wesen dorthin
wende,
wo man ihm Lohn zuteilwerden lässt: Ich bin eine Frau, die weit
entfernt ist,[1]
solch eine Ansprache entgegennehmen zu können.
Wenn es ihm hingegen um etwas Anderes geht,
so bin ich dabei, denn dessen ist er wert.‘

III

---

1 Im Original ist von einem *frömden wîp* die Rede. Das Attribut *fremd* kann viel bedeuten: u. a. ‚räumlich
oder sozial entfernt‘, ‚unbekannt‘, ‚feindlich‘.

III Meine erste Ansprache, die ihr jemals zu Ohren kam,
die nahm sie so auf, dass ich guter Zuversicht war,
bis sie mich ganz nah bei sich hatte;
sogleich aber war sie anderer Meinung.
5 Wie sehr ich es auch wünsche, ich komme nicht von ihr los:
Die unbändige Liebesfreude ist noch größer geworden,
sodass sie mich nicht loslässt,
ich muss auf immer ihr Untertan sein.
Aber was soll's, genau das will ich ja auch.

Fassung nach Handschrift E (Walther von der Vogelweide
 zugewiesen)

I Erhabene Gebieterin, dir hat
ein Ritter, der es dir mit großer Freude gönnt
und der mit festem Willen das Beste tut,
was sein Herz zu tun vermag, seinen Dienst angeboten.
5 Der will deinetwegen diesen Sommer
voller Zuversicht und Hoffnung auf deine Gnade sein.
Den mögest du mit liebevollem Wohlwollen empfangen,
wenn ich mit solchen Nachrichten zurückreise,
dann wird man mich willkommen heißen.

II ‚Bote, drücke ihm meine Ergebenheit aus:
Und was ihm zum Heil gereichen mag,
das könnte niemand besser erringen[2]
als der, der ihn so gut wie nie gesehen hat.
5 Und rate ihm, dass er sich mit seinem Wesen dorthin wende,
wo man ihm Lohn zuteilwerden lässt: Ich bin für ihn eine Frau, die
 weit entfernt ist,[3]
solch eine Ansprache entgegennehmen zu können.
Wenn es ihm hingegen um etwas Ehrenhaftes geht,
so bin ich dabei, denn dessen ist er wert.'

              III

---

2 Die Übersetzung geht auf die handschriftliche Lesart *beiagen* zurück; das ist schwer verständlich – siehe aber die Fassung nach C weiter oben.

3 Im Original ist von einem *frömden wîp* die Rede. Siehe die Anmerkung zu Fassung C.

III Als ich mit meiner Ansprache begonnen hatte,
     da nahm sie sie so auf, dass ich guter Zuversicht war,
     und ich kam ihr recht nahe;
     sogleich aber war sie anderer Meinung.
   5 Jetzt könnte ich aber nicht mehr, wie gerne ich auch wollte, von ihr
        loskommen:
     Die süße Liebesfreude hat sich so vergrößert,
     dass sie mich nicht loslässt,
     deshalb muss ich auf immer ihr Untertan sein.
     Aber was soll's, genau das will ich ja.

IV   Wer behauptet, dass Liebe[4] Sünde sei,
     der sollte das vorher überdenken.
     Bei ihr findet sich viel Ehre,
     aus der man mit Recht Nutzen ziehen kann,
   5 und ihr folgt große Beständigkeit und auch Glückseligkeit:
     Dass jemand falsch oder böse handelt, das ist mir zuwider.
     Die falsche Liebe meine ich nicht,
     die könnte besser ‚Un-Liebe' genannt werden,
     die will und werde ich stets verabscheuen.
     _______________[5]

V[6] Da ich ihr wie ein Leibeigener
     untergeben sein soll, solange ich lebe
     und sie mir sehr wohl
     den Kummer nehmen kann, den ich ihretwegen
   5 schon lange erlitten habe und weiter erleiden muss,
     sodass mich niemand außer ihr trösten kann,
     soll sie meinen Dienst annehmen
     und sich um mich kümmern,
     auf dass sie mich auch nicht vernachlässige.

---

4 Im Original in allen Versen dieser Strophe: *minne*.

5 Zur Bedeutung dieser Linien siehe den Editionsband; sie kennzeichnen Überlieferungsbesonderheiten wie die, dass Strophen eines Tones in einer Handschrift nicht alle aufeinander folgen müssen, sondern dass eine Ton-Reihe auch durch tonfremde Strophen unterbrochen sein kann.

6 Siehe die Bemerkungen zu dieser Strophe bei Ton 92.

Ton 94
Minnelied

Schein und Sein – Klage des verliebten Mannes – Hoffnung auf Integrität der Frau –
   Hoffnung auf Liebeserfüllung – Lobpreis der Frau

I   Ist es schlecht oder gut,
      dass ich mein Leid verbergen kann?
      Mich sieht man oft fröhlich,
      wohingegen so mancher andere Mann Trübsal bläst,
5   der aber nicht einmal halb so viele Sorgen hat wie ich.
      Ich spiele nach außen hin vor,
      voller Freude zu sein.
      Nun möge Gott so gnädig sein, es einzurichten,
      dass ich mit Fug und Recht auch tatsächlich einmal glücklich werde.

II   Wie kommt es, dass ich vielen Männern
      aus Sehnsuchtsqualen herausgeholfen habe
      und ich mich selbst aber
      nicht glücklich machen kann, wenn ich recht sehe?
5   Ich liebe eine Frau, die besitzt Güte und Schönheit,
      die lässt es zu, dass ich über alles Mögliche zu sprechen beginne,
      zu einem Ende vermag ich indes nie zu kommen..
      Deshalb müsste ich jetzt eigentlich zerknirscht sein,
      allerdings ist es so, dass sie, wenn sie sich mir versagt, immerhin ein
         wenig lächelt.

III   Sie möge aufpassen, dass sie im Inneren gefestigt bleibt
      – nach außen hin erscheint sie voller Freude –,
      auf dass sie nicht auf Abwege gerät,
      dann hätte es noch nie eine so liebreizende Frau gegeben,
5   dann würde ihr Lobpreis den Lobpreis vieler anderer feiner Damen
         übertrumpfen.
      Wenn die Schönheit, die sie nach außen hin schmückt,
      ihrer Würde entspricht
      und wenn ich ihr dann irgend dienen kann,
      so wird dies nicht ungelohnt bleiben bei all diesen Ehrbezeugungen.

IV

IV Wie sehr auch meine Freude mit Zweifel behaftet ist,
den mir die Gute leicht
nehmen kann, wenn sie nur will,
es macht mir doch nichts aus, was ich an Leid zu ertragen habe.
5 Sie fragt, was mich niemand fragen soll,
wie lange ich bei ihr zu bleiben gedenke:
Sie ist für mich stets vor allen anderen Frauen
ein beständiger Trost, der mir zur Freude gereicht.
Nun möge es mir so ergehen, wie ich es mir von ihr erhoffe.[1]

V Viele andere können umso besser
reden, sobald sie erst einmal bei der Geliebten sind.
Wie oft ich aber auch bei ihr saß,
mir fiel weniger ein als einem Kind.
5 Mir schwanden all meine Sinne.
Deswegen hätte man mich woanders für verrückt erklärt.
Sie aber ist eine Frau, die aufs Hören verzichtet,
hingegen gute Absicht sehen kann.
Die habe ich und also könnte Freude mir doch zuteilwerden.

---

1 Textkritisch problematischer Vers (siehe den Editionsband).

Ton 95
Lied mit Sangspruchcharakter

Klage alter Menschen – Ungerechtigkeit in der Welt – Hoffnung auf ein Ende übler Zeiten

I   Die Grauen[1] wollten mich davon überzeugen,
dass die Welt noch nie so jämmerlich dagestanden
und alle Freude verloren hätte.
Ich aber wendete mich voller Zorn gegen sie:
5   Sie könnten zwar mit Gewalt darauf pochen –
dennoch wird es niemals zur Wahrheit!
Ihre Rede hat mich schwer belastet.
In solcher Weise stritt ich mit den Alten;
die halten schon
10   seit mehr als einem Jahr daran fest.

II   Mein Auge nimmt viel Erstaunliches wahr,
dass nämlich denen, die es viel weniger verdienen als ich,
so schönes Glück zuteilwird.
Hoppla, Welt, was geht in dir vor!
5   Ist Gott ein solcher Gleichmacher?
Er verleiht dem einen Besitz –
dem anderen Verstand.
Daher glaube ich,
dass ein reicher Dummkopf,
10   der so reich ist, wie ich arm bin, gleichermaßen angesehen ist.[2]

III

---

1 Gemeint sind alte Menschen (die ältere Generation), die immer wieder ihre Gegenwart schlecht reden und vermeintlich besseren früheren Zeiten nachtrauern (Topos der *laudatio temporis acti*).

2 Die drei letzten Verse sind im Original schwer verständlich; es hat viele Versuche gegeben (siehe Editionsband), meine Übersetzung stellt nur einen dar.

III   Früher, als sie alle glücklich waren,
         da wollte niemand meine Klage hören;
         jetzt geht es manchen aber so,
         dass sie mir alles glauben, was ich ihnen berichte.
    5   Nun beende Gott
         unsere Quälerei[3]
         und beschere uns Glückseligkeit,
         auf dass wir Kummer und Leid hinter uns lassen können.
         Ach, könnte es doch zu einem Ende kommen!
    10   Ich trage ein besonderes Leid.[4]

---

3 Im Original ist von *arbeit* die Rede. Das Nomen hat im Mittelhochdeutschen meistens eine negative Bedeutung (‚Arbeit' als ‚Qual', ‚Mühsal' usw.).

4 Worin dieses besondere Leid besteht, wird nicht gesagt. Vielleicht besteht ein Zusammenhang mit Str. II und der dort thematisierten Ungerechtigkeit.

Ton 96[1]
Lied mit Sangspruchcharakter

Abgesang auf das unbeständige Diesseitige – Angst vor dem Tod – Reue über falsches
Verhalten – Hoffnung auf Gottes Hilfe

I   Ein Gelehrter trug vor,
dass Traum und Spiegelglas,
was Festigkeit und Dauer angeht, dem Wind glichen.
Laub und Gras,
5 das mir immer eine Freude war,
– wie immer ich jetzt enden werde,
mir scheint, dass ich dem gleiche –
dazu noch vielfältige Blumen,
die rote Heide, der grüne Wald,
10 der Gesang der Vöglein nehmen ein trauriges Ende
und noch dazu die Lieblichkeit und Zartheit
der Linde.
Oh nein, Welt, wie steht es um Deine Kopfbedeckung![2]

II   Eine dumme, nichtige Zuversicht,
die ich auf die Welt hatte,
die ist heftig zu tadeln,
denn sie nimmt ein übles Ende.
5 Ich sollte sie aufgeben
– das habe ich inzwischen eingesehen –,
auf dass sie meine Seele
nicht in großes Unglück stürze.
Mein armseliges Leben liegt in Angst und Sorge danieder,
10 es wäre höchste Zeit, umzukehren und Buße zu tun.
Jetzt fürchte ich, kranker und schwacher Mensch, den grässlichen Tod,
dass er mir großes Leid
zufügen wird.
Vor Angst werden meine roten Wangen bleich.

III

---

1 Die langen Strophen mit je 14 Versen weisen im Original oft verschachtelten Satzbau und Satzbrü-
che auf. Auch gibt es textkritische Probleme (siehe dazu den Editionsband). Dies alles schlägt sich auch
in der Übersetzung nieder, die sich hier und da nicht sehr ‚gefällig‘ liest.

2 Im Original ist vom *gebende* die Rede. Es handelt sich um eine Kopfbedeckung für Frauen, die
sozialsymbolisch besetzt ist.

III   Wie kann ein Mensch,
        der sich auf nichts anderes als Sünde versteht,
        genau darauf Hoffnung gründen
        oder sich gerade deswegen stolz herumzeigen?
5   Seit ich
        mich anschickte, der Welt
        zu vertrauen
        und Übles von Gutem zu unterscheiden,
        griff ich, wie es eben ein blöder Dummkopf tut,
10   zur linken Hand voll in die Glut
        und trug viel zum Triumphgeschrei des Teufels bei.
        Deshalb muss ich mich mit all den Qualen
        abmühen:
        Nun möge aber Jesus meinen Fall mildern und lindern.

IV   Heiliger Christus,
        da Du Gewalt hast
        über die Menschen in der Welt,
        die nach Deinem Vor-Bild geschaffen sind,
5   verleihe mir die Fähigkeit,
        dass ich Dich alsbald
        so in meine Gedanken aufnehme,
        wie es Deine auserwählten Kinder tun.
        Ich war offenen Auges blind
10   und hatte – wie ein Kind – von allen guten Dingen keine Ahnung,
        während ich meine Verfehlungen vor der Welt verbarg.
        Mach mich rein,
        bevor meine unreine
        Seele in das verlorene Tal hinabsinkt.

Ton 97[1]
Lied mit Sangspruchcharakter (Die ‚Elegie')

Klage über die schnell vergehende (Lebens-)Zeit – der alte Mensch in veränderter Welt –
Klage über üble Zustände in der Welt – Schein und Sein – Aufruf zum Kreuzzug,
Wunsch, daran teilzunehmen

I   Ach und Weh, wohin sind alle meine Jahre entschwunden!
Ist mein Leben nur ein Traum oder ist es Wirklichkeit?
Von dem ich immer glaubte, dass es existierte, gab es das überhaupt?
Demnach habe ich geschlafen und weiß es nicht.
5 Jetzt bin ich aufgewacht und mir ist selbst das unbekannt,
was mir zuvor wie meine eigene Hand vertraut war.
Land und Leute, die mich von Kind auf geprägt haben,[2]
die sind mir fremd geworden, als ob all das eine Lüge gewesen wäre.
Die früher meine Spielgefährten waren, sind jetzt schwach und alt.
10 Das Feld ist bestellt, der Wald ist gerodet.
Wenn allein das Wasser nicht noch so fließen würde wie früher,
hätte ich wahrlich den Eindruck, in tiefem Unglück zu stecken.
Manch einer grüßt mich nur flüchtig, der mich früher gut gekannt
    hat,
die Welt ist völlig trostlos geworden.
15 Wenn ich an so manche schönen Tage denke,
die mir entglitten sind wie ein Schlag ins Meer –
ja dann: auf immer ‚Ach und Weh'.

II

---

1 Dieses dreistrophige Lied wird in den meisten literaturgeschichtlichen Arbeiten als ‚Elegie' bezeichnet; es zählt zu den bekanntesten und meistinterpretierten Texten Walthers. Insbesondere hier hat man immer wieder im sprechenden Ich den Menschen Walther von der Vogelweide gesehen.

2 Der Vers kann auch anders verstanden werden (es gibt textkritische Probleme, siehe Editionsband): ‚Land und Leute, von denen ich als junger Mann weggezogen bin …'.

II Ach und Weh, wie erbärmlich sich junge Leute verhalten und
       herumjammern,
    die vor kurzem noch guten Mutes waren,[3]
    die wissen nichts anderes zu tun, als sich betrübt Sorgen zu machen,
       meine Güte, warum tun sie das?
    Wo ich auch in der Welt hinschaue, niemand ist glücklich,
5   Tanzen und Singen – das löst sich in Kummer auf.
    Kein Christ hat je so trostlose und jammervolle Zeiten gesehen.
    Schaut hin, wie die feinen Damen ihre Kopfbedeckung[4] tragen,
    die stolzen Ritter ziehen Dorfkleider an.
    Zu uns sind üble Schriften aus Rom[5] gekommen,
10 Trübsal wird uns zugestanden, Freude aber genommen.
    Das quält mich im Inneren sehr – wir lebten einstmals gut –,
    dass ich jetzt anstatt zu lachen weinen soll.
    Die wilden Vögel macht unsere Klage traurig,
    wen wundert's, wenn ich daran verzweifle?
15 Aber ach – was rede ich da, ich dummer Kerl, aus meinem bösen
       Zorn heraus?
    Wer der Freude des Diesseits folgt, der hat jene dort verloren,
    auf immer ‚Ach und Weh'.

                                                        III

---

3 Unsichere Übersetzung aufgrund textkritischer Probleme (siehe Editionsband).

4 Hier ist auf Verstöße gegen Kleiderordnungen angespielt: Die Welt steht Kopf.

5 In der Forschung werden die *brieve* meist als die Enzykliken Papst Gregors IX. vom 1. und 8. Oktober 1227 identifiziert, in denen den deutschen Bischöfen und Fürsten die Exkommunikation Friedrichs II. verkündet wird. Alternative Deutung: Die *brieve* sind eine Anspielung auf die vom Papst seit 1218 an Friedrich und die Kreuzfahrer gerichteten und die Notlage des Heiligen Landes beklagenden Kreuzzugsaufrufe.

III   Ach und Weh, wie wir mit süßen Dingen vergiftet werden!

Ich sehe, wie die bittere Galle mitten im Honig wabert:

Nach außen hin ist die Welt schön, weiß, grün und rot,

im Inneren aber ist sie von schwarzer Farbe, finster wie der Tod.

5 Wen sie jetzt auf Abwege geführt hat, der denke daran, dass es Hilfe gibt:

Durch geringe Buße wird er von großer Sünde erlöst.

Daran sollt ihr, Ritter[6], denken, das ist eure Sache.

Ihr tragt die strahlenden Helme und so manches feste Kettenhemd,

dazu dicke Schilde und gesegnete Schwerter.

10 Würde Gott doch wollen, dass ich am Sieg teilhaben dürfte!

Dann könnte ich armseliger Mann reichen Gewinn erdienen.

Allerdings meine ich damit weder Land noch Gold der Herren,

ich selbst würde gerne jene Krone auf immer tragen,

die ein Söldner mit seinem Speer erkämpfen könnte.[7]

15 Wäre mir doch nur vergönnt, die herrliche Reise über das Meer[8] anzutreten,

dann würde ich nur noch Schönes singen und niemals mehr ‚Ach und Weh‘.

---

6 Gemeint sind die Kreuzfahrer, die ‚Streiter für Gott‘, die *milites Christi*.

7 Wahrscheinlich ist hier nur gemeint, dass ein Kreuzfahrer durch seine Taten himmlischen Lohn erwerben wird. In der Forschung wurde der *soldener* aber auch mit dem Soldaten Longinus identifiziert, der Christus mit einer Lanze in die Seite gestochen haben soll.

8 Im Original ist die Rede vom *gevarn über sê*; damit ist sehr häufig gemeint: ‚an einem Kreuzzug teilnehmen‘.

ANHANG

In der Ausgabe, auf die sich dieser Übersetzungsband bezieht, werden die mittelhochdeutschen Texte a) in einem ‚Hauptteil‘ (bestehend aus den auf den ersten Walther-Editor Karl Lachmann zurückgehenden ‚Büchern‘ I–IV) und b) in einem ‚Anhang‘ editorisch aufbereitet. In diesem Anhang, von mir für die 14. Auflage der Edition erstmals erarbeitet, sind die Töne und Strophen zusammengestellt, deren handschriftliche Zuweisung zu Walther in verschiedener Hinsicht unsicher ist.[1] Diese Texte sind von der Forschung vielfach wenig bis gar nicht beachtet worden, z. T. allein deshalb, weil sie von früheren Editoren gar nicht angemessen ediert worden waren. Es lassen sich vier Kategorien unterscheiden:

1. Töne, die Walther in wenigstens einer Handschrift namentlich zugewiesen werden (in anderen Handschriften aber auch anderen Autoren),

---

[1] Hinweis für Leserinnen und Leser, die nicht mit der handschriftlichen Überlieferung von mittelalterlicher Lyrik vertraut sind: Grundsätzlich kann die Zuordnung von Texten zu einem Autor in den Handschriften wie folgt aussehen: a) Vor einem längeren Textblock in einer Sammelhandschrift wird *einmal* ein Autorname genannt; bis zum nächsten Autornamen gelten dann alle Texte dem erstgenannten Autor zugehörig (Beispiel: Codex Manesse, auch ‚Große Heidelberger Liederhandschrift C‘ genannt); b) auch einzelne Lieder können – Lied für Lied – mit einer Autorsignatur versehen sein (Beispiel: ‚Hausbuch des Michael de Leone‘, auch ‚Würzburger Liederhandschrift E‘ genannt); c) zuweilen werden auch Lieder tradiert, bei denen kein Autorname steht – aber sie befinden sich in einem Verbund von mehreren anderen Liedern, die in *anderen* Handschriften mit Signaturprinzipien wie unter a) und b) skizziert versehen sind. Es gibt ferner d) auch ganz isolierte und anonyme Überlieferungen. – Besonders schwer hat man es, über die Autorschaft von Texten zu befinden, wenn ein und derselbe Text in unterschiedlichen Handschriften mit jeweils *anderen* Autornamen verbunden wird. – Weitere Hinweise dazu bieten (zum Einstieg): ‚Dâ hoeret ouch geloube zuo‘. Überlieferungs- und Echtheitsfragen zum Minnesang. Beiträge zum Festcolloquium für Günther Schweikle anläßlich seines 65. Geburtstages. Hg. von Rüdiger Krohn in Zusammenarbeit mit Wulf-Otto Dreeßen. Stuttgart, Leipzig 1995. – Thomas Bein: ‚Mit fremden Pegasusen pflügen‘. Untersuchungen zu Authentizitätsproblemen in mittelhochdeutscher Lyrik und Lyrikphilologie. Berlin 1998. – Rückkehr des Autors. Zur Erneuerung eines umstrittenen Begriffs. Hg. von Fotis Jannidis, Gerhard Lauer, Matías Martínez, Simone Winko. Tübingen 1999. – Thomas Bein: Zum Umgang mit handschriftlichen Autorzuweisungen: Bilanz und Vorschläge für eine literarhistoriographische Handhabe. In: Entstehung und Typen mittelalterlicher Lyrikhandschriften. Akten des Grazer Symposions 13.–17. Oktober 1999. Hg. von Anton Schwob und András Vizkelety unter Mitarbeit von Andrea Hofmeister-Winter. Bern, Berlin [u.. A.] 2001, S. 15–36. – Autor – Autorisation – Authentizität. Beiträge der Internationalen Fachtagung der Arbeitsgemeinschaft für germanistische Edition in Verbindung mit der Arbeitsgemeinschaft philosophischer Editionen und der Fachgruppe Freie Forschungsinstitute in der Gesellschaft für Musikforschung, Aachen, 20. bis 23. Februar 2002. Hg. von Thomas Bein, Rüdiger Nutt-Kofoth und Bodo Plachta. Tübingen 2004.

2. Töne, die ohne namentliche Zuweisung, aber im Kontext von Tönen Walthers überliefert sind,

3. Strophen in Tönen Walthers; hier geht es also nur um den ‚Ton'-Autor, den Erfinder einer Strophenstruktur mit Versmetrik, Reim, Melodie, nicht um den Text-Autor,

3a. Strophen in Tönen Walthers mit fremder Autorzuschreibung,

3b. Namen- und kontextlose Strophen in Tönen Walthers,

4. Strophen, für die Walthers Autorschaft in Erwägung gezogen wurde (hier bietet die Überlieferung wenig bis gar keinen Anlass, einen Text Walther zuzuweisen – allein Stil, Thema etc. könnten für Walther sprechen).

Die Nummerierung der Töne im Anhang wirkt verwirrend. Knappe Erläuterung: In den Kategorien 1 und 2 setzt sie neu mit Nummer 101 ein, da die Texte aus dem Hauptteil von Buch IV, die hauptsächlich in Handschrift C (‚Codex Manesse') überliefert sind, hier keine Fortsetzung finden. Die Strophen in Kategorie 3 erscheinen unter der Tonnummer des Hauptteils, werden aber durch einen *-Index bei der Strophennummer unterschieden (z. B.: Ton 8 I*). Die einzelnen Strophen wurden jeweils nach den Handschriften ediert, die sie Walther zuschreiben oder seine Autorschaft vermuten lassen – diese Textfassungen liegen folglich auch der Übersetzung zugrunde. In einigen besonderen Fällen sind in der Edition lediglich die Strophenanfänge verzeichnet – und auch nur sie werden hier übersetzt. Wer sich mit solchen Texten näher befassen möchte, muss den Editionsband zur Hand nehmen und den Erläuterungen dort weiter nachgehen.

1. Töne, die Walther in wenigstens einer Handschrift zugewiesen werden

(In anderen Handschriften sind sie aber anderen Autoren zugeordnet; zu Einzelheiten
siehe den Editionsband.)

Ton 101
Minnelied

Verehrung der Frau – der verliebte Mann als Sänger – Reflexion über das Versenden
von Liebesliedstrophen durch Boten – erfüllte Sexualität (?)

I   Mir erzählt ein fremder Pilger
– ohne gefragt zu sein – von meiner verehrten Dame,
dass sie
schön und gut gestimmt sei.
5 Das war für mich eine Nachricht,
die mir im Herzen wohltut.

II   „Heute möge ihr Gott einen guten Tag schenken,
ihr, die ich auf andere Weise nicht grüßen kann",
das sind meine Worte
jeden Morgen in der Frühe
5 und ich vergesse niemals,
ihr am Abend eine gute Nacht zu wünschen.

III   Als ich jüngst von ihr fortging, bat sie mich,
ich möge ihr doch gerne meine Liedstrophen[1] senden.
Die sollte ich ihr schicken,
wenn ich nur wüsste, durch wen,
5 es müsste jemand sein, der sie behutsam in ihre hellen[2] Hände
legte und der für sie als Bote akzeptabel wäre.

IV

---

1 Im Original steht *liet* (im Mittelhochdeutschen Plural). Mit dem Wort im Singular wird zunächst
nur eine Liedstrophe bezeichnet. Mehrere *liet* bilden dann ein ‚Lied' im neuhochdeutschen Sinn.
2 Helle Haut galt als Schönheitsideal.

IV Aber was, wenn mich ein Bote im Stich ließe?
  Ich will mehr als tausend dorthin schicken,
  damit sie ihr
  diesen lieblichen Gesang überbringen.
  5 Wenn sie ihn angemessen und gefällig darbieten,
  dann werde ich wohl ein ‚Danke sehr!' zu hören bekommen.

V Ich wurde fast wahnsinnig,
  als ich Abschied nahm und sie
  – bezaubernd
  wie das Abendrot – vor mir saß.
  5 Ob mir ein wenig gelohnt wurde?
  Sehnsuchtsschmerz war auf jeden Fall dabei.

Ton 102
Minnelied

Freude durch Frauen – Frauenpreis mit Einschränkung (ausstehende Erlösung des Mannes von Kummer)

I   Ein würdevoller Gruß aus dem Mund einer edlen Dame,
der erfreut – von Grund auf, wahrlich und wahrhaftig –
mehr als der Gesang aller Vögel.
Kann denn jemand woanders glücklich werden
5 als bei Frauen,
wohlan, mag darüber spekulieren, wer will!
Was lässt sich damit vergleichen?
Wer jetzt über Freude zu urteilen versteht,
der spreche aus, was ihm angenehmer ist.

II   Früher habe ich mich danach erkundigt,
was gegen Traurigkeit noch besser helfen könnte.
Das hätte ich sehr gerne erfahren.
Da kamen mir kluge Ratschläge zu Ohren,
5 dass tatsächlich nichts so angenehm sei
als die Freude, die von edlen Frauen ausgeht.
Von denen ist mir
wirklich und wahrhaftig das geschehen, was die Augen
an vollkommener Freude erblickt hatten.

III Sie ist über die Maßen gut, sodass ich wirklich schwören möchte,
dass der, der durch die Länder zöge,
von Nord nach Süd, von Ost nach West,[1]
niemals eine fände,
5 die mir so vollkommen
und ohne jeden Makel erschiene.
Ob sie tatsächlich die Beste ist?
Herrje, nein, davon ist sie weit entfernt,
solange sie mich nicht von Kummer und Sorge erlöst hat.

---

1 Die Formulierung im Original anders: *von dem orte unz an daz ende* (,vom Anfang bis zum Ende').

Ton 103
Minnestrophe

Erotische Phantasien – Klage über Moralwächter

Wirklich und wahrhaftig: Ich schlafe mit der Allerbesten – in Gedanken.
Es schmerzt mich, dass ich sie jemals gesehen habe, wenn sie mir niemals wirklich nahe sein wird.
Ich kann sie für keinen Augenblick vergessen; sie ist einfach gut
und wird behütet und bewacht.[1]
5 Das indes raubt mir jede Hoffnung und lässt mich verzweifeln.
Ihr alle sollt mir helfen, die Leiden zu beklagen, die man ihr antut.[2]

---

1 Im Original steht: sie *ist behuot.* Hier spielt die Instanz der *huote* eine besondere Rolle. Siehe die Anmerkung zu Ton 27, Fassung C, Str. II, S. 146.

2 Im Original ist formuliert: *diu man an ir tuot.* Andere Herausgeber haben zu *... an mir...* ‚verbessert‘. Ich verstehe den letzten Vers aber so: Der Mann ruft auf zu beklagen, was die *huote* (V. 4) der Frau antut (ihr werden nämlich Liebesfreuden vorenthalten).

Ton 104[1]
Sangspruchdichtung

Gottes Wirken und Wesen in den vier Grundelementen – Erlösungstat Christi – Höllenfahrt Christi – Passio Christi – Menschwerdung Gottes

(Anders als sonst häufig bilden die vier Strophen eine Einheit.)

I   Gott offenbart sich
in vier Elementen,[2]
auch wenn wir Ihn nicht wirklich erfassen können,
Ihn, der uns rein gemacht hat,
5 dessen Blut jeden Sündenmakel
von uns abwusch.
Sein Fleisch wurde durchstochen
wie die Erde,
die mit Pflugscharen aufgebrochen wird;
10 auch danach noch hing der Erhabene
in der Mitte des Kreuzes;
Seine Frucht[3] ist gut,
die Seine fleischliche Erde für uns in die Ackerfurche aufnahm.
Bei der Aussaat wurde Er mit dem Pflug gefoltert,
15 als Er die menschliche Verletzlichkeit an sich erfuhr,
wurde die Menschheit für Ihn umso liebevoller und schützenswerter.
Jetzt spendet uns Sein Erbarmen
Trost und Hoffnung,
seit Er den leidenden Menschen[4], der jede Freude verloren hatte,
20 in einem Akt der Gnade
aus den Ketten des Teufels und der Glut der Hölle erlöste.[5]

II

---

1 Ein tief theologisch aufgeladener Ton mit ausgefallenen Bildern, Allegorien/Allegoresen und zahlreichen intertextuellen Bezügen zur Bibel, zur mittelalterlichen Theologie und Naturphilosophie. Es
spricht alles dafür, dass der Text nicht von Walther stammt, sondern von dem Dichter Rumelant von
Sachsen. Hinweise dazu, auch auf einschlägige Forschungsliteratur, sind im Editionsband nachgewiesen.
Die Wortwahl ist oft sehr gesucht und außergewöhnlich, was sich auch auf die Übersetzung auswirkt.

II   Wer kann
wirklich begreifen,
wie man in den Orgelpfeifen
Luft so formt und presst, dass sie
5 den Klang lieblicher Töne
kraftvoll und laut hervorbringt?
Aus sich selbst heraus
könnte Luft
nicht so viele schöne Töne hervorbringen,
10 deshalb muss man ihr Wege weisen,
nach oben und nach unten hin,[6]
dadurch wird sie wohlklingend.
Genau so ist unsere Erfahrung Gottes noch ergreifender und geht zu
      Herzen,
weil die Luft in der Tiefe Seines Herzens
15 so rein, so süß, so klar hergerichtet worden war.
Ein Klang aus Luft entwich Seinem Mund,
als der Fürst des Kreuzes
unter großen Qualen
und Schmerzen sprach, dass Ihn dürste
20 und es vollbracht sei.
Er führte aus der Hölle viele für Ihn bestimmte Seelen.[7]

III

---

2 Angespielt ist auf die seit der frühen Antike bekannte Naturphilosophie rund um die vier Elemente Erde, Wasser, Feuer, Luft, aus denen alles Kreatürliche unterhalb der Mondbahn bestehe. Hier in V. 8 ist von der Erde die Rede, die folgenden Strophen greifen dann die Luft (II), das Feuer (III) und das Wasser (IV) auf.

3 ‚Frucht‘ (mhd. *fruht*) ist ein in der Bibel häufig verwendeter, als Metapher und Symbol fungierender Begriff (‚verbotene Frucht‘, ‚erlösende Frucht‘, ‚Leben‘ usw.).

4 Hier ist nicht an einen einzelnen Menschen zu denken, sondern gemeint sind viele Sünder in einer Art Vorhölle (*limbus*).

5 Angespielt wird hier auf die sogenannte ‚Höllenfahrt Christi‘ zwischen Auferstehung und Himmelfahrt, eine im Mittelalter auch bildkünstlerisch immer wieder aufgegriffene Szene, die eine Fundierung im apokryphen Nikodemusevangelium hat, in einem religiösen Text, der nicht in den Kanon der biblischen Schriften aufgenommen wurde.

6 Gemeint sind Tonhöhen.

7 Im Original steht: ... *manic sêle brût* (‚die Braut vieler Seelen‘); ‚Braut‘ ist hier rein metaphorisch verwendet.

III   Feuer ist von sich aus nicht so kraftvoll
heiß,
solange man seine Natur
nicht noch besonders anfacht. Wie man das verstehen soll,
5 weiß
kaum jemand.
Mit den Blasebälgen
wird das Feuer gleichsam gequält,
sodass es vor den Luftströmen auflodert
10 und seine Glut aufleuchtet,
seine Hitze wird
dadurch kraftvoll vergrößert.
Genauso fachte man Gottes Barmherzigkeit an,
mit dem Atem aus den Bälgen vieler Juden wurde
15 Sein Körper bespuckt, als man Ihm etliche Folterwunden zufügte,
gerade deswegen aber erschallt Sein Lobpreis weit und breit.
Jetzt lodert die Güte Seiner Gnade
heiß auf,
aus der Glut der wahren und rechten Liebe[8] heraus
20 liebt er die Menschen.
Verherrlicht sei Gott, der das alles zu tun vermag.

IV

---

8 Im Original: *minne.*

IV Die Natur hat dem Wasser
    Kälte zugedacht,
    diese bezwingt man mit Feuer,
    sodass es in siedende Wallung gerät,
5   darin wird rohe Speise
    gargekocht.
    Ohne Zwang siedet
    Wasser selten;
    sollte mir jemand das Gegenteil beweisen,
10 dann werde ich Abbitte leisten.[9]
    Ob ich den Nachweis liefere,
    wird man sehen:
    Christus gleicht dem Wasser in seiner Eigenschaft,
    schon immer seiender Gott, stark, bevor Er Mensch wurde.
15 Wenn Wasser an sich schon stark ist, so kann man es noch stärker
        machen;
    so machte es Gott mit sich, indem Er die Bürde des Menschseins auf
        sich nahm:
    Die Tränen Christi
    wallten sprudelnd auf.
    Sein Menschsein verlor
20 durch die quälende Bedrängnis des Todes jede Freude,
    gerade deshalb aber wird Er, der Makellose, gepriesen.

---

9 V. 9 lautet im Original: *wer mich mit künste vergiudet.* Das ist schwer verständlich; das Verb *verguden/ vergiuden* ist schlecht belegt. Ich gehe hier von einer kleinen ironischen Nebenbemerkung aus.

Ton 105
Minnelied

Dieses Lied wird in Handschrift C zweimal überliefert, einmal im Autorcorpus des Dichters Heinrich Teschler, einmal am Ende des Walther-Corpus, aber auch dort handschriftlich Heinrich Teschler zugewiesen. Daher ist das Lied im Editionsband nur mit den Strophenanfängen dokumentiert.

I   Geliebte, du hast mir alles zugestanden

II   Geliebte, dir soll es nicht zum Leid gereichen

III   Geliebte, ich kann dich noch mehr loben

Ton 106
Minnelied

Allegorisch ausgestaltete Liebesreflexionen – Gedankenliebe – Liebeswünsche als
Glücksgefühle

I   Es erhob sich ein fürchterlicher Streit
unter guten Freunden einer Frau wegen.
Den haben beide aufgegeben,
mein Herz auf der einen Seite, mein Körper auf der anderen.
5 Dem Herzen wollten die Augen helfen zu lieben,
dagegen kämpfte der Körper mit allem, was er hatte.
Beide belasteten mich sehr.
Ich weiß nicht, was mich dazu gebracht hat,
dass ich sie zu meinem Schaden versöhnte.

II   Gleich nachdem sie sich versöhnt hatten,
wie es mein Wille war und ich es erbeten hatte,
behandelten sie mich ganz übel,
sie ließen mich von ein und derselben Stelle
5 nicht fortkommen –
es sei denn, ich würde ihnen helfen, zu einem Ende zu kommen.
Das habe ich in einer Hoffnung getan:
Wenn wir gewinnen, wonach wir verlangen,
dann werden sie mich wohl am Gewinn teilhaben lassen.

III   Sie wird uns stets viel Freude bereiten,
wenn wir die beste Frau erobern.
Hört, wie ich dann zuteilen werde:
dem Herzen einen liebreizenden Körper,
5 meine Sinne teile ich ihren Sinnen zu,
ihre Augen gebe ich meinen Augen voll und ganz zur Liebe,
ich will sie stets für mich
zu grenzenloser Freude haben
und will auch mich selbst ihr ganz zu eigen geben.

IV

IV   Abgesehen davon, dass ich einem Liebeswahn[1] verfallen bin,
        bin ich auch sonst kein vernünftiger Mann,
        dass ich mir genau das einrede,
        was sie mir zweifellos nicht zugestehen wird.
5   Ich wünsche mir, wie ich es sehr gerne sähe,
        dass mir Liebes widerführe, sodass ich bestens dastünde.
        Darüber soll sie nicht zürnen,
        mir tut es gut und ihr schadet es nicht
        und währenddessen geht es mir immer besser.[2]

V   Kein Mensch weiß,
        dass Wünschen so guttut
        und welche Glückseligkeit daraus entspringt;
        ein Herz gerät in höchste Verzückung.
5   Ein glücklicher Mann sollte voller Zuversicht daran denken,
        dass er den Sorgen niemals besser entfliehen kann.
        Es hat mich oft an den Punkt gebracht,
        dass ich mein eigener Herr war,
        wenn ich in meinen Gedanken in Liebe und Freude versank.

---

1 Die Stelle ist in den Handschriften nicht eindeutig; Handschrift E schreibt statt *minneclîchen*: *sinnenclîchen*.

2 Gemeint ist: Bloßes Wünschen (Gedankenliebe) schadet der Frau nicht, macht den Mann aber dennoch glücklich.

Ton 107
Minnelied mit Sangspruchcharakter

Reflexionen über Freude und Glück – Liebesklage – Klage über Dekadenzerscheinungen
in der Gesellschaft – eine Frauenstrophe: Ansprache an den Mann

(Der Strophenzusammenhang ist sehr lose.)

I   Ich habe ein Herz, das wird mir noch
großen Nutzen bringen oder auch Schaden zufügen.
Einen flüchtigen Lohn würde ich gerne erhalten,
von dem ich einen Sommer lang etwas zu lachen hätte.
5 Wenn ich es dann bekäme,
so wäre es, wie Klee, nicht von Dauer,
zusammen mit den Blumen würde es zugrunde gehen;
dann müsste ich wieder von vorne anfangen zu werben.
Glück, endlich Glück soll mir widerfahren,
10 ich möchte keinen armseligen Lohn,
mir bekommt freudige Hoffnung besser.

II   Wenn mir nun durch sie,
der ich doch gönne, dass es ihr gut geht, Leid widerführe,
nun, dann habe ich tatsächlich gesehen, wer und was mir schadet;
besser wäre für mich, wenn ich sie gar nicht gesehen hätte.
5 Erleide ich Schmerz der Liebe[1] wegen,
dann weiß ich nur zu gut, dass sie das verursacht,
sie, die Schöne und Edle,
vor Tugendwächtern gut geschützt.[2]
Oh – aufgepasst! Ich verherrliche sie zu sehr,
10 womöglich küsst sie ein glückseliger Mann –
der wäre ich wohl selbst gerne, sie aber will nicht!

III

---

1 Im Original: *minne.*

2 Der Vers lautet im Original: *vor merkern wol behuot.* Sowohl das Nomen *merker* als auch das Attribut
behuot verweisen auf die im Minnesang oft anzutreffende gesellschaftliche Moralwächter-Instanz der
huote. Siehe die Anmerkung zu Ton 27, Fassung C, Str. II, S. 146.

III Es gibt so viele Unverschämte,
die Anständigen werden bald unbeliebt sein.[3]
Tja, ich denke ernsthaft darüber nach, die Seiten zu wechseln,
da doch die Lügner so voll und ganz im Glücke baden.
5 Wenn man Besitz und Ansehen durch Lügen erlangen kann,
warum halte ich dann noch an der Wahrheit fest?
Ich kann genauso schön betrügen
wie die mit den gefärbten Haaren[4].
Die feinen Damen machen uns jeden Anstand zunichte,
10 die so gerne schlüpfrige Geschichten hören;
nun sollen sie zusehen, wie sie mit dem, was sie da angezettelt haben,
zurechtkommen!

IV ‚Oh du glückseliger Mann, denke an mich,
ich habe zwei Boten bei dir gelassen,
damit sie dich immer daran erinnern,
dass sie einen guten Mann niemals vergessen haben.
5 Meine Treue und meine Beständigkeit,
die Zwei habe ich zu dir geschickt.
Du kannst gerne ihren Ratschlägen folgen,
die du als richtig erkannt hast.
Zurecht werde ich daraus Nutzen ziehen
10 <. . . . .>[5]
schau, wenn du gut bist, dann handelst du gut.'

V Die, für die Freude und Liebe ständig austauschbar sind,
rauf und runter, schnell in Versuchung zu führen,
die versetzen mich in Rage und
ihre ach so tollen Freuden sollen verflucht sein.
5 Als ihnen diese Art von Zeitvertreib Spaß machte,
so wie es ihnen gerade in den Sinn kam,
und als ich ihnen dabei zu Diensten war,
da schien ihnen all meine Freude gut zu sein.
Jetzt zeigen sich ihre Zähne
10 mir gegenüber zum freundlichen Gruß gar nicht mehr;
daher will ich sie an Gnade erinnern.

---

3 Häufige Klage im Walther-Corpus: (Höfischer) Anstand geht verloren.

4 Angespielt wird auf künstliches Verändern des Körpers (Schminken, Haarfärben), was hier negativ wie ein Betrug dargestellt wird.

5 In der überliefernden Handschrift fehlt ein Vers.

Ton 108
Minnelied

Gedanken über das Vermeiden von Liebeskummer – Reflexionen über Liebesqualen

I   Ich war frei – von keiner Frau bedrängt.
Daher glaubte ich, glücklich bleiben zu können
und dass mich keine mehr beherrschen
und mir meine Freude rauben würde.
5 Da wollte ich wohl, dass es mir gelänge,
ohne Anstrengung etwas zu erreichen.
War das nicht eine völlig verrückte Idee?
Wer hat jemals Gutes ohne Anstrengung errungen?

II   Man erzählt mir, dass Menschen stürben,
dass es viele gebe, die zugrunde gingen,
wenn sie zu sehr liebten.
Alarm, Alarm! Heute und immer!
5 Wie rette ich Leben und Ehre?
Sie ist mir ein gutes Stück zu vornehm.
Wird sie denn eine mächtige Herrin sein?
Ja natürlich, weiß Gott, auf immer die Meine![1]

III   Wer hat ihr die Geschichte erzählt,
dass mir jemand anders lieber wäre?
Der sollte so verbissen kämpfen,
wie ich es in Sehnsuchtssachen tue.
5 Wenn ich bei ihr scheitere,
dann soll ihn mein Kummer zugrunde richten.
Du Irrer,[2] lass von deinem Fluch ab,
Du musst selber ausbaden, was du angerichtet hast![3]

IV

---

1 Die letzten vier Verse spiegeln wohl das innerliche Hin und Her des Mannes.

2 Es ist schwer zu sagen, ob es sich hier um eine Selbstanrede handelt, oder ob mit dem *tōren* (‚Irrer‘) die anonyme Person aus dem ersten Vers gemeint ist.

3 Im Original lautet der ganze Vers *selbe taet, selbe habe* – dies hat Sprichwortcharakter.

IV   Mir geht etwas im Herzen umher,
        das mir große Schmerzen bereitet.
        Es löst
        körperliche und seelische Qualen aus.
    5   Oje, oje, wenn daran die Liebe schuld ist,
        dann sollte ich niemals damit anfangen!
        Ach nein, was rede ich da?
        Wenn es auch weh tut – irgendwann wird es sich auch wieder
            bessern.

Ton 108a
Minnestrophe

Im Detail etwas kryptische Reflexionen eines Mannes über seine Liebesbefindlichkeit

Welche Turbulenzen würde es denn auslösen, wenn sie mich anhörte
und etwas vernähme, was für sie keinesfalls unschicklich wäre?
Trüge ich doch den Schaden allein,
den sie aber mit mir gemeinsam hat,
5 dann würde ich ihr Schweigen kaum beklagen.
Soll sie doch hören, was ich im Kopf habe,
nun, es schadet ihr doch wirklich nicht.

Ton 109
Minnelied

Preis der Tugenden einer Frau – dezente ethische Ratschläge an die Frau – Befindlichkeit
   des Mannes

I   Ich werde immer
singen, um dein Ansehen zu mehren,
und in jeder Hinsicht
bereit sein, dich zu verehren.
5 Ich kann mich dir, Verehrte, nicht entziehen
<. . . . . .>[1]
wenn du reich an Tugend und Ansehen bist,
so wollte ich genau das und werde es immer wollen.

II   Alle deine Tugenden, verehrte Dame,
liegen offen.[2]
Abends und morgens
sprechen sie davon, was du tust.
5 Diese Redner[3]
verstehen sich, wie wir es wünschen,
auf gute Worte und feinen Anstand;
das ist deinem Ansehen förderlich.

III   Verehrteste, ich möchte – mit Verlaub –
dir einen kleinen Ratschlag mitgeben.
Das kannst du vielleicht aushalten.
Bringt dich das in Rage, dann schweige ich wieder.
5 Wenn du in deinem zarten Alter
zu ganz vortrefflichem Leben finden möchtest,
dann erweise Freunden gegenüber Freundschaft,
in welcher Stimmung du auch bist.

IV

---

1 Im Original fehlt ein Vers.

2 Im Original ist das Gegenteil ausgesagt (*verborgen*); aus Gründen des anzunehmenden Sinns habe
ich als Herausgeber die Handschrift verbessert (zu *unverborgen*).

3 V. 5 lautet im Original *Dîne redegesellen*. Damit können die Tugenden (V. 2) gemeint sein, die ja
etwas sagen (V. 4). Oder aber es sind andere Personen gemeint, mit denen sich die Frau unterhält.

IV   Niemand soll es tadeln und bestrafen,
      dass ich über kunstvolle und freudige Worte verfüge.
      Wovon kann der schon reden,
      der niemals Hochgefühle empfunden hat?
   5 Ich bin in dieser Stimmung.
      Mächtige Frau, als ich
      deine Güte zum ersten Mal erfuhr,
      da wusste ich sehr wohl, wovon ich sprach.

Ton 110
Minnelied

Klage über Dienst ohne Lohn – Versicherung der Treue des Mannes – Freude über
die Haltung der Frau – Hoffnung auf Zuwendung der Frau – Klage über voran-
schreitendes Alter des Mannes

I   Was habe ich Glückspilz
    doch bei allen Spielen für eine Fortune,[1]
    dass ich nicht weiß, wie man dient,
    sodass mich jemand angemessen entlohnt.
5   Kann ich woanders dienen,
    wo mein Dienst mir nützt,
    so, wie ich es erbitte – dann rufe man: Ja!

II   Selbst wenn ich bei ihr tausend Jahre wäre,
    wüsste ich ihr doch nichts anderes zu sagen
    als die reine Wahrheit
    und ich würde sie in ihrer ganzen Erscheinung wertschätzen.
5   Darauf gebe ich ihr meinen Eid,
    wenn sie noch andere Sicherheiten haben möchte,[2]
    so braucht sie nur ‚Ja‘ sagen, ich stehe bereit.

III   Einer Sache wegen preise ich sie,
    da kennt sie sich hervorragend aus:
    dass sie nämlich die gerne meidet,
    die so viel dummes Zeug reden.
5   Wie glücklich kann ich mich schätzen, dass sie
    einen lachenden Mann richtig einordnet,
    das sind Dinge, die ich gern an ihr sehe!

                          IV

---

1 Der Wortlaut ist in beiden überliefernden Handschriften anders und unsicher; siehe den Editionsband.

2 Es ist unklar, was damit gemeint sein könnte; vielleicht handelt es sich um versteckte erotische
Avancen.

IV Könnte ich ein wenig in den Genuss kommen,
dass sie sich mir gnädig zuwendet,
dann müsste ich nicht zugrunde gehen.
Bislang ist meine Freude nicht von Dauer!
5 Schaut euch dieses graue Gewand an:
Ich bekomme ebensolche Locken
und ein graues Kinn wie ein Ziegenbock.

Ton 111
Minnesang

Ironische Klage über Liebeskummer – Klage über konkurrierende Männer – Hoffnung
auf Abweisung dieser Männer durch die Frau – Spiel mit der Fiktivität der Frau

I   Ja, was schmerzt denn die kleinen Vöglein?
Der kalte Schnee,
der bereitet ihnen Qual.
Das sind jetzt meine größten Sorgen,
5 wenn Gott
mich nicht noch damit verspottet,
dass die Schöne mir Gnade erweist,
die mir jüngst meinen Ärmel schnürte.[1]

II   Oh weh, oh ach, dass ich mich so weit
von ihr
entfernt habe!
Fürwahr fürchte ich sehr, dass es mich quälen wird,
5 dass sie ein anderer sieht
und nicht ich.
Gott möge dafür sorgen, dass es alles Blödmänner sind,
die ihr so viel in die Ohren flüstern!

III

---

[1] Ungewöhnliche Aussage: Im Original ist vom *vernaejen* (‚vernähen‘, ‚zuschnüren‘) eines *arn* (‚Arm‘,
‚Ärmel‘) die Rede. Bestimmte Kleidungsstücke wurden im Mittelalter zugeschnürt oder zugezurrt. Demnach würde es sich hier um eine Frau handeln, die dem Mann sehr nahegekommen ist und ihm beim
Einkleiden geholfen hat.

III Wenn sie die so lange bekämpft und ihnen Widerstand leistet
wie mir –
ja, das kommt gut bei mir an.
Denn in diesem Fall wird sie es noch lange tun.
5 Bevor das ein Ende findet,
werde ich rechtzeitig zur Stelle sein.
Nur eines fürchte ich wirklich sehr:
Wenn ich auch viel zu tun vermag, so steckt in ihr[2] womöglich noch
mehr.

IV Törichte Leute ziehen mich zur Seite
und fragen,
wer sie eigentlich sei.
Würden sie dahinterkommen, na, das wäre ein großes Wunder.
5 Denn: Wovon ich erzählte,
hat niemals wirklich stattgefunden.
Wollt ihr eine krause Geschichte hören?
Ich wüsste selbst gerne, wer sie ist.[3]

---

2 Die Übersetzung gibt den edierten Text genau wieder: *sie kan lîhte mêre* („sie kann vielleicht mehr‟);
was gemeint ist, erschließt sich nicht vom Text her. Andere Editoren haben den handschriftlichen Text
verbessert zu *si künnen* („sie können‟): gemeint wären die anderen blöden Männer, die vielleicht doch
vordergründig der Frau mehr zu bieten wissen.

3 Die Strophe wirft ein interessantes Licht auf den Komplex der Fiktionalität im Minnesang. Hier
wird dem Publikum ziemlich deutlich gemacht, dass es sich bei der be- und umsungenen Frau um eine
fiktive Person handelt.

Ton 112
Minnestrophe

Intertextueller (ironischer?) Bezug zu Ton 26 – Frauenpreis – Männerglück durch die
Frau – Erzeugung von Neid

Herzallerliebste junge Dame,[1]
erweise mir Deine Ehre!
Das wird dir höchstes Glück bescheren
heute und auf immer.
5 Du sollst
mich und viele andere glücklich machen,
auf dass wir dich anstrahlen,
wir jubeln dir zu, wenn du so handelst!
Herrin und Gebieterin,
10 edelste Kleider und Seidengewänder sollst du tragen,
auf dass all die völlig zerknirscht seien,
die uns beneiden,
und die Gewänder sollen dich ganz herrlich schmücken,
dafür sollst du mich entlohnen.[2]

---

1 Die Strophe greift Wortwahl und auch einige thematische Details auf, die in Ton 26 enthalten sind;
siehe die Anmerkungen dort.

2 Der letzte Vers *daz dû noch solt gewern mich* ist in seiner Bedeutung unklar. Vielleicht könnte auch
übersetzt werden: ‚das sollst du mir zugestehen'.

Ton 113
Minnelied

Winterklage – Hoffnung auf Liebesfreude – Frauenpreis – erotische Reize der Frau –
    Mann im Gefühlschaos

I   Ich habe die Jahreszeit an der Linde erkannt:
       Sie ist fahl geworden:
       Oje, in der Tat: Ihr ganzes Laub liegt vor den Winden[1]
       weit entfernt im Tal.
    5 Das führt dazu,
       dass Wald und Heide
       zu leiden haben.

II   Alles, was einmal grün war, welkt vor sich hin
       <. . . . . .>[2]
       Laub und Gras, darunter schöne Blumen
       <. . . . .>
    5 Noch mehr beklage ich,
       dass die stolzen Vögel
       über die Maßen traurig sind.

III   So wie es jetzt aussieht, werden Kummer und Sorgen
       nicht zu vermeiden sein.
       Der Winter hat viel Gutes und Schönes,
       das ich erwähnt habe, zugedeckt.
    5 Das aber beklage ich kaum,
       wenn eine Frau denn nur wollte,
       ach, ach, diese Makellose!

                                                              IV

---

1 Im Original steht an dieser Stelle statt *winden*: *linden*, d. h. eine – sicher unbeabsichtigte – Wiederholung des Reimwortes aus V. 1. Wenn die Verbesserung ‚vor den Winden‘ das Richtige trifft, könnte
gemeint sein, dass die Winde das Laub vor sich hergetrieben haben.
2 Die Verse 2 und 4 fehlen in der Handschrift.

IV   Wer schöne und kluge Frauen sehen will,
der richte seine Neugier dorthin:
Dann wird er zugestehen, dass man selbst die Sonne
nicht so preist wie sie.
5 Solltet ihr jemals einen schöneren Gruß
aus solch süßen Worten hören,
dann werde ich Abbitte leisten.

V   Da kann ein Mann sehr wohl den Verstand
verlieren – das geht gar nicht anders.[3]
Wenn sie ihn anlacht, dann sind ihr Mund und ihr Kinn
weiß und rot.[4]
5 Schaut her, das ist der
Grund, warum ich
Qualen erdulde in der Hoffnung auf ihre Ergebenheit.

VI   Schau, glückselige Frau, dass ich mich so lange
von dir fernhalte, schmerzt mich.
Deine süße Erscheinung ist rau wie Seide,
schwarz wie Schnee.[5]
5 Nach solchen Herrlichkeiten
tobt mein Herz –
wie soll ich es schützen?

---

3 Im Original steht: *von grôzer nôt*. Das kann gemäß den Wörterbüchern ‚notgedrungen‘ bedeuten; denkbar aber auch: ‚wegen großer Not‘.

4 Im Minnesang sehr oft anzutreffende erotisch konnotierte Farbkombination.

5 Zwei Oxymora, wie man sie oft in einem bestimmten Subgenre des Minnesangs antrifft (‚Hohe Minne‘).

Ton 114
Minnelied

Winterklage – aber auch: Vorzüge des Winters: die langen Nächte – rätselhafte Schluss-
strophe

I   In dieser Jahreszeit sind die Tage trübselig,
es gibt kaum etwas, das sich freut.
Der Zeit entsprechend sind Laub und Gras
verwelkt, ebenso Blumen und Klee,
5 was für die Augen wahrlich eine Lust war.
Den Vögeln bereitet der kalte Reif Schmerzen.

II   Sommer, du hast viele gute Seiten,
Du schenkst der ganzen Welt freudige Stimmung.
Winter, solltest du irgendetwas Nettes zu bieten haben,
dann hilf mir, damit ich auch dich loben kann.
5 Aber leider, leider: da ist nichts[1] –
mit einer Ausnahme und danach gelüstet mich.

III   Winter, du besitzt lange Nächte,
wem die gelegen kommen, der jauchzt nur so vor Glück.
Wer mit Freuden
die Nacht[2] zubringen darf, für den ist sie nicht zu lang.
5 Für den wären
weder der blühende Mai noch sein Vogelgesang derart berauschend.

IV   Wenn sie ohne Sorgen und im Warmen beieinander liegen,
sie an seinem Mund, er in ihren Armen,
dann sind sie heilfroh, wenn der Tag schnell zuende geht.
Die lange Nacht wird sie glücklich machen, denke ich mal.
5 Schläft man immer noch so miteinander, wie ich es
seinerzeit gerne tat, tja, dann wird das wohl nach wie vor so sein.

V

---

1 Im Original ist dieser Vers fragmentarisch überliefert – der Sinn dürfte dennoch in der Übersetzung
getroffen sein.
2 Im Original fehlt das Nomen ‚Nacht‘; wohl ein Schreiberfehler.

V³   Ich hätte gute Gedanken nötig,
       mich trösten weder die Zeit noch die Liebe.
       Wodurch ist mir das geschehen,
       wenn nicht dadurch, dass ich Freunden wegen nachlässig war?
   5   Wenn sie das geringachten,
       steht ihnen das schlecht an, ich aber habe gut gehandelt.

---

3 Die Strophe setzt die übrigen nicht gedanklich fort; ihr Thema ist etwas kryptisch ausformuliert.

Ton 115
Sangspruchdichtung

Gedanken über das Alter – Maximen ethischen Verhaltens: Aufrichtigkeit, Freigebigkeit

(Die Strophen haben thematische Verbindungen, müssen aber insgesamt keine Vortragseinheit bilden.)

I   <.......

      <.......>

      <.......>

      <. > davon weggenommen [?].[1]

5 So ist die Klage des Alten,

dass seine Zeit mit so vielen Beschwernissen

zu Ende geht.

Der Junge denkt: ‚Wenn ich grau werde,

wird sich meine Dame von mir fernhalten‘,

10 und Berichte darüber, dass jetzt alles ganz schrecklich sei,

machen ihn traurig und unglücklich,

so höre ich die Weisen sagen.[2]

Die Jungen schicken sich an zu bejammern,

worüber sich die Alten früher freuten.

15 Der Spendable strebt nach Ehre,

der Geizkragen hat Nacht und Tag

nichts anderes im Kopf als ‚Haben‘ und Dingen nachzujagen,

bis sie ihm ganz allein gehören.

                                                       II

---

[1] Die Verse 1–3 fehlen ganz, V. 4 ist nur fragmentarisch erhalten; siehe den Editionsband mit weiteren Erläuterungen.

[2] Die Verse 10–12 kann man auch so auffassen: ‚und er wird durch Berichte traurig,/ so höre ich die Weisen reden,/ wie übel es doch um alles stehe‘.

II   Nimmt denn dessen aufrechtes Verhalten Schaden,
       den das Alter grau macht?
       Nein-nein-nein, das tut es nicht.
       Wird aber der junge Mensch klug,
     5 sodass er auf der Seite des Guten und Rechten steht,
       dann sollt ihr eher den zum Bürgen nehmen,
       als den, der meisterhaft zu lügen versteht.
       Euch soll die Arroganz des Bösen
       weder gut erscheinen noch gefallen,
    10 wenn er den Fremden betrügt.
       Wolltet ihr ihn etwa deshalb loben,
       na, wie sähe es aus, wenn er euch so behandelte?
       Schließlich sollt ihr auch das Leben des Reichen verabscheuen,
       der auf seinem Besitzt hockt und nichts abgibt.
    15 Das Meer ist schlecht gegen den Durst
       und hat doch Wellen und manche Fische;
       was nützt das? Ich trinke lieber
       aus einer kleinen, frischen Quelle.

III   Ich beschwor einen Teufel,
       dass er mir,
       als er aus der Hölle herauskam, berichten sollte,
       wo es denn eine freigebige³ Seele gebe:
     5 ‚Wo sind sie hin, die hier
       stets mildtätig waren? Was mit denen geschieht,
       das bereitet mir Sorgen.‘
       Meine Frage war ihm unangenehm.
       Außer sich vor Wut sagte er: ‚Ich kenne keine,
    10 die sind mir vorenthalten.
       Von denen, deren Besitz hier allen gehörte,
       habe ich niemals auch nur eine Seele bekommen.
       Sie sind vor mir bestens geschützt.
       Meinem Herrn fallen die zu,
    15 die gierig sind und Schätze horten,
       die sind auf ewig ganz und gar verloren.
       Ich sage es dir klipp und klar: Für die wäre es besser,
       wenn keiner von ihnen je geboren worden wäre.‘

---

3 Das entsprechende mittelhochdeutsche Wort ist im Original fragmentiert.

Ton 116
Minnestrophen[1]

Zwei Strophen aus einem Lied Reinmars (des Alten) – Frauenpreis – Liebesklage

II Ist es etwa eine Übertreibung, wenn ich geschworen habe,
    dass sie mir lieber ist als alle anderen Frauen?
    An dem Eid wird keinen Deut gerüttelt,
    dafür gebe ich ihr Leib und Leben als Pfand.
   5 So, wie sie es mir befiehlt, werde ich leben.
    Niemals haben meine Augen Frauen gesehen, die eine so erhabene
     Stimmung erzeugen können.

III Ich habe nie gesagt: ‚Herrin, behandelt mich gut!‘,
    sondern ‚Erweist mir Gnade‘, darum bat ich.
    Ich weiß nicht, was ich davon halten soll:
    Sie schweigt beharrlich und lässt mich reden.
   5 Das tröstet nicht so wirklich,
    nun möge mir widerfahren, was ich von ihr erhoffe und woran ich
     glaube.

---

1 Diese beiden Strophen (überliefert in der fragmentarischen Handschrift m aus dem Anfang des 15. Jahrhunderts) sind Teile eines umfangreicheren Liedes (daher hier die Strophenzählung II, III), das in anderen Handschriften dem Dichter Reinmar (dem Alten) zugewiesen wird; siehe den Editionsband mit weiteren Erläuterungen.

Ton 117[1]
Minnestrophe

Eine Strophe aus einem Lied Reinmars (des Alten) – Auseinandersetzung mit Neidern

IV   Ich will zur Freude meiner Freunde gut gestimmt sein
und zum Leidwesen für die,
die mir ohne Anlass Neid entgegenbringen
und darauf hoffen, dass ich alle Freude verliere wegen ihrer
     Missgunst.
5 Wenn sie an diesem Leid zugrunde gehen, dann wird es mir nie
     besser ergangen sein.

---

1 Diese Strophe (überliefert in der fragmentarischen Handschrift m aus dem Anfang des 15. Jahrhunderts) ist Teil eines umfangreicheren Liedes (daher hier die Strophenzählung IV), das in anderen Handschriften dem Dichter Reinmar (dem Alten) zugewiesen wird; siehe den Editionsband mit weiteren Erläuterungen.

Ton 118[1]
Minnestrophen

Drei Strophen aus einem Lied Reinmars (des Alten) – Liebesklagen eines Mannes

II Was ertrage ich doch alles –
helfen tut's mir indes nicht!
Deshalb will ich nie wieder einer Frau
auch nur einen Tag lang über den Weg trauen.
5 Was rede ich da? Natürlich sind sie gut!
Man munkelt, dass nicht alle ein und dieselbe Einstellung hätten.

III Wüsste ich, was sie will,
so würde ich das tun, ich weiß es aber nicht,
nur, dass ich sie nicht aufgeben werde.
Was mit mir auch geschehen mag,
5 niemals werde ich sie zu sehr loben können.
Ich weiß sehr wohl, dass niemand anders mir solche Zuversicht
 geben kann.

V Ich habe noch nie eine so zuverlässige Frau gesehen,
die sich so hartherzig verhält,
wie sie es an einem Mann zeigt,
was ich ihr nicht durchgehen lasse.
5 Meine Rede ist allerdings ein Nichts;
daher wird sie mich allzeit wie ein junges Kind betrügen.

---

1 Diese drei Strophen (überliefert in der fragmentarischen Handschrift m aus dem Anfang des
15. Jahrhunderts) sind Teile eines umfangreicheren Liedes (daher hier die Strophenzählung II, III, V),
das in anderen Handschriften dem Dichter Reinmar (dem Alten) zugewiesen wird; siehe den Editionsband mit weiteren Erläuterungen.

Ton 119[1]
Minnestrophen

Drei Strophen aus einem Lied Reinmars (des Alten) bzw. Hartmanns von Aue – Bedeutung der Treue der Frau – Undurchsichtigkeit der Frau – Liebesklage

III Dass eine Frau treu ist,
  das ist für mich enorm wichtig,
  weil ich doch leider selten in ihrer Nähe bin.
  Ich soll doch nicht dafür büßen müssen,
 5 dass ich sie – natürlich nur in guter Absicht – nicht beachte;
  wenn es nicht darum ginge, ihre Ehre zu schützen,
  entfernte ich mich keinen Schritt von ihr.

IV Allerdings möchte sie mir nicht erlauben,
  dass ich mit ihr schlafe,[2]
  auf mich als Freund aber will sie nicht verzichten,
  wie kann ich wissen, was eigentlich Sache ist?
 5 Sie ist mir gegenüber durchaus nicht feindlich eingestellt;
  wenn nicht noch etwas Zuneigung da wäre,
  würde mich selbst ein Feind besser behandeln.[3]

II Es ist recht und billig, dass ein vom Glück bedachter Mann
  auf angenehme Weise zu dem kommt, wonach ihn gelüstet,
  ein Mann, der sich Lob zu erdienen versteht,
  wie ich es gerne immer wieder täte.
 5 Der erhält einen liebevollen Gruß
  von den Besten, die jetzt leben.
  Es ist eine Qual, wer lange warten[4] muss.

---

1 Diese drei Strophen (überliefert in der fragmentarischen Handschrift m aus dem Anfang des
15. Jahrhunderts) sind Teile eines umfangreicheren Liedes (daher hier die Strophenzählung III, IV, II),
das in anderen Handschriften den Dichtern Reinmar (dem Alten) bzw. Hartmann von Aue zugewiesen
wird; siehe den Editionsband mit weiteren Erläuterungen.

2 Im Original ist vom *nâhe bî ligen* die Rede; dies entspricht dem ‚Bei-Schlaf‘, ‚Bei-Lager‘, dem ‚Miteinander Schlafen‘.

3 Die Verse 5–7 wirken etwas unverständlich; V. 6 ist im Original sprachlich gestört (siehe den
Editionsband).

4 Im Original unklarer Wortlaut (siehe den Editionsband).

Ton 120[1]
Minnestrophen

Zwei Strophen aus einem Lied Reinmars (des Alten) – Liebesklage – Werbungskonkurrenz – ironisches Spiel mit dem Alter der umworbenen Frau

IV Es ist zum Verzweifeln, dass alle, die jetzt leben,
erfahren haben, wie sehr ich eine Frau begehre,
und dass die mir bislang aber keinen Rat geben,
wie mir noch zu meinen Lebzeiten Glück widerfahren könnte.
5 Nun beklage ich meine ganze Misere ja nicht,
den Umstand ausgenommen, dass es den Treulosen,
die niemals durch Sehnsuchtskummer Qualen erlitten haben, stets
 besser als mir ergangen ist.
Wenn Gott doch nur wollte, würden gute Frauen
deren Umwerben durchschauen, nämlich: was dahintersteht!

V Ein Gerede der Leute schmerzt mich,
da kann ich nicht stillhalten.
Jetzt machen sie es alle noch schlimmer:
Sie fragen mich viel zu oft nach dem Alter der von mir verehrten
 Dame
5 und spekulieren darüber, wie lange sie wohl schon lebe,
wo ich ihr doch schon so lange mit Treue gedient habe.
Sie sagen, dass mir das doch langsam zu viel sein müsste.
Nun gewähre mir die allerbeste Frau,
dass ich von ihrer unverschämten Frage doch etwas habe.[2]

---

1 Diese beiden Strophen (überliefert in der fragmentarischen Handschrift m aus dem Anfang des 15. Jahrhunderts) sind Teile eines umfangreicheren Liedes (daher hier die Strophenzählung IV, V), das in anderen Handschriften dem Dichter Reinmar (dem Alten) zugewiesen wird; siehe den Editionsband mit weiteren Erläuterungen. – Die Strophe V bricht in der Handschrift m nach V. 2 ab; die übrigen Verse sind gemäß Parallelüberlieferung ergänzt.

2 Gemeint wohl: Wenn die Frau schon älter ist, spiegelt das den langen Dienst des Mannes, für den er Lohn erhofft.

2. Töne, die ohne namentliche Zuweisung, aber im Kontext von Strophen Walthers überliefert sind, welche ihrerseits in anderen Handschriften eine Walther-Signatur tragen

Ton 121
Sangspruchdichtung mit Minnethematik

Lobpreis einer makellosen Frau – Belehrung, wie sich eine vornehme Frau verhalten soll

(Die Strophen haben thematische Verbindungen, müssen aber keine Vortragseinheit sein.)

I   Eine Frau[1] mit fraulicher Gutheit,
die in fraulich angemessener Weise fraulich erhabener Stimmung ist,
die verhält sich so schön fraulich, dass ihr Frausein Quelle der
    Glückseligkeit ist.
Gepriesen sei sie, die sich so fraulich verhält,
5 dass sie mit der Tugend einer aufrechten Frau am Anstand einer
    Frau festhält;
so eine kenne ich, die keinen Millimeter davon abgebracht wird.
Die Liebevolle ohne jeden Makel handelt
immer und überall bedächtig und richtig,
wodurch sowohl ihr beständiges Ansehen als Frau
10 als auch ihr Leib und Leben
vor Betrug und Treulosigkeit bestens geschützt sind; sie ist so gut,
dass ich nur sie nehmen würde, wenn ich zwischen Frauen der
    ganzen Welt zu wählen hätte.

II

---

1 In dieser Strophe findet sich im Original elf Mal (!) das Wort *wîp* (als Nomen, aber auch als Adjektiv- und Verbableitung); ich habe in der Übersetzung die Wortarten jeweils mit ‚Frau'/‚frau-' möglichst ähnlich aufgegriffen. Stilistisch ist das nicht schön, aber hier sollte die Rhetorik des Originals Vorrang haben.

II   Nun hört, lasst euch sagen,
        wie sich eine glückliche Dame[2] anderen Damen gegenüber aufstellen
            soll,
        damit sie höchste Lobpreisung erfährt.[3]
        Hochmut soll sie meiden,
5   denn eine glückliche Dame macht damit ihren weiblichen Anstand
            zunichte,
        eine frohgemute Stimmung hingegen sollte sie niemals aufgeben.
        Sie soll Anstand und Frohsinn lieben,
        sie soll bei allem, was sie tut, verlässlich sein,
        auf zurückhaltende Weise fröhlich und dennoch auch voller Güte,
10   ein demütiges Wesen
        gehört zu allem dazu,[4]
        sie soll ein reines und erbarmungsvolles Herz haben und eine Frau
            sein, wie man sie sich wünscht!

---

2 Im Original: *frowe.*

3 Dieser Vers ist im Original etwas verklausuliert formuliert; die Übersetzung vereinfacht.

4 Die Verse 10 und 11 hängen im Original syntaktisch etwas in der Luft; die Übersetzung vereinfacht.

Ton 122[1]
Minnestrophe

Eine Strophe aus einem Lied Reinmars (des Alten) – Frauenrede – metaphorisches Spiel:
obszöne Thematik

V   ‚Ich hätte immer vor ihm gestanden, wenn mich die Moralwächter
gelassen hätten.[2]
Meine Freunde fürchten, dass ich von seinem scharfen Spieß wund
werde.
Dass er mich ganz erschießen könnte,
davor habe ich keine Angst.
5 Denn wenn er schießt, dann steche ich ihn,
dann mag er sehen, was er davon hat.'

---

1 Diese Strophe (überliefert in der fragmentarischen Handschrift U^x aus dem Ende des 13. Jahrhunderts) ist Teil eines umfangreicheren Liedes (daher hier die Strophenzählung V), das in einer anderen Handschrift dem Dichter Reinmar dem Alten zugewiesen wird; siehe den Editionsband mit weiteren Erläuterungen. Die Strophe lebt vom Spiel mit Obszönitäten – die auch die übrigen Strophen des Reinmar-Liedes enthalten.

2 Der erste Vers ist fragmentarisch überliefert und weist manche Unsicherheit auf (zu Details siehe den Editionsband).

Ton 123[1]
Minnelied

Erzähllied – Frauenrede obszönen Inhalts

I   Eine Frau am Rhein <sprach>
zu einem <Vöglein>:
‚<Mein> Mann heißt Isengrin.
<Du sollst ihm sagen>, mein Bote,
5   dass er <unserer Ehre> wegen
von Apulien zurückkehren soll.

II   Unser <beider Festung>
wird von fremden Gästen aufgesucht.
Wäre ich nicht <sehr> geschickt,
würden sie des Nachts <bei mir ein>steigen
5   <und> zu einer Spalte[2] schleichen,
die verberge <ich vor ihrer> Heimtücke.

III   Ich habe gegen ihre Schleudermaschine
<keinen Schutzschirm> aufgespannt,
allerdings richten sie <einen hierhin aus>,
der schleudert mit Wucht an die <Tür>.
5   <Was> kann ich allein ausrichten?
Er katapultiert <schwere> Steine.‘

                           IV

---

1 Etwa die Hälfte des Wortmaterials fehlt in der einzigen überliefernden Handschrift und wurde im Laufe der Forschungsgeschichte rekonstruiert. Soweit möglich werden auch in der Übersetzung die entsprechenden rekonstruierten Stellen in spitze Klammern gesetzt.

2 Das Lied weist eine Reihe von Sexualmetaphern auf. Hier steht die *lucke* (‚Spalte‘) für die ‚Vulva‘/ ‚Vagina‘.

IV   Von diesem Vöglein
        hängt <jetzt für Isengrin> alles ab.
        Wenn das Vöglein nun umkommt,
        <so wird das> Isengrin auf immer <beklagen>.
5   ,Warum machst du dich nicht <nach Apulien> auf?'
        ,Frau, füll den Graben auf!'[3]

---

3 In den Versen 5 und 6 ist unklar ist, wer spricht. Die Rede in V. 5 mag von der Frau an den Vogel gerichtet sein. V. 6 kann vom Vögelchen gesprochen werden: Es fordert die Frau auf, den Graben (ggfl. auch dies Metapher für ,Vulva'/,Vagina') zu füllen, d. h., die Angreifer (die fremden Männer) einzulassen.

Ton 124
Minnelied

Frauenlied – Reflexionen über die Liebe – Liebesklage – Angst vor der Erfüllung männlicher Wünsche – zwiespältige Situation der Frau – Erinnerung an ausgelebte Liebe mit dem Mann – Entscheidung, dem Mann zu geben, was er sich erhofft

I ‚Gepriesen sei sie – eine vom Glück beseelte Frau,
die durch Sehnsuchtsqualen noch nie Leid erfahren hat.
Deshalb hätte ich Leib und Leben
gut abgeschirmt, wenn mich nicht ein wirklich zum Glück
    bestimmter Mann
5 mit aufrichtiger Beharrlichkeit daran erinnert hätte, dass ich ihm
    etwas Gutes und Schönes schulde.
Davon abgesehen macht mich sein Kummer traurig und schmerzt
    mich
und ich bin voller Angst,
dass ihn tausend Augen anstarren,
wenn er dorthin kommt, wo ich ihn sehe.

II Ach, wenn ich tue, wonach er verlangt,
kann mich das in Leid und Sorge stürzen.
Lehne ich aber seine Wünsche ab,
so ist das ein Lohn, der guten Männern noch nie gezahlt wurde.
5 Jetzt bereue ich, dass ich ihn und er mich je gesehen hat.
Soll ich auf ihn – das ist mein Zwiespalt – als Freund verzichten?
Und dennoch muss es sein
und ich werde mich stets schützen.
Ich traue mich nicht, ihn heranzulassen.

III Er ist mir über die Maßen lieb,
mehr als ich es jemals einem lieben Mann sagen könnte.
Wenn er mir das nicht glauben will,
so schmerzt das, es geht so nahe, wenn ich ihm Liebe antrage.
5 Er soll sich stets mit Freude an den Ort erinnern,
wo ich ihn in aufrichtiger Liebe heftig umarmt hatte
und er auch mich.
Da gab es keine Sorgen und Bedenken mehr,
was wir wollten, geschah einfach.

IV

IV   Ich werde seine Wünsche erfüllen,
      selbst wenn das allen Freunden, die ich je gewann, zuwider wäre,
      weil ich ihm hier doch näher bin
      als jemals eine Frau einem Mann, ganz gleich, wo auf der Welt.
  5   Ich kann mein Herz jetzt nicht von ihm zurücknehmen.
      Er hat immer wieder gesagt, dass ich ihm
      vor allen anderen die Liebste bin.
      Deshalb ist er mein Tröster
      und meine allergrößte Freude.

V   Sollte er nicht davon profitieren,
      dass er mit großer Würde vorweisen kann,
      dass man das Beste über ihn sagt
      und sein ganzes Leben lang Gutes über ihn berichtet wird
  5   und auch, dass aus seinem zuckersüßen Mund niemals prahlerische
          Parolen kamen,
      die eine glückliche Frau in Kummer hätten stürzen können?
      Deshalb bekommt er,
      was sein Herz von mir verlangt,
      selbst wenn es mir das Leben kostete.‘

3. Strophen in Tönen Walthers

3a. Strophen in Tönen Walthers mit fremder Autor-Zuschreibung

Ton 11
Sangspruchstrophe (dem Truchsessen von Sankt Gallen[1] zugewiesen)

Rätselstrophe – Schein und Sein

I* Ich will fortan weder den Augen noch den Sinnen folgen.
Die hatten mir angeraten, dass ich Zwei[2] lieben sollte,
die waren außen wie innen ohne jede Falschheit gestaltet.
Dort war eine Kleinigkeit hineingelegt worden, die nicht beständig war,
5 deshalb bogen sich ihre Klingen, als sie schneiden sollten.
Und wenn nicht dies allein im Inneren fehlte,
dann wären sie in ihrer Erscheinung makellos,
sodass sich ein jeder Mensch darauf verlassen könnte.
Es schmerzt, dass ich erfahren habe, wie man sie betrogen hat!
10 Wie sehr ich mich über den Schaden <freue> und ihnen Schande gönne![3]

---

1 Minnesänger und Sangspruchdichter aus dem 1. Drittel des 13. Jahrhunderts, der einer bezeugten Ministerialenfamilie in St. Gallen angehörte.

2 So auch im Original: *diu rieten mir an zwei* … Die Strophe hat Rätselcharakter; was mit den *zwei* gemeint ist, wird im Text nicht deutlich gesagt. In der Forschung wurde überlegt, ob ein Zusammenhang mit Strophe XII des Tons 11 (Fassung nach Handschrift C) im Hauptteil bestehen könnte (hier S. 83).

3 Der letzte Vers ist syntaktisch unvollständig (‚<freue>‘ fehlt in der Handschrift) und von daher schwer verständlich.

3b. Namen- und kontextlose Strophen in Tönen Walthers

Ton 1
Zwei Leich-Versikel

Verfluchung der Heiden (Juden), die Christus töteten – Lob der Menschen, die am
christlichen Glauben festhielten

II*b5*   <. . . . .>[1]
            Wofür nahmen sie
            an Ihm Rache? Er
            behandelte sie
5   ausschließlich wie ein Vater.
            Seine Lehre war schon früher für sie offenbart,
            sie fügten Ihm, der ohne Schuld war, Leid zu.
            Deshalb erleiden sie
            in der Hölle schlimmste Qualen.

                                              IV*

---

[1] Fragmentarische Überlieferung.

IV*   Flüche über sie und kein einzig gutes Wort,
ihre Folter soll kein Ende finden.
Sie erleiden heftigste Qualen
dort auf dem Höllengrund,[2]
5 Gamaliel[3] eröffnete ihnen
am Talmud die richtige Einsicht.
Die falschen Einsichten rauben
ihnen den rechten Glauben.
Genug davon geredet!
10 Wir bitten Gott, dass Er
die anschaue, die
am Glauben an Christus festhielten
und niemals davon abwichen.
Christus rechnet sie zu Seinen Lieblingen,
15 das wissen die Gelehrten.
Sein Schutz ist alle Tage bei ihnen,
auch möchte Er, dass sie ins Himmelreich kommen,
wenn sie festen Glauben an ein christliches Leben haben,
dann wird Er ihnen ewiges Ansehen im Himmelreich verleihen.
20 Amen, Amen, Amen.[4]

---

2 Siehe den Editionsband mit Erläuterungen grammatikalischer Art.

3 Verwiesen ist hier auf den Pharisäer und Lehrer Gamaliel zur Zeit der Apostel. Gemeint wohl: Gamaliel zeigt den Juden am Talmud die rechten Lehren (*vunde*). Vgl. auch die Apostelgeschichte des Lukas (Apg) 5,34–42.

4 Im Original dreimal *âmen*, eine hebräisch-griechisch-lateinische Bekräftigungsformel: ‚So sei es!'

Ton 8
Sangspruchstrophe

Lob aus dem Mund eines üblen Menschen ist nichts wert

I*   Einem aufrichtigen Menschen sollen
        Lob und Tadel
        aus dem Mund eines verkommenen Subjekts gleichermaßen wertlos
            sein.
        Selbst Gott
5   gewährte den Dämonen nicht, dass sie Ihn anrufen,[1]
        andernfalls müssen sie für ihr Lob büßen.
        Er lässt sie in die Schweine fahren,[2]
        wie könnte eine Schande größer sein?
        Damit hat Er uns allen gezeigt,
10   dass wir deren Lobpreis nicht wünschen,
        die selbst ein unwürdiges Leben führen
        und tief in Schande versinken,
        wem immer <. . .
        . . . .> ein Verfluchen.[3]

---

1 Gemäß dem Evangelium nach Markus 1,34 verbot Jesus den Dämonen zu sprechen.
2 Vgl. z. B. das Evangelium nach Markus 5,21 ff.
3 Die Verse 13 und 14 sind fragmentarisch überliefert.

Ton 9
Sangspruchdichtung

Verfluchung männlicher Homosexualität – gute und schlechte Charaktereigenschaften

(Strophe I steht isoliert; die Strophen II und III haben thematische Verbindungen,
müssen aber keine Vortragseinheit sein.)

I*   Eine andere Art Liebe muss man Unliebe nennen,
         verfluchte Ketzerei voller abgrundtiefer Schande!
         Jedes Übel übersteigend, das Ungeheuerliche schlechthin!
         Das erfand ein kluger Künstler namens Orpheus.[1]
    5   Dessen Harfenspiel war den wilden Tieren so vertraut,
         dass sie darüber ihre Wildheit ganz aufgaben.
         Der richtete an schöne junge Männer
         die Liebe, die man zu einer Frau haben sollte.
         Verflucht, dass so etwas auch nur denkbar ist,
    10   schamloser Leib, vor Gott geschmähte Schönheit!
         Verdammt, dass er aussieht wie ein Mann,
         der auf diese Weise Harfe spielt und an sich selbst harfen lässt!
         Feind der Natur – der Teufel möge ihn schänden!
         Amen![2]

                                                              II

---

1 Orpheus ist ein Sänger und Dichter aus der antiken griechischen Mythologie. Es gibt mittelalterliche
Quellen, die ihn der Erfindung der Homosexualität bezichtigen. Siehe den Editionsband mit weiteren
Hinweisen.

2 Im Original: *âmen*, eine hebräisch-griechisch-lateinische Bekräftigungsformel: ‚So sei es!‘.

II*   Ein guter Charakter[3] ist gerne reich an klugen Worten,
        ein guter Charakter ist ganz und gar frei von Falschheit,
        ein guter Charakter bemüht sich um Gottes Hulde und Ehre,
        ein guter Charakter kann vor Unglück schützen,
     5 ein guter Charakter kann alle Reiche durchlaufen,
        ein guter Charakter ist durch und durch gut,
        ein guter Charakter erzeugt viel Gutes,
        ein guter Charakter wird nicht gerne Unkeusches aussprechen,
        ein guter Charakter kann einem Mann Ansehen einbringen,
    10 ein guter Charakter ist süß und gut,
        ein guter Charakter ist den vornehmen Guten genehm,
        ein guter Charakter vermag es, sich um Gottes Gnade zu bemühen.

III*   Ein schlechter Charakter[4] macht Seele und Leib zunichte,
        ein schlechter Charakter schwächt begierig den anständigen
           Menschen,
        ein schlechter Charakter redet gern in ungebührlicher Weise,
        ein schlechter Charakter tut dem Teufel viele Gefallen,
     5 ein schlechter Charakter redet niemals aus freiem Willen Gutes,
        ein schlechter Charakter ist voll von bösen Worten,
        ein schlechter Charakter ist den Bösen angenehm,
        ein schlechter Charakter ist ein Dieb aller Ehre,
        ein schlechter Charakter verseucht Luft und Erde,
    10 ein schlechter Charakter ist voll mit Schlechtsein,
        ein schlechter Charakter spricht niemals aus freiem Willen Gutes,
        ein schlechter Charakter führt Seele und Körper ins Verderben.

---

3 Im Original in allen Versen: *Ein goyter moyt.* Hier handelt es sich um eine mittelniederdeutsche Handschrift: *goyter moyt* > *guoter muot* > ‚gutes inneres Wesen‘.

4 Im Original in allen Versen: *Ein bueser moyt* (> *boeser muot* > ‚schlechtes inneres Wesen‘).

Ton 10
Sangspruchdichtung

Detaillierte Diskussion der Begriffe *Gehovet*, *verhovet* und *ungehovet* (Haltungen in der und zur Welt des Höfischen) – in der letzten Strophe eine Walther-Selbstanrede. – Im Anschluss an die letzte Strophe noch acht Anfänge von Strophen aus späten Meisterliederhandschriften

(Die fünf Strophen dürften als Einheit zu betrachten sein.)

I* ‚Von höfischer Art‘, ‚maßlos verhöfischt‘ und ‚ohne jedes höfische Benehmen‘,[1]
die beiden letzten Haltungen sind krank und verdorben,
die erste allerdings ist der Ehre mehr als dienlich.
Du, am Hofe gern gesehener Mann, dein würdevolles Leben
5 ist ganz und gar im Gleichgewicht;
deshalb kann dein edler Körper[2] in Freude alt werden.
Du gehörst zur Familie der Ehre,
sieh zu, dass Anstandslosigkeit
vor deinen strahlenden Augen verschwindet.
10 Und wenn du dies tust und meiner Lehre folgst,
so wirst du alsbald auf der Straße der Ehre wandeln.
Guter Mann, lass nicht ab von edler Lebenshaltung,
halte an Rechten und Pflichten fest ohne blinden Eifer,
halte dich fern von falschem Ratschlag, mein allerliebster Freund,
15 dann wird sogleich der Welt offenbar, wie sehr man dich verehrt.

II*

---

1 Im Original: *Gehovet, verhovet unde ungehovet*. Alle fünf Strophen drehen sich um die Konturierung dieser Begrifflichkeiten.

2 Im Original: *dîn zarter lîp*. Man könnte auch einfach übersetzen: ‚du kannst alt werden‘, doch mag hier insbesondere im Zusammenhang mit dem Altern auch das dezidiert Körperliche angesprochen sein.

II* Du maßlos verhöfischter Narr, welchen Sinn hat dein Leben?
Du treibst hier
allzeit nur Spott.
Das ist für dein Herz wie süße Musik,
5 das ist dein ganzer Lebensinhalt.
Verzieh dich! Ab zu den verfluchten Höllenhunden!
Über den Makellosen schüttest du Spott aus,
alle Dinge verleidest du ihm,
weh dir, elende Höllenbrut!
10 Sei, wie der verdammte Ham,[3] verflucht,
du Hass der Luft, du Giftbeule.
Dein Grauen gleicht den Nachteulen,
die man in der Nacht fliegen sieht.
Gesell dich ihm zu, dem du allzeit dienst;
15 ich werde dich nicht länger schonen.

III* Ich werde dem Mann, der höfisches Benehmen nicht kennt,
ein Haus auf einem Schandweg
errichten – wie den Kranken und Aussätzigen auf dem Feld.
Denn der ist, will man von Tugend reden, verfault:
5 Wie ein ganz blöder Esel
steht er da und wird zum Gerede.
Er würde wie eine Saatkrähe
seinen ganzen Vorrat voller Gier allein verschlingen,
Tag und Nacht und immerfort,
10 eine Schande, dass jemals eine Frau mit dir schwanger war!
Das war eine erbärmliche Leibesfrucht.
Gott bist du völlig verhasst,
das ist mir durch dich klar geworden,
du nichtswürdiger Geselle, du erbärmliches, dreckiges Fass.
15 Ab in den Schlund des Teufels!

IV*

---

3 Bezug besteht zum Zweiten Buch Mose (Genesis) 9, 21–27. Dort wird allerdings nicht Ham selbst, sondern Hams Sohn Kanaan von Noah, Hams Vater, verflucht.

IV* Gott hat dem, der sein Leben auf Ihn hin lebt,
     entsprechende Bewusstheit und Haltung verliehen,
     sodass man ihn als höfischen Mann erkennt.
     Der weiß um Süßes und Saures.
   5 Der wird nicht in Schande untergehen,
     wenn er seine Haltung am höfischen Kodex ausrichtet.
     Schaut euch als ein Gleichnis Adam an,
     als Kain, sein dem Tode geweihter Sohn,
     in die Welt geboren wurde;
  10 bar jeder höfischen Art erschlug er seinen Bruder,
     den so tugendreichen Abel,
     dessen Opfer auf würdevolle Weise
     den Zorn Gottes besänftigte.[4]
     Vor Gottes Augen sind die Unhöfischen
  15 wie Nesseln und spitze Dornen.

V*   ‚Bei Gott, erläutere mir, mein Lehrer, Folgendes:
     Schau, das Aufgeteilte hier möge dir gehören,
     wähle das beste von beiden Stücken.
     Geselle dich entweder dem Verhöfischten zu
   5 oder sei bei dem unhöfischen Mann glücklich.
     Beides sollst du mir näher erklären, damit ich daraus lerne.‘
     ‚Kind, du stellst eine dumme Frage,
     die ich dir ganz schnell
     auf liebevolle Weise beantworten werde.
  10 Ein verhöfischter, sittenloser Schmarotzer, der steht ganz verhasst
     vor den strahlenden Augen Gottes;
     dennoch kann er heimlich und auf widerliche Art
     die Spitze des Hofes einnehmen.
     Ich, Walther, würde sofort bei den Unhöfischen
  15 bleiben, wegen ihrer[5] ungezügelten Ausgelassenheit.‘

---

4 Die Namensnennung Adam in V. 7 dürfte als intertextuelle Markierung der Genesis-Szene 4,1 ff. zu verstehen sein. Kain erschlägt in blinder Eifersucht seinen tugendhaften Bruder Abel. Der *gotes zorn* in V. 13 mag sich auf ein schlechtes und unangemessenes Opfer beziehen; Abels Opfer hingegen besänftigt Gottes Zorn.

5 Im Original ist von *ir gumpelspil* die Rede. *ir* kann sich auf die *verhoften* oder die *ungehoften* beziehen, je nachdem, wie man *gumpelspil* deutet. Wenn *gumpelspil* eher negativ konnotiert verstanden wird, dann dürfte sich *ir* auf die *verhoften* beziehen.

Die Kolmarer Meisterlieder-Handschrift t (um 1460) überliefert in diesem Ton 10 noch fünf späte Strophen, von denen keine anderwärts Walther zugewiesen wird; von ihnen sind im Editionsband lediglich die Strophenanfänge verzeichnet

Die Hofweise oder Wendelweise von Herrn Walther von der Vogelweide[6]

I[t]   Maria Du bist der blühende Zweig

II[t]   Maria Du bist der erhabene Thron

III[t]   Maria Du bist das rote Gefäß

IV[t]   Maria Du bist die erhabene Rute

V[t]   Maria Du bist die schöne Esther

Die Meisterlieder-Handschrift y (Mitte 15. Jahrhundert) überliefert in diesem Ton 10 ohne Namen drei Strophen, die nur hier bezeugt sind; von ihnen sind im Editionsband lediglich die Strophenanfänge verzeichnet

Im Wendelton[7]

I[y]   Ich habe lange bei einem Wirt Schulden gemacht

II[y]   Schau auf, Du edle Christenheit

III[y]   Sieh Mensch, diese Bahn, die ist dein Leben

---

6 Überschrift in der Handschrift. Mit ‚-weise' ist hier der Ton bezeichnet, also die metrisch-musikalische Bauform der Strophen.

7 Überschrift in der Handschrift. Mit ‚-ton' ist die metrisch-musikalische Bauform der Strophen gemeint.

Ton 11
Minnestrophe

Macht der Frauen über Männer

I**   Kann jemand gefangen oder gefesselt reiten oder laufen?
        Hat jemand einen unversehrten Körper, wenn er mit hunderttausend
            Wunden übersät ist?
        Kann jemand leben und doch tot sein? Hat irgendjemand das schon
            erlebt?
        Aber ja! Genau dies geschieht durch eine unentschlossene Frau;
     5 wenn sich ein Mann, der sich um Ehre bemüht, ihr zugesellt hat,
        dann ist er gefangen und gefesselt, da hilft nichts,
        und er ist auch an Seele und Körper verletzt.
        Ein von Glück erfüllter Mann aber, dem Gott eine
        tugendhafte und rechtschaffene Ehefrau gegeben hat,
    10 kann sich stets freuen,
        denn ihre Güte und ihr aufrechtes Wesen haben ihm niemals
            irgendein Leid zugefügt.

Die Kolmarer Meisterlieder-Sammlung t (um 1460) überliefert in diesem Ton 11 neun Strophen, darunter drei für Walther früh bezeugte (die im Hauptteil des Editionsbandes ediert und hier übersetzt sind; siehe S. 88 ff.). Hier folgen die sechs anderen Strophen. Sie haben teilweise thematische Verbindungen, müssen aber keine Vortragseinheit(en) sein

Sündenklage – Angst vor dem Tod – Reflexionen über Freundschaft – Reflexionen über Dienst und Lohn – gesundes Misstrauen

I[t]   Ich habe mir zum Leid lange Zeit in Todsünden zugebracht,[1]
deshalb fürchte ich um Seele und Leib.
Herr Gott, versorge uns dort[2] mit Deinen himmlischen Kleidern.
Bitte Deinen Sohn, Maria, hochgelobte Königin,
5 für mich, weil er Deinetwegen das eine ins Werk setzt und das
     andere unterlässt,
wenn ich auf dieser Erde jemals in Sünde gelebt habe,
so bereue ich es tief. Ich bitte Dich, Herrin, um Deine wahrhaftige
     Liebe.
Höchstgelobter Vater, Sohn, Heiliger Geist,
da Du alle Dinge erkennst und von ihnen weißt,
10 erbarme dich, Herr, unser, da Du voller Barmherzigkeit bist.

II[t]   Der Abend zieht herauf, der Tag will mir entgleiten,
der kalte Reif macht meine glänzenden Blumen fahl,
mein grünes Gras wird zu Heu, das kann ich gut fühlen.
Ich fürchte, dass der Schnitter kommt, der mir mein Futter mähte.
5 Gott füge, dass er lange braucht, für mich ist das wahrlich
     bedeutsam.
Der Schnitter, den ich meine, das ist der grimmige Tod;
deshalb ist mein Herz früh und spät von großem Schrecken erfüllt.
Gottes Wille sei, dass wir unser Heu zusammenrechen
und unser grünes Gras so verstreuen,
10 dass wir uns mit Gott im Paradies erfreuen.

                                                III[t]

---

1 Im Original ist vom ‚Schlafen‘ die Rede.
2 ‚Dort‘: im Jenseits.

III^t Es sind nicht alles Freunde, die man Freunde nennt.
Der ist ein Freund, der den anderen freundlich anlächelt,
in großer Aufrichtigkeit, und der dessen Freundschaft dann an sich
zieht.[3]
Der ist ein Freund, der dem anderen
5 ohne jedes falsche Wort im Herzen gegenübertritt.
Ich halte jemanden nicht für einen Freund, dem es nicht Leid tut,
was seinem lieben Freund an Üblem geschieht und hier oder dort
Schaden zufügt.
Der ist ein Freund und ein aufrechter Mensch,
der seinen Freunden in aller Freundschaft nur Gutes gönnt
10 aus vollem Herzen und nicht davon ablässt.

—————————————[4]

IV^t Mit Dienst kommt man heute nicht mehr weit,
nun passt alle auf, wie sehr das Dienen zugrunde geht.
Dient man einem Jungen, so vergisst der das, während ein Alter bald
darauf stirbt.
Ach Gott, wer kann auf dem wahren Mittelweg gehen,
5 sodass er so dient, dass sein Dienst nicht verloren ist?
Wer selbst etwas besitzt, das besänftigt, weiß Gott, seinen Unmut.[5]
Man sieht oft, dass sich die Herren erwiesenen Diensten gegenüber
schmählich verhalten.
Wenn sich ein Knecht für seinen Herrn Tag für Tag aufopfert
und wenn der nicht auf seine eigenen Bedürfnisse achtet, soweit er es
kann,
10 so gibt er nicht auf sich Acht, denn die Zeiten, in denen man sich
noch aufeinander verlassen konnte, sind vorbei.

V^t

---

3 Die Verse 2–3 sind im Original unklar; siehe die ausführlichen Hinweise im Editionsband.

4 Zur Bedeutung dieser Linien siehe den Editionsband; sie kennzeichnen Überlieferungsbesonderheiten, hier die, dass die IV. Strophe isoliert auch in Handschrift C überliefert ist.

5 Gemeint wohl: Wenn man dient und keinen Lohn erhält, aber durchaus nicht mittellos ist, so kann das den Unmut abmildern.

V^t Ich bin durch die Länder gereist und habe viel gesehen,
     auf den Reichtum der Welt habe ich mich gut verstanden
     und kann mich doch nicht davor schützen, dass mir vieles zugefallen
          ist.
     Die Sonne schien immer, sodass ich mich über sie oft freuen musste,
5   danach kam Regen auf und durchnässte meine Kleider.
     Daran sollst auch du denken, treuer Knecht:
     Wenn dich dein Herr anlacht, so lass seine Vertraulichkeit nicht an
          dich heran.[6]
     Wenn die Sonne auf dich scheint, so zieh den Mantel an.
     Sei deinem Herrn allzeit ergeben,
10   diene ihm gut, traue ihm nicht, das rate ich, wo ich nur kann.

VI^t Nun passt auf, welches Ende ein treuer Dienst nimmt,
     sodass seine Treue gar nichts zählt,
     mit widerwillig gegebenem Lohn wird Dienst herabgewürdigt.
     Treuer Knecht, nun diene gut, das ist meine Lehre.
5   Wenn du deinen Lohn erdient hast, sollst du ihn auch verlangen.
     Tust du das, so wird dir das gefallen, das garantiere ich dir.
     Folge diesem meinem Rat, du kannst noch weiteren Nutzen daraus
          ziehen:
     Wie freundlich, wie liebevoll dich dein Herr auch ausgewählt hat
     und wenn er dir auch Treue versprochen und dazu Eide geschworen
          hat,
10   du kannst ihm gut und gerne dreißig Jahre dienen – und ganz
          plötzlich ist das alles vergessen.

---

6 Der zweite Halbvers ist im Original unklar; siehe die ausführlichen Hinweise im Editionsband.

Ton 14[1]
Sangspruchdichtung

Lobeshymne auf den Dichter Lutolt von Seven – Reflexionen über die böse und die
gute Frau (Eva, Maria)

(Die Strophen haben keine thematische Verbindung.)

I*   Ob Gott will oder nicht, der von Seven[2] singt
          besser als irgendjemand in der Welt. Fragt Nichten und Neffen,
          Schwager, Schwiegermutter, Schwiegervater, Schwiegersohn, ob das
              stimmt.
          Er beherrscht Tagelieder, Klagelieder, Freudenlieder, Zuglieder,
              Tanzlieder, Leichs,
    5   er singt Kreuzlieder, Zwanglieder, Scherzlieder, Loblieder,
              Springlieder[3] wie jemand,
          der mit hoher Kunst dem Menschen ein langes Jahr verkürzt.
          Wir sollten alle still schweigen, wenn Herr Leopold anhebt zu
              sprechen;
          niemand darf sich mit Gesang ihm gegenüber großtun.
          Ein Meister, den er mit seinem Gesang nicht übertrifft,
    10   ist noch nicht geboren; die jetzt leben, die überflügelt er alle.

                                                          II*

---

1 Beide Strophen sind in der Kleinen Heidelberger Liederhandschrift A dem Dichter Reinmar dem
Fiedler (1. Hälfte 13. Jahrhundert) zugewiesen.

2 Gemeint ist der Dichter Lutolt (Leuthold, Liutold, Leopold) von Seven, biographisch nicht zu
fassen, wohl in der Mitte des 13. Jahrhunderts tätig.

3 Eine Kaskade von Liedtypen, die man – mit Ausnahme von Tagelied, Kreuzlied und Leich – nicht
als fixe lyrische Gattungen verstehen darf.

II*   Die erste Frau riet dem ersten Mann zur ersten Sünde,
         seit dieser Zeit schloss Gott viele Seelen vom Paradies aus.
         Dieser schändliche Makel bringt aber gute, aufrichtige Frauen nicht
              aus dem Lot.
         Frau und Frau, gleiche Bezeichnung, völlig andere Leben.
    5   Eine hat uns das Heil der Welt geraubt, eine andere hat es uns
              zurückgegeben,
         ein Engel und eine makellose Frau sind wesensgleich.
         Makellose Mutter und Jungfrau, die uns von Evas Fesseln befreite,
         Deine Erhabenheit möge uns weiterhin die makellosen Frauen
              behüten.
         Hier trennen sich ihre Wege;
   10   die Guten dort, die Schlechten hier. Die sind den beiden böse.[4]

---

4 Der zweite Halbvers ist von der Bedeutung her etwas unklar. Vielleicht ist gemeint: Die Bösen
sind auf Maria böse, die Guten auf Eva.

Ton 15
(Minne-)Strophe

Lob des Sommers

I*   Der harte Winter hat uns verlassen,
die Sommerzeit steht herrlich da,
nun bestaune ich Wald und Heide,
Laub und Blumen, schönen Klee,
5 das alles sichert uns Freude auf immer.

Ton 24
Sangspruchstrophe

Sündenbeichte – Anrufung Gottes. Im Anschluss an diese Strophe noch 21 Anfänge
von Strophen aus einer späten Meisterliederhandschrift

I*   Herr Gott, aus weiter Ferne rufe ich Dich an,[1]
enthalte mir, Herr, Deine Zuneigung
nicht vor. Große Schuld habe ich auf mich geladen.
Für diese Schuld suche ich Trost und Hilfe.
5 Da immer wieder geübte Reue Dir
die Reue als eine aufrichtige anzeigt, wo immer Du willst,[2]
mögest Du in Deiner Güte bedenken,
dass mich die Süße der Welt
betrogen hat. Ihre falschen Ratschläge
10 haben mich schwach gemacht;
oftmals habe ich gelogen.
Aus tiefstem Herzen leiste ich Dir für die Missetaten Buße.
Ehrsucht hat mich oft auf falsche Wege geführt.
Sie belügt und betrügt viele Menschen.
15 Christus, der Weise, möge mich dort hinführen,
wo sich Deine Herrlichkeit in ganzer Entfaltung findet.

---

1 Der Strophenbau von Ton 24 ist sehr komplex; Binnen- und Schlagreime wirken sich im Original
auf die Syntax aus. Das kann hier nicht übertragen werden. In V. 1 und 3 der vorliegenden Strophe
gibt es Textdefekte im Original.

2 Aufgrund der Schlagreimstruktur besonders an dieser Stelle ist das Verständnis schwierig.

Unter der Bezeichnung ‚Herrn Walthers Goldene Weise' (= Ton 24) finden sich in der Kolmarer Meisterlieder-Sammlung t (um 1460) 21 Strophen, von denen aber keine in älteren Handschriften für Walther bezeugt ist. Daher sind im Editionsband nur die Strophenanfänge notiert (und hier auch nur diese Anfänge übersetzt).

In Herrn Walthers Goldener Weise

I[t]   Die dreifaltige Trinität

II[t]   Ich bitte Dich Herr Vater

III[t]   Wer auf die Chöre baut

IV[t]   Maria, reine Jungfrau

V[t]   Deshalb bist Du ganz herausgehoben

VI[t]   Herrin, Jungfrau, Euch stehen wohl an

VII[t]   Johannes unter den Leuchtern

VIII[t]   Herrin, Jungfrau, Ihr wart weise

IX[t]   Herrin, Jungfrau, Ihr sollt nicht verleugnen

X[t]   Vater, ich will Dich bitten

XI[t]   Das schwebt oder hängt

XII[t]   Gott hat Gott gefragt

XIII[t]   Wer errät, wo Gott war

XIV[t]   In der Art eines Adlers

XV[t]   Ach, Herr Gott, ich schreie

XVI[t]   So mancher lacht mich an

XVII[t]   Verflucht seist du, falsches Lachen

XVIII[t] Wo gab es jemals so große Falschheit

XIX[t]   Die Schlange hat gesprochen

XX[t]   Ein Apfel wurde gegessen

XXI[t]   Ein Engel kam voller Zorn

4. Strophen, für die Walthers Autorschaft im Laufe der Forschung in Erwägung gezogen wurde (ohne handschriftliche Verbürgungen)

Lutolt von Seven[1]

I Mich wundert, was mit Leuten los ist, die sich der Ehre wegen schämen

II Welcher Mann auch immer das Mannesalter erreicht hat ohne entsprechende Reife

---

1 Lutolt (Leuthold, Liutold, Leopold) von Seven, biographisch nicht zu fassen, wohl in der Mitte des 13. Jahrhunderts dichterisch tätig.

Ulrich von Singenberg, Truchsess zu Sankt Gallen[1]

Sangspruchdichtung

SM 12.30[2]

Herrscherschelte – Herrscherlehre – Klage über dekadente (Rechts-)Zustände

(Die Strophen haben z. T. lose Verbindungen, müssen aber keine Vortragseinheiten sein.)

I   Guter Wein wird selten gut, wenn er nicht in einem guten Fass reift.
Wird das ordentlich hergerichtet, dann umsorgt es den Wein.
Deshalb soll sich niemand wundern, wenn ich an dem König[3]
    verabscheue,
dass, sofern er ein Herz hat, wie behauptet wird, sich dieses nicht
    zeigt.
5 Ihm sind die Dauben[4] so schlecht gefügt, als ob er geradezu sauer
    sein will:
So sind weder Fass noch Trank etwas wert,
ein guter Wein kann so lange liegen, bis er verdorben ist.

II

---

1 Es handelt sich um einen Minnesänger und Sangspruchdichter aus dem 1. Drittel des 13. Jahrhunderts, der einer bezeugten Ministerialenfamilie in St. Gallen angehörte.

2 Die Sigle hier und bei den folgenden Strophen bezieht sich auf die Textausgabe der sog. ‚Schweizer Minnesänger‘ (SM) von Max Schiendorfer; siehe dazu den Editionsband.

3 In der Forschung wird vermutet, dass mit dem König Heinrich (VII.), 1211–1242, Sohn Friedrichs II. gemeint ist – auch in den folgenden Strophen. Das hat viel für sich, weil es augenscheinlich um einen noch sehr jungen König geht, und dies trifft auf Heinrich genau zu.

4 Dauben: Längshölzer, aus denen Fässer hergestellt werden.

II   Vor langer Zeit wählte sich eine Witwe einen Mann aus.
        Damals kamen viele Ritter und Damen der Feierlichkeiten wegen
            dorthin.
        Als der Bräutigam erschien, erhob sich ein übler Streit darüber,
        wie sie die Braut binden sollten[5], darüber gerieten sie in ein
            Zerwürfnis.
    5   Schließlich richtete sie ihr Gebände selbst, auf dass nichts sie daran
            störte.
        Herr König, nun schaut genau hin,
        dass kein anderes Gebände ihr passte, außer dem, das sie sich selbst
            gebunden hatte.

III   Der König behielte den Königstitel, der ihn ihnen in Obhut gibt,[6]
        und lebte so, wie sie, die sich um ihn kümmern, ihn zu leben
            auffordern.
        Es ist ganz in Ordnung, dass er, wenn es sich denn um aufrichtige
            Menschen handelt, davon profitiert:
        Man soll ihm Schuldigkeit und Ehre erweisen, wo es angebracht
            scheint.[7]
    5   Wenn er aber erwachsen und selbstständig wird, dann möge er sie
            nicht anders belohnen
        als so, wie ihr Rat jetzt ausfällt,
        und wer ihm Glück raubt, den soll er entehren.

                                        IV

---

[5] Dies bezieht sich auf die Kleiderkultur, insbesondere auf das Herrichten des sog. ‚Gebändes‘, einer
kopftuchartigen Bedeckung.

[6] Im Original eine schwierige Stelle; die Bezüge der Pronomen sind unklar; siehe den Editionsband.

[7] Im Original schwer verständlich; ich folge hier einem Vorschlag von Max Schiendorfer; siehe den
Editionsband.

IV   Man sagt ja, dass Schlimmere komme erst noch. Das sieht jetzt
           anders aus:
       Man findet jetzt Zustände vor, wie man sie zu Karls[8] Zeiten nicht
           kannte.
       Deshalb sind die Bestimmungen des Landrechts am Hof immer
           üppiger geworden.
       Früher war das einfach wie eine Hand, jetzt wird heftig hin und her
           gestritten.
   5   Wo man dem Untreuen Treue anträgt,
           dort ist das Gericht gut:
       Denn einem Mann wird es nicht schaden, wenn es jemanden gibt,
           der das, was er tut, für gut hält.[9]

V   ‚Mal so, mal so‘[10], das wurde in deutschen Ländern noch nie so
           wertgeschätzt.
       Wer jetzt ‚Mal so, mal so‘, nicht beherrscht, der wird das Spiel
           verlieren.
       Es gab Könige, die nicht ‚Mal so, mal so‘ kannten,
       auf Umwegen haben sie die Regeln jetzt gelernt.
   5   Früher hatten die hohen Fürstenherren
       weder der Menschen noch der Länder wegen gelogen,
       jetzt ist fast allen ‚Mal so, mal so‘ bekannt.

---

8 Wahrscheinlich ist Karl der Große (747/748–814) gemeint.

9 Die letzten vier Verse sind wohl ironisch zu verstehen.

10 Gemeint ist wohl eine bestimmte (schlechte) Lebenshaltung; Max Schiendorfer spricht von einem ‚Gesellschaftsspiel‘; siehe den Editionsband.

Ulrich von Singenberg, Truchsess zu Sankt Gallen

Sangspruchdichtung

SM 12.31

Künstlerklage – Totenklage auf einen Fürsten

(Die Strophen haben keine thematischen Verbindungen.)

I   Manch einer belehrt mich,
der sich aber noch nicht einmal selbst
zu belehren weiß, wie es nötig wäre;
das lässt mich vorzeitig altern.
5 Wie sehr richtet der mich zugrunde,
der mir aber auch gar nichts Gutes gönnt
und herumposaunt, wie er
mit meiner Kunst
in fremden Ländern großes Ansehen erreichen wolle. Ich sehe das
      jetzt so:
10 Verfügte ich hier über Besitz und Ansehen,
so würde ich das lieber nehmen,[1]
selbst wenn der Teufel das ganze Jahr hinter mir her wäre.

II   Die Krone aller gelehrten Fürsten,[2]
ausgestattet mit vorzüglicher Tugendhaftigkeit,
mit Anstand, Kunstverstand und Güte,
hat Gott zu sich gerufen.
5 Der hatte hier in herrlicher Weise
seine jungen Jahre mit Kunst und Weisheit alter Art zugebracht.
Auf Ehre war sein Streben ausgerichtet,
deshalb war sein Name <. . . . . . >,[3]
der sich stets um Glückseligkeit bemühte.
10 Nun möge ihn Gott, der Vollkommene, in Seine Obhut nehmen.
Das wünschen wir aus tiefstem Herzen,
da ein erhabenerer Fürst, ihm ähnlich, noch nie verstorben ist.

---

1 Vielleicht ist mitzudenken: ‚... als in fremden Ländern Besitz und Ansehen zu suchen'.

2 Wessen Tod hier beklagt wird, ist unbekannt. Vielleicht ist der Sankt Galler Fürstabt Ulrich von Sax (gest. 1220) gemeint.

3 Ausgerechnet in den Versen 8–9 fehlt Text – und zwar gerade der Name des Verstorbenen.

Ulrich von Singenberg, Truchsess zu Sankt Gallen

Sangspruchstrophe

SM 12.20

Totenklage auf Walther von der Vogelweide

V   Unser Vorbild und Meister der Sangeskunst,
den man früher ‚von der Vogelweide' nannte, ist auf die Reise
     gegangen,
die auch uns allen, die wir ihm folgen, nicht erspart bleiben wird.
Was er einst der Welt eröffnet und nahegebracht hat – was nützt das
     jetzt noch?
5 Sein scharfer und edler Verstand[1] ist dahin.
Seiner erhabenen, höfischen Sangeskunst wegen wollen wir ihm nun
     wünschen
– denn sein Frohsinn und seine Freude sind nicht mehr da –,
dass ihn der liebevolle Vater in Gnaden aufnehmen möge.

---

1 Im Original ist vom *hôhen sin* die Rede: Das kann noch anderes bedeuten als in der Übersetzung
vorgeschlagen, so etwa: ‚hohe Kunst' oder ‚erhabene Weisheit'.